Methodik des Ausdauertrainings

Beiträge zur Lehre und
Forschung im Sport

165

Kuno Hottenrott & Georg Neumann

Methodik des Ausdauertrainings

hofmann.

Bibliografische Information der Deutschen Nationalbibliothek

Die Deutsche Nationalbibliothek verzeichnet diese Publikation in der Deutschen National-
bibliografie; detaillierte bibliografische Daten sind im Internet über http://dnb.d-nb.de
abrufbar.

Bestellnummer 4650

Erschienen als Band 165 der „Beiträge zur Lehre und Forschung im Sport"

Gesamtherstellung: Druckerei Hofmann, Schorndorf
Printed in Germany · ISBN 978-3-7780-4650-0

Inhaltsverzeichnis

6   Trainingsmittel und Trainingsmethoden

7   Ausdauertests und Leistungsdiagnostik

8   Belastungsbereiche für das Ausdauertraining

9   Biologische Messgrößen zur Steuerung der Ausdauerbelastung

10   Wirkung des Ausdauertrainings auf leistungsbeeinflussende Funktionssysteme und trainingsmethodische Folgerungen

1 Entwicklung der Ausdauerleistungen – ein historischer Rückblick

1   Entwicklung der Ausdauerleistungen – ein historischer Rückblick

Die Wettbewerbe in den Ausdauersportarten haben eine wechselhafte Geschichte. Aus Bilddarstellungen oder Aufzeichnungen der frühen Menschheitsgeschichte ist ersichtlich, dass Gehen, Laufen, Springen, Skilanglauf oder Werfen eine elementare Bedeutung zum Lebenserhalt aufwiesen. Die Lebensweise im Paleolithicum und Neolithicum (Steinzeit vor 50.000-10.000 Jahren) zwang unsere Vorfahren sich viel zu bewegen, da die Jagd auf Tiere oder das Fischen die wesentlichen Ernährungsquellen waren (Eaton et al., 2002; Richards, 2002). Das betraf auch den schneebedeckten Norden, wo Funde aus Höhlenzeichnungen oder in Mooren bezeugen, dass der anstrengende Skilanglauf bereits vor 5.000 Jahren existenziell war. Aus der Lebensweise geschützter kleiner Urvölkerpopulationen ist nachvollziehbar, dass die tägliche Fortbewegung zum Nahrungserwerb bei Männern etwa 20 km betrug. Damit entsprechen sie der normalen körperlichen Anforderung zum Nahrungserwerb der am Ende der Steinzeit vor 10.000 Jahren lebenden Jäger und Sammler. Aus wissenschaftlichen Daten geht hervor, dass das genetische Programm zur muskulären Belastbarkeit in den letzten 10.000 Jahren der Menschheitsgeschichte sich nicht oder kaum veränderte (Cohen & Armelagos, 1984).
Sichere Überlieferungen zu körperlichen bzw. sportlichen Aktivitäten gibt es von zahlreichen alten Kulturen; von den antiken Völkern haben besonders die Griechen ihre sportlichen Aktivitäten dokumentiert. Im alten Griechenland wurden die Grundbegriffe *Gymnastik* und *Athletik* geprägt und praktiziert.
Die Olympischen Spiele sind ab 776 v. Chr. historisch belegt. Sie wurden in der Regel alle vier Jahre bis 393 n. Chr. abgehalten. Bei den Olympischen Spielen der Antike gehörten Gymnastik, Laufwettbewerbe, Boxen, Ringen, Fünfkampf, Wagenrennen und Waffenläufe zu den Programmsportarten. Nur ‚freie Griechen' konnten Olympiasieger werden; sie genossen ein hohes gesellschaftliches Ansehen. Mit dem Verbot der Olympischen Spiele durch den römischen Kaiser Theodosius I. 394 n. Chr. wandelte sich der Inhalt der als heidnisch bezeichneten Sportveranstaltungen. Bereits 174 v. Chr. fanden in Griechenland, unabhängig von den Olympischen Spielen, erste Gladiatorenspiele statt. Hierbei kam es zu kämpferischen Auseinandersetzungen von Berufsathleten, zu Kriegsspielen und zu Wagenrennen. Exerzierübungen, mit militärischem Hintergrund sowie Wagenrennen dominierten dann im Römischen Reich. Die neben den Olympischen Spielen

durchgeführten Gladiatorenspiele wurden 325 n. Chr. durch den römischen Kaiser Konstantin I. in Konstaninopel verboten (Umminger, 1990).

Die Fähigkeit, lange Strecken zu laufen, ist seit dem legendären Lauf von Athen nach Sparta 490 v. Chr. bekannt. Der Grieche Philippides aus Athen soll über die bergige 255-km-Distanz 24 Stunden benötigt haben. Durch die Flucht vor den Dänen über 90 km auf Skiern von Gustav Ericson Wasa, des späteren Schwedenkönigs Gustav I. von Sälen nach Mora wurde im Jahre 1521 die Langzeitausdauerfähigkeit auf Skiern dokumentiert. Zur Erinnerung wird seit 1922 der Wasalauf durchgeführt.

Im 19. Jahrhundert machte die Zunft der *Botenläufer* durch lange Läufe oder Märsche auf sich aufmerksam, in dem sie ihre Ausdauerfähigkeit zur Sicherung des Lebensunterhalts nutzten.

Die historischen Extremleistungen werden seit dem vorigen Jahrhundert mit der Durchführung von Ausdauerveranstaltungen, wie Marathonlauf, Spartathlon, Wasalauf (Skilauf über 90 km) oder andere Langzeitausdauerwettbewerbe gewürdigt.

Die Turnbewegung im 19. Jahrhundert war in Deutschland über viele Jahre die dominante Sportbewegung (Umminger, 1990). Die Leichtathletik wurde zuerst in England als Wettkampfsport entwickelt. In London fanden 1864 die ersten *Leichtathletik-Meetings* statt. Vorreiter für die deutsche Leichtathletik war Hamburg. Auf einer Pferderennbahn wurde 1880 ein erster Laufwettbewerb organisiert.

Die Leichtathletik dominierte unter den Programmsportarten bei den ersten Olympischen Spielen der Neuzeit 1896 in Athen. Bemerkenswerterweise wurde der Marathonlauf bereits 1896 in das Programm der Olympischen Spiele aufgenommen. Die Streckenlänge von 42,195 km wurde erst 1924 zu den Olympischen Spielen in Paris festgelegt. Die Marathonlaufstrecke, deren Bewältigung einer Heldentat gleichkam, entwickelte sich nach 1970 zu einem Leistungsziel vieler ambitionierter Fitnesssportler. Der Marathon oder Halbmarathon und weitere Varianten werden inzwischen auf Straßen, Park- und Waldwegen oder Gebirgsstrecken durchgeführt.

Öffentliche Aufmerksamkeit erfahren derzeit große Stadtmarathonläufe mit über 35.000 Teilnehmern, Langtriathlons (3,8 km Schwimmen, 180 km Rad fahren und 42,195 km Laufen), wie z. B. der Ironman auf Hawaii oder der Ironman in Frankfurt/M. mit über 2.000 Startern. Parallel dazu entwickelten sich spektakuläre Etappenläufe von 1.000 bis über 5.000 Kilometern in Europa sowie in den USA. Bemerkenswert ist die Leistung von *Schwerk* (D), der in 41 Tagen täglich 120,6 km lief und damit seit 2006 die 5.000 km Weltbestzeit hält.

Die Entwicklung von Laufrekorden, besonders beim Marathonlauf, ist eng mit dem Kommerz verbunden. Bereits 1985 wurde zum New-York-Marathon für das Unterbieten der Zeit von 2:06 h mit einer Million Dollar geworben. Dieser Trend, Leistungsverbesserungen mit finanziellen Anreizen zu beschleunigen, hält an. Im Jahr 2007 stellte Haile Gebrselassie (ETH) beim Berlin Marathon mit einer Zeit von 2:04:26 h eine neue Weltbestzeit auf und verbesserte die Weltbestzeit aus dem Jahr 2004 um 29 Sekunden. Die neue Laufzeit entspricht einer durchschnittlichen Geschwindigkeit von 5,64 m/s oder 20,3 km/h. Bei den Frauen beträgt die Weltbestzeit 2:15:25 h; das entspricht einer Geschwindigkeit von 5,18 m/s oder 18,65 km/h.

Aus der Leichtathletik kamen wesentliche Anregungen zur allgemeinen Trainingslehre. Hierzu leistete die Deutschen Hochschule für Körperkultur (DHfK) in Leipzig ab 1953 einen großen Beitrag. Die DHfK entwickelte sich zu einem wichtigen Kulminationspunkt in der praktischen Gestaltung des Trainings im europäischen Raum.

Die Wissensbestände zum Training in der Nachkriegszeit wurde in Deutschland erstmals durch Harre et al. (1957) und in weiteren überarbeiteten Auflagen (Harre, 1969; 1986) publiziert. In der Bundesrepublik erbrachte Nett (1964) erste methodische Erkenntnisse zum Laufsport. Weitere Publikationen zur Trainingslehre, die längere Zeit meinungsbildend waren, erarbeiteten Osolin (1952), Matwejew (1981), Martin (1979), Weineck (1983), Letzelter & Letzelter (1986), Zintl (1989), Martin et al. (1991; 1999), Schnabel et al. (1994, 1998) u. a.

Die Entwicklung der Trainingsmethoden hängt von der Zielstellung in der jeweiligen Sportart ab. Publizierte Trainingspläne von erfolgreichen Sportlern wurden mehrfach nachgeahmt.

Besonders die den Bestleistungen im leichtathletischen Lauf zu Grunde liegenden Trainingsmethoden wurden nachempfunden oder kopiert. Unabhängig von den Ausdauersportarten entwickelten sich natürlich auch die Trainingsmethoden in den Spielsportarten, Zweikampfsportarten, Technisch-kompositorischen Sportarten sowie Maximal- und Schnellkraftsportarten weiter.

Mit Beginn des 20. Jahrhunderts wurden offizielle Rekordlisten in den Laufdisziplinen der Leichtathletik geführt, welche den Leistungsfortschritt exakt dokumentieren (Tab. 1/1).

Tab.1/1:　　*Leistungsentwicklung im Laufen (Stand: Oktober 2007)*

Disziplin	Olympische Sportart (Disziplin)	Erster offizieller Weltrekord (h:min:s)	Geschwindigkeit (m/s)	Weltrekorde, Bestleistungen (h:min:s)	Geschwindigkeit (m/s)	Steigerung (m/s)	Steigerung (%)
Männer							
800 m	1886	1:59,9	7,14	1:41,11 (1997)	7,91	0,77	10,8
1.500 m	1896	3:55,8	6,36	3:26,00 (1998)	7,30	0,94	14,8
5.000 m	1912	14:36,6	5,70	12:37,35 (2004)	6,60	0,89	15,6
10.000 m	1912	30:58,8	5,38	26:17,53 (2005)	6,33	0,95	17,7
Marathon (42,195 km)	1908	2:55:18,4	4,01	2:04:26 (2007)	5,64	1,63	40,1
3.000 m Hindernislauf	1920	8:49,6	5,66	7:53,63 (2004)	6,31	0,65	11,4
Frauen							
800 m	1928 (1960)*	2:16,8	5,85	1:53,28 (1983)	7,06	1,21	20,6
1.500 m	1972	4:17,3	5,83	3:50,46 (1993)	6,50	0,67	11,5
3.000 m	1984**	9:09,2	5,46	8:06,11 (1993)	6,17	0,71	13,0
5.000 m	1996	15:03,36	5,53	14:16,63 (2007)	5,76	0,23	4,16
10.000 m	1988	39:10,0	4,26	29:31,78 (1993)	5,65	1,39	32,6
Marathon (42,195 km)	1984	2:49,40	3,54	2:15:25 (2003)	5,18	1,24	46,3

* Unterbrechung 1932-1956, ** Gestrichen zugunsten 5.000 m, Weltbestleistungen im Marathon

Auf den Laufstrecken erfolgte über drei Generationen eine Leistungsverbesserung von 10-20%. Den größten Fortschritt brachten die Langzeitausdauerleistungen, hier wurden die ersten offiziellen Rekorde im Marathon um 40% bei den Männern und 46% bei den Frauen verbessert. Die aktuellen Rekorde in den Laufleistungen führten im historischen Rückblick zur Entwicklung neuer Trainingssyteme (s. Tab. 2/1 und Kap. 6.3).

Tab. 2/1:   *Entwicklung der Trainingssysteme und Laufleistungen (WR: Weltrekord bzw. Weltbestzeit)*

Trainingssystem	Hauptinhalte, Mittel, Methoden	Zeitraum	Leistungen (Sportler)
Finnische Laufschule Prof. Pihkala	Hoher Trainingsumfang, Dauerlaufmethode (DLM).	1912-1932	P. Nurmi (1924) WR 5.000 m (14:28,2 min) WR 10.000 m (30:06,2 min) L. Lehtinen (1932) WR 5.000 m (14:17 min)
Schwedisches Fahrtspiel (Fartlek). G. Olander	DLM mit Teilstrecken in erhöhter Geschwindigkeit, Gesamtumfang noch niedrig.	1932-1942	G. Hägg (1942) WR 5.000 m (13:58,2 min) T. Mäkki (1939) WR 10.000 m (30:03 min)
Deutsches Tempolauftraining W. Gerschler	Tempodauerlauf (TDL) mit Wiederholungsmethode (WM).	1932-1950	R. Harbig (1936) WR 400 m (46,0 s) und 800 m (1:46,6 min)
Extensive Intervallmethode E. Zatopek	Intervalldauerläufe (40-60 x 200 m oder 20-40 x 400 m), kurze Trabpausen, Intervallstrecken werden kürzer und schneller.	1948-1956	G. Pirie (1956) WR 5.000 m (13:36,8 min) E. Zatopek (1949, 1954) WR 10.000 m (29:28,2 min), WR 5.000 m (13:57,3 min) W. Kuz (1956) WR 10.000 m (28:30,4 min) J. Peters (1954) WR 42,195 km (2:17:39,4 min)
Intensives Intervalltraining (Iharos, Mertens, Eins, Gerschler, Kuz u. a.)	Intensivierung der Intervallmethode; Tempoläufe (TL) in höherer Geschwindigkeit.	1952-1966	W. Kuz (1957) WR 5.000 m (13:35,0 min) WR 10.000 m (28:30,4 min) M. Shigematsu (1965) WR 42,195 km (2:12,0)
Dauerleistungsmethode und Hügellaufmethode (A. Lydiard)	Erhöhung des Umfangs (160-200 km/Woche), bis 7200 km /Jahr., DLM, TDL mit WM, Hügelläufe zur Entwicklung der Kraftausdauer	1953-1972	R. Clarke (1965, 1966) WR 5.000 m (13:16,6 min) WR 10.000 m (27: 39,4 min) L. Viren (1972) WR 5.000 m (13:16,4 min) und 10.000 m (27:38,4 min) D. Clayton (1969) WR 42,195 km (2:08:33)

Tab 2/1:   (Fortsetzung)

Trainingssystem	Hauptinhalte, Mittel, Methoden	Zeitraum	Leistungen (Sportler)
Anwendung aller wirksamen Methoden in sinnvoller Dynamik (Komplexmethodik), Abbau der Dominanz von Einzelmethoden	Marathon: weitere Umfangssteigerung bis zu 250 km/Woche. DLM, TDL, TL mit WM zusätzlich Höhentraining.	1973-1990	S. Aouita (1987) WR 5000 m (12:58,39 min) A. Barrios (1989) WR 10.000 m (27:08,2 min) B. Densimo (1988) WR 42,195 km (2:06:50 h)
Komplexe Methodennutzung mit Zunahme der Trainingsgeschwindigkeit, professionelle Athletenbetreuung, Dominanz ost-afrikanischer Läufer (Höhenbewohner), Kommerzialisierung der Leistungen (Prämien)	Rücknahme der Extremumfänge (Optimierung auf 170-200 km/Woche), DLM, TDL,TL, WM Höhentraining mit intensiven Belastungen, hohe Belastungskomplexität.	1991-2007	K. Bekele (2004) WR 5.000 m (12:37,35 min) und WR 10.000 m (26:17,53 min) P. Tergat (2003) WR 42,195 km (2:04:55 h) H. Gebrselassie (2007) WR 42,195 (2:04:26 h)

Entwicklungstrends der Ausdauerleistungen

Mitte der 80er Jahre des vorigen Jahrhunderts begann der Siegeszug der afrikanischen Läufer im Leistungssport, der bis heute anhält. Die Komplexität im Lauftraining wurde auf empirischer Basis durch europäische Trainer weiterentwickelt. Die Dominanz einzelner Trainingsmethoden wurde besser in die physiologischen Gegebenheiten einschließlich der planmäßigen Organisation von Entlastungszeiträumen eingeordnet. Bei den afrikanischen Läufern hatte sich die frühe Talentsuche, das Gruppentraining und die Trainingsbelastung in mittleren Höhen als sehr leistungsfördernd erwiesen. Eine mehrjährige Beständigkeit auf Weltklasseniveau im Langstreckenlauf zeigen die Nordafrikanischen Läufer *Gebrselassie, Bekele und Tergat.* Talente in den Ausdauersportarten, die der Leistungsentwicklung voraus sind, können über mehrere Distanzen erfolgreich sein. Ein solches Talent war beispielsweise der keniantische Läufer *Henry Rono,* dessen Weltrekorde über 3.000 m,

5.000 m und 10.000 m viele Jahre Bestand hatten und Said Aouita mit Weltklassezeiten von 800 m bis 10.000 m sowie Weltrekorden über 1.500 m und 5.000 m. Die Leistungsentwicklung der Frauen hinkte viele Jahre denen der Männer hinterher. Einen Grund für die Annahme, dass die Frauen nicht ausdauerleistungsfähig seien, lieferte der 800-m-Lauf bei den Olympischen Spielen 1928 in Amsterdam. Nach dem 800-m-Lauf kam es zu dramatischen Zusammenbrüchen nach Passieren des Ziels. Danach wurden längere Laufwettbewerbe für Frauen als nicht zumutbar bzw. gesundheitlich gefährdend angesehen. Das ausgesprochene Verbot für Frauen, längere Ausdauerbelastungen zu absolvieren, wirkte sich auch auf andere Ausdauersportarten aus.

Die ersten Frauen konnten offiziell erst 1980 mit den Männern ihre Ausdauerfähigkeit beim Langtriathlon (Ironman) auf Hawaii zeigen. In einer Zeit von 11:21 h erreichte die Siegerin nach 3,8 km Schwimmen, 180 km Rad fahren und 42,2 km Lauf das Ziel. Die Siegerzeit der Männer betrug 9:24 h.

International setzte sich allmählich die Einsicht durch, dass auch Frauen auf den Langstrecken leistungsfähig sind und sie gesundheitlich nicht gefährdet werden. Damit erfolgten in allen Ausdauersportarten Streckenverlängerungen für Frauen (Skilanglauf, Radsport, Lauf u. a.).

Mit dem offiziellen Start der Frauen 1983 zum Marathonlauf bei den Leichtathletikweltmeisterschaften waren die Frauen gegenüber den Männern auf fast allen Distanzen gleichgestellt (Waitz & Averbuch, 1989).

Im Ausdauerlauf der Frauen gab es am Anfang der 90er Jahre des vorigen Jahrhunderts durch die chinesischen Läuferinnen deutliche Leistungssprünge in den längeren Laufdisziplinen der Leichathletik. Berichte über das Training wiesen aus, dass nach Talentselektion und hartem Gruppentraining unter Internatsbedingungen, Trainingsläufe von wöchentlich 250 km absolviert wurden (Von der Laage, 1994). Nicht auszuschließen ist allerdings, dass das systematische Doping, vor allem mit anabolen Steroiden, zu diesen Leistungssprüngen beigetragen hat.

Vervollkommnung der Ausdauerleistungen aus historischer Sicht

Die Steigerung des Trainingsumfangs war einer der wesentlichen Gründe für die Zunahme der Laufleistungen auf den Mittel- und Langstrecken. Durch die Notwendigkeit, in bestimmten Trainingsabschnitten schneller laufen zu müssen, steigt objektiv der Bedarf an Erholungszeit. Das führte international dazu, dass die Topläufer ihren Gesamtumfang in den Laufdisziplinen der Leichtathletik verminderten.

Die afrikanischen Spitzenläufer trainieren nicht mehr als zwischen 150-170 km pro Woche. Umfänge deutlich über 200 km/Woche machen die Läufer langsamer oder sie fördern sportmethodisch die Grundlage für den Marathonlauf oder Ultramarathonläufe. Die Sportart Triathlon belegt, dass Spitzenathleten eine Gesamtbelastung von 30-40 h/Woche bzw. 1.600 h im Jahr vertragen (Neumann, Pfützner & Berbalk, 2005). Auch die Profis im Straßenradsport bewältigen eine hohe Gesamtbelastung, indem sie jährlich 35.000-40.000 km fahren.

Entsprechend dem Belastungsumfang bzw. der Fortbewegungsgeschwindigkeit verändert sich der Energiebedarf. Dieser kann sich in den Ausdauersportarten zwischen 400-1.000 kcal/Stunde bewegen. Maßgeblichen Einfluss auf die Ausdauerleistungsfähigkeit hatte die Körpermasse. Es ist ein großer Unterschied, ob der Sportler 60 oder 80 kg wiegt und sich mit oder ohne Sportgerät fortbewegen muss. Der Vorteil der afrikanischen im Vergleich zu den europäischen Läuferinnen und Läufer wird heute vor allem im niedrigen Körpergewicht und im besser trainierten Fettstoffwechsel gesehen, wie die Untersuchungen von Saltin et al. (1995) ergaben.

Beim Mehrjahresaufbau der Ausdauerleistung sind Trainingsalter, Leistungsziel auf einer bestimmten Distanz und Systematik im physiologischen Anpassungsprozess zu beachten.

Zur Leistungssteigerung sind prinzipiell mehrere Faktoren zu beachten, die nicht nur im Hochleistungssport wirken. Zu diesen Faktoren gehören Trainingsgeschwindigkeit und die erreichte sportartspezifische aerobe Basisleistungsfähigkeit (Tab. 3/1).

Tab. 3/1: Differenzierung von Läufergruppen

Läufergruppen	Laufumfang (pro Woche)	Laufgeschwindigkeit (GA 2–GA 1)
Laufanfänger (Jogger)	10-20 km	5:30–7 min/km
Fitnessläufer (Jogger, Volksläufer)	20–60 km	4:30–5:30 min/km
Leistungsläufer (Volksläufer, Marathonläufer)	60–120 km	4–5 min/km
Hochleistungsläufer (Laufspezialisten, Marathonläufer)	100–200 km	3–4 min/km

Die Ausdauerleistungen sind gekennzeichnet durch die ständige Weiterentwicklung der Rekorde im Weltmaßstab, der Veränderung der Wettkampfsysteme, der Einführung neuer Techniken und der innovativen Erneuerung der Wettkampfausrüstung. Die internationalen Tendenzen in den Ausdauersportarten weisen eine kontinuierliche Entwicklung der Weltspitzenleistungen aus. In vielen Sportarten und Disziplinen vollziehen sich teilweise bemerkenswerte Verbesserungen in den Spitzenleistungen (Abb. 1/1).

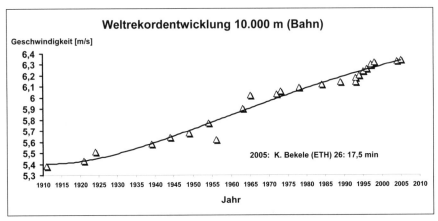

Abb. 1/1:   *Entwicklung des 10.000-m-Weltrekords auf der Bahn; Rekordhalter ist seit*
              2005 in 26:17,53 min Kenenisa Bekele (ETH), der den Rekord von H.
              Gebrselassie (ETH) aus dem Jahre 1998 um 5 s verbesserte.

In fast allen Disziplinen der Ausdauersportarten kommt es zu den Olympischen Spielen und Weltmeisterschaften zur Weiterentwicklung der Spitzenleistungen. In einer Reihe von Sportarten bzw. Disziplinen wurden neue Leistungsdimensionen erreicht, die teilweise über den prognostizierten Entwicklungsraten liegen. Dabei verstärkte sich die Dynamik und Differenziertheit der Leistungsentwicklung in den einzelnen Sportarten und Disziplinen sowie zwischen den Geschlechtern.

Ein besonderer Ausdruck für die Komplexität der physischen Leistungsvorausset-zungen, der sporttechnischen Umsetzung und des optimal an den Sportler ange-passten Wettkampfgerätes ist die Verbesserung des Stundenweltrekords im Bahn-radsport (Abb. 2/1).

Abb. 2/1: *Entwicklung des Stundenweltrekords im Bahnradsport*

Auch bei den Radrundfahrten ist ein Ansteigen der Durchschnittsgeschwindigkeit festzustellen. So nahm die Durchschnittsgeschwindigkeit bei der Tour de France trotz Zunahme des Schwierigkeitsgrades jährlich bis 2005 um 0,3 % zu (Neumann, Pfützner & Berbalk, 2007). Aus heutiger Sicht ist anzunehmen, dass für die enorme Leistungszunahme im Profiradsport ab 1989 eine erhöhte Sauerstofftransportfähigkeit, durch die unerlaubte Zufuhr des Hormons Erythropoetin, mit verantwortlich ist.

In den Sportarten, die durch klimatogeographische Bedingungen beeinflusst werden, vollziehen sich ebenfalls kontinuierliche Leistungssteigerungen. Das betrifft die Skilanglaufwettkämpfe, den Kurz- und Langtriathlon, den Eisschnelllauf u. a. Auch im Kurztriathlon, wo erst seit 1989 Welt- und Europameisterschaften stattfinden, ist ein progressiver Leistungstrend, trotz wechselnder äußerer Bedingungen, belegbar (Neumann, Pfützner & Hottenrott, 2005). Kontinuierliche Leistungsverbesserungen gibt es auch beim Langtriathlon.

Anhand bisher vorliegender Daten gibt es kein Argument, dass gegenwärtig bereits die Leistungsgrenzen erreicht sind. Einige Rekorde sind im Zeitraum von 1970 bis

2007 kritisch zu hinterfragen, weil eine unerlaubte pharmakologische Manipulation nicht auszuschließen ist. Trotzdem wird es zukünftig zu einer weiteren Verbesserung von Weltbestleistungen und Extremleistungen auf rein physiologischer Grundlage kommen.

Zusammenfassung:

Die Olympischen Spiele in der Antike von 776 v. Chr. bis-393 n. Chr. waren indirekt das Vorbild für die Entwicklung des internationalen Leistungssports der Neuzeit. Mit den Olympischen Spielen 1896 in Athen begann die kontinuierliche Entwicklung des leistungsorientierten Sports im Weltmaßstab. Seit der Dokumentation von Weltrekorden zu Beginn des 20. Jahrhunderts haben sich die Leistungen in den Mittelzeitausdauerdisziplinen um bis zu 20 % und in den Langzeitausdauersportarten (z. B. Marathonlauf) um bis zu 40 % verbessert.

Die Zunahme der Leistungen in einer Sportart war entscheidend abhängig vom trainingsmethodischen Fortschritt. Orientierungspunkte bildeten dabei die Analysen angewandter Methoden, welche die Athleten bei bedeutenden Leistungsvergleichen zum Erfolg führten. Gegenwärtig dominieren in den Ausdauersportarten keine Einzelaspekte im Leistungstraining, sondern die Leistungsentwicklung stützt sich auf eine komplexe Trainingsgestaltung und nutzt die Möglichkeit zur Fehlerkorrektur.

2 Wesen und Struktur der Ausdauer

2   Wesen und Struktur der Ausdauer

2.1   Definition der Ausdauer

Die Ausdauer ist eine grundlegende motorische (konditionelle) Fähigkeit. Sie beeinflusst zahlreiche Fähigkeiten des Menschen und tritt in vielfältiger Form in Erscheinung (s. Kap. 2.2). Im alltäglichen Sprachgebrauch versteht man unter Ausdauer das Durchhaltevermögen für eine bestimmte Aufgabe. Im Sport und in der Fachliteratur wird der Ausdauerbegriff sehr weit gefasst. So wird von der Ausdauer des Sprinters (Sprintausdauer), des Mittelstreckenläufers (Schnelligkeitsausdauer) oder des Marathonläufers (Langzeitausdauer) gesprochen. Ein gemeinsames Merkmal der Ausdauer ist die Widerstandsfähigkeit des Sportlers bei beginnender Ermüdung und die verbesserte Erholungsfähigkeit nach sportlichen Belastungen. Je höher die Intensität einer sportlichen Belastung ist, desto früher tritt die Ermüdung auf. Das Ziel des Ausdauertrainings ist die Ermüdung hinauszuschieben und eine bestimmte Leistung oder Geschwindigkeit möglichst lange ohne Unterbrechung durchzuhalten bzw. aufrechtzuerhalten. Deshalb wird die Ausdauer vielfach mit dem Begriff *Ermüdungswiderstandsfähigkeit* charakterisiert (Zintl & Eisenhut, 2004, S. 30). Mit der Zunahme der Ausdauerfähigkeit verbessert sich das Erholungsverhalten. Aus einem verbesserten Erholungsverhalten ist daher auch auf eine erhöhte Ausdauerfähigkeit zu schließen. Ein weiteres Merkmal der Ausdauer im Sport ist die kontinuierliche Beanspruchung der energieliefernden Systeme. Insofern scheint es gerechtfertig, die Ausdauer auch als eine *energetische Fähigkeit* zu kennzeichnen, gleichwohl die Ausdauerleistung nicht allein aus der Nutzung der zur Verfügung stehenden Energie bestimmt wird.

Definition:

Die Ausdauer ist eine konditionelle Fähigkeit, die eine belastungsadäquate Energieversorgung des Organismus sichert, ermüdungsbedingte Leistungs- oder Geschwindigkeitsabnahmen bei sportlichen Belastungen verzögert und Einfluss auf die Erholungsfähigkeit nimmt.

Die Vielzahl bisheriger Begriffsdefinitionen zur Ausdauer (vgl. Wedekind, 1987) verdeutlicht gewissermaßen die Komplexität des Ausdauerbegriffs und die sich daraus ergebene Schwierigkeit in der Formulierung einer allgemein akzeptierten Definition für den Sport.

2.2   Strukturierungsmodelle der Ausdauer

Die Ausdauer ist eine hoch komplexe Fähigkeit, die in vielfältiger Art und Weise in Erscheinung tritt. Eine Strukturierung der unterschiedlichen Erscheinungsformen der Ausdauer nach bestimmten Kriterien (Tab. 1/2.2) trägt zum Verständnis bei und hilft trainingsmethodische Zusammenhänge zu verdeutlichen.

Tab. 1/2.2:   Kriterien der Strukturierung und Erscheinungsformen der Ausdauer

1.   Nach der Arbeitsweise der Skelettmuskulatur

Statische Ausdauer und Dynamische Ausdauer

2.   Nach der vorrangigen Energiebereitstellung

Aerobe Ausdauer und Anaerobe Ausdauer

3.   Nach dem Anteil der beanspruchten Muskulatur

Allgemeine Ausdauer und Lokale Ausdauer

4.   Nach der Zeitdauer der Belastung

Kurzzeitausdauer, Mittelzeitausdauer und Langzeitausdauer

5.   Nach den Wechselbezügen zu den konditioneller Fähigkeiten

Kraftausdauer, Schnellkraftausdauer, Schnelligkeitsausdauer und Sprintausdauer

6.   Nach der Bedeutung für die sportartspezifische Leistungsfähigkeit

Allgemeine Ausdauer und Spezielle Ausdauer

7.   Nach der Einteilung der Belastungsbereiche

Grundlagenausdauer und Wettkampfausdauer

1. Ausdauerkennzeichnung nach der Arbeitsweise der Skelettmuskulatur

Bei der statischen Ausdauer wird die Muskulatur überwiegend durch isometrische (Halte)arbeit beansprucht. In allen Ausdauersportarten dominiert zwar die dynamische Muskelarbeit, allerdings ist für eine vortriebswirksame Bewegungstechnik ein hoher statischer Anteil zur Stabilisierung des Rumpfes und anderer Körperteile unerlässlich. In allen Ausdauersportarten wird die dynamische Ausdauerbelastung durch ein systematisches Stabilisierungstraining ergänzt. Eine hohe statische Ausdauerfähigkeit ist beim Eisschnelllauf und Inlineskating, aber insbesondere bei einzelnen Elementen des Geräteturnens, in bestimmten Kampfsituationen beim Ringen und Judo erforderlich.

2. Ausdauerkennzeichnung nach der vorrangigen Energiebereitstellung

Aus dem Energiestoffwechsel und der daraus resultierenden Substratutilisation werden drei Hauptphasen der Energiebereitstellung und eine Startphase bei hochintensiver Kurzzeitbelastung unterschieden:

Phase 0 = alaktazid-anaerobe Startphase

Phase I = aerobe Phase

Phase II = aerob-anaerobe Phase

Phase III = anaerobe Phase

Bei Beginn intensiver Kurzzeitbelastungen wird in den ersten 10 s die Energie aus dem ATP und Kreatinphosphat (50 % alaktazid) und der Glykolyse (47 %) gewonnen sowie gleichzeitig die aerobe Energiegewinnung aus Glukose (3 %) gestartet. Bereits nach 30 s intensiver Belastung werden 25 % Energie alaktazid, 45 % laktazid und 30 % aerob gewonnen. Nach 90 s intensivster individueller Belastung verteilt sich der Energiegewinn auf 10 % alaktazid, 45 % anaerob und 45 % aerob (McArdle, Katch & Katch, 2001).

In der aeroben Phase wird Sauerstoff zur Gewinnung der Energie aus freien Fettsäuren und Glukose benötigt. Die Belastungsintensität ist hierbei niedrig. In der aerob-anaeroben Phase wird ein Anteil der benötigten Energie aus Glukose mit sehr begrenzter Sauerstoffanwesenheit gewonnen. Dies erfolgt bei mittlerer bis hoher Belastungsintensität. In der anaeroben Phase wird Energie aus Kreatinphosphat und Glukose bei absolutem Sauerstoffmangel gewonnen. Dieser Stoffwechselweg wird bei höchster Belastungsintensität und sehr kurzer Dauer genutzt.

Die qualitative Angabe von niedriger, mittlerer und hoher Intensität ist für eine fundierte, auf die individuellen Voraussetzungen des Sportlers abgestimmte Belastungssteuerung unzureichend. Für ein gezieltes Ausdauertraining muss die Belastungsintensität (Geschwindigkeit, Leistung) für die drei Phasen der Energiebereitstellung exakt bestimmt werden. Die Sportmedizin hat für die Bestimmung der Übergänge, den sogenannten aeroben und anaeroben Schwellen, verschiedene Methoden, Verfahren und Schwellenkonzepte auf der Basis physiologischer Messwerte von Atmung, Blutlaktatkonzentration und Herzfrequenz entwickelt. Die Grundlagen dazu wurden bereits von Hill in den 20er Jahren und Hollmann (Punkt des optimalen Wirkungsgrades der Atmung – PoW) in den späten 50er Jahren des vorigen Jahrhunderts gelegt. Der Begriff „anaerobic threshold" (anaerobe Schwelle) stammt von Wassermann und McIlroy aus dem Jahr 1964 und kennzeichnet nicht den Übergang zur anaeroben Phase, sondern den zur aeroben Phase und bezog sich nur auf die Atmung. Im europäischen Schrifttum kann die anaerobe Schwelle auch als das Niveau eines maximalen Laktat-Steady-State (MLSS) angesehen werden (Heck, 1990). In den letzten Jahrzehnten wurden von verschiedenen Arbeitsgruppen mehr als 40 Modelle mit unterschiedlichen mathematischen und methodischen Zugängen zur Bestimmung der aeroben und anaeroben Schwelle vorgestellt. Pokan et al. (2004) führen in einer Übersicht die am häufigsten angewandten und diskutierten „Schwellenkonzepte" auf (Tab. 2/2.2). Auf die Bestimmung der Herzfrequenzschwelle mit dem Conconi-Test wird im Kap. 7.2.3 ausführlich eingegangen. Zu bemerken ist, dass die Schwellen in ihrer Vielzahl diagnostisch-physiologische Konstrukte sind und die Realität der möglichen Trainingsbelastung zu beschreiben versuchen.

Tab. 2/2.2:   *Schwellenkonzepte auf der Basis der Atemgase, der Laktatkonzentration und der Herzfrequenz am Deflektionspunkt des Conconi-Tests (mod. nach Pokan et al., 2004, S. 40)*

	Atemgase/Ventilation	Laktatkonzentration	Herzfrequenz
	Phase I (aerobe Phase)		
Aerobe Schwelle	**AT** *(anaerobic threshold)* (Wassermann & McIlroy, 1964; Wassermann et al., 1999) **AT** *(V-slope)* (Beaver et al., 1986) **VT 1** (McLeellan, 1985,; Weston & Gabbet, 2001) **VE/VO₂** (Simonton et al., 1988)	**2 mmol/l** (Kindermann et al., 1979) **LT** *(log-log Transformation)* (Beaver et al., 1985) **LT** *(Tiefpunkt Laktatäquivalent)* (Aunola & Rusko, 1988; Berg et al., 1994)	.
	Phase II (aerob-anaerober Übergangsphase)		

Tab. 2/2.2:   *(Fortsetzung)*

	Atemgase/Ventilation	Laktatkonzentration	Herzfrequenz
Anaerobe Schwelle	**RCP** *(resp. comp. point)* (Beaver et al., 1985) **VT 2** (McLeellan, 1985; Weston & Gabbet, 2001) **VE/VCO₂** (Simonton et al., 1988)	**4 ± 1 mmol/l** (Mader et al., 1976) **IAT** *(diffusions-eleminations-Modell)* (Stegmann et al., 1981) **OBLA** (Karlsson & Jacobs, 1982) **LTP** *(lactat turn point)* (Davis et al., 1983) **LMT** *(Laktatsenke)* (Tegtbur et al., 1993) **IAT** *(LT + La 1,5 mmol/l)* (Dickhuth et al., 1999). Eigentlich falsch einsortiert bei Laktat 2,5-3,5	**V_d** *(deflection velocity)* (Conconi et al., 1982) **HR_d** *(heart rate deflection)* Conconi et al., 1996) **HRT** *(heart rate threshold)* (Hofmann et al., 1994; 1997)
Phase III (anaerobe Phase)			

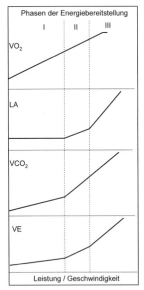

Abb. 1/2.2:   *Die drei Hauptphasen der Energiebereitstellung: VO₂ (Sauerstoffaufnahme), LA (Blutlaktatkonzentration), VCO₂ (Kohlendioxidabgabe), VE (Ventilation = Atemminutenvolumen) (mod. nach Pokan et al., 2004, S. 41)*

In Abb. 1/2.2 werden die Phasenübergänge grafisch dargestellt. Der Übergang von Phase I zu Phase II (= aerobe Schwelle) ist durch einen deutlichen Laktatanstieg über den Ruhelaktatwert, einem überproportionalen Anstieg der Kohlendioxidabgabe (VCO_2) und der Ventilation (VE) gekennzeichnet. Phase II endet mit der anaeroben Schwelle, die das maximale Laktat-Steady-State kennzeichnet. Wird die Leistung bzw. Geschwindigkeit weiter erhöht, akkumuliert die Laktatkonzentration und der Anstieg beschleunigt sich. Um das zusätzlich anfallende Kohlendioxid (CO_2) abzuatmen, erhöht sich zwangsweise überproportional die Ventilation bzw. das Atemminutenvolumen.

Im Leistungssport erfolgt die Differenzierung in aerob, aerob-anaerob und anaerob überwiegend auf der Basis der gemessenen Lakatkonzentration. Die *aerobe Ausdauerbelastung* wird bei einer Laktatkonzentration unter 2 mmol/l und die *aerob-anaerobe Ausdauerbelastung* bei einer Laktatkonzentration über 2 bis 4 mmol/l definiert. Noch höhere Laktatkonzentrationen sollen *anaerobe Ausdauerbelastungen* kennzeichnen (Mader & Heck, 1986). Diese Vorstellung ist aber falsch. Maximale Belastungen über 60 s Dauer werden bereits mit einem überwiegenden aeroben Stoffwechsel erbracht (Medboe & Tabata, 1989), gleichwohl die Laktatkonzentration auf Werte über 10 mmol/l ansteigt. Damit führt diese schematische Zuordnung zu Missverständnissen, da auch unter vollständig aeroben Bedingungen Laktat produziert wird und andererseits bei Laktatkonzentrationen über 6 mmol/l der anaerobe Anteil zur Energiegewinnung geringer ist als der aerobe Anteil. Insofern wird aus trainingsmethodischen Gesichtspunkten für den aerob-anaeroben Beanspruchungsbereich eine Spanne von über 2 bis 6 mmol/l und für den anaerob-aeroben Beanspruchungsbereich von über 6 bis 10 mmol/l in der Laktatkonzentration definiert. Erst bei sehr hohen Laktatkonzentrationen von über 10 mmol/l kann der Begriff anaerobe Ausdauer benutzt, obwohl aus Sicht der Stoffwechselaktivität die Bezeichnung „anaerob" für Laktatkonzentrationen über 10 mmol/l nicht korrekt ist. Selbst bei einer Laktatkonzentration von 20 mmol/l wird noch der aerobe Stoffwechsel beansprucht (vgl. Tab. 1/2.5). Bei stärkster Nutzung des glykolytischen Potenzials kommt es nach der Entleerung der Kreatinphosphatspeicher schnell zum Belastungsabbruch oder deutlicher Geschwindigkeits- bzw. Leistungsverminderung. Aus Sicht der Trainingsmethodik in den Ausdauersportarten kann folgende Differenzierung genutzt werden (Tab. 2/2.2).

*Tab. 2/2.2   Klassifizierung der aeroben und anaeroben Ausdauer bezüglich der Laktat-
konzentration*

aerobe Ausdauer	bis 2 mmol/l Laktat
aerob-anaerobe Ausdauer	>2 - 6 mmol/l Laktat
anaerob-aerobe Ausdauer	>6 - 10 mmol/l Laktat
anaerobe Ausdauer	>10 - 20 mmol/l Laktat

3. Ausdauerkennzeichnung nach dem Anteil der beanspruchten Muskulatur

Nach dem Anteil der bei sportlichen Bewegungen beanspruchten Muskulatur unterschieden Hollmann und Hettinger (2000) zwischen der allgemeinen und lokalen
Ausdauer. Die allgemeine Ausdauer ist durch eine Inanspruchnahme von mehr als
15% der Gesamtmuskulatur gekennzeichnet. Wird weniger Muskulatur beansprucht, dann wird von lokaler Ausdauer gesprochen.

Das Modell von Hollmann und Hettinger (Abb. 1/2.2) differenziert die Ausdauer
weiterhin nach der vorherrschenden Stoffwechselaktivität in aerobe und anaerobe
Ausdauer und nach der Arbeitsweise der Muskulatur in statische und dynamische
Ausdauer. In der methodischen Gestaltung des Trainings hat dieses Modell bisher
nur eine geringe Bedeutung erlangt.

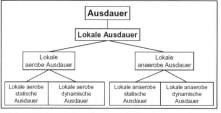 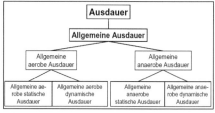

Abb. 1/2.2:   Strukturmodelle der Ausdauer (nach Hollmann & Hettinger, 2000, S. 263)

4. Ausdauerkennzeichnung nach der Zeitdauer der Belastung

Das Differenzierungsmodell der Ausdauer in Kurzzeitausdauer (KZA), Mittelzeitausdauer (MZA) und Langzeitausdauer (LZA) aus sportmethodischer Sicht geht
auf Harre (1970) zurück. Das Modell wurde hinsichtlich der zeitlichen Zuordnung
der Ausdauer nachfolgend von Harre (1979; 2003), Keul (1975), Neumann (1984),
De Mareé und Mester (1991), Hollmann und Hettinger (2000) mehrfach verändert
bzw. erweitert (Tab. 3 / 2.2). Bei diesem Modell werden leistungsbestimmende und
-beeinflussende Ausdauerfähigkeiten nach der Belastungsdauer des Wettkampfes

klassifiziert. Neumann (1984) stellte den leistungsphysiologischen Bezug für die Beanspruchung der Funktionssysteme bei Ausdauerwettkampfleistungen von der Kurzzeitausdauer bis zur Langzeitausdauer IV her. Das zunächst sportartübergreifende Modell wurde später auf die spezielle Beanspruchung der Funktionssysteme in einzelnen Ausdauersportarten angepasst (Neumann & Hottenrott, 2002; Neumann, Pfützner & Hottenrott, 2004; Hottenrott & Urban, 2004). Dies wurde erforderlich, um die spezifischen Anforderungen in der jeweiligen Ausdauersportart zu berücksichtigen, die sich aus der unterschiedlichen Kraft-Zeit-Charakteristik der Bewegungszyklen, der Körperhaltung (aufrecht, sitzend, kniend, liegend) und der spezifischen Sportgeräte ergeben (s. Kap. 2.5). In Abb. 1 / 2.5 wird das Leistungsstrukturmodell für den Langstreckenlauf aufgezeigt.

Tab 3/2.2:   *Einteilungsmodelle der Ausdauer nach der zeitlichen Beanspruchung (KZA: Kurzzeitausdauer, MZA: Mittelzeitausdauer, LZA: Langzeitausdauer)*

Autor	KZA	MZA	LZA
Harre (1971)	45 s – 2 min	3 – 8 min	> 8 min
Keul (1975)	20 s – 1 min	1 – 8 min	> 8 min
Neumann (1984) Harre (1979, 2003)	35 s – 2 min	2 – 10 min	I 10 – 35 min II 35 – 90 min III 90-360 min IV > 360 min
De Marée & Mester (1991)	5 – 10 min	10 – 20 min	> 30 min
Hollmann & Hettinger (2000)			
Aerobe Ausdauer	3 – 10 min	10 – 30 min	30 min
Anaerobe Ausdauer	10 – 20 s	20 s – 1 min	1 – 2 min

5. Ausdauerkennzeichnung nach den Wechselbezügen zu den konditionellen Fähigkeiten

Ein weiteres Differenzierungskriterium ergibt sich aus den Wechselbezügen der Ausdauer zu den konditionellen Fähigkeiten der Kraft und der Schnelligkeit, die unterschiedlichen Einfluss auf die wettkampfspezifische Ausdauerleistung in den einzelnen Ausdauersportarten und deren Disziplinen haben.

In zahlreichen Ausdauersportarten wie Kanurennsport, Rudern, Skilanglauf (Skating), Inlineskating, Eischnelllauf, Schwimmen, Mountainbiking, Straßen- und Bahnradsport tritt die **Kraftausdauerfähigkeit** als bestimmende Komponente der Wettkampfleistung in Erscheinung. Die Kraft bestimmt die konditionelle Leistung im Einzelzyklus und die Ausdauer limitiert den ermüdungsbedingten Abfall der Krafteinsätze.

Die Anforderungen an das Ausmaß des Krafteinsatzes sind in den Sportarten variabel. Sind die Kraftanforderungen bei kurzzeitig aufeinander folgenden azyklischen oder zyklischen Bewegungen submaximal bis maximal, dann wird die *Schnellkraftausdauerfähigkeit* beansprucht. In den Ausdauerdisziplinen wird diese konditionelle Fähigkeit bei Starts, Zwischen- und Endspurts benötigt, wobei das Maximalkraftniveau leistungsbestimmend ist.

Soll der ermüdungsbedingte Geschwindigkeitsabfall bei Wettkämpfen im Kurzzeitausdauerbereich gering sein, dann ist eine gut ausgeprägte *Schnelligkeitsausdauerfähigkeit* erforderlich. Diese spezifische Ausdauerfähigkeit ist für einen Zeitbereich von 10 bis 35 s definiert. Eine ausgeprägte Schnelligkeitsausdauerfähigkeit wird im leichtathletischen 200- und 400-m-Lauf benötigt.

Die *Sprintausdauerfähigkeit* ist eine leistungsbestimmende konditionelle Fähigkeit, wenn im Zeitbereich unter 10 s in kurzen Abständen mehrfach nacheinander maximale Anforderungen an die Schnelligkeit gestellt werden. Eine hohe Ausprägung dieser Fähigkeit benötigen z. B. Mittelfeld- und Angriffsspieler im Fußball, die mehrmals 10-20 m maximal schnell laufen müssen.

6. Ausdauerkennzeichnung nach der Bedeutung für die sportartspezifische Leistungsfähigkeit

Die Unterscheidung der Ausdauer in allgemeine und spezielle Ausdauer geht auf Nabatnikowa (1974, S. 16 u. 20) zurück. Sie definierte die *allgemeine Ausdauer* als die Fähigkeit des Sportlers, lange Zeit eine sportliche Übung auszuführen, die viele Muskelgruppen beansprucht und seine sportliche· Spezialisierung günstig beeinflusst und die *spezielle Ausdauer* als die Fähigkeit des Sportlers, eine spezifische Belastung in einer Sportart im Verlaufe einer bestimmten Zeit auszuführen. Martin et al. (1993, S. 175) definieren hingegen die allgemeine Ausdauer als Grundlagenausdauer, mit den beiden Aufgaben:

- Verbesserung der Voraussetzungen für die aerobe Leistungsfähigkeit unterhalb der aerob-anaeroben Schwelle.
- Ökonomisierung der sportartspezifischen Techniken in den unteren Intensitätsbereichen.

Die spezielle Ausdauer wird als komplexe Fähigkeit bezeichnet, die optimale Ausdauerleistungen sportart- und wettkampfspezifisch mobilisiert.

7. Ausdauerkennzeichnung nach der Einteilung der Belastungsbereiche
Die Entwicklung der komplexen Ausdauerfähigkeit erfolgt in definierten Intensitäts-, Belastungs- bzw. Trainingsbereichen, die aus leistungsdiagnostischen Ergebnissen unter zur Hilfenahme biologischen Messgrößen abgeleitet werden (s. Kap. 9). Folgende Belastungsbereiche werden unterschieden (Neumann et al., 2000):

- Grundlagenausdauerbereiche (GA 1, GA 1-2 und GA 2)
- Kraftausdauerbereiche (KA 1 und KA 2)
- Wettkampfspezifischer Ausdauerbereich (WSA)

Für die Entwicklung der Grundlagenausdauerfähigkeit wird ein GA 1- , GA1-2- und GA 2-Training und für die Entwicklung der Kraftausdauerfähigkeit ein aerobes KA 1-Training und anaerob-aerobes KA 2-Training und für die Ausprägung der wettkampfspezifischen Ausdauerfähigkeit, ein WSA-Training durchgeführt. In der Literatur existieren eine Vielzahl weiterer Modelle zur Einteilung der Ausdauer in Belastungsbereiche (s. Kap. 8).

2.3 Struktur der spezifischen Ausdauerleistung

Allgemeines Bedingungsgefüge der Ausdauerleistung
Jede sportliche Ausdauerleistung ist komplexer Natur, die von einer Vielzahl allgemeiner und spezifischer Faktoren bestimmt wird (Abb. 1/2.3). Großen Einfluss haben das Niveau der speziellen Ausdauerfähigkeit, der Wirkungsgrad der Bewegungstechnik, mentale Fitness und die Renntaktik. Bei Ausdauerwettkämpfen bestimmen Willenskraft, Selbstbewusstsein, mentale Stärke, Motivation und Konzentration den Erfolg. Aber auch die allgemeinen athletischen Voraussetzungen, die spezielle Ernährung und optimale Supplementation beeinflussen die Ausdauerleistung. Nicht zu unterschätzen sind das persönliche Umfeld des Sportlers, die Anforderungen aus Beruf und Familie sowie der Einfluss seiner Betreuer und Trainer. Schließlich wird die Ausdauerleistung von den klimatischen Bedingungen am Wettkampftag, von der Attraktivität und der persönlichen Wertigkeit des Wettkampfes beeinflusst.

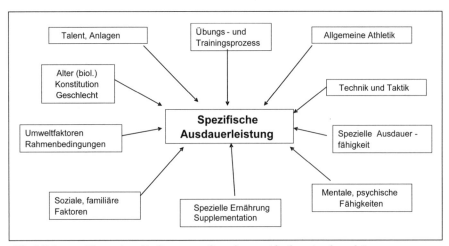

Abb. 1/2.3:   *Allgemeines Bedingungsgefüge der spezifischen Ausdauerleistung*

Ausdauerleistungen stehen in funktionaler Beziehung (f) zur gestellten Aufgabe und dessen Sinnbezug und Bedeutsamkeit für den Sportler (= Aufgabenmerkmale), zu den unterschiedlichen Umwelteinflüssen, die sich aus dem eingesetztem Material, den aktuellen klimatischen Bedingungen, dem sozialem Umfeld, etc. ergeben (= Umweltmerkmale) sowie zu den konstitutionellen, physischen und psychischen Leistungsvoraussetzungen des Sportlers (= Personenmerkmale).

Ausdauerleistung = f (Personen-, Aufgaben-, Umweltmerkmale)

Ausdauerleistungen werden stets in phänomenalen und konzeptuellen Handlungssituationen erbracht, d. h. in einer konkreten Person-Aufgabe-Umwelt-Konstellation.

Insofern spiegelt die erreichte Wettkampfzeit die individuell erbrachte Ausdauerleistung nicht in jedem Fall wieder. Zur Analyse der Ausdauerleistung sind die einzelnen Einflussfaktoren zu erfassen bzw. zu analysieren. Über die sportartspezifische Leistungsdiagnostik wird ein Einblick über das Zusammenwirken der Systeme des Organismus wie Herz-Kreislauf, Atmung, Muskelstoffwechsel im Hinblick auf die Ausdauerleistung gewonnen. Das optimale Zusammenwirken der einzelnen Funktionssysteme muss gebahnt bzw. trainiert werden.

Spezielles Bedingungsgefüge der Ausdauerleistung
Die Frage, welche Ausdauerfähigkeiten in ein spezielles Bedingungsgefüge aufzunehmen sind, hat theoretische Erkenntnisse, empirische Befunde und methodischpraktische Anforderungen gleichermaßen zu berücksichtigen. In der Literatur wird eine Begriffsvielfalt zur Ausdauer angeboten, die oft keinem Strukturmodell zugeordnet werden kann. Für die Ausprägung einer hohen Ausdauerleistung ist die methodische Gestaltung des Übungs- und Trainingsprozesses eine wichtige leistungsbestimmende Komponente. Hierfür ist eine klare trainingsmethodische Begrifflichkeit erforderlich. Deutlich wird dieses Problem beispielsweise bei den Begriffen „Grundlagenausdauer", „allgemeine Ausdauer" und „spezielle Ausdauer" (vgl. Kap. 2.2).

In der Abb. 3/2.3 werden die Komponenten des Übungs- und Trainingsprozesses dargelegt, die zur Entwicklung und Ausprägung der (Wettkampf)spezifischen Ausdauerfähigkeit beitragen. Die Anordnung und Größe der einzelnen Blöcke soll keine Wertigkeit oder einen zeitlichen Bezug darstellen. Das Athletiktraining stellt die Basis für die Entwicklung wettkampfspezifischer Ausdauerfähigkeiten dar und ist für die Spezialisierung des Sportlers notwendig. Zum Athletiktraining zählen das Training der allgemeinen Kraft, der allgemeinen Koordination, der Beweglichkeit und *allgemeinen Ausdauer.* Letzteres wird sportartunabhängig durchgeführt und zielt auf eine allgemeine Verbesserung der kardio-pulmonalen Leistungsfähigkeit, des Energiestoffwechsels sowie der allgemeinen Belastbarkeit. Eine große Bedeutung hat das Athletiktraining im Nachwuchsbereich, in der Übergangsperiode und der allgemeinen Vorbereitungsperiode.
Die *spezielle Ausdauer* ist sportartbezogen und wird mit dem Training der Grundlagenausdauer, der Kraftausdauer, der Schnellkraftausdauer, der Schnelligkeitsausdauer und der Sprintausdauer entwickelt (Abb. 2/2.3). Nicht alle Komponenten müssen zur Ausprägung der speziellen Ausdauerfähigkeit einfließen. Ein Sprintausdauertraining oder Schnellkraftausdauertraining ist für die spezielle Ausdauerentwicklung im Langzeitausdauerbereich nicht erforderlich.

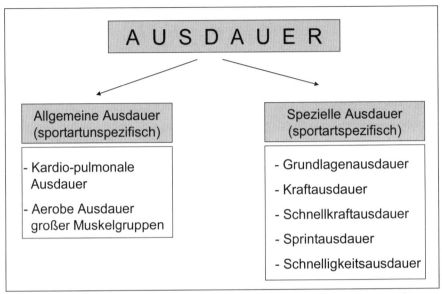

Abb. 2/2.3:   *Unterteilung der Ausdauer in allgemeine Ausdauer und spezielle Ausdauer*

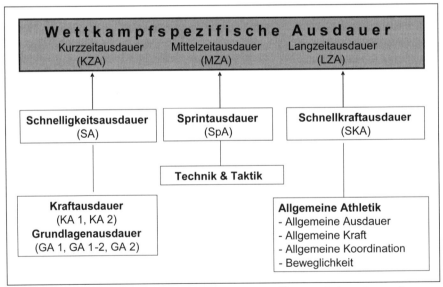

Abb. 3/2.3:   *Trainingsmethodische Struktur zur Entwicklung und Ausprägung der wett-*
            kampfspezifischen Ausdauerfähigkeit

Die wettkampfspezifische Ausdauer wird von der speziellen Ausdauer, der allgemeinen Athletik sowie der Bewegungstechnik und Taktik bestimmt. Sie kann in den Bereichen der Kurzzeitausdauer (30 s bis 2 min), Mittelzeitausdauer (> 2min bis 10 min) und der Langzeitausdauer (>10 min) ausgeprägt werden. Eine der schwierigsten Aufgaben der Trainingsplanung ist es, die Proportionen für das Training der einzelnen Fähigkeiten im Jahresrahmenplan aber auch in den Plänen für den Makro-, Meso- und Mikrozyklus entsprechend der Zielsetzung der Wettkampfleistung im Kurz-, Mittel- und Langzeitausdauerbereich und den individuellen Leistungsvoraussetzungen des Sportlers festzulegen (s. Kap. 5.3). Für die Ausprägung der spezifischen Kurzzeitausdauerfähigkeit sind andere Trainingsproportionen für das Training der Schnellkraftausdauer, der Sprintausdauer der Schnelligkeitsausdauer bzw. der Grundlagen- und Kraftausdauer zu wählen als für die Ausprägung der spezifischen Mittelzeit- oder Langzeitausdauerfähigkeit.

2.4   Wechselbezüge der Ausdauer zu den motorischen Fähigkeiten, zur Technik und Taktik

Die Ausdauerleistung wird primär von der Ausprägung der speziellen Ausdauer bestimmt, die wiederum von den konditionellen Fähigkeiten der *Kraft, Schnelligkeit* und *Beweglichkeit* mit beeinflusst wird. Als wesentliche koordinative Fähigkeiten für die Ausdauerleistung können die *Rhythmusfähigkeit*, die *kinästhetische Differenzierungsfähigkeit*, die *Kopplungsfähigkeit*, die *Anpassungsfähigkeit* und die *Umstellungsfähigkeit* gesehen werden. Gut ausgeprägte koordinative Fähigkeiten erhöhen den Wirkungsgrad der Bewegungstechnik, tragen zur Stabilisierung in der Bewegungsausführung bei und leisten einen Beitrag zur situationsadäquaten Anwendung, Anpassung und Umstellung der individuellen Bewegungstechnik in Training und Wettkampf. Sportartspezifisch trainierte koordinative Fähigkeiten beeinflussen den Ausnutzungsgrad des energetischen Potenzials bzw. der konditionellen Fähigkeiten durch präzisen Krafteinsatz und durch eine energiesparende Entspannung unbeteiligter Muskelgruppen. Bei Ausdauerleistungen muss der Leistungsfaktor Technik/Koordination eine hohe Bewegungsökonomie und -effektivität über eine längere Belastungsdauer sichern und die Ermüdungswirkung verzögern. Der Einfluss gut ausgeprägter koordinativer Fähigkeiten auf die Ausdauerleistung wird unterschätzt bzw. von einigen Wissenschaftlern verkannt (vgl. Hohmann, Lames & Letzelter, 2007, S. 49).

Das taktische Verhalten wird bei der Ausdauerleistung oft unterschätzt und im Training meist nicht trainiert, obwohl nachweislich Wettkämpfe durch eine gute Taktik entschieden werden können. Die koordinativen und konditionellen Fähigkeiten sowie die Bewegungstechnik und Taktik stehen auch in Wechselbeziehung zueinander (Abb. 1/2.4).

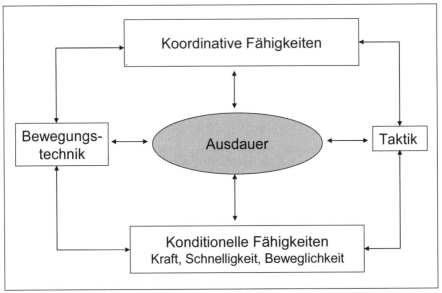

Abb. 1/2.4:   *Vereinfachtes Modell der Wechselbeziehungen der Ausdauer zu den konditionellen und koordinativen Fähigkeiten, zur Bewegungstechnik und Taktik*

In der Dreiecksdarstellung (Abb. 2/2.4) wird der Bezug der Sprintausdauer, der Schnelligkeitsausdauer, der Schnellkraftausdauer, der Kraftausdauer sowie der Kurz-, Mittel- und Langzeitausdauer zu den konditionellen Basisfähigkeiten der Schnelligkeit, Kraft und Ausdauer schematisch verdeutlicht. Mit der Zunahme der zeitlichen Ausdehnung der Ausdauerbelastung nehmen die erforderlichen Anteile von Schnelligkeit und Kraft ab. Die sportartspezifische Ausdauerfähigkeit ist stets an Anteile der Schnelligkeit und Kraft gebunden.

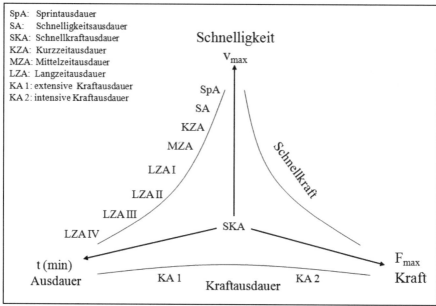

Abb. 2/2.4: Schematische Darstellung des Zusammenhangs der konditionellen Fähigkeiten

2.5 Leistungsstruktur der Ausdauersportarten

Die Leistungsstruktur ist sowohl aus biowissenschaftlicher als auch aus sportmethodischer Sicht ein zentraler Begriff mit großer Konsequenz für die Trainingspraxis. Wenn man im Spitzensport das systematische Ausdauertraining als Weg zur Anpassung der Funktionssysteme des Organismus an eine konkrete sportliche Leistung versteht, so vermittelt die Leistungsstruktur eine Vorstellung davon, was zu trainieren ist und in welcher Beziehung oder Wechselbeziehung einzelne Leistungskomponenten zur Ausprägung der komplexen Wettkampfleistung stehen. Letztlich bestimmt die Leistungsstruktur unter biowissenschaftlichem Aspekt die Trainingsstruktur und zwar langfristig (Leistungsaufbau), mittel- und kurzfristig. Von der Leistungs- und Trainingsstruktur zu unterscheiden sind die hypothetische Prognoseleistungsstruktur (Neumann & Schüler, 1994, S. 26) und die Wettkampfleistungsstruktur als Analyseresultat einer konkreten individuellen Leistung im Wettkampf. Die Leistungsstruktur ist ein Strukturierungsmodell für die Sportartgruppen, Sportarten und Disziplinen, wobei die Struktur der Wettkampfleistung einem stetigen Wandel unterliegt, weil sie nicht nur von biologischen Veränderungen, sondern auch von Veränderungen der Sportgeräte, der Sporttaktik, dem Regelwerk und anderen Faktoren beeinflusst wird. Ein synonym für die Leistungsstruktur ist das Anforderungsprofil der Sportart.

Auch wenn der Einfluss einzelner Faktoren (Komponenten) auf die Leistungsfähigkeit bekannt ist, bereitet es dennoch Schwierigkeiten, ihre Anteile und Wertigkeiten zu bestimmen. Das Bedingungsgefüge der Leistungsstruktur verändert sich zudem in den Sportarten fast ständig, hauptsächlich durch die Entwicklung der Wettkampfleistung.

Die Strukturierung der sportlichen Leistung bildet die Voraussetzung für die Zielplanung des Trainings. Erst auf der Basis gültiger Modelle der Leistungsstruktur lassen sich Handlungsempfehlungen für das sportliche Training ableiten.

Wettkampfleistungen werden in ausgewiesenen Sportarten und Wettkampfdisziplinen vollbracht und unterliegen vereinbarten Reglementierungen. Die Ausrichtung von Wettkämpfen ist an das Regelwerk der nationalen oder internationalen Wettkampfordnung gebunden. Im Reglement sind u. a. Vorgaben bezüglich der Wettkampfdisziplinen, -distanzen und -techniken, der Beschaffenheit der Wettkampfstrecke, des Sportgeräts und der Bekleidung der Sportler enthalten. Je nachdem, ob es sich um einen nationalen oder internationalen Wettkampf, einen Wettkampf im Nachwuchs- oder Spitzenbereich handelt, werden Streckenprofilierung (Höhendifferenzen, Länge und Neigung der Anstiege) und Streckenlänge reglementiert.

Die Struktur der Wettkampfleistung ist gekennzeichnet durch die Relation der Leistungsfaktoren, Teilleistungen auf der Wettkampfstrecke und Kenngrößen des erbrachten sportlichen Leistungsvollzugs.

Die Einflussfaktoren auf die sportliche Leistungsfähigkeit beziehen sich einerseits auf die Person des Sportlers und andererseits auf exogene Einflüsse. Im Einzelnen handelt es sich um das Sportgerät, Ausrüstung, Streckenbeschaffenheit, mögliches Verhalten des Partners oder Gegners oder klimatische Einflüsse.

Nach Gundlach (1980, S. 7) kennzeichnet die Struktur der Leistungsfähigkeit die Wechselbeziehung und den Entwicklungsstand verschiedenartiger Leistungsvoraussetzungen sowie anteiliger, leistungsbestimmender Fähigkeiten der Persönlichkeit des Sportlers und ihre potenzielle Möglichkeit, eine sportartspezifische Wettkampfleistung mit einem bestimmten Niveau zu vollbringen.

Die Struktur der Leistungsfähigkeit umfasst nach Schnabel, Harre und Borde (1994) die Faktorenkomplexe *Konstitution, Kondition, Technik-Koordination, Taktik* und *Persönlichkeit*, die in sich weiter auszudifferenzieren sind. Die Leistungsstruktur einer Sportart bestimmt sich durch die Struktur der Wettkampfleistung und die Struktur der sportlichen Leistungsfähigkeit.

Die Wettkampfstruktur und die Struktur der sportlichen Leistungsfähigkeit bedingen einander, wobei die sportliche Leistungsfähigkeit Voraussetzungscharakter für die Wettkampfleistung hat: Ein bestimmtes Resultat lässt sich nur dann erreichen, wenn die erforderlichen Leistungsvoraussetzungen auf einem entsprechenden Niveau entwickelt sind.

Neumann und Schüler (1994) sehen in der Leistungsstruktur ein Differenzierungsmodell für die Sportarten, welches durch die einzelnen Wissenschaftsdisziplinen unterschiedlich beschrieben wird. Auch wenn die Faktoren mit Einfluss auf die sportliche Leistungsfähigkeit bekannt sind, so fällt es schwer, ihre Wertigkeit und Anteiligkeit zu bestimmen. Das Bedingungsgefüge der Leistungsstruktur ändert sich ständig; Ausdruck dafür ist die anhaltende Leistungsverbesserung in fast allen Sportarten.

Das Bedingungsgefüge der Leistungsstruktur unterliegt in den Sportarten einer ständigen Veränderung. Um diesem Umstand Rechnung zu tragen, ist es zweckmäßig, *Trend- und Modellberechnungen* sowie *Expertenschätzungen* für die Trends künftiger Leistungsentwicklungen in den einzelnen Sportarten vorzunehmen.

Um die zwischen den einzelnen Elementen der Leistungsstruktur bestehenden Zusammenhänge zu quantifizieren, sind Strukturmodelle für die einzelnen Sportarten zu erstellen (vgl. Schnabel et al., 2005). Für eine sportliche Zielgröße werden Einflussgrößen formuliert, die entweder in einem deterministischen oder einem probabilistischen Zusammenhang zur Wettkampfleistung stehen. Ein komplexes Strukturmodell für die Sportart Skilanglauf wurde von Ostrowski und Pfeiffer (2007) auf der Basis empirischer Daten erarbeitet (Abb. 1/2.5).

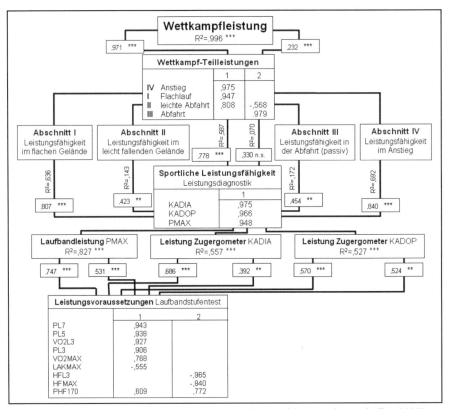

Abb. 1/2.5   Modell der Leistungsstruktur im Skilanglauf (Ostrowski & Pfeiffer, 2007)

Der Unterscheidung der beiden Aspekte der Leistungsstruktur wird in diesem linearen Modell durch die Darstellung in mehreren Ebenen Rechnung getragen. Die zentrale Größe ist die komplexe Wettkampfleistung, welche in der ersten Erklärungsebene durch die vier Teilleistungen auf den Streckenabschnitten und in der zweiten Erklärungsebene durch die Leistungsvoraussetzungskomplexe Ausdauer und Kraftausdauer beschrieben wird. Die zwischen und innerhalb der Ebenen bestehenden Beziehungen werden mittels korrelations- bzw. faktorenanalytischer Verfahren bestimmt. Bezogen auf das vorgestellte Strukturschema bedeutet das: Von den vier Teilleistungen auf den Streckenabschnitten beeinflusst die Anstiegsleistung das Wettkampfresultat im Skilanglauf am stärksten. Die Reduktion der Leistungsstruktur auf das Beziehungsgefüge einzelner Komponenten, losgelöst von der Wettkampfdistanz und der -technik, führt zu Fehlinterpretationen. Die Belastungsdauer bestimmt in den Ausdauersportarten die Leistungsstruktur maßgeblich. Im Modell von Neumann und Schüler (1989) wird die Beanspruchung der Funktionssysteme besonders bezüglich der Belastungsdauer sichtbar. Diese wurde in den folgenden Jahren für einzelne Ausdauersportarten differenziert (Neumann & Hottenrott, 2002; Neumann et al., 2004; Hottenrott & Urban, 2004). In Tab. 1/2.5 werden für unterschiedliche Laufdisziplinen der Kurz-, Mittel- und Langzeitausdauer die Beanspruchung der Funktionssysteme und Substrate dargelegt.

Tab. 1/2.5:   *Beanspruchung der Funktionssysteme und Substrate bei Laufwettkämpfen im Belastungsbereich der Kurzzeitausdauer (KZA), Mittelzeitausdauer (MZA) und Langzeitausdauer (LZA) (nach Neumann & Hottenrott, 2002, S. 121)*

Messgrößen:	KZA 35 s- 2 min 400 m, 800 m	MZA >2 min- 10 min 1.000 m, 1.500 m, 3.000 m, 3.000 m Hind.	LZA I >10 min- 30 min 5.000 m, 10.000 m	LZA II >30 min- 90 min 12 km- 25 km	LZA III >90 min- 360 min 42,2 km- 80 km	LZA IV >360 min 100 km, 160 km, 24 h, 48 h
Herzfrequenz (% HFmax)	95-100	95-100	90-95	85-93	70-90	55-75
Sauerstoffaufnahme (% VO_2 max)	95-100	97-100	88-96	85-93	60-85	50-65
Energiegewinnung % aerob % anaerob	47-60 53-40	70-80 20-30	75-80 20-25	85-90 10-15	97-99 1-3	99 (1)
Energieverbrauch* kcal/min kcal gesamt	59 50-100	45 100-350	34-38 400-800	24-27 850- 2.200	18-23 3.100- 6.480	14-17 6.800- 12.000 (24h)
Laktat (mmol/l)	18-25	16-22	8-14	8-12	1-3	1-2
Freie Fettsäuren (mmol/l)	0,400**	0,400**	0,800	0,900	1,2-2,5	1,8-3,0
Serumharnstoff (mmol/l)	5-6	5-6	6-7	6-8	8-10	9-16
Cortisol (nmol/l)	200- 400**	200-400**	200-500	400-800	500- 1.000	800-1.200

* abhängig von Geschwindigkeit und Körpergewicht ** Stresslipolyse (Adrenalinstress)

3 Modellvorstellungen zur Adaptation an Belastungsreize

Inhalt

3   Modellvorstellungen zur Adaptation an Belastungsreize

3.1   Anpassungsmodelle

Das Training vollzieht sich nach empirisch erarbeiteten Prinzipien, die erstmals systematisch von Harre (1979) aufbereitet wurden. Die inzwischen formulierten 25 Trainingsprinzipien sind kaum Ausdruck allgemein gefestigter theoretischer Grundlagen für den gesamten Trainingsprozess (Schnabel, 2002). Das leistungsorientierte Training aus der Sicht einer Einzelwissenschaft zu beurteilen, ist auf Grund der Komplexität des Trainings nicht mehr gerechtfertigt. Insbesondere dann, wenn das physiologische Element der Anpassung ausgeklammert wird, bewegt sich die Leistungsentwicklung des Sportlers im Zufallsbereich. Der Trainer, der erfolgreich sein möchte, muss möglichst viele Aspekte der Trainingsbelastung und Beanspruchung des Organismus berücksichtigen.

Der Organismus hat die Eigenschaft, sich an veränderte Beanspruchungen anzupassen. Der Begriff der Adaptation wurde vom Anatomen Wilhelm Roux (1895) geprägt, der die Verbesserung von Funktionen durch Anpassung im Organismus mit dem Prinzip der Homöostase in Form einer Aktivitätshypertrophie, beschrieb. Ein überzeugendes Beispiel der Anpassung an sportliche Belastungen war der Nachweis des vergrößerten Herzens bei Skilangläufern, durch den finnischen Arzt Henschen (1899). Damit war der Einfluss physikalisch-mechanischen Denkens in Frage gestellt. Eine Erweiterung der Vorstellung zur Anpassung lieferte Hill (1925), der den Zustand des *„steady state"* beschrieb und darunter die Konstanz von Kreislauf-, Atmungs- und Stoffwechselvorgängen bei der Belastung verstand. Die während der Anfangsbelastung zu wenig aufgenommene Sauerstoffmenge, die als Sauerstoffdefizit bezeichnet wurde, musste nach seinen Vorstellungen als *Sauerstoffschuld* (oxygen debt) nach Beendigung der Belastung nachgeatmet werden. Bei längeren Belastungen (> 5 min) im submaximalen Belastungsbereich (HF < 130/min) sind Sauerstoffdefizit und Sauerstoff-dept nahezu gleich. Erst bei kurzen (< 3 min) hochintensiven Belastungen ist das O_2-dept größer als die O_2-Defizit (Hollmann, 1959; Whipp & Ward, 1990).

Der Begriff der Sauerstoffschuld ist physiologisch nicht mehr zutreffend, weil nach Belastungsende der Herzmuskel und die Atemmuskulatur noch erhöht aktiv sind, das Muskelgewebe infolge Temperaturerhöhung mehr Sauerstoff benötigt und die entleerten Sauerstoffspeicher (Hämoglobin und Myoglobin) aufzufüllen sind. Zudem muss angefallenes Laktat unter Sauerstoffverbrauch der Glukoneogenese zugeführt werden.

Inzwischen wird die Anpassung bzw. Adaptation im Sport als Reaktion des Organismus und seiner Funktionssysteme, in struktureller und funktioneller Sicht, auf gegebene Trainingsreize bzw. Trainingssysteme verstanden. Als klar wurde, dass die Trainingswissenschaft ohne biologische Hintergründe in der Erklärung des Zusammenhangs zwischen Belastung und Beanspruchung nicht mehr auskam, war die Beschreibung des Phänomens der Superkompensation eine willkommene Stütze (Jakowlew, 1977).

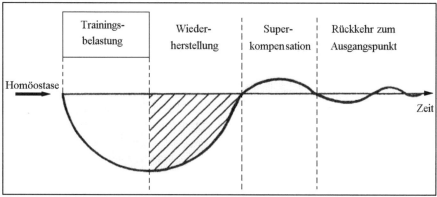

Abb. 1/3.1:   Glykogensuperkompensationsmodell (nach Jakowlew, 1977)

Das aus Tierversuchen stammende einfache Modell der überschüssigen Einlagerung von Glykogen in Muskulatur und Leber nach einer erschöpfenden Belastung, diente über fast drei Jahrzehnte als Denkschema zur Erklärung von Trainingswirkungen oder der Gestaltung der Belastung. Das Phänomen der Superkompensation wurde von einigen Sportwissenschaftlern, unabhängig von seiner Unzulänglichkeit, immer wieder als Erklärungsmuster für die Beschreibung von Trainingseffekten herangezogen und zahlreich modifiziert (Verchoshanskij & Viru, 1990). Eine Zusammenfassung des wissenschaftlichen Disputs zum Modell der Superkompensation wurde von Tschiene (2006) vorgenommen. Er analysierte die vereinfachten und unzulänglichen Beschreibungsversuche einer Trainingstheorie auf der Grundlage der Superkompensationsvorstellung. Zur Erklärung der längerfristigen Auswirkungen regelmäßigen Trainings wurde das Superkompensationsmodell von Jakowlew (1976) und seiner zahlreichen untauglichen Variationen genutzt. Aus heutiger Sicht ist das Superkompensationsmodell entbehrlich, weil es unabhängig von seiner simplen Beschreibung des Trainings und seiner Nachwirkungen, der Realität in der sportartspezifischen Vorbereitung zweckmäßiger Anpassungen in seiner Komplexität nicht gerecht wird.

Kritik übten auch Friedrich und Moeller (1999) am Phänomen der Superkompensation, in dem sie aufführen, dass das Modell keine Alters- und Geschlechtsdifferenzierung, keine Berücksichtigung des erreichten Trainingsniveaus und keine erfassbare objektive Messgrößen ausweist. Auf die differenzierte Anpassung informationeller und konditioneller Prozesse gibt es keine Antwort. Gegenwärtige leistungsphysiologische, sportmedizinische sowie sportwissenschaftliche Erkenntnisse passen nicht in das Superkompensationsmodell und müssten somit ignoriert werden.

Die unterschiedlichsten Graphiken zur Superkompensation in Trainingsbüchern und Fachzeitschriften suggerieren Trainern und Sportlern eine zeitlich exakte Trainingsplanung sowie einen linearen Formanstieg bei Einhaltung des Prinzips von Belastung, Ermüdung und Wiederherstellung mit dem Superkompensationseffekt. Dies entspricht allerdings nicht den realen Gegebenheiten. Das Modell der Superkompensation suggeriert unendlich fortsetzbare Anpassungsmöglichkeiten, die es faktisch nicht gibt.

In der Anpassung an das Training benötigen die beanspruchten Funktionssysteme unterschiedliche Zeiträume zur Wiederherstellung. Beispielsweise sind die Creatinphosphatspeicher nach drei Minuten vollständig gefüllt, hingegen das Muskelglykogen erst nach mehreren Tagen. Die Regeneration der am Kontraktionsvorgang beteiligt Muskelproteine kann Wochen dauern (vgl. Abb. 1/3.2).

Die Anpassungen vollziehen sich in den einzelnen Organen und Funktionssystemen unterschiedlich schnell. Die kürzesten Anpassungszeiträume benötigen die Prozesse der neuromuskulären Informationsübertragung. Sie vollziehen sich wahrscheinlich im Bereich von wenigen Sekunden. Deutlich länger dauern die Anpassungen auf zellulärer Ebene. Bei der strukturellen Anpassung der Skelettmuskulatur werden unterschiedliche Signale für die Steuerung einer spezifischen Genexpression auf molekularer Ebene integriert. Damit es zu einer strukturellen Anpassung kommt, müssen mechanische, metabole, hormonelle und neuronale Signale auf molekularer Ebene integriert werden (Pette, 1999; Flück, 2003; Mairbäurl, 2006).

Die Trainingsplanung ist hierauf abzustimmen, auch wenn noch zahlreiche Unsicherheiten bestehen.

Die Wirkung der Trainingsbelastung und ihre Auswirkung in Form der Anpassung
in den leistungsbestimmenden Organen und Funktionssystemen wurde von zahlreichen Autoren noch sehr allgemein beschrieben (Hollmann & Hettinger, 1990;
Neumann & Schüler, 1994; Engelhardt & Neumann, 1994; Neumann, Pfützner &
Berbalk, 2005 u. a.).
Eine völlig neue Darstellung der sich im Training vollziehenden Anpassungen kam
von Mader (1990). Er versuchte die Auswirkungen des Trainings auf die adaptiven
Strukturen aus der Sicht der auf molekularer Ebene ablaufenden Prozesse, insbesondere der Proteinsynthese, näher zu beschreiben. Erstmals wurden Erkenntnisse
der biologischen Grundlagenwissenschaften auf ein Modell übertragen, welches
den Zusammenhang zwischen Trainingsreizen und den Aufbau bzw. den Abbau
von Strukturproteinen in der Muskulatur beschrieb (Abb. 2/3.1).

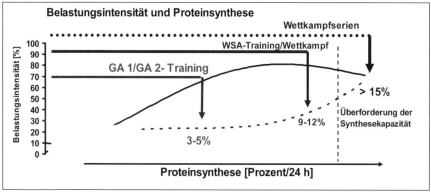

Abb. 2/3.1:   Modell der Proteinsyntheseaktivität in Abhängigkeit von der Belastungsin-
               tensität im Ausdauersport (abgeleitet aus Daten nach Mader, 1990).

Aus diesem Modell ist ableitbar, dass der Organismus nur eine bestimmte Dosis an
Reizen verarbeiten kann. Bei Reizüberforderung dominiert der Proteinkatabolismus und Anpassungen bleiben aus. Wenn das Adaptationspotenzial und die Regenerationszeit für verschlissene Muskelstrukturen überfordert werden, dann kommt
es zu keiner weiteren Leistungsentwicklung. Das Anpassungsniveau wird besten-
falls konserviert. Die Gefahr des Leistungsabbaus besteht vor allem dann, wenn
der Sportler seine individuelle *Anpassungsreserve* (s. Abb. 3/3.1) erreicht hat. Das
individuelle Anpassungspotenzial lässt sich an der Entwicklung der maximalen
Sauerstoffaufnahme (VO_2max) eindrucksvoll belegen. Während die maximale
Sauerstoffaufnahme von untrainierten Männern durchschnittlich 40 ml/kg·min

(Frauen: 35 ml/kg·min) beträgt, erreichen talentierte Ausdauersportler maximal 90 ml/kg·min (Frauen bis 80 ml/kg·min). Diese Höchstwerte werden im Alter zwischen 20 und 40 Jahren erreicht. Der Kurvenverlauf in Abb. 3/3.1 spiegelt die Daten aus Querschnittstudien wider und nicht den individuellen Verlauf im Längsschnitt einer Person über die Lebensspanne. Die VO_2max unterliegt in der Lebensspanne trainingsabhängigen Schwankungen im Bereich der individuellen Anpassungsreserve. So kann beispielweise ein 50-Jähriger, der bisher keinen Ausdauersport ausgeübt hat und eine VO_2max entsprechend dem Altersdurchschnitt aufweist, durch Training seine VO_2max erhöhen und bei Fortführung der Belastung über viele Jahre konstant halten. Abhängig von der Gestaltung des mehrjährigen Trainings kann die Ausdauerleistungsfähigkeit über 20-30 Jahre fast gleich hoch gehalten werden. Diese Aussage beruht auf unveröffentlichen Trainingsanalysen von Altersportlern durch die Autoren.

Physiologische Leistungsreserven und das adaptive Potenzial im Alter lassen sich aus Wettkampfleistungen recht präzise abschätzen. Hierzu ein Beispiel: Der Weltrekord beim 10.000-Meter-Lauf in der Altersklasse der 70-74-Jährigen beträgt bei den Männern 38:04,13 min und bei den Frauen 47:22,51 min. Diese Leistung erfordert eine maximale Sauerstoffaufnahme (VO_2max) von etwa 57 ml/kg·min (Männer) bzw. 51 ml/kg·min (Frauen). Die durchschnittliche VO_2max ausdauertrainierter Herzgesunder im Alter von 70-79 Jahre beträgt nach den Angaben der American Heart Association (Flechter et al., 2001) für Männer 29 ± 7,3 ml/kg·min und für Frauen 25 ± 5,8 ml/kg·min. Die Adaptionsreserve bezogen auf die erreichbare VO_2max kann bei herzgesunden 70-74-Jährigen folglich 100 % betragen. Vergleicht man die Anpassungskapazität junger Erwachsener, so können Sporttalente die Altersnorm der VO_2max durch körperliches Training mehr als verdoppeln (Abb. 4/3.1).

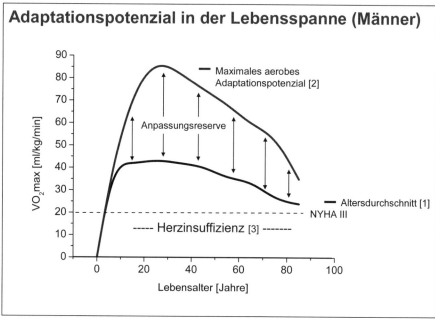

Adaptationspotenzial in der Lebensspanne (Männer)

Abb. 3/3.1:   *Maximales Adaptationspotenzial von hochtalentierten Ausdauersportlern anhand der erreichten maximalen Sauerstoffaufnahme (VO₂max) und der Altersdurchschnitt der VO₂max während der Lebensspanne (Daten nach Angaben der American Heart Association; Fletcher et al., 2001 [1], Hollman & Hettinger, 2000 und Neumann & Hottenrott, 2002 [2] sowie Weber et al.,1987) [3].*

Ein Anpassungsmodell, welches versucht, die Komplexität zwischen Belastung und Beanspruchung des Organismus und seiner Funktionssysteme zu beschreiben, wurde von Neumann (1993) vorgestellt. Das Modell der Anpassung, welches besonders die zeitlichen Abläufe in den organismischen Veränderungen berücksichtigt, gilt vordergründig für das ausdauerorientierte Training (Neumann & Berbalk, 1991).

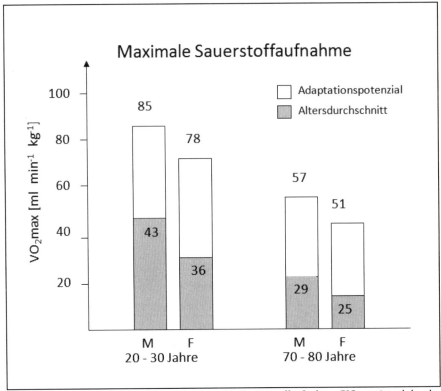

Abb. 4/3.1:   *Altersdurchschnitt der maximalen Sauerstoffaufnahme (VO₂max) und durch leistungssportliches Ausdauertraining erreichbare VO₂max von Männern (M) und Frauen (F).*

Die wesentlichen Anpassungen für die Wettkampfleistung sind vom Anteil des sportartspezifischen Trainings abhängig und weniger von der allgemeinen Trainingsbelastung. Wenn für eine vergleichbare sportliche Leistung ein höherer biologischer Aufwand notwendig wird, dann besteht ein spezifisches Belastungsdefizit, wie Leistungsvergleiche zwischen Langstreckenläufern und Triathleten ergaben (Neumann et al., 2000). Im Leistungssport werden Anpassungen über mehrere Trainingsjahre noch zu wenig über die sportartspezifische Leistungsdiagnostik systematisch erfasst und bewertet.

3.2 Umstellung und Anpassung

Eine sportliche Belastung führt zur Beanspruchung von Organen und Funktionen im Organismus. Der Grad der Beanspruchung hängt von der Größe des Störreizes und vom Trainingszustand ab. Der Organismus des Sportlers verarbeitet die Trainingsbelastungen mit einer zeitlichen Verzögerung von Tagen und Wochen. Die Ermüdung durch das sportliche Training ist ein normaler Zustand und wird vom Organismus überwiegend autoregulativ verarbeitet.

Die Gehirnfunktion ist die Zentrale der Selbstregulation. In den informationsverarbeitenden Gehirnregionen erfolgt der Bewegungsentwurf, der auf stabile motorische Programme zurückgreift. Die in das motorische Programm einbezogen schnell und langsam kontrahierenden Muskelfasern (FTF und STF) werden nerval angesteuert. Die sportartspezifische Motorik wird dabei von zahlreichen leistungsbeeinflussenden Funktionssystemen unterstützt.

Zu den leistungssichernden Systemen gehören: Vegetatives Nervensystem, Herz-Kreislauf-System, Energiestoffwechsel, Hormonsystem, Immunsystem, Temperaturregulation, Wasser- und Elektrolythaushalt u. a. Systeme (s. Abb. 1/4.2).

Das Wohlfühlen beim Training ist kein zuverlässiges Signal für notwendige Entlastungszeiträume. Belastung und Entlastung (Regeneration) sind im Sport zusammenhängende Wirkkomplexe und für Leistungsverbesserungen notwendig. Die entscheidende Voraussetzung für die erhöhte Belastbarkeit eines Sportlers ist die durch Training erreichte Anpassung (Adaptation). Bevor es zur Anpassung kommt, müssen drei Phasen von Zustandsveränderungen im Organismus durchlaufen werden:
- Aktuelle Umstellung,
- Regeneration (Wiederherstellung) und
- Anpassung.

Phase der aktuellen Umstellung:
Bei der Umstellungssituation versuchen die Funktionssysteme die Anforderung im Rahmen ihrer Funktionsamplituden selbstständig zu bewältigen. Das Ausmaß der Funktionsumstellung hängt von Art, Intensität und Dauer der Belastung ab. Die durch Training ausgelösten proteinabbauenden (katabolen) Prozesse im Energiestoffwechsel provozieren die Entwicklung von Strukturveränderungen in den an der Belastung beteiligten Organen. Bevor es aber zur Anpassung kommt, muss der Organismus die Belastungsreize verarbeiten und dadurch werden Funktionsumstellungen und Strukturveränderungen eingeleitet.

Phase der Regeneration (Wiederherstellung)

In der Phase der Regeneration wird die Homöostase der Körperfunktionen für den üblichen Ruhezustand wieder hergestellt. Die Regeneration verläuft in den einzelnen Systemen unterschiedlich schnell ab (Tab. 1/3.2). Die Regeneration von Organen und Geweben ist von Stamm- und Vorläuferzellen abhängig, die bei körperlicher Aktivität mobilisiert werden (Bloch & Brixius, 2006). Neben den bekannten Stammzellen im Knochenmark sind jetzt auch Stamm- und Vorläuferzellen in der Muskulatur nachgewiesen worden, die auch als Satellitenzellen bezeichnet werden. Da intensive oder extreme Muskelbeanspruchungen zu Muskelzellschäden führen, hat die Satellitenzellaktivierung eine große Bedeutung für die Muskelregeneration (Hawke, 2005). Die Regeneration der Skelettmuskulatur ist weiterhin von Knochenmarkszellen abhängig, welche die muskuläre Regeneration unterstützen (Laßarge & Blau, 2002).

Tab. 1/3.2:   Zeitlicher Ablauf der Regeneration nach Ausdauerbelastungen. Zeitliche Durchschnittsangaben, die individuell stark von Dauer und Intensität der Belastung sowie Leistungsfähigkeit beeinflusst werden (mod. nach Neumann, Pfützner & Berbalk, 1999).

Zeitlicher Ablauf der Regeneration nach Ausdauerbelastungen*	
4-6 Minuten	Vollständige Auffüllung der entleerten muskulären Creatinphosphatspeicher.
20 Minuten	Rückkehr von Herzschlagfrequenz und Blutdruck zum Ausgangswert.
20-30 Minuten	Normalisierung der Unterzuckerung (Hypoglykämie); Kohlenhydrataufnahme nach Belastung bewirkt überschießenden Blutzuckeranstieg.
30 Minuten	Erreichen des Gleichgewichtszustandes im Säure-Basen-Haushalt, Laktatkonzentration ist unter 3 mmol/l abgesunken.
60 Minuten	Nachlassen der starken Hemmung der Proteinsynthese beanspruchter Muskulatur.
90 Minuten	Umschlag von der abbauenden (katabolen) in die überwiegend aufbauende (anabole) Stoffwechsellage; verstärkter Proteinumsatz zur Einleitung der Regeneration.
2 Stunden	Erste Wiederherstellung in ermüdeter Muskulatur (Regeneration in gestörten neuromuskulären und sensomotorischen Funktionen).
6 Stunden-1 Tag	Ausgleich im Flüssigkeitshaushalt; Normalisierung des Verhältnisses fester und flüssiger Blutbestandteile (Hämatokrit). Rückbildung der Blutverdickung, Abnahme des Hämatokrits.
1 Tag	Wiederauffüllung des Leberglykogens.
2-7 Tage	Auffüllung des Muskelglykogens in stark beanspruchter oder zerstörter Muskulatur.
3-4 Tage	Wiederherstellung der verminderten Immunabwehr.
3-5 Tage	Auffüllung der muskulären Fettspeicher (Triglyzeride).
3-10 Tage	Regeneration in belastungsgeschädigten Kontraktionsproteinen und Stützstrukturen in überbeanspruchten Muskelfasern.

Tab. 1/3.2: (Fortsetzung)

Zeitlicher Ablauf der Regeneration nach Ausdauerbelastungen*	
7-14 Tage	Reorganisation funktionsgestörter Mitochondrien. Regeneration wichtiger Funktionsenzyme im aeroben Energiestoffwechsel, Normalisierung verminderter Ausdauer- und Kraftausdauerfähigkeit und damit auch der maximalen Sauerstoffaufnahme (VO_2max).
1-3 Wochen	Psychische Erholung vom Belastungsstress. Startfähigkeit zu Wettkämpfen im Bereich der Kurz-, Mittel- und Langzeitausdauer (LZA) I bis II.
4-6 Wochen	Abschluss der Regeneration nach anstrengenden LZA III und IV Belastungen (z. B. Marathonlauf, Langtriathlon, 100-km-Lauf, Mehrfachlangtriathlon). Erneute Startfähigkeit für Langzeitbelastungen.

* Zeitliche Durchschnittsangaben, die individuell stark von Dauer und Intensität der Belastung sowie Leistungsfähigkeit beeinflusst werden.

Im Regenerationszeitraum setzen die anabolen Prozesse im Energiestoffwechsel ein, die Energievorräte werden aufgefüllt, der Säuren-Basen-Haushalt normalisiert, die verschlissenen Zellproteine ausgetauscht, das Immunsystem auf volle Funktionsbereitschaft geführt, die psychische Entspannung eingeleitet u. a. Die Muskulatur muss zur Fortsetzung des Trainings in Bezug auf Dauer und Intensität wieder belastbar sein (Abb. 1/3.2).

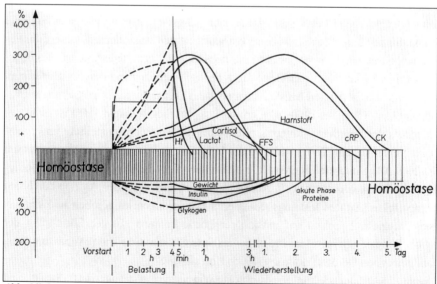

Abb. 1/3.2:   *Auslenkung der messbaren Funktionssysteme nach einer Marathonbelastung von vier Stunden. Während die Mehrzahl der Systeme eine positive Auslenkung erfährt, nehmen nur Glykogen, Insulin sowie akute Phaseproteine ab. Der Wasserverlust führt zur Abnahme des Körpergewichts (nach Neumann, 1993).*

Werden Intensitätsvorgaben qualitativ im Training nicht erreicht, dann war die Regeneration unzureichend. Das Fortführen des Trainings nach unterlassener oder zu kurzer Regeneration verlangsamt den Anpassungsprozess.

Phase der Anpassung

Im Ergebnis eines über Wochen durchgeführten Trainings entwickelt sich ein verändertes Belastungs-Beanspruchungsniveau. Die belastungsbedingten Funktionsumstellungen vollziehen sich stets bei noch ablaufenden Regenerationsprozessen und allmählich zunehmender Anpassung. Während des Trainings überlagern sich Regenerationsprozesse und Zustände der Anpassung. Die in den Organen und Funktionssystemen ablaufende Anpassung dient der Abschwächung störender Trainingsreize und mindert die trainingsbedingte Beanspruchung.

Das Ausschöpfen der Regelbreite der Funktionssysteme durch eine sportliche Belastung führt zur Funktionsumstellung und noch nicht zur Anpassung. Der Anstieg der Herzfrequenz auf beispielsweise 200 Schläge/min kennzeichnet die kardiale Funktionsreserve sowohl von Untrainierten als auch Trainierten. Erst wenn es durch wiederholte Frequenzerhöhungen zur Ausbildung eines Sportherzens kommt, hat sich eine morphologische Organanpassung vollzogen, hinter der eine erhöhte funktionelle Leistungsfähigkeit steht. Der Organismus stellt sich auf neue Funktionszustände allmählich ein. Er organisiert selbstregulierend seine Funktionen und Strukturen um, damit der Funktionsaufwand bei wiederholter Belastungseinwirkung sinkt. Das vergrößerte Herz des Sportlers transportiert im Bedarfsfall mehr Blut zur belasteten Muskulatur und kann zudem in Ruhe im Schongang arbeiten (Reindell et al., 1960). Die erniedrigte Ruheherzfrequenz (HF) ist nicht nur Ausdruck der Sportherzbildung, sondern auch der Funktionsumstellung im vegetativen Nervensystem. Wenn während der Belastung Ausdauertrainierte mit einer um 10-20 Schläge/min niedrigeren HF bei vergleichbarer Leistung oder Geschwindigkeit regulieren, dann ist das ein Ausdruck für den nachlassenden Antrieb durch den Sympathikus. Zu den trainingsbedingten Veränderungen im aeroben und anaeroben Energiestoffwechsel auf muskulärer Ebene konnten mit der Einführung der Muskelbiopsie (Bergström, 1962) bedeutende Erkenntnisse zum Anpassungsverlauf gewonnen werden (Holloszy, 1975; Howald, 1984).

Die im Sport hauptsächlich beanspruchte und auch zuerst angepasste Struktur ist das Muskelgewebe. Von Sehnen, Bändern und Knorpelgewebe wird angenommen, das deren Anpassung um den Faktor 2-3 länger als die des Muskelgewebes dauert.

Die Anpassung verläuft zeitbezogen und lässt sich in vier Stufen abgrenzen (Neumann & Schüler, 1994):

1. Anpassungsstufe: Veränderung im Bewegungsprogramm
In dieser ersten Anpassungsstufe kommt es hauptsächlich zu Veränderungen im Bewegungsprogramm. Bei der sportartspezifischen Belastung werden zunehmend die überschüssigen Bewegungen vermindert, so beim Laufen, Schwimmen, Skilaufen oder Radfahren. Unnötige Mitbewegungen werden in der Sportart eingeengt. Die in das sportartspezifische Bewegungsprogramm rekrutierten schnell (Typ II a und II b) und langsam (Typ I) kontrahierenden Muskelfasern, die FT- bzw. ST-Fasern, gleichen sich in ihrer Aktivierung den Anforderungen an. Elektromyografisch konnte die Anpassung im Nervensystem in der Zunahme des efferenten motorischen Antriebs, im Anstieg der Feuerfrequenz übergeordneter motorischer Einheiten, in der Synchronisation inter- und intramuskulärer motorischer Einheiten, in der erhöhten Exzitabilität motorischer Einheiten sowie in der Abnahme der präsynaptischen Hemmung des Alpha-Motoneurons belegt werden (Aagaard & Thorstensson, 2002).
Der Zustand der motorischen Umstellung und Anpassung bleibt nur bei ständigen Anforderungen erhalten bzw. nimmt bei Ausbleiben der Belastungsreize schnell wieder ab.

2. Anpassungsstufe: Vergrößerung der Energiespeicher
In der zweiten Anpassungsstufe kommt es zur eindeutigen Vergrößerung der Creatinphosphat- und Glykogenspeicher (Kjaehr et al., 2003). Nach kurzzeitigen intensiven, d. h. alaktaziden Trainingsreizen, nehmen die Creatinphosphatspeicher (CP) zu und nach längerem anaerob-aeroben Training steigt der Muskelglykogengehalt an. Die Energiespeicher können sich nur dann vergrößern, wenn durch die sportartspezifische Belastung ein Substratmangel in den beanspruchten Muskeln vorliegt.
Um eine Zunahme der CP-Speicher zu erreichen, ist wiederholtes Training in Serie von nur 6 s Dauer der Einzelbelastung (z. B. 30-m-Läufe) notwendig. Hingegen sind zur Vergrößerung der Glykogenspeicher aerobe Belastungen von 120 min oder aerob-anaerobe Belastungen von 70 min Dauer notwendig. Belastungen unter einer Stunde erhöhen die Glykogenspeicher kaum. Um eine Zunahme der intramuskulären Triglyzeride zu erreichen, sind mehrstündige aerobe Ausdauerbelastungen notwendig.

Wird der Muskel zusätzlich mit Kraftreizen (erhöhter Widerstand) belastet, dann wird er gezwungen, seinen Reaktionsraum für die kontraktilen Strukturen zu vergrößern, er hypertrophiert. Das Wachstum der Myoblasten wird vom Dehnungs-Verkürzungs-Zyklus der Muskulatur gesteuert. Nur zyklisch gedehnte und verkürzte Muskelzellen synthetisierten im In-Vitro-Experiment mehr Proteine (Vandenburg, 1982). Die Proteine, die am Kontraktionsvorgang beteiligt sind, wie Aktin, Myosin und Troponin, werden entsprechend des Widerstandes (Kraft) der Belastungsreize so umgebaut, dass sie den sportartspezifischen Kraftausdauer-Anforderungen besser gerecht werden. Die Neubildung der Kontraktionsproteine wird über die Menge der durch das Training verschlissenen Altproteine bestimmt. Damit sind für die zweite Anpassungsstufe der wiederholte Energiemangel und der Strukturverschleiß in der beanspruchten Muskulatur die hauptsächlichsten Belastungsreize.

3. Anpassungsstufe: Optimierung geregelter Systeme und Strukturen

Im Ergebnis von Umstellung, Regeneration und Adaptation verbessern sich die Arbeitsbedingungen der funktionellen Systeme in den beanspruchten Muskeln. Die Muskulatur ist jetzt erhöht belastbar und sportartspezifisch leistungsfähiger. Sie bekommt von weiteren Organsystemen energetische Unterstützung. Durch die Regulationserfahrung kann sich der belastete Organismus effektiv auf die Anforderung einstellen. Das betrifft besonders die Anteile von Glukose- und Fettsäurenverbrennung bei gegebener Belastungsintensität. Der Ablauf der Anpassung erfolgt weitgehend autonom. Praktizierte Trainingsformen können den Ablauf der Anpassung positiv oder negativ beeinflussen, besonders im ermüdeten Zustand. Ein Schnelligkeits- oder Schnellkrafttraining im ermüdeten Zustand, führt nicht zu deren Verbesserung.

Die Anpassungen im Muskel vollziehen sich vorrangig auf der Ebene der kontraktilen Strukturen und unterschiedlicher Muskelproteine, wie Myofibrillen, Mitochondrien, sarkoplasmatischem Retikulum und Mikrosomen sowie in den unterschiedlichen Systemen der Energielieferung (aerober und anaerober Energiestoffwechsel).

4. Anpassungsstufe: Koordinierung leistungsbeeinflussender Systeme

Zu den leistungsbeeinflussenden Systemen gehören das Zentralnervensystem, das vegetative Nervensystem, das kardiopulmonale System, der Stoffwechsel, das Hormonsystem, das Immunsystem u. a.. Erst eine abgestimmte Funktionsweise dieser Systeme optimiert eine Anpassung. Die Anpassung ist dann abgeschlossen, wenn die neu strukturierten Systeme in der sportartspezifischen Muskulatur eine Harmonisierung erreichen und auf vorgegebenem Belastungsniveau ökonomischer arbeiten.

Das auf die Muskulatur einwirkende zentralnervale Steuerprogramm lässt viele Freiheitsgrade bei der Belastungsgestaltung zu. Das erklärt auch, dass viele sport-methodische Belastungsvarianten, bei individueller Anwendung, erfolgreich sein können. Der wechselnde Zustand in den neuromuskulären Steuerprogrammen äußert sich in den täglichen Formschwankungen, wohlgemerkt, bei gleich bleibendem Anpassungsniveau. Die dem aktuellen Zustand entsprechende Abstimmung der Steuersysteme ermöglicht es, dass der Muskel zur Funktionssicherung von übergeordneten Funktionssystemen eine aktivierende Unterstützung erhält. Für aktivierende Zustände sind das Adrenalin oder das sympathische Nervensystem zuständig. Der Aktivität des Vagus, unterstützt von den Hormonen zur Energieversorgung, führt zur Ökonomisierung von Funktionssystemen.

Die Trainingsbelastung muss nicht nur morphologisch-funktionell, sondern auch psychisch verarbeitet werden. Deshalb hat die mentale Repräsentationsebene (Psyche) beim Zusammenspiel der leistungsbestimmenden Funktionssysteme eine große Bedeutung.

Der Austausch der durch die Belastung verschlissenen Proteinbruchstücke hat in der Anpassung des belasteten Muskels einen zentralen Stellenwert. In Modellberechnungen nimmt Mader (1994) einen Austausch von Aminosäuren in der beanspruchten Muskulatur von 2-6 % an einem Trainingstag an. Der Ersatz verschlissener Muskelproteine von etwa 2 % pro Tag würde bedeuten, dass der gesamte Muskel sich in 50 Trainingstagen in seiner Struktur adaptiv verändert. Die Missachtung der Zeitbezogenheit der Anpassungen im Muskel und das Nicht-Einhalten notwendiger Entlastungszeiträume im Anpassungsprozess sind ein häufiger Fehler in der Trainingspraxis.

3.3 Zeitlicher Ablauf der Adaptation

Da die Anpassung in biologisch vorgegebenen Zeiträumen abläuft, kann sie nicht durch trainingsmethodische Planungskennziffern beschleunigt werden. Erfolgreich sind die Trainer bzw. Sportler, die sich in ihren Planungskennziffern am besten an die biologisch möglichen Anpassungszeiträume halten.

Ein objektives Kriterium für die Zeitbezogenheit der Anpassung ist die Entwicklung der maximalen Sauerstoffaufnahme und Erhöhung der Muskelenzymaktivitäten, worauf Gollnick et al. bereits in den siebziger Jahren des vorigen Jahrhunderts hingewiesen haben (Tab. 1/3.3).

Tab. 1/3.3: *Anpassung der Sauerstoffaufnahme und ausgewählter Muskelenzyme nach 5 Monaten intensivem Ausdauertraining mit einer durchschnittlichen Belastung von vier Stunden pro Woche (nach Gollnick et al., 1973)*

Funktionssysteme	Ausgangswert	Nach Training	Steigerung
Sauerstoffaufnahme (l/min)	3,81	4,40	13 %
Oxidative Enzyme (SDH/ Succinatdehydrogenase; μmol/g)	4,65	9,10	95 %
Glycolytische Enzyme (PFK/Phosphofructokinase; mmol/g)	28,5	59,0	117 %

Eine stabile Adaptation im Muskel läuft viel langsamer ab als allgemein angenommen. Die Trainingsbelastung sollte in kleinen und überschaubaren Schritten erhöht werden. Das angestrebte individuelle Anpassungsniveau ist entscheidend von der Gesamttrainingsbelastung abhängig.

Wenn nach vier bis sechs Wochen Training eine bestimmte Anpassungsstufe erreicht wird, muss die Belastung insgesamt oder in bestimmten Teilinhalten weiter erhöht werden. Neue Reize sind notwendig, damit sich ein höheres Anpassungsniveau einstellt oder ein erreichtes individuell hohes Niveau gehalten werden kann. Die Zunahme stabiler funktioneller und struktureller Leistungsgrundlagen erfolgt im Verlaufe des Leistungstrainings in kleinen Raten. In einer Untersuchung über fünf Jahre an Leistungstriathleten, konnte eine Verbesserung in wesentlichen Funktionssystemen von nur 2-3 % pro Trainingsjahr belegt werden (Neumann & Lang, 2003). Je höher ein erreichter Anpassungszustand ist, desto schneller läuft der Sportler Gefahr, beim Ausbleiben von reizwirksamen Belastungen an Leistungsfähigkeit einzubüßen. Der Aufbau der aeroben Leistungsgrundlagen dauert zeitlich deutlich länger als ihr Abbau bei ausbleibenden oder nachlassenden Belastungsreizen. Bereits nach etwa 10 Ruhetagen ist die Ausdauerleistungsfähigkeit nachweislich reduziert (Hollmann & Hettinger, 2000).

Erste Anpassungsstufe

Die erste Anpassungsstufe benötigt etwa 7-10 Tage (Abb. 2/3.3). Die Sportler bemerken in ein bis zwei Wochen Training, dass ihnen die sportartspezifischen Bewegungen leichter fallen und sie diese flüssiger ausführen. Die Herzschlagfrequenz (HF) reagiert am schnellsten auf eine veränderte Beanspruchung. Sie kann bereits nach 8 Tagen Training signifikant abnehmen (Neumann & Schüler, 1989). Allein beim Lauf kann durch die Verbesserung des Laufstils eine Sauerstoffmenge von 2-5 ml/kg·min eingespart werden.

Im Ergebnis der ersten Anpassungsstufe wird die Homöostase in den Funktionssystemen stabiler; das motorische Steuerprogramm stellt sich auf die zweckmäßige Belastungsbewältigung ein. Die trainingsbedingte Zunahme der Aktivität des Enzyms Glykogensynthetase in der Muskulatur sorgt für die Vergrößerung der Glykogenspeicher. Damit tritt ein Glykogenmangel bei Belastung später auf und die gewählte Leistung oder Geschwindigkeit kann länger aufrechtgehalten werden.

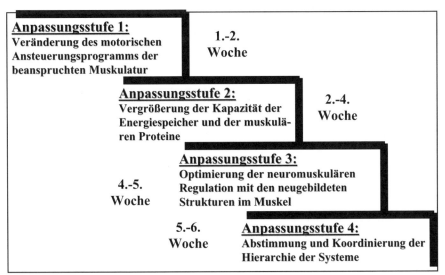

Abb. 2/3.3:   *Darstellung der zeitlichen Folge im Verlauf der Anpassung an sportliches Training (mod. nach Neumann & Schüler, 1994).*

Zweite Anpassungsstufe

Zur Vergrößerung der Energiespeicher wird eine Trainingsdauer von 10-20 Tagen benötigt. Voraussetzung dafür ist, dass die Trainingsbelastung zu energetischen Engpässen über bekannte Zeiträume führt. Das sind beispielsweise beim Creatinphosphat wiederholte Belastungen im Sekundenbereich. Die Glykolyse ist im Zeitbereich von 40-100 s voll aktivierbar. Nach 400-m-Läufen werden Laktatkonzentrationen im Blut von 24 mmol/l erreicht. Bereits nach 60 s hochintensiver Belastung erreicht die aerobe Glukoseoxidation den höchsten Wert. Zu diesem Zeitpunkt kann auch der anaerobe Energiestoffwechsel höchstmöglich beansprucht werden (Medboe & Tabata, 1989). Für die Zunahme des Muskel- und Leberglykogens sind Belastungen von 90-120 min sowie der Triglyceride von mehreren Stunden notwendig. Die entscheidenden Trainingsreize für die Zunahme der kapazitativen Leistungsfähigkeit des Muskels sind der erhöhte Strukturverschleiß (Proteinkatabolismus) und ein länger anhaltender Energiemangel.

Dritte Anpassungsstufe

In der dritten Anpassungsstufe kommt es im Zeitraum von 20-30 Tagen zur Optimierung geregelter Systeme und Strukturen. Voraussetzung dafür ist eine Entlastung in den kapazitativen Anforderungen an den Muskel, d. h., Verminderung der Ausdauerbelastung. Die Funktionsoptimierung in der Muskulatur, bei gerade verbesserter energetischer Versorgung, ist ein störanfälliger Zustand, der zwischen dritter und vierter Trainingswoche eine Entlastung erfordert. Der Gesamtenergieverbrauch muss gesenkt werden; das bedeutet das Umfangstraining für etwa eine Woche zu reduzieren. Dieser Belastungs-Entlastungs-Wochenzyklus von 3:1 hat sich in der Trainingspraxis als erfolgreich erwiesen. Kürzere Zyklen kommen vor allem im Nachwuchstraining zur Anwendung.

Vierte Anpassungsstufe

In der vierten Anpassungsstufe kommt es nach 30-40 Tagen Training zur Koordination der Hierarchie der Funktionssysteme. Der muskuläre Strukturumbau ist Folge zentralnervaler Beeinflussung, aber auch die Voraussetzung für die weitere funktionelle Vervollkommnung und Leistungsverbesserung. Auf einem gegebenen Anpassungsniveau erreicht der Sportler erst nach mehrmaligen Intensivbelastungen bzw. Wettkämpfen seine Höchstleistung. Das ist insbesondere bei Weltmeisterschaften, Meetings oder Olympischen Spielen zu beobachten, wo in kurzer Zeit mehrere Starts notwendig sind. Eine Systemkoordinierung kann in 4-6 Wochen

Leistungstraining abgeschlossen sein und sie erfordert obligat eine weitere Belastungserhöhung bei der zyklischen Trainingsgestaltung.

Der Moment der notwendigen Reizerhöhung ist dann erreicht, wenn funktionsdiagnostisch oder bei Maßnahmen der Belastungssteuerung ökonomisierende Prozesse deutlich werden. Praktisch äußert sich das so, dass bei vergleichbarer Geschwindigkeit oder Leistung die HF deutlich abnimmt oder weniger Laktat gebildet wird. Die Anpassungsfähigkeit an Trainingsreize ist Ausdruck der Adaptabilität, welche die ererbten Eigenschaften und die individuell vorgegebenen Möglichkeiten der Genexpression repräsentiert.

Zusammenfassung:

Das sportliche Training führt zur Beanspruchung des Organismus und verändert bei längerer Einwirkung den Funktionszustand. Der Organismus reagiert bei Einzelbelastungen im Regulationsbereich seiner Funktionssysteme und erholt sich in kurzen Zeiträumen wieder. Erst wiederholte Trainingsbelastungen führen zur Abschwächung funktioneller Störungen des Organismus und damit zur Anpassung (Adaptation). Die Belastungs-Beanspruchungs-Regulationen führen in bestimmten Zeiträumen zur Anpassung. Der angepasste Organismus bewältigt Belastungen besser.

Um den Funktionszustand des Organismus stabil zu verändern und eine Anpassung auszubilden, müssen über 4-6 Wochen regelmäßige Belastungsreize auf ihn einwirken. Die Anpassung vollzieht sich stufenweise. Nach etwa 10 Tagen Training stellen sich die motorischen Steuerprogramme auf die zweckmäßige Belastungsbewältigung ein. Die wiederholte Trainingsbelastung führt dazu, dass sich die Energiespeicher vergrößern und der Sportler sich länger und intensiver belasten kann.

Die Trainingsinhalte entscheiden maßgeblich, welche Energiespeicher (Creatinphosphat, Glykogen oder Triglyzeride) zunehmen. Da die Muskulatur die Trainingsanforderungen auf Dauer nicht allein autoregulativ bewältigen kann, benötigt sie funktionelle Unterstützung von Zentralnervensystem, vegetativem Nervensystem, Stoffwechsel, Hormonsystem und Immunsystem. Zwischen der 3. und 4. Belastungswoche liegt ein instabiler Funktionszustand vor, der eine Reduzierung von energieverbrauchenden Belastungen erfordert. Erreicht wird die Entlastung durch den bevorzugten 3:1 Belastungs-Entlastungs-Zyklus.

Die komplexe Abstimmung der zentral regulierenden und übergreifenden Systeme mit dem sportartspezifischen Bewegungsprogramm dauert beim Leistungstraining etwa 30-40 Tage. Die nach dieser Trainingsdauer erreichte Anpassungsstufe erfordert eine weitere Belastungssteigerung. Nur Belastungssteigerungen sichern den Leistungszuwachs auf höherem Niveau. Die Zunahme der Trainingsbelastung muss sich immer auf das individuelle Niveau der Belastungsverträglichkeit beziehen. Da die Zunahme der funktionellen und strukturellen Leistungsgrundlagen auf stabilem Niveau nur 2-3 % pro Jahr beträgt, ist ein mehrjähriges Leistungstraining obligat. Ausbleibende oder nachlassende Belastungsreize führen in kurzer Zeit zum Formabbau, der schneller erfolgt als der Leistungsaufbau.

4 Belastungs- und Beanspruchungssteuerung im Ausdauersport

4   Belastungs- und Beanspruchungssteuerung im Ausdauersport

4.1   Begriffsbestimmungen

In der Arbeitswissenschaft werden unter *Belastung* alle von außen auf den Menschen einwirkenden Einflussfaktoren subsumiert, welche in der Lage sind, eine Reaktion des Organismus auszulösen (Rohmert, 1983). Aus Sicht der Trainingswissenschaft versteht man unter *Belastung* die Beschreibung der Trainingsarbeit, die bei gleicher Ausprägung zu individuell unterschiedlichen körperlichen und psychischen Beanspruchungen führt (Martin et al., 1993, S. 71; Neumann et al., 2000, S. 25). Die methodischen Steuergrößen der Trainingsbelastung sind Umfang, Dauer, Intensität, Häufigkeit, Dichte und Bewegungsfrequenz. Die Auswirkung der Trainingsbelastungen auf den Organismus des Sportlers können mit biologischen Messgrößen (z. B. Herzfrequenz, Laktat) und psychologischen Skalierungsmethoden (z.B. RPE nach Borg) kontrolliert werden. Sportliche Belastungen führen zu Beanspruchungen der individuellen Fähigkeiten und Fertigkeiten. Dabei ist die individuelle Belastbarkeit unterschiedlich. Die *Belastbarkeit* ist gegeben, wenn die Trainingsbelastung im Funktionsbereich der Organsysteme ohne Einschränkung und Beschwerden ausgeführt werden kann.

Eine eingeschränkte Belastbarkeit liegt vor, wenn aufgrund von chronischen Erkrankungen und Bewegungsschmerzen die Trainingsbelastung nur begrenzt ausgeführt oder aufrechterhalten werden kann. Werden Belastungen im Kontext von Beanspruchung und Belastbarkeit geplant und umgesetzt, können Überbeanspruchungen weitgehend vermieden werden. Im sportlichen Trainingsprozess ist es notwendig, das komplexe Bedingungsgefüge von Belastung und Beanspruchung und deren Beeinflussung durch Belastbarkeit, Leistungsfähigkeit und Ermüdungszustand zu beachten.

Unter *Beanspruchung* ist allgemein jede durch einen äußeren Einflussfaktor hervorgerufene Reaktion des Organismus zu verstehen (Rohmert, 1983). Jede Trainingsbelastung löst eine bestimmte Beanspruchung aus. Andererseits kennzeichnet die Trainingsbeanspruchung die Inanspruchnahme der an der Trainingsbelastung beteiligten Funktionen. Gleiche Trainingsbelastungen können individuell unterschiedliche Beanspruchungen hervorrufen. Damit ist eine Steuerung des Trainings nicht allein über die Belastung, sondern auch über die Beanspruchung möglich.

Die HF ist ein häufig genutzter Indikator der Beanspruchung für das Ausdauertraining. Im Training passen sich die funktionellen Systeme in der Richtung an, in der sie beansprucht werden. Die Erfassung der individuellen Beanspruchungsreaktionen kann mit Hilfe von Beobachtungen (Selbst- und Fremdbeobachtung), Befragungen und Messungen von beanspruchten Funktionssystemen erfolgen. Die sportliche Belastung stellt sehr variable Anforderungen an Körper und Organismus. Der Grad der Beanspruchung äußert sich z. B. in individuellen Veränderungen von Organreaktionen wie Anstieg der Herzfrequenz, Erhöhung des Blutdrucks, Zunahme der Atemfrequenz, Schwitzen, Muskelzittern, Änderung der Körpertemperatur.

Die *Belastungssteuerung* ist ein überwiegend sportmethodisches Verfahren zur individuellen Regulation im Belastungs-Beanspruchungs-Verhalten des Sportlers und ist inhaltlich von der Trainingssteuerung zu unterscheiden. Sie ist eine Subkategorie der Trainingssteuerung.

Unter dem Begriff der *Trainingssteuerung* wird eine kurz-, mittel- und langfristige Einflussnahme auf den Trainingsprozess durch Maßnahmen der Planung, Kontrolle, Auswertung und Korrektur verstanden (vgl. Kap. 5). Eine besondere Aufgabe der langfristigen Trainingssteuerung ist die Planung des Jahres- und Mehrjahreszyklus (z. B. Olympiazyklus). Hingegen befasst sich die Belastungssteuerung mit der Umsetzung und Kontrolle der geplanten Trainingsbelastungen im kurz- und mittelfristigen Zeitbereich.

Bei der Belastungssteuerung werden sportmethodische und biologische Kenngrößen eingesetzt (vgl. Kap. 9).

- Zur *kurzfristigen Belastungssteuerung* gehören Maßnahmen, welche die Reizwirksamkeit der Belastung in jeder einzelnen Trainingeinheit beurteilen helfen. Mit geeigneten biologischen Messgrößen, wie Herzfrequenz und Laktatkonzentration, werden die sportmethodischen Steuermaßnahmen evaluiert.

- Die *mittelfristige Belastungssteuerung* beinhaltet hauptsächlich die Leistungsüberprüfung im Labor oder die Durchführung von Feldtests. Mit diesen Tests wird der erreichte Anpassungs- bzw. Leistungszustand in größeren Zeitabschnitten (4 – 6 Wochen) komplex erfasst und beurteilt. Bevorzugte Methoden sind leistungsdiagnostische Untersuchungen im Labor sowie Testwettkämpfe.

Das trainingsmethodische Konzept der Belastungssteuerung basiert auf der Interaktion zwischen Belastung und Beanspruchung.

Seit den 90er Jahren des vorigen Jahrhunderts ist ein Paradigmenwechsel von der Belastungs- zur Beanspruchungssteuerung erkennbar. Möglich wurde dies durch die verbesserte Kontrolle des Beanspruchungszustandes beim Training mit biologischen Messgrößen. Zusätzliche Sicherheit schafften die Vorgaben definierter Belastungsbereiche und deren Einhaltung durch das Tragen von HF-Messgeräten und trainingsbegleitenden Laktatmessungen.

Die sicherste Methode zur Festlegung von Belastungsbereichen in Ausdauersportarten basiert auf der Laktatbestimmung bei Labor- oder Feldstufentests und der Berechnung der Geschwindigkeit und HF an der aeroben und anaeroben Stoffwechselschwelle (vgl. Kap. 8). Die Umsetzung der leistungsdiagnostischen Ergebnisse erfolgt in den Ausdauersportarten vorwiegend anhand der abgeleiteten Herzfrequenzwerte und weniger nach den ermittelten Leistungs- oder Geschwindigkeitswerten. Die Frage ist, ob die Beanspruchung bei einer Ausdauerbelastung im vorgegebenen Herzfrequenzbereich vergleichbar ist mit einer Ausdauerbelastung im vorgegebenen Geschwindigkeitsbereich. Dazu wurde eine intermittierende Dauerbelastung über 4 x 10 min auf einem über die Herzfrequenz steuerbaren Laufband durchgeführt (Hottenrott & Schwesig, 2006). Die Ergebnisse (Abb.1 /4) zeigten von der 10. bis zur 40. Laufminute eine hoch signifikante Abnahme der Geschwindigkeit von 1,3 km/h bei den Frauen und Männern bei gleicher Belastungsherzfrequenz. Auch die Laktatkonzentration nahm in diesem Zeitraum hoch signifikant um 1,0 mmol/l bei den Frauen und 1,2 mmol/l bei den Männern ab (Abb. 4.1).

Die signifikante Veränderung der Laktatkonzentration bei Dauerbelastungen im Herzfrequenz-Steady-State ist trainingsmethodisch relevant. Bei der Belastungssteuerung nach Herzfrequenzvorgaben wurde dieser Effekt bisher kaum berücksichtigt, obwohl bekannt ist, dass mit zunehmender Belastungsdauer die Anforderungen u. a. an die Thermoregulation, die Muskulatur und das Stütz- und Bewegungssystem steigen und sich dies in einer Erhöhung der Herzfrequenz äußert (Morris et al., 2005).

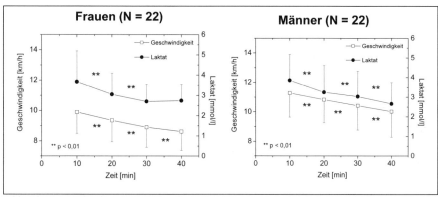

Abb. 1/4.1: *Mittelwerte und Standardabweichungen von Laufgeschwindigkeit und Laktat*
zu den jeweiligen Messzeitpunkten während der 40-minütigen Dauerbelas-
tung auf dem Laufband. Bei konstanter Herzfrequenzvorgabe nehmen Lauf-
bandgeschwindigkeit und Laktatkonzentration bei den untersuchten Männern
und Frauen signifikant ab (nach Hottenrott & Schwesig, 2006, S. 107).

Diese Untersuchung verdeutlicht, dass im Sport zwischen einer belastungs- und
beanspruchungsorientierten Intensitätssteuerung bzw. zwischen kardialen, respiratorischen und metabolischen Steady-State-Aktivitäten unterschieden werden muss.
So korrespondiert das maximale Laktat-Steady-State nicht mit dem gesamten physiologischen Steady-State (Baron et al., 2003). Laplaud et al. (2006) konnten dazu
zeigen, dass sich bei 30-minütigen Dauerbelastungen im Laktat-Steady-State auch
der respiratorische Quotient und die Ventilationsgrößen der Atmung signifikant
verändern.

Das Risiko der Überforderung bei einer beanspruchungsorientierten Intensitätssteuerung mittels der Herzfrequenz ist dadurch reduziert. Dies ist für das fitness-
orientierte Ausdauertraining von Bedeutung. Die abnehmende metabolische Beanspruchung der Muskulatur bei einem herzfrequenzgesteuertem Training kann im
Leistungssport hingegen zur Stagnation der Leistungsentwicklung führen.

Die bisherigen Befunde unterstreichen die Notwendigkeit der Unterscheidung
zwischen Belastung und Beanspruchung.

4.2   Trainingsbelastung und organische Beanspruchung

Belastung und Beanspruchung stehen in Wechselbeziehung zur individuellen Belastbarkeit und Leistungsfähigkeit. Konsequenterweise beansprucht eine mittlere Belastung einen Menschen mit hoher Leistungsfähigkeit nur gering, während die Beanspruchung durch die gleiche Belastung bei einem Menschen mit geringer Leistungsfähigkeit hoch sein wird. Verschiedene Belastungen müssen nicht immer zu unterschiedlichen Beanspruchungen führen. Gleiche Belastungen hingegen lösen in der Regel unterschiedliche Beanspruchungen aus.

Für eine stärkere Individualisierung und Differenzierung von Trainingbelastungen bedarf es der weiteren Aufklärung des Beziehungsgeflechts zwischen Belastung, ihren Wirkungen und den individuellen Voraussetzungen, der Belastbarkeit und der Leistungsfähigkeit.

Sportmedizin und Trainingswissenschaft greifen zur Beurteilung der Beanspruchung auf reproduzierbare und aussagekräftige physiologische Beanspruchungsgrößen zurück. Zu ihnen gehören Herzfrequenz, Blutdruck, Sauerstoffaufnahme, Atemminutenvolumen, Laktat, Serumharnstoff u. a. Die Beanspruchung kann fortwährend z. B. über die Messung der HF oder zeitversetzt, z. B. über die Messung des Serumharnstoffs nach der Belastung diagnostiziert werden (Abb. 1/4.2).

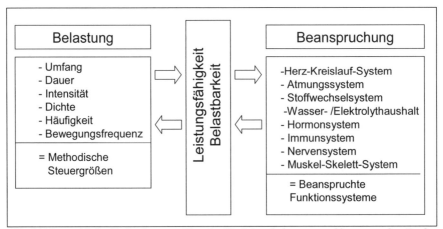

Abb. 1/4.2:   *Methodische Steuergrößen der Trainingsbelastung und beanspruchte Funktionssysteme sowie deren Wechselbeziehung zur Belastbarkeit und Leistungsfähigkeit.*

Für die Trainingsplanung stellt sich die Frage, welche Belastungen unter Berücksichtigung der individuellen Belastbarkeit und Leistungsfähigkeit zur gewünschten organischen Beanspruchung führen soll. Die Trainingsbelastung zeigt sich in ihren Auswirkungen im Grad der Inanspruchnahme von Funktionssystemen. Mit der methodischen Steuergröße Belastung wird im Trainingsprozess, unter Einbeziehung der individuellen Leistungsfähigkeit und der Berücksichtigung der Belastbarkeit versucht, ein bestimmtes Beanspruchungsniveau der Organsysteme zu erzielen. Der Beanspruchungsgrad muss so hoch sein, dass er nach trainingswissenschaftlichen Erkenntnissen für das Erreichen des festgelegten Leistungsziels wirksam wird. Durch die anhaltende Interaktion zwischen Belastung und Beanspruchung ist die kurz- und mittelfristige Belastungssteuerung optimierbar. Damit sind Überbeanspruchungen, bei Kenntnis der individuellen Belastbarkeit, vermeidbar.

In der bisherigen Darstellung wurde die Belastungssteuerung auf die Adaptation von Atmung, Herz-Kreislauf und Muskulatur begrenzt. Im Trainingsprozess kann dies aber zu Problemen führen, nämlich dann, wenn es zu Überbeanspruchungen in anderen Systemen kommt. Hiervon sind häufig das Stütz- und Bewegungssystem (SBS) oder Überforderungen im psychisch-mentalen Bereich betroffen. Die Belastungs-Beanspruchungs-Regulation schließt folglich weitere Funktionssysteme ein.

4.3 Belastung und Beanspruchung des Stütz- und Bewegungssystems

Ausdauertraining führt immer zu einer Beanspruchung des Stütz- und Bewegungssystems (SBS), die sportartspezifisch unterschiedlich hoch ist und von individuellen Leistungsvoraussetzungen und der körperlichen Konstitution mitbestimmt wird. Im Folgenden wird dieser Sachverhalt beschrieben.

Aus *biomechanischer und orthopädischer Sicht* wird unter Belastung die Wirkung von äußeren und inneren mechanischen Kräften verstanden, die bei der Inanspruchnahme des Stütz- und Bewegungs-Systems entstehen. Zu den bedeutenden äußeren Kräften zählen die Gravitationskraft, die Gewichtskraft, die Reibungskräfte und die Bodenreaktionskraft. Innere Kräfte sind Kräfte, die im Inneren von den aktiven und passiven Strukturen des Stütz- und Bewegungs-Systems übertragen werden (Abb. 1/4.3).

Belastung	**Beanspruchung**

Mechanische Belastung
 	
• Äußere Kräfte
- Gewichtskraft
- Schwerkraft
- Bodenreaktionskraft
- Scherkraft
- u.a.
 	
• Innere Kräfte
- Muskelkräfte,
- Kräfte in Sehnen,
  Bändern, Knochen,
  Knorpel
- u.a.
	Gewebebeanspruchung
	• Muskulatur
	• Knochen, Gelenkkapsel
	• Sehnen, Bänder
	
	Formen der Beanspruchung
	• Zug-, Druck-, Biege-, Scher- und
	  Verdrehbeanspruchung
	
	Ausprägung der Beanspruchung
	• Elastische Verformung
	• Plastische Verformung
	• Riss, Bruch

Abb.1/4.3:   *Belastung und Beanspruchung des Muskel-Skelett-Systems bzw. Stütz- und Bewegungssystems*

Diese inneren Kräfte entstehen bei Zugbelastungen an den Sehnen, bei Druckbelastungen auf den Gelenkknorpel oder bei Scherbelastungen auf Gelenke und Knochen. Bezieht man diese inneren Kräfte auf entsprechende Querschnittsflächen, dann ist die Beanspruchung ermittelbar. Je nach Angriffspunkt, Größe und Richtung der Kräfte kann es im Gewebe zu fünf Grundbeanspruchungsarten, der Zug-, Druck-, Biege-, Scher- und Verdrehbeanspruchung, kommen (Baumann, 1994, S. 181; Ballreich & Baumann, 1988, S. 45).

Die zeitliche und räumliche Verteilung der von außen einwirkenden Kräfte entscheidet über den Grad der Deformation bzw. über die Beanspruchung des Gewebes. Überbeanspruchungen gehen mit einer plastischen und damit einer Verformung über den *Hooke'schen Bereich* hinaus (Nigg & Herzog, 1994).

Die Belastbarkeit wird auch von den individuellen Eigenschaften, wie Skelettgeometrie, Knorpel-, Band- und Muskelfestigkeit und den individuellen Leistungsvoraussetzungen (Fähigkeiten, Fertigkeiten) bestimmt. Die Höhe der Beanspruchung wird u. a. von der Richtung der Beanspruchung, von der Geschwindigkeit der Gewebedeformierung und der Belastungsgeometrie determiniert (Abb. 2/4.3).

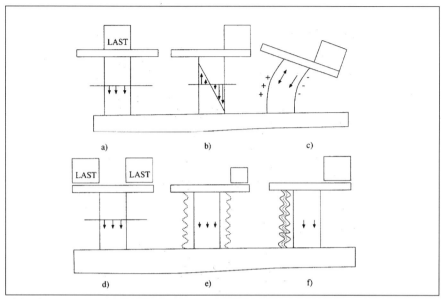

Abb. 2/4.3:   *Bedeutung der Belastungsgeometrie für die Höhe der Beanspruchung und die Prinzipien der Beanspruchungsreduzierung (Lastverteilung, Zuggurtung) (nach Fröhner, 2000, S. 20)*

Eine Änderung der Bewegungsausführung beim Laufen (z. B. Vorfuß- oder Rück-fußlaufen, Überpronation oder Übersupination, Beckenaufrichtung oder verstärkte Ventralkippung des Beckens) wirkt sich unmittelbar auf die Belastung und Bean-spruchung des Stütz- und Bewegungs-Systems (SBS) aus (Abb. 3/4.3). Die Bean-spruchung wird in hohem Maße von der Bewegungsausführung beeinflusst, beson-ders von der Bewegungsfrequenz. Bei gleicher physikalischer Leistung im Rad fahren oder Rudern führt die Veränderung der Bewegungsfrequenz zu einer unter-schiedlichen physiologischen und biomechanischen Beanspruchung. Höherfre-quente Bewegungen steigern den biologischen Aufwand bei der Belastungsbewäl-tigung. In der Regel steigt in den zyklischen Sportarten mit zunehmender Bewegungsfrequenz der Energieumsatz und die Herzfrequenz an. Dies kann sich negativ auf die Bewegungsökonomie auswirken. Für das Erreichen hoher Ge-schwindigkeiten bzw. Leistungen sind jedoch hohe Bewegungsfrequenzen not-wendig (vgl. Hay, 1993).

Abb. 3/4.3:   *Unterschiedliche mechanische Belastung beim Vor- und Rückfußlaufen*

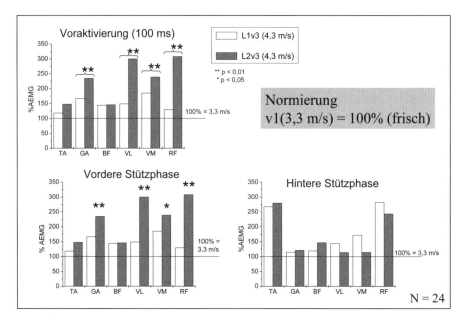

Abb. 4/4.3:   *Muskelaktivität beim Laufen mit 4,3 m/s im frischen (L1v3) und ermüdeten (L2v3) Zustand sowie der Bezug zur Laufgeschwindigkeit zu Testbeginn mit 3,3 m/s (100 % Linie). Dargestellt werden die Mittelwerte des zeit- und amplitudennormierten EMG (% AEMG) für die Beinmuskeln M. tibialis anterior (TA), M. gastrocnemius medials (GA), M. biceps femoris (BF), M. vastus lateralis (VL), M. vastus medialis (VM) und M. rectus femoris (RF) während der Voraktivierung, der vorderen Stützphase und hinteren Stützphase von 24 Ausdauerleistungssportlern (Triathleten, Läufern, Inlineskatern) (Hottenrott, 2001).*

Untersuchungen im Laufen zeigen, dass im ermüdeten Zustand im Vergleich zum Normalzustand die Muskelaktivität bei vergleichbarer Laufgeschwindigkeit höher ist. Bei gleicher Laufgeschwindigkeit steigt die Muskelaktivität nach einer Vorbelastung im Vergleich zum ausgeruhten Zustand signifikant an (Abb. 4/4.3). Die erhöhte Muskelstiffness hatte im ermüdeten Zustand auch Auswirkungen auf die mechanische Belastung des SBS und auf die Bewegungsausführung (Hottenrott & Hoos, 2003).

4.4 Psychische Belastung und Beanspruchung

Eine eindeutige Begriffsbestimmung zur psychischen Belastung und Beanspruchung im Sport ist schwierig. Die Definition der Arbeitswissenschaft zur psychischen Belastung (nach DIN EN ISO 10075-1) kann hier hilfreich sein:

- Belastung ist die Gesamtheit aller erfassbaren Einflüsse, die von außen auf den Menschen zukommen und psychisch auf ihn einwirken.

- Beanspruchung ist die unmittelbare, aktuelle Auswirkung der psychischen Belastung im Individuum in Abhängigkeit von seinen jeweiligen überdauernden und augenblicklichen Voraussetzungen, einschließlich der individuellen Bewältigungsstrategien.

In diesem Sinne wird die Belastung als Einwirkung auf den Menschen von außen verstanden, während die Beanspruchung die individuelle Verarbeitung dieser bedeutet. Die Belastung ist demnach neutral, nur die darauf folgende individuelle Beanspruchung ist beurteilbar.

Im Trainingsprozess ist die psychische Belastung unter sportlicher Betätigung nicht zu vermeiden. Im Wettkampfsport muss der Sportler unter erhöhter psychischer Belastung seine Leistungsfähigkeit abrufen. Zu hohe psychische Belastungen, ausgelöst durch Zeitdruck, Überforderung durch Schule, Beruf und Familie oder eingeschränkte Handlungsspielräume können zum Stress führen und die sportliche Leistung negativ beeinflussen. Stress entwickelt sich aus der subjektiven Widerspiegelung der Anforderungen, die an ein Individuum gestellt werden und den vorhandenen Ressourcen des Individuums. Stress entsteht vor allem dann, wenn die Bedrohungsbewertungen, die sich aus der Anforderung ergeben, die eigene Ressourcenbewertung übersteigt (Hobfoll, 1998).

Die Messbarkeit der psychischen Beanspruchung ist für die Belastungssteuerung und die Leistungsentwicklung von Bedeutung. Durch gezielte Maßnahmen aus dem Bereich des mentalen Trainings (Stoll, 1995) können im Trainingsverlauf psychische Beanspruchungsprozesse initialisiert und Anpassungen erreicht werden. In mehreren Untersuchungen konnte gezeigt werden, dass Ausdauersportler stress-resistenter sind als Nicht-Sportler (Alfermann & Stoll, 1997).

Die praktische Erfassung der Beanspruchung erfolgt durch Belastungsanalysen, subjektive Beanspruchungsanalysen, einschließlich Erhebungen von Empfindungen und Befindlichkeiten. Um die psychische Belastung messbar zu machen, ist es erforderlich, die Komponenten der Belastung zu isolieren und eine Kategorisierung bzw. eine Belastungsgruppierung vorzunehmen; wobei auch zwischen kurzfristigen und langfristigen Belastungsfolgen zu unterscheiden ist. Nicht verarbeitete länger einwirkende starke psychische Belastungen können zu einem körperlichen und psychischen Erschöpfungszustand führen, der auch als Fatigue- oder Burn-out-Syndrom bezeichnet wird (Hobfoll & Shirom, 1993; Burisch, 2006). Typische Merkmale sind eine anhaltende körperliche Schwäche und Abgeschlagenheit trotz ausreichender Schlaf- und Erholungsphasen, eine Überforderung bereits bei geringen körperlichen Belastungen. Das Nichterreichen von gesetzten Leistungszielen, zu hohe persönliche Erwartungen an eigene Leistungen, Überlastungen und Frustationen führen vor allem im Nachwuchsleistungssport zu einem vorzeitigen Ausgebranntsein **(Burn-out)**. Viele Sportler mussten deshalb ihre Karriere frühzeitig beenden.

Die empirische Erfassung der psychischen (mentalen, informatorischen) Belastung und Beanspruchung kann methodisch mit folgenden Ansätzen verfolgt werden:

- Beurteilung durch Trainer und Betreuer
- Versuchsmessungen bei Training und Wettkampf
- Befragung mittels standardisierter Fragebögen zur Erhebung der subjektiv wahrgenommenen Belastung.

Obwohl die Messbarkeit psychischer Belastung und Beanspruchung sich als schwierig erweist (Nachreiner & Schmidtke, 2002) wurden mittlerweile eine ganze Reihe guter und valider psycho-metrischer Verfahren entwickelt, die psychische Belastungen und Beanspruchungsprozesse messen können (vgl. Nübling et al., 2007; Kellmann, 2002).

4.5   Belastungs-Beanspruchungs-Regulation

Neumann und Schüler (1994) stellen das Bedingungsgefüge von Belastung und Beanspruchung als ein System mit vielfältiger Rückkopplung sowie ständiger Korrektur und Neueinstellung der beteiligten Untersysteme dar (Abb. 1/4.5). Die

Belastbarkeit des Organismus lässt sich nicht durch einen statischen Zustand kennzeichnen. Sie wird durch verschiedene Bedingungsfaktoren bestimmt und ist in den Teilsystemen des Organismus unterschiedlich ausgeprägt. Eine hohe Belastbarkeit des kardiovaskulären Systems muss nicht mit einer hohen Belastbarkeit des SBS einhergehen. Da die Belastbarkeit des Sportlers keine feste Größe ist, ändert sie sich während und nach spezifischen Trainingsbelastungen ständig. Die belastungsbedingte Ermüdung führt in den Geweben, Organen und Funktionssystemen zu einer verminderten Belastbarkeit. Bleibt die äußere Belastung unverändert, dann nimmt die Beanspruchung aufgrund zunehmender Ermüdung zu.

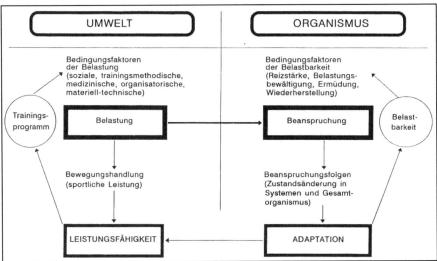

Abb. 1/4.5:   Schematische Darstellung der Regulation von Belastung und Beanspruchung (nach Neumann & Schüler, 1994, S. 19)

Die Belastungs-Beanspruchungs-Regulation ist im Laufe der sportlichen Betätigung so zu gestalten, dass das sportliche Leistungsziel erreicht wird. Eine wichtige Voraussetzung dafür ist die aktuelle Beurteilung des Leistungszustandes und der Belastbarkeit.

4.6   Modulatoren der Belastungs-Beanspruchungs-Interaktion

Die Beanspruchung des Sportlers ist vor allem von der Art und Stärke der Trainingsbelastungen sowie den individuellen Leistungsvoraussetzungen abhängig. Einige Leistungsvoraussetzungen sind veränderbar, andere nicht. Zu den durch Training veränderbaren Eigenschaften zählen Fähigkeiten, Fertigkeiten, Kenntnisse, Motivation und Leistungsbereitschaft. Aber auch äußere Einflüsse, wie Umgebungsbedingungen, Sportgeräte, Ausrüstung, die Beschaffenheit von Trainings- und Wettkampfstätten unterliegen Veränderungen. Wie bereits aufgezeigt, beeinflusst die Ermüdung nicht nur die organische Beanspruchung, sondern auch die mechanische Belastung und Beanspruchung des Muskel-Skelett-Systems. Die mechanische Belastung verändert sich durch eine andersartige Bewegungsausführung im Ermüdungszustand. Die psychische Beanspruchung und Belastung verändert sich bei einwirkenden Trainingsbelastungen variabel. Zu den unveränderbaren Eigenschaften zählen genetische Faktoren, Alter, Geschlecht und anthropometrische Körperbaumerkmale.

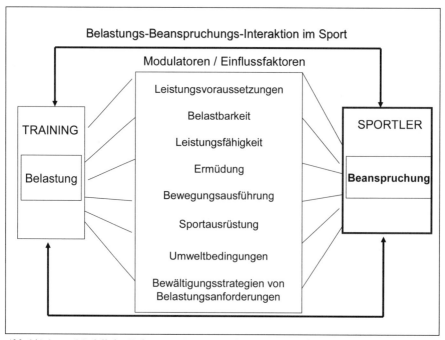

Abb 1/4.6:   *Modell der Belastungs-Beanspruchungs-Interaktion im Sport*

Die Komplexität der Interaktion von Belastung und Beanspruchung ist schematisch in Abb. 1/4.6 aufgezeigt. Danach lässt sich das Beziehungsgefüge zwischen Belastung und Beanspruchung nicht mit einfachen Reiz-Reaktions- oder Input-Output-Modellen erklären. Die Beanspruchung bei Training und Wettkampf wird von einer Vielzahl weiterer endogener und exogener Faktoren moduliert. Je mehr Variablen in ihrem Einfluss erkennbar sind, desto umfassender und präziser kann die Beanspruchung erfasst und Ableitungen für die weitere Gestaltung des Trainings getroffen werden. Die Belastungs-Beanspruchungs-Regulation sollte während der sportlichen Betätigung so gestaltet werden, dass letztlich die Zielstellung (z. B. Zunahme der Leistungsfähigkeit) erreicht wird. Je mehr einwirkende Variablen in ihrer Wirkung bekannt sind, desto umfassender und präziser kann die Reaktion auf die Belastung vorhergesagt sowie Ableitungen für Interventionen im Fitness-, Gesundheits- und Leistungssport getroffen werden.

Aus psychischer Sicht wird die Trainingsbelastung als wenig belastend empfunden, solange sie den körperlichen und psychischen Voraussetzungen des Sporttreibenden entspricht. Bei Überschreiten der individuellen Belastbarkeit treten Ermüdungserscheinungen auf. Sie erfordern zu ihrer Überwindung den verstärkten Einsatz von Leistungsreserven, Beanspruchungs-Bewältigungs-Strategien und Maßnahmen der Ressourcenerhaltung (Coping-Strategien) (Hobfoll, 1998). Nimmt im Training die Ermüdung weiter zu, dann wird die körperliche Aktivität als psychischer oder mentaler Stress erlebt. Bekannterweise wird am Ende eines Marathonlaufs die psychische Belastung anders als auf den ersten Laufkilometern empfunden, obgleich die Laufgeschwindigkeiten bei Belastungsende meist niedriger sind. Bisher ist es nicht gelungen, die Komplexität der Beanspruchungsreaktion umfassend zu quantifizieren. Die Bewertung erfolgt derzeit noch überwiegend ergebnisorientiert bzw. aus der Sicht eines Soll-Ist-Zustand-Vergleichs.

Belastungs- und Beanspruchungsreaktionen verhalten sich dynamisch. Mit der Zunahme der Ermüdung verändert sich nicht nur die Belastung, sondern auch die Beanspruchung. Der Marathonläufer empfindet beispielsweise auf den ersten Laufkilometern eine geringere Muskelbeanspruchung als auf den letzten Kilometern. Beim Langstreckenlauf verändert sich der Energiestoffwechsel nicht nur in Abhängigkeit der Laufgeschwindigkeit, sondern auch mit zunehmender Laufdauer. Wenn die Glykogenspeicher depletiert sind, verringert sich der Anteil des Kohlenhydratstoffwechsels an der Energiebereitstellung drastisch und kompensatorisch steigt der Fettstoffwechselanteil an. Die Folge ist eine Abnahme der Laufgeschwindigkeit.

Wie in Kap. 4.6 bereits erwähnt, muss Belastung und Beanspruchung im Sport als ein komplexes Bedingungsgefüge, das als ein System vielfältiger Rückkopplung sowie ständiger Korrektur und Neueinstellung der beteiligten Subsysteme betrachtet werden. Als kybernetischer Regelkreis ist dieses komplexe Bedingungsgefüge nicht hinreichend erklärbar. Grundsätzlich werden mit dem Belastungs-Beanspruchungs-Modell im Trainingsprozess zwei Hauptziele verfolgt:

- Auf das Individuum bezogene Wirkungen von Sport und Bewegung vorhersagbar, gestaltbar, analysierbar, messbar und beurteilbar zu machen.
- Die Zusammenhänge zwischen Einwirkungen und Auswirkungen in bestimmten Konfigurationen von Sport und Bewegung zu erschließen.

Bei Erkennung und Charakterisierung von Modulatoren zwischen der Trainingsbelastung und der Beanspruchung des Sportlers (s. Abb. 1/4.6) kann das sportliche Training eine verstärkte Individualisierung, Differenzierung und Optimierung erfahren. Der Sportler kann mit Hilfe eines Trainers oder Betreuers seine Trainingsbelastung besser steuern und kontrollieren und erlangt eine erhöhte Selbstständigkeit in der Ausführung. Ein systemdynamisch orientierter Ansatz könnte hierzu eine weitere Aufklärung liefern, auch wenn diese Herangehensweise in der Trainingswissenschaft noch in den Anfängen steht (vgl. Schnabel et al., 2005; Hohmann et al., 2007; Mester & Perl, 2000). Derzeit ist das kybernetische Modell für die Trainingspraxis am besten greifbar.

Im Ausdauertraining sind die Komponenten der Belastung, unter Berücksichtigung der Modulatoren und Einflussfaktoren, so auszuwählen, dass sie der Belastbarkeit des Organismus unter den gegebenen Bedingungen entsprechen. Damit sind die Grundlagen für eine effektive Adaptation gegeben. Gesundheitliche Störungen schränken die Belastbarkeit ein, indem einzelne Funktionssysteme nicht mehr vollständig den Anforderungen entsprechen können. Damit wird die Adaptation an die Belastung behindert. Uneingeschränkte Belastbarkeit erfordert stets eine stabile Gesundheit.

4.7   Selbststeuerung und Handlungskompetenz

Die Auseinandersetzung von Umwelt und Organismus erfolgt selbstorganisierend. Zu den hauptsächlichen funktionellen Systemen im Sport gehören das Herz-Kreislauf-System, das Atmungssystem, das Stoffwechselsystem, das Hormonsystem, das Nervensystem, das Immunsystem, Muskel-Skelett-System sowie der Wasser- und Elektrolythaushalt (vgl. Abb. 1/4.1). Sie regulieren ihren Zustand und ihre Veränderungen bei Störeinflüssen selbständig, wobei das Gesamtsystem Organismus-Umwelt spezielle Ordnungssysteme und -strukturen annimmt und aufrechterhält. Besondere Bedeutung für das Gesamtsystem kommt jenen hochkomplexen Informationen zu, die im Gehirn des Menschen die Ereignisse, Zustände und Empfindungen der Vergangenheit und Gegenwart repräsentieren und die Voraussetzungen für den probalistischen Entwurf künftiger Handlungen schaffen. Von diesem Bereich mentaler Repräsentation wird unbewusst und/oder bewusst das Verhalten des Organismus bei der Durchsetzung seiner Ziele gesteuert. Insofern kann der Sportler in Training oder Wettkampf zeitlich begrenzt wesentlich höhere Anforderungen an seinen Organismus stellen.

Die Handlungskompetenz des Sportlers zur Selbststeuerung des Trainings gewinnt in der Auseinandersetzung mit einer beanspruchungsorientierten Trainingskontrolle an Bedeutung und ermöglicht Korrektive. Eine Verbesserung der Trainingsqualität ist möglich, wenn die individuelle Belastungs-Beanspruchungs-Struktur bei der Planung und Ausführung des Trainings berücksichtigt wird.

5 Das Trainingssystem in Ausdauersportarten

5   Das Trainingssystem in Ausdauersportarten

5.1   Die Komponenten des Trainingssystems

Das zielorientierte sportliche Training ist ein komplexer Handlungsprozess, bestehend aus einer Vielzahl von Elementen, die in der Planung, Ausführung sowie Auswertung des Trainings zusammenfließen und für die Trainings- und Belastungssteuerung unabdingbar sind. Dieser Handlungsprozess ist darauf ausgerichtet, die Entwicklung der sportlichen Leistungsfähigkeit planmäßig herauszuarbeiten. Training wird mit dem Anspruch von Systematik, Planmäßigkeit und Nachhaltigkeit als ein System mit vielfältigen Wechselwirkungen zwischen den einzelnen Elementen aufgefasst. Demnach erfordern der systemische Charakter des Trainings und die Ausprägung der Wettkampfleistung ein vernetztes Denken.

Fortschritte in der Trainingssteuerung werden dann erzielt, wenn es gelingt, wesentliche Elemente der Trainingssteuerung als Wirkungskette, unter Beachtung sportartspezifischer Bedingungen, konsequent zum Tragen zu bringen. Im Spitzensport wurde dafür ein **Trainer-Berater-System** geschaffen, dessen Wirkungsweise auf sportartspezifischen Informationen der Wettkampfanalyse, komplexen Leistungsdiagnostik und Trainingsanalysen beruht (Hohmann et al., 2007; Pfützner & Sell, 2007). Die für den Trainer/Sportler bereitgestellten Ergebnisse müssen verständlich sowie praxis- und zeitbezogen sein, um Trainings- und Wettkampfentscheidungen beeinflussen zu können.

Das Zusammenführen von leistungsdiagnostischen und trainingsanalytischen Ergebnissen sowie das Treffen von fundierten Trainingsentscheidungen sind für die Trainingssteuerung unabdingbar. Beurteilungen von trainingsbedingten Anpassungen sind ohne detaillierte Kenntnis des Trainings unvollkommen. Die Trainingsprotokollierung ist Voraussetzung für richtige Trainingsentscheidungen. Folgerungen für künftige Trainingsanforderungen sind nur möglich, wenn die Teile der Wirkungskette der Trainings- und Belastungssteuerung sinnvoll miteinander verbunden werden.

Die Qualität der Trainingsentscheidung hängt davon ab, wie es im Vorfeld gelingt, leistungsdiagnostische und trainingsanalytische Ergebnisse zusammenzuführen und aufzubereiten. Die Komplexität des Trainingssystems wird in Abb. 1/5.1 verdeutlicht.

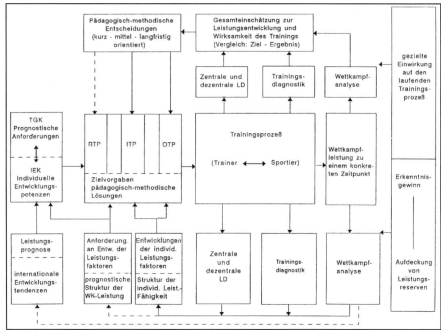

Abb. 1/5.1:   *Gesamtprozess der Leistungs- und Trainingssteuerung (mod. nach Reis & Meinelt, 1983, S. 8). RTK: Rahmentrainingsplan, ITP: Individueller Trainingsplan, MAZ: Makrozyklus, MEZ: Mesozyklus*

5.2 Elemente der Trainingsplanung, -ausführung und -auswertung

Aus der Komplexbetrachtung des Trainingssystems werden nachfolgend die entscheidenen Elemente der Trainingsplanung, -ausführung und -auswertung näher beleuchtet (Abb. 1/5.2). Aus der Abbildung wird ersichtlich, dass die einzelnen Elemente nicht isoliert zu betrachten sind, sondern in dynamischer Wechselbeziehung zu anderen Elementen stehen. Die Durchführung des Trainings setzt eine fundierte Planung und Auswertung voraus.

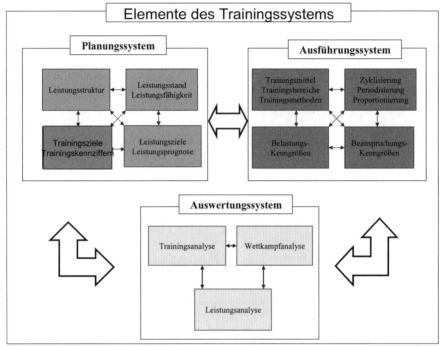

Abb. 1/5.2:   Elemente des Trainingssystems in Ausdauersportarten

Trainingsplanung

Um individuelle Trainingspläne aufzustellen und eine differenzierte, fähigkeitsorientierte Planung einzelner Belastungskomponenten vornehmen zu können, sind Kenntnisse zur Trainingsmethodik, zur Leistungsstruktur und zu Anpassungsprozessen notwendig.

Im komplexen Trainingssystem steht das Planungssystem in Interaktion zum Auswertungs- und Ausführungssystem. Die gewonnenen Erkenntnisse aus dem Trainingsprozess sowie der Trainings-, Wettkampf- und Leistungsanalyse sollten in die Planung einfließen. Der Trainingsplan ist Ausgangspunkt für die Realisierung von Trainingsbelastungen bzw. aller gesteuerten Trainingshandlungen.

Die Trainingsplanung muss eine Vielzahl von Einflussgrößen berücksichtigen. Wesentliche Bedeutung für die Erstellung einer Trainingsrahmenkonzeption haben die Leistungsstruktur bzw. das Anforderungsprofil der Sportart, die Leistungsentwicklung, Leistungsprognose und aktuelle Leistungsfähigkeit des Sportlers sowie die kurz-, mittel- und langfristigen Trainingsziele. Die Kenntnisse über die Leistungsstruktur (s. Kap. 2.5) und deren Zusammenhänge tragen dazu bei, den Trainingsprozess effektiv zu gestalten. Damit sind Fehlentwicklungen beim langfristigen Aufbau der sportlichen Leistung (s. Kap. 11) vermeidbar.

Bei der Erstellung der Trainingsstruktur oder des konkreten Trainingsplans sind die Trainingskennziffern (Belastungsumfang, -intensität) so festzulegen, dass optimale Beanspruchungen im Sinne einer zielgerichteten Beeinflussung der Eigenschaften, Fähigkeiten und Fertigkeiten, unter Berücksichtigung der Leistungsfähigkeit und Belastbarkeit, erreicht werden. Aus der Analyse der Gesamtdaten des Trainings lassen sich die weiteren Trainingsziele und Trainingsprogramme festlegen. Die Trainings- und Leistungsziele sind immer für einen überschaubaren Trainingszeitraum zu definieren, wobei die aktuelle individuelle Leistungsfähigkeit zu beachten ist.

Trainingsausführung

Nach der Festlegung der Trainingsziele und -kennziffern erfolgt die praktische Umsetzung des Trainings. Hierzu ist es zunächst erforderlich, die Trainingsmittel und -methoden sowie die Belastungskenngrößen in eine zeitliche und zyklische Struktur einzuordnen. Die Zyklisierung und Periodisierung des Trainings wird von den Trainingszielen, der angestrebten Adaptation (vgl. Kap. 3) und dem Wettkampfkalender bestimmt (vgl. Kap. 5.3). Die wirksame Umsetzung der Trainingskonzeption hängt davon ab, ob es gelingt, die Trainingskennziffern an die sich ständig ändernde Belastbarkeit des Sportlers anzupassen. Dazu ist es erforderlich, die Beanspruchung des Sportlers im Training zu kontrollieren und die Entwicklung der Leistungsfähigkeit in kurzen Zeitabständen zu erfassen. Zusätzlich tragen die Ergebnisse der Trainings-, Wettkampf- und Leistungsanalyse zu notwendigen Korrekturen des Trainings bei.

Die *Leistungsfähigkeit* und *Belastbarkeit* des Sportlers verändert sich fortwährend im Trainingsprozess. Erfolgt die Verbesserung der Leistungsfähigkeit nicht im vorgesehenen Zeitraum, dann sind Korrekturen in der Belastungsgestaltung notwendig.

Die Trainingsvorgaben erfolgen in einer bestimmten biologischen Schwankungsbreite. Die Variabilität der Belastungsgestaltung zeigt sich in der Festlegung der Trainingsbereiche. Die Trainingsbereiche dienen zur Ausprägung bestimmter Fähigkeiten (s. Kap. 8). Um die Fähigkeiten entsprechend der sportartspezifischen Anforderungen auszuprägen sind bestimmte Trainingsmittel und -methoden erforderlich (s. Kap. 6). Die Trainingsmittel können sportartspezifisch oder unspezifisch sein. Unabhängig davon beeinflussen die Methoden direkt die Fähigkeitsentwicklung (Dauer- oder Intervallmethode).

Nach Festlegung der anzuwendenden Trainingsmittel und -methoden müssen diese zeitlich eingeordnet werden. Auch die Anwendung der Trainingsbereiche muss in einer bestimmten Zeitstruktur und Proportionierung erfolgen (s. Kap. 5.3). Die Vorgabe der Trainingsbelastung führt beim Sportler zu einer bestimmten Beanspruchung. Mit Hilfe von sportmethodischen und biologischen Messgrößen (s. Kap. 9) kann abgeschätzt werden, ob die Belastung in der gewünschten Qualität ausgeführt wurde. Ist dies wiederholt nicht der Fall, so sind Korrektive einzuleiten. Diese können zum einem in der Umstellung der Planungskennziffern und/oder der Einhaltung bestimmter Entlastungszeiträume bestehen. Im Leistungstraining gehören Belastung und Entlastung objektiv zusammen, weil sich in den Entlastungszeiträumen die Adaptation im Organismus des Sportlers vollzieht (s. Kap. 3).

Trainingsanalyse

Die Möglichkeiten der Trainings- und Wettkampfanalyse haben sich in den letzten Jahren weiterentwickelt. Die Analyseverfahren ermöglichen eine individuelle und kontinuierliche Trainings- und Wettkampfauswertung. Die Bewertung des Trainings und der Wettkämpfe gestattet es, Trainingsfehler aufzudecken und ihre Wiederholung möglichst zu vermeiden. Sie setzt eine sorgfältige Dokumentation des Trainings und der Wettkämpfe voraus. Dabei ist nach dem Grundsatz zu verfahren, so wenig wie möglich und soviel wie nötig an Daten zu erfassen. Entsprechend muss auch das Trainings- und Wettkampfprotokoll gestaltet werden.

Ziel der Trainingsprotokollierung ist die objektive Widerspiegelung des realisierten Trainings. Daraus lassen sich kurz-, mittel- und langfristige Leistungsveränderungen erklären. Die Analyse gelingt umso besser, je standardisierter und überschaubarer ein Training gestaltet wurde.

Traditionell wird das Training in *Trainingstagebüchern* von Sportlern und Trainern dokumentiert. Wesentliche Trainingsdaten sind Trainingszeit, Trainingsziel, Trainingsintensität, Trainingsinhalt, Trainingsmittel, Trainingsmethode, Trainingsumfang und subjektive Beanspruchung.

Zeit – Ziel – Intensität – Inhalt – Mittel – Methode – Umfang – subjektives Befinden

Gegenwärtig existieren *Trainingsanalyseverfahren* auf der Grundlage der automatischen Erfassung von Trainingsdaten. Zu den kontinuierlich erfassbaren Daten gehören die Herzfrequenz (HF), der Energieumsatz, die Trainingszeit, die Trainingsgeschwindigkeit, die Zyklusfrequenzen, die Höhenlage und die Außentemperatur. Innovativ ist insbesondere die Geschwindigkeits- und Streckenprofilermittlung über satellitengestützte Ortungssysteme (GPS) und Beschleunigungssensoren. Sie gewinnen zunehmend Bedeutung in der Erfassung von Trainingsstreckenlängen, Geschwindigkeiten und Bewegungsfrequenzen (Schritt-, Zug-, Tretfrequenz). Diese Systeme werden auch an Orten nützlich, wo keine Standardstrecken verfügbar sind. Durch diese modernen Belastungssteuerungsmaßnahmen gewinnt auch die Trainingsprotokollierung an Qualität.

Eine manuelle Übertragung der Daten aus handschriftlichen Trainingsprotokollen in ein Auswerteprogramm ist bei Nutzung dieser Messgeräte nicht mehr erforderlich.

Bei HF-Messgeräten werden beispielsweise über eine Infrarotschnittstelle die Trainingsdaten in eine Analysesoftware eingebunden. Die Programme stellen den zeitlichen Verlauf von HF, Geschwindigkeit, Höhenmeter, Zyklusfrequenz dar, berechnen die Intensitätsanteile in den jeweiligen Trainingsbereichen und weitere Trainingskenngrößen wie Energieumsatz, Geschwindigkeit etc. (Abb. 1/5.2). Die gespeicherten Daten der Trainingseinheiten können fortwährend ausgewertet und analysiert werden. Trainer und Sportler können somit das aktuelle Training bewerten und Schlüsse für das weitere Training ziehen (Abb. 2 /5.2).

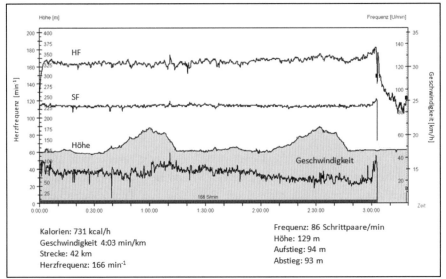

Kalorien: 731 kcal/h	Frequenz: 86 Schrittpaare/min
Geschwindigkeit 4:03 min/km	Höhe: 129 m
Strecke: 42 km	Aufstieg: 94 m
Herzfrequenz: 166 min⁻¹	Abstieg: 93 m

Abb. 1/5.2:   *Verlauf von Herzfrequenz (HF), Schrittfrequenz (SF), Höhe und Geschwin-*
                 digkeit eines 52-jährigen Sportlers beim Kassel-Marathon (Datenerfassung:
                 Polar RS 800 sd; Auswertung: Polar Precision Performance)

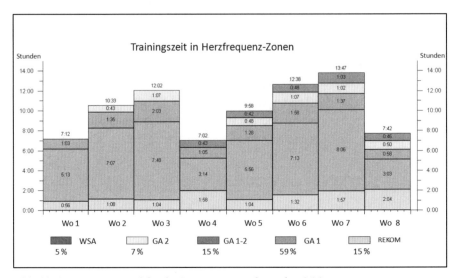

Abb. 2/5.2:   *Beispiel für die Intensitätsverteilung über 3 Monate*

Wettkampfanalyse

Die *Wettkampfanalyse* dient der unmittelbaren Beurteilung der Leistungsfähigkeit und deren Teilkomponenten im Wettkampf. Mit der Wettkampfleistung wird der aktuelle Leistungsstand des Sportlers komplex erfasst. Für die Praxis bieten sich prinzipiell zwei Möglichkeiten der Wettkampfanalyse an. Bei der *Querschnittanalyse* wird die eigene Leistung zur Leistung der anderen Wettkampfteilnehmer in Beziehung gesetzt. Hingegen ermöglicht die *Längsschnittanalyse* die eigene Leistung mit der Leistung in vorangegangenen Wettkämpfen zu vergleichen.

Eine erweiterte Form der Wettkampfanalyse ist die *Weltstandanalyse*. Die Weltstandanalyse beinhaltet die komplexe und kontinuierliche Objektivierung von Entwicklungstendenzen einer Sportart im Weltmaßstab. Im Mittelpunkt der Analyse, insbesondere bei Olympischen Spielen und Weltmeisterschaften, stehen Länderwertungen, Strukturen der Wettkampfleistung, Leistungsstand und Leistungstrends, Leistungsdichte, Hochleistungsalter, Tendenzen im Wettkampfsystem, Qualifizierungsrichtlinien, Regelwerk, Neuerungen in der Wettkampfausrüstung sowie der Entwicklungsstand der Wettkampf- und Trainingssysteme (vgl. Pfützner et al., 2000). Die Weltstandanalysen sind ein unverzichtbares Mittel für Entscheidungen zur Vorbereitung von Wettkampfhöhepunkten durch Trainer und Spitzenverbände. Die Trainings- und Wettkampfanalyse wird für die Trainingssteuerung dann wirksam, wenn zum Zeitpunkt der Leistungsdiagnostik bzw. Wettkampfanalyse eine differenzierte, methodisch-orientierte Einschätzung der Trainingsschwerpunkte vorliegt und somit die Ursachen für Entwicklungstrends der leistungsbestimmenden Fähigkeiten aufgedeckt werden können. Nur so kann es gelingen, die Richtungen der zu treffenden methodischen, Ableitungen für das Training abzustecken.

5.3 Periodisierung

In den Ausdauersportarten ist das Training darauf gerichtet, zum Wettkampfhöhepunkt des Jahres die höchste individuelle Leistung zu erreichen. Um eine systematische Herausbildung einer entsprechenden sportartspezifischen Leistungsfähigkeit zu garantieren, wird das Trainingsjahr in Perioden und Zyklen gegliedert. Die **Periodisierung** charakterisiert die phasenförmige Veränderung von Teilzielen, Inhalten, Methoden und Organisationsformen im Jahrestrainingsaufbau. Die theoretischen Überlegungen zur Periodisierung des Trainings im Wettkampfsport gehen auf die Grundüberlegungen von Matwejew (1972; 1981) zurück.

Das Wettkampfsystem prägt den Jahresaufbau und die Periodisierung des Trainings. Im Spitzensport hat die Anzahl der Wettkämpfe und Wettkampfserien deutlich zugenommen. Dieser Umstand wirkt sich zum Teil negativ auf die Belastungsgestaltung im Training aus, insbesondere wenn die Wettkämpfe in zu dichter Folge stattfinden. Eine Reduzierung der Anzahl der Wettkämpfe ist oft nicht möglich, da Nominierungen/Qualifizierungen für Wettkampfhöhepunkte (Weltcuppunkte, Weltcupranglisten) davon abhängen. Um dieser Anforderung nachzukommen, hat sich eine *Doppel- oder Mehrfachperiodisierung* entwickelt (Abb. 1/5.3). Eine Mehrfachperiodisierung ist methodisch anspruchsvoller und riskanter für die Leistungsausprägung als die Einfachperiodisierung.

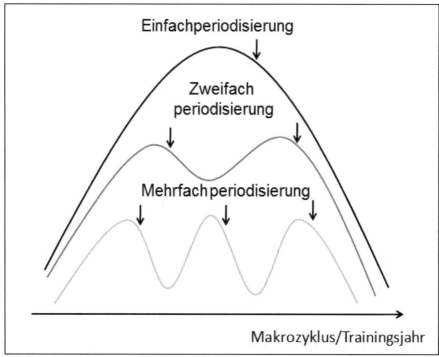

Abb. 1/5.3   *Schematische Darstellung der möglichen Trainingsperiodisierung im Trainingsjahr (↓ Hauptwettkämpfe).*

Das Grundanliegen des Jahrestrainingsaufbaus besteht in der Steigerung der Trainingsbelastung bis wenige Wochen vor dem sportlichen Höhepunkt. Durch einen gezielten Wechsel der Haupttrainingsmittel und eine veränderte Gewichtung der Intensitätsanteile kann die Erhöhung der Reizwirksamkeit der Belastung erreicht werden. Um in den Ausdauersportarten einen zeitlich akzentuierten Einsatz der Trainingsinhalte im Jahrestrainingsaufbau vornehmen zu können, sind folgende methodische Maßnahmen wirksam:

- das Anstreben einer hohen sportartspezifischen Gesamttrainingsbelastung
- die Erhöhung des Kraftausdaueranteils an der Gesamttrainingsbelastung
- die Zunahme der spezifischen und Abnahme der allgemeinen Trainingsmittel
- eine systematische Vergrößerung intensiver Anteile des Trainings.

Unter Beachtung dieser vier methodischen Grundprinzipien ist eine Steigerung der Trainingsreize im Verlaufe des Jahrestrainingsaufbaus bis zum Wettkampfhöhepunkt möglich.

Sommer- und Wintersportarten haben unterschiedliche Trainingsperioden. Der Jahresaufbau kann aus drei Vorbereitungsperioden, der Wettkampfperiode mit möglicherweise zwei Höhepunkten sowie einer Übergangsperiode bestehen. Die Perioden sind in *Mesozyklen* gegliedert, in denen, bei gleichzeitiger Entwicklung der leistungsbestimmenden Faktoren, jeweils die grundlegenden Leistungsvoraussetzungen, die Grundlagenausdauer sowie die wettkampfspezifische Ausdauer trainiert werden.

Bei der Periodisierung eines Trainingsjahres wird allgemein folgende Reihenfolge und Schwerpunktlegung eingehalten:

1. Entwicklung allgemeiner Leistungsvoraussetzungen und hoher allgemeiner Belastbarkeit (= **allgemeine Vorbereitungsperiode**):
2. Entwicklung sportartspezifischer und disziplinspezifischer Leistungsvoraussetzungen (= **spezielle Vorbereitungsperiode**)
3. Ausprägung der komplexen Wettkampfleistung (= **Wettkampfperiode**)
4. Physische und psychische Erholung (= **Übergangsperiode**)

Allgemeine Vorbereitungsperiode (aVP)

Dieser Trainingsabschnitt wird schwerpunktmäßig für die Entwicklung grundlegender, allgemeiner Leistungsvoraussetzungen genutzt. Neben dem Erreichen eines neuen Niveaus der Grundlagenausdauer steht die Verbesserung der allgemeinen Ausdauer, Kraft sowie der allgemeinen Motorik im Vordergrund. Hinzu kommen Übungen für die Verbesserung der Beweglichkeit, sowie der Dehn- und Entspannungsfähigkeit der Muskulatur. Die sportartunspezifischen Trainingsmittel dominieren. Vorbereitungswettkämpfe in anderen Sportarten sind möglich.

Spezielle Vorbereitungsperiode (sVP)

Auf Basis einer stabilen aeroben Leistungsfähigkeit werden zunehmend sportartspezifische und semispezifische Trainingsmittel eingesetzt. Die Entwicklung der Grundlagen- und Kraftausdauer steht weiterhin im Mittelpunkt des Trainings, allerdings in einem höheren Geschwindigkeitsbereich. Der Anteil des Trainings im aerob-anaeroben Übergangsbereich wird deutlich angehoben. Damit soll ein höheres Geschwindigkeitsniveau im Grundlagenausdauertraining erreicht werden. Klima- und Höhentraining können diese Trainingsziele unterstützen.

In diesem Trainingsabschnitt ist die höchste Trainingsbelastung des Trainingsjahres zu erreichen. Durch den akzentuierten Einsatz des wettkampfspezifischen Ausdauertrainings werden die komplexen Anforderungen des Wettkampfs verstärkt trainiert. Der Anteil allgemeiner Trainingsmittel nimmt in der speziellen VP deutlich ab.

Wettkampfperiode

Dieser Zeitraum wird inhaltlich und organisatorisch besonders vom Wettkampfhöhepunkt bestimmt. Der Trainingsakzent liegt auf der weiteren Ausprägung der wettkampfspezifischen Ausdauer. In vielen Sportarten gliedert sich die Wettkampfperiode in zwei Abschnitte. Im ersten Abschnitt erfolgt die Konzentration auf Qualifizierungswettkämpfe. Im zweiten Abschnitt wird durch spezielle Trainingsmaßnahmen der eigentliche Leistungshöhepunkt vorbereitet. Die individuelle Ausprägung der komplexen Wettkampfleistung sollte mit bewährten Trainingsstandards vorbereitet werden. Die Einhaltung von Entlastungsphasen ist eine entscheidende Grundlage für eine optimale Leistungsentwicklung. Für den Erhalt der aeroben Leistungsfähigkeit wird das stabilisierende Grundlagenausdauertraining begleitend eingesetzt.

Innerhalb der Wettkampfperiode kann ein Zeitraum der *unmittelbaren Wettkampfvorbereitung* (UWV) abgegrenzt werden. Sie dient der konzentrierten Vorbereitung des Sportlers zur Ausprägung des individuellen Leistungshöhepunkts im Jahresaufbau. Die Planung und Durchführung der UWV entspricht im Prinzip einer Wiederholung der Jahrestrainingsstruktur bei einfacher Periodisierung innerhalb eines mehrwöchigen Trainingsabschnittes (Levin, 1965, S. 177; Schnabel et al., 2005). Die prognostizierten Leistungsziele zum Wettkampfhöhepunkt werden in der UWV über einen Zeitraum von 4-6 Wochen vorbereitet. Das Herantasten an die Leistungsgrenzen ist auch mit den Begriffen „Tapern" oder „Tapering" belegt. Die Taperingphase umfasst nur wenige Tage der Vorbereitung bis zum Wettkampf. Das Training ist gekennzeichnet von einer deutlichen Umfangsreduzierung, gezielten Maßnahmen der Muskelstimulation (z. B. kurze Sprints mit ausgeprägten Erholungsphasen) und einer kohlenhydratbetonten Ernährung.

Übergangsperiode (ÜP)
Die Übergangsperiode beginnt nach den letzten Wettkämpfen und dient der psychophysischen Erholung meist verbunden mit einem längeren Jahresurlaub. Einzuleitende Rehabilitationsmaßnahmen und regeneratives Training in einer anderen Sportart bestimmen den Inhalt dieses Trainingsabschnitts.

5.4 Zyklisierung

Der Aufbau der sportlichen Leistungsfähigkeit vollzieht sich als hierarchisches System von kürzeren und längeren Abschnitten des Trainings bzw. von Trainingszyklen, die in ihrer Grundstruktur und damit in ihrer Hauptwirkrichtung im Trainingsprozess immer wiederkehren und dabei dem veränderten Leistungsstand der Sportler entsprechen (Schnabel et al., 2005).
Das Ziel der Zyklisierung des Trainings ist, hohe Trainingsbelastungen mit notwendigen Wiederherstellungsphasen sowie Akzentuierungen in der Entwicklung bestimmter Fähigkeiten und Fertigkeiten in einzelnen Zyklen zu realisieren.
Die **Zyklisierung** des Trainings basiert auf den Gesetzmäßigkeiten der Leistungsentwicklung und dem Anpassungspotenzial des Sportlers. Um eine systematische

Herausbildung der spezifischen Leistungsfähigkeit zu garantieren, wird das Trainingsjahr in Zyklen gegliedert, die unterschiedlich lang sein können (Tab. 1/5.4).

Makrozyklus

Der Makrozyklus ist der längste Trainingszyklus und beinhaltet die Perioden des Jahresaufbaus. Sein Inhalt ist auf die planmäßige Herausbildung der komplexen sportlichen Leistungsfähigkeit auf immer höherem Niveau ausgerichtet.

Mesozyklus

Der Mesozyklus besteht aus mehreren Mikrozyklen (3-4) und hat zwei Hauptfunktionen:

(1) die Sicherung von Belastung und Erholung und

(2) die Umsetzung eines akzentuierten Trainings zur Entwicklung von Fähigkeitskomplexen.

Der ganzjährige Einsatz von standardisierten Mikro- und Mesozyklen ist anzustreben. Zur Gewährleistung der Einheit von Belastung und Erholung umfasst der Mesozyklus meist drei Mikrozyklen (drei Wochen) mit jeweils akzentuierten Trainingsaufgaben und einen anschließenden Erholungs-Mikrozyklus, d. h. eine Woche mit reduzierter Belastung. Für die Herausbildung der Fähigkeitskomplexe werden folgende typische Mesozyklen unterschieden:

- Mesozyklus zur Herausbildung allgemeiner Leistungsgrundlagen,
- Mesozyklus zur betonten -Entwicklung der Grundlagen- und Kraftausdauer,
- Mesozyklus zur komplexen Fähigkeitsentwicklung und Ausprägung der Wettkampfleistung.

Mikrozyklus

Der Mikrozyklus ist der kürzeste Trainingszyklus. Er besteht aus mehreren Trainingseinheiten und wird oft als Wochenzyklus geplant. Im Mittelpunkt steht der Einsatz eines Trainingsmittels zur akzentuierten Fähigkeitsentwicklung. Die mikrozyklische Trainingsgestaltung wird durch den Inhalt der einzelnen Trainingseinheiten, den Leistungsstand und die Belastbarkeit des Sportlers sowie durch die Erholungszeiträume zwischen den Trainingseinheiten beeinflusst. Der Inhalt des Mikrozyklus lässt sich als eine Aufeinanderfolge von Belastungs- und Erholungsphasen sowohl im Tagesverlauf als auch über mehrere Tage hintereinander, kennzeichnen. Die Schwerpunkte im Mikrozyklus werden in die Zielstellung des Mesozyklus eingeordnet.

Tab 1/5.4: *Planungsabschnitte der zyklischen Gestaltung des Trainings.*

Ein-/Mehrjahreszyklus	Ein-, Zwei- und Vierjahreszyklus (WM- und Olympiazyklus)
Makrozyklus	1-3 Monate (Vorbereitungs-, Wettkampf-, Übergangsperioden)
Mesozyklus	2-4 Wochen
Mikrozyklus	1 Woche
Tageszyklus	1-4 Trainingseinheiten

1 Makrozyklus/Trainingsjahr
(Einfachperiodisierung)

Vorbereitungsperiode (VP)	Wettkampfperiode (WP)	Übergangsperiode (ÜP)

2 Makrozyklen/Trainingsjahr
(Doppelperiodisierung)

1. Makrozyklus			2. Makrozyklus		
VP	WP	ÜP	VP	WP	ÜP

3 Makrozyklen/Trainingsjahr
(Mehrfachperiodisierung)

1. Makrozyklus			2. Makrozyklus			3. Makrozyklus		
VP	WP	ÜP	VP	WP	ÜP	VP	WP	ÜP

Abb. 1/5.4: *Varianten der Zyklisierung im Jahrestrainingsaufbau*

Jahresplanung Marathon (Doppelperiodisierung)

	1. Makrozyklus (Frühjahr)				2. Makrozyklus (Herbst)			
Monat	Nov	Dez Jan	Feb Mär Apr	Mai	Jun	Jul	Aug Sep	Okt
Periode	ÜP	VP I	VP II	WP	ÜP	VP I	VP II	WP
Wochen	4	12	10	6	3	5	5	6
S C H W E R P U N K T E	R E K O M	Allgemeines Athletik- u. Ausdauertraining (Crosstraining) Lauf-ABC GA 1, KA 1	Spezifische Ausdauer im Laufen Lauf-ABC GA 1-2, GA 2	Wettkampfspezifische Ausdauer WSA, GA 1	R E K O M	Allgemeines Athletik- u. Ausdauertraining Lauf-ABC GA 1, KA 1	Spezifische Ausdauer im Laufen Lauf-ABC GA 1-2, KA 1	Wettkampfspezifische Ausdauer WSA, GA 1
Ziele	Erhöhuntg der allgemeinen Leistungsvoraussetzungen → Erhöhung der speziellen Leistungsvoraussetzungen				Ausprägung der Wettkampfleistung Stabilisierung → Ausprägung der Wettkampfleistung			

Abb. 2/5.4: Doppelperiodisierung im Marathon (VPI: Allgemeine Vorbereitungsperiode, VPII: Spezielle Vorbereitungsperiode, WK: Wettkampfperiode, ÜP: Übergangsperiode, REKOM: Regenerations- und Kompensationstraining, AA: Allgemeines Athletik- und Ausdauertraining, GA: Grundlagenausdauertraining, KA: Kraftausdauertraining, WSA: Wettkampfspezifisches Ausdauertraining

5.5 Proportionierung der Belastung im Jahresverlauf

Die Proportionierung der Belastung kennzeichnet die Intensitäts- und Umfangsverteilung in den einzelnen Trainingsperioden. Im Jahresverlauf steigt der Gesamtbelastungsumfang in den Vorbereitungsperioden an. Je mehr das Training sich der Wettkampfperiode nähert, umso mehr nehmen die Intensitätsanteile zu. Die exakte Spezifizierung der Intensitätsanteile ist sportartspezifisch und abhängig vom Gesamttrainingsumfang sowie der Leistungsfähigkeit des Athleten. Die Belastungsproportionen sind in den Ausdauersportarten unterschiedlich und werden von der Leistungsstruktur der Sportart und der Anzahl der Wettkämpfe im Trainingsjahr bestimmt. Aus Trainingsdaten erfolgreicher Sportler sind folgende Ableitungen für eine sinnvolle Proportionierung der Gesamtbelastung im Trainingsjahr bekannt.

Tab. 1/5.5: *Proportionen der Belastungsbereiche für die Fähigkeitsentwicklung im Hochleistungsbereich (nach Neumann et al., 2007, S. 153)*

Trainingsbereich	Schwimmen	Radsport	Langstreckenlauf	Kurz-Triathlon	Skilanglauf
REKOM (%)	18	3	30	7	31
GA 1 (%)	60	55	50	69	34
GA 2 (%)	20	2	15	19	20
WSA (%)	2	40	5	5	15
Umfang (km/Jahr)	3.000	40.000	9.000	20.800	10.000

5.6 Belastungs-Entlastungs-Zeiträume

Belastung und Entlastung sind Wirkkomplexe im Leistungtraining und Voraussetzung für eine erfolgreiche Belastungsbewältigung. Eine erhöhte Belastbarkeit eines Sportlers ist nur zu erreichen, wenn das Training regelmäßig durch Entlastungszeiträume unterbrochen wird. In den Entlastungszeiträumen vollziehen sich die Anpassungen an das Training (vgl. Kap. 3).

Das Niveau der Leistungsfähigkeit hat einen entscheidenden Einfluss auf die Dauer der Regeneration bzw. Erholung nach einer Belastung. Je höher die Leistungsfähigkeit, umso kürzer kann der Erholungszeitraum ausfallen. Während der Hochleistungssportler mehrere Trainingseinheiten am Tag trainieren kann, verträgt der Freizeitsportler meist nur eine Trainingseinheit.

Mo	Di	Mi	Do	Fr.	Sa.	So.	Rhythmus von Training (T) : Regeneration (R)
R	T	R	R	T	R	T	Gesundheitssportler: 1:2-Rhythmus
T	R	T	R	T	R	T	Fitnesssportler: 1-2-1-Rhythmus
R	T	T	R	T	T	T	Leistungssportler: 2-3-1-Rhythmus
T	T	T	T	T	T	R	Hochleistungssportler: 4-6-1-Rhythmus

Abb. 1/5.6: *Rhythmus von Training und Erholung in Abhängigkeit der sportlichen Leistungsfähigkeit*

5.7   Schritte der Trainingsplanung

1. Schritt: Festlegung der Leistungshöhepunkte und der zugehörigen Periodisierung:

TRAININGSPERIODEN (TP)	von	bis ....
TP 1: Allgemeine Vorbereitungsperiode:	.....	.....
TP 2: Spezielle Vorbereitungsperiode:	.....	.....
TP 3: Wettkampfperiode:	.....	.....
TP 4: Übergangsperiode:	.....	.....

2. Schritt: Festlegung der Belastungsbereiche und Belastungsproportionen für die einzelnen Trainingsperioden (TP). REKOM: Regeneration und Kompensation, GA: Grundlagenausdauertraining, WSA: Wettkampfspezifisches Ausdauertraining.

TRAININGSPROPORTIONEN

TP 1 Allgemeine Trainingsperiode	TP 2 Spezielle Trainingsperiode	TP3 Wettkampf-Periode	TP4 Übergangs-Periode
% REKOM	% REKOM	% REKOM	% REKOM
% GA 1	% GA 1	% GA 1	% GA 1
% GA 1-2	% GA 1-2	% GA 1-2	% GA 1-2
% GA 2	% GA 2	% GA 2	% GA 2
% WSA	% WSA	% WSA	% WSA

3. Schritt: Festlegung der Mesozyklen und Belastungsproportionen zu den einzelnen Trainingsperioden

TRAININGSPERIODEN (TP 1, TP 2, ..., TP n)		
Mesozyklus 1 von .... bis	**Mesozyklus 2** von .... bis	**Mesozyklus n** von .... bis ....
% REKOM % GA 1 % GA 1-2 % GA 2 % WSA	% REKOM % GA 1 % GA 1-2 % GA 2 % WSA	% REKOM % GA 1 % GA 1-2 % GA 2 % WSA

4. Schritt: Festlegung der Mikrozyklen und Belastungsproportionen zu den einzelnen Mesozyklen

MESOZYKLEN (MEZ 1, MEZ 2, ..., MEZ n)		
Mikrozyklus 1 von .... bis	**Mikrozyklus 2** von .... bis	**Mikrozyklus n** von .... bis ....
% REKOM % GA 1 % GA 1-2 % GA 2 % WSA	% REKOM % GA 1 % GA 1-2 % GA 2 % WSA	% REKOM % GA 1 % GA 1-2 % GA 2 % WSA

5. Schritt: Definition von Standardtrainingseinheiten (TE) für die einzelnen Belastungsbereiche und für das Kraft- und Ergänzungstraining.

Belastungsbereich	Standardtrainingseinheiten (TE)
REKOM:	TE 1, TE 2, ..., TE n
GA 1:	TE 1, TE 2, ..., TE n
GA 1-2:	TE 1, TE 2, ..., TE n
GA 2:	TE 1, TE 2, ..., TE n
WSA:	TE 1, TE 2, ..., TE n
Krafttraining	TE 1, TE 2, ..., TE n
Ergänzungstraining	TE 1, TE 2, ..., TE n

6. Schritt: Zuordnung der Trainingseinheiten (TE) zu den einzelnen Mikrozyklen und Festlegung der zeitlichen Abfolge. Beispiel eines Mikrozyklus aus der speziellen Vorbereitungsperiode bei Anwendung unterschiedlicher Trainingseinheiten (TE 1,...TE n).

Wochentag	Trainingseinheiten (TE)
Montag	REKOM (TE 1) und Krafttraining (TE 1)
Dienstag	GA 1-2: Grundlagenausdauertraining 1-2 (TE 3)
Mittwoch	WSA: Wettkampfspezifisches Ausdauertraining (TE 3)
Donnerstag	Ergänzungstraining (TE 2)
Freitag	Ruhetag
Samstag	GA 1: Grundlagenausdauertraining 1 (TE 1)
Sonntag	GA 1: Grundlagenausdauertraining 1 (TE 2)

6 Trainingsmittel und Trainingsmethoden des Ausdauertrainings

6   Trainingsmittel und Trainingsmethoden des Ausdauertrainings

Das Ausdauertraining erfolgt auf der Grundlage von definierten Trainingszielen und -inhalten, die mit bestimmten Trainingsmitteln und -methoden realisiert werden. *Trainingsmethoden* sind demnach planmäßig eingesetzte Verfahren der Gestaltung und Vermittlung von Traininginhalten zur Erzielung bestimmter Trainingswirkungen. Die Trainingsmethoden charakterisieren das „Wie" des Trainings und haben im Trainingsvollzug eine konstituierende Bedeutung für die methodische Aufbereitung, Vermittlung und Auswertung der Trainingsinhalte im Kontext leistungsdiagnostischer Ergebnisse.

Trainingsmittel sind Instrumentarien, die Sportler und Trainer nutzen, um methodische, didaktische und pädagogische Prozesse im Training zu realisieren. Zu den Instrumentarien zählen die Trainingsübungen, Sportstätten und Sportgeräte sowie entsprechende Hilfs- und Messgeräte, aber auch audiovisuelle und psychologische Mittel, wie autogenes und mentales Training (vgl. Harre, 2003, S. 201). Aus sportmethodischer Sicht ist die inhaltliche Gestaltung der Übungen bzw. Trainingseinheiten im Ausdauertraining mit allgemeinen, semispezifischen und spezifischen Trainingsmitteln für die Umsetzung der Trainingsziele von besonderer Bedeutung.

6.1   Allgemeine (unspezifische) Trainingsmittel

Allgemeine Trainingsmittel umfassen alle unspezifischen Trainingsmaßnahmen, die das sportartspezifische Ausdauertraining und den langfristigen Leistungsaufbau sinnvoll unterstützen. Sie werden auch als Crosstrainingsmittel bezeichnet. Mit allgemeinen Trainingsmitteln werden die physische und psychische Belastbarkeit erhöht, die Regeneration nach harten Trainingsphasen beschleunigt sowie Überbeanspruchungsreaktionen vermieden. Die allseitige Konditionierung beugt einseitigen Belastungen vor. *High-impact Sportarten*, wie die Lauf- und Sprungdisziplinen in der Leichtathletik, die zu hohen Belastungen im Stütz- und Bewegungsapparat führen, können durch *low-impact Sportarten*, wie z.B. Radfahren oder Inlineskating, kompensiert werden. Mit allgemeinen Ausdauerübungen wird die Belastbarkeit des Sportlers erhöht, die Fähigkeit zur schnellen Wiederherstellung verbessert und die Voraussetzungen zur Bewältigung hoher sportartspezifischer Ausdauerbelastungen geschaffen. Das Potenzial allgemeiner Trainingsmittel wird im Leistungsaufbau des Sportlers oft unzureichend ausgeschöpft. Obwohl eine Vielzahl von Fallstudien auf die Effektivität allgemeiner Trainingsmittel im ganzjährigen Trainingsaufbau hinweist, werden allgemeine Trainingsmittel in den Trainingsstrukturen und Rahmentrainingsplänen der Spitzenverbände nicht systematisch integriert. Sie finden meist nur Verwendung bei Sportverletzungen, Überbeanspruchungsreaktionen oder Übertraining und werden dem Alternativ-, Kompensations- oder Ergänzungstraining zugeordnet. Ein geplanter, leistungsfördernder Einsatz allgemeiner Trainingsmittel, parallel zum sportartspezifischen Training, wurde bisher kaum angewandt. Hottenrott und Zülch (1995; 1997; 1998 a, b) haben eine Systematik für den ganzjährigen Einsatz allgemeiner Trainingsmittel für das sportartspezifische Ausdauertraining von Langstreckenläufern, Radsportlern, Mountainbikern, Triathleten und Inlineskatern erarbeitet. Darin werden die allgemeinen Trainingsmittel ganzjährig in den Trainingsplan integriert.

Die sinnvolle Integration allgemeiner Trainingsmittel in den Jahrestrainingsplan erfordert fundierte trainingsmethodische Kenntnisse. Eine ungünstige Kombination mehrerer Trainingsmittel kann sich auf die Leistungsentwicklung nachteilig auswirken oder gar Verletzungen provozieren. Bekannt sind die Umstellungsprobleme beim Wechsel vom Rad fahren zum Laufen im Triathlon (Neumann et al., 2004). Die Sportler haben unmittelbar nach dem Radfahren eine gestörte Laufkoordination. Eine Ursache hierfür ist die veränderte Arbeitsweise der Muskulatur der Beinstreck- und Beinbeugeschlinge. Beim Radfahren arbeitet die vortriebswirksame Muskulatur isometrisch-konzentrisch, beim Laufen hingegen im Dehnungs-Verkürzungs-Zyklus. Der Einfluss des Radfahrens auf die Laufökonomie, die Schrittstruktur und die Muskelaktivität wurde mehrfach untersucht (Gohlitz, 1994; Neumann et al., 2000; Hottenrott et al., 1998; 1999; Huos et al., 2000). Negative Auswirkungen auf die Bewegungskoordination und Technik in der Spezialsportart haben unspezifische Trainingsmittel vor allem dann, wenn deren Anteil am Gesamttraining über mehrere Wochen relativ hoch ist (Pizza et al., 1995) oder die Trainingsmittel für den Athleten neuartig sind. Bei der täglichen Kopplung von Lauf- und Radbelastungen steigt die morgendliche Creatinkinaseaktivität (CK) nur in den ersten Tagen an, fällt dann aber auf den Ausgangswert zurück (Hottenrott, 1994). Triathleten, die nur in größeren Abständen von mehreren Tagen ein Kopplungstraining absolvierten, wiesen CK-Anstiege von bis zu 400% auf. Die Befunde deuten darauf hin, dass sich Athleten auch an einen raschen Sportartenwechsel anpassen. Werden diese Erkenntnisse auf die Nutzung allgemeiner Trainingsmittel übertragen, dann ist mit negativen Wirkungen vor allem dann zu rechnen, wenn der

Trainingsmittelwechsel sporadisch und methodisch unvorbereitet erfolgt. Wie hoch der Anteil allgemeiner Trainingsmittel am Gesamttrainingsumfang sein sollte, ist wissenschaftlich noch nicht belegt und von Sportart zu Sportart unterschiedlich. Auch im jahreszeitlichen Verlauf verschieben sich die Anteile vom allgemeinen zum speziellen Training. Prinzipiell nimmt das allgemeine Training von der allgemeinen zur speziellen Vorbereitung und bis zur Wettkampfperiode ab. Dies gilt auch vom Nachwuchstraining zum Hochleistungstraining (Abb. 1/6.1). In der Trainingswissenschaft existieren dazu vereinfachte Modellvorstellungen (Schnabel et al., 2003, S. 375).

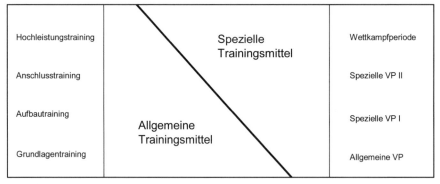

Abb. 1/6.1:   *Verhältnis von allgemeinen zu speziellen Trainingsmitteln in den Etappen des langfristigen Leistungsaufbaus (links) und den Perioden eines Trainingsjahres (Prinzipskizze)*

Am Beispiel des Langstreckenlaufs erklären Neumann und Hottenrott (2002), warum Rad fahren, Skilanglauf, Inlineskating, Schwimmen, Aquajogging und das Training an Ausdauerfitnessgeräten geeignete Crosstrainingsmittel für die Entwicklung von allgemeiner Kraftausdauer und Koordination sind.

Insgesamt lassen sich für das Hochleistungs- und Leistungstraining sowie für das Nachwuchstraining eine Vielzahl von Argumenten für den vorteilhaften Einsatz allgemeiner Trainingsmittel liefern (Abb. 2/6.1).

- Verbesserung der allgemeinen Ausdauer- und Kraftgrundlagen
- Erhöhung der Gesamttrainingsbelastung und Belastbarkeit
- Schaffung günstiger Voraussetzungen für das spezielle intensive Training
- Sicherstellung muskulärer Balance
- Umverteilung bzw. Reduzierung der Gesamtbeanspruchung auf Stütz- und Bewegungssystem
- Bereicherung des Trainings durch vielfältige Angebote
- Förderung der Motivation

Abb. 2/6.1: Argumente für den Einsatz allgemeiner (unspezifischer) Trainingsmittel im sportartspezifischen Ausdauertraining

6.2 Spezifische und semispezifische Trainingsmittel

Im Hochleistungssport hat sich für die meisten Ausdauersportarten eine Unterscheidung der speziellen Trainingsmittel in semispezifische und spezifische Trainingsmittel bewährt. Zu den *semispezifischen Trainingmitteln* zählen alle Mittel, die der sportspezifischen Bewegungsausführung sehr nahe kommen. Oft wird die sportartspezifische Technik mit einem anderen Sportgerät ausgeführt. Beispiele hierfür wären Rollski, Inlineskates, Rollbrett oder Gleitboard für die Sportart Skilanglauf, die isokinetische Schwimmbank für die Sportart Schwimmen, das Fahrradergometer und der Rollentrainer für den Radsport.

Zu den *spezifischen Trainingsmitteln* zählen alle Übungen der sportartspezifischen Bewegungsausführung, die zur Entwicklung spezieller konditioneller und koordinativer Fähigkeiten sowie zur Verbesserung der Sporttechnik und Taktik in der Sportart beitragen.

Das Lauf-ABC, der Steigerungslauf, der Hügellauf etc. wären spezifische Trainingsmittel (SpTM) des Mittel- und Langstreckentrainings. Diese lassen sich nach folgenden Kriterien strukturieren und gestalten:

Entwicklung der Schrittlänge und Grundlagenausdauer:
                - Flachlauf
                - Leichter Bergablauf
Entwicklung der Schrittfrequenz:
                - Steigerungslauf
                - Sprintlauf

- Treppenlauf
- Hügellauf

Entwicklung der Kraftausdauer:
- Berganlauf
- Lauf im profilierten Gelände
- Zugwiderstandslauf
- Strandlauf
- Lauf mit Zusatzlast (Gewichtsweste, Beingewichte)
- Lauf mit Babyjogger

Entwicklung der Schnellkraftausdauer:
- Sprunglauf
- Treppenlauf
- Hügellauf
- Crosslauf

Förderung der Gesamtkoordination:
- Querfeldeinlauf, Crosslauf
- Hügellauf
- Hindernislauf
- Orientierungslauf
- Sprintlauf
- Steigerungslauf

Zur Entwicklung komplexer Laufleistungen können aus jeder Kategorie spezifische Trainingsmittel ganzjährig im Trainingsprozess eingesetzt werden. Mit der Ausprägung der Wettkampfleistungsfähigkeit nimmt der Anteil spezifischer Trainingsmittel deutlich zu.

Zusammenfassung:

Die Entwicklung allgemeiner Ausdauer- und Kraftgrundlagen sowie der koordinativen Fähigkeiten erfolgt durch den vorwiegenden Einsatz unspezifischer Trainingsformen und Trainingsmittel. Sie tragen zu einer erhöhten Belastbarkeit des Gesamtorganismus bei. Damit werden Voraussetzungen für eine erhöhte Wirksamkeit der spezifischen Trainingsformen und Trainingsmittel geschaffen. Für jede Ausdauersportart stehen vielfältige unspezifische Trainingsmittel zur Verfügung.

Diese allgemeinen Trainingsmittel können nur dann vorteilhaft in das Training eingebunden werden, wenn der Sportler deren Bewegungstechnik beherrscht. Eine hohe Bewegungsqualität der eingesetzten Trainingsmittel sichert die Wirksamkeit und reduziert die Gefahr der Überbeanspruchung oder Verletzung.

6.3 Historische Entwicklung der Trainingsmethoden

Die Entwicklung der Trainingsmethoden wurde im historischen Rückblick meist von aktuellen Rekorden beeinflusst. Eine erste Einflussnahme auf die Trainingsmethodik des Langstreckenlaufs erfolgte über die ausdauerorientierte finnische Laufschule, deren markanter Vertreter P. Nurmi war. Seine Laufrekorde von 1924 waren lange Zeit Orientierungspunkt für das Lauftraining. Das ausdauerbetonte Lauftraining der Skandinavier wurde dann durch das deutsche Intervalltraining abgelöst, welches Harbig 1936 zu Rekorden über 400 m und 800 m führte. Das Intervalltraining über längere Distanzen und hohen Intensitäten bevorzugte E. Zatopek, der am Anfang der 50er Jahre des vorigen Jahrhunderts mehrere Weltrekorde auf den Langstrecken lief. Die Anwendung der relativ einseitigen Intervallmethode wurde dann vom Neuseeländer A. Lydiard und in Deutschland von Dr. van Aaken abgelöst. Durch die komplexe Nutzung des langsamen Dauerlaufs, des Hügellaufs und des Tempolaufs erschloss Lydiard neue Dimensionen in den Laufleistungen (Lydiard, A.L. 1987; Lydiard, A. 1995; Lydiard & Gilmor, 1999). Van Aaken bevorzugte den langen und kraftschonenden Dauerlauf und verhalf besonders den Frauen und Kindern zur Verbesserung ihrer Ausdauerleistungsfähigkeit (van Aaken & Lennartz, 1987).

Der bereits 1947 als „Traben" bezeichnete langsame Dauerlauf (van Aaken, 1984), war der Vorläufer des neuzeitlichen Joggings. Lydiard stellte 1962 die Trainingsprinzipien des Joggings der internationalen Öffentlichkeit vor (Lydiard, 1983). Seitdem hat der langsame Dauerlauf Millionen Anhänger weltweit.

Zu den Trainingsmethoden in den Ausdauersportarten zählen alle eingesetzten Methoden zur Entwicklung konditioneller und koordinativer Fähigkeiten sowie zur Wiederherstellung der Leistungsfähigkeit. Die Trainingsbelastungen werden in die Praxis mit unterschiedlichen Methoden umgesetzt. Die Methoden des Ausdauertrainings unterscheiden sich durch die unterschiedliche Gewichtung der Belastungsnormative Intensität, Dauer, Umfang, Dichte und Häufigkeit. Im speziellen Ausdauertraining kommen primär die Dauer-, die Intervall-, die Wiederholungs- und die Wettkampfmethoden zur Anwendung. Die komplexe Verwendung der

Trainingsmethoden hat sich erst in den letzten 20 Jahren herausgebildet. Historisch betracht hatten die einzelnen Methoden eine unterschiedliche Bedeutung bei der Herausbildung wettkampfspezifischer Höchstleistungen, wie dies am Beispiel des Langstreckenlaufs deutlich wird.

Als erste Trainingsmethode wird der Dauerlauf mit Marschtraining aus der Zeit der englischen Berufsläufer im 18. Jahrhundert beschrieben. Er war gekennzeichnet durch ein langsames, gleichmäßiges Tempo über relativ lange Trainingsstrecken. Die Trainer an amerikanischen Universitäten hatten Anfang des 20. Jahrhunderts die englischen Methoden übernommen und weiterentwickelt. Sie machten die Erfahrung, dass mit Wiederholungsläufen über Teilstrecken der Hauptdistanz die notwendige Widerstandsfähigkeit gegen die Ermüdung erworben wird. Das Dauerlauf- und Marschtraining wurde durch ein Tempolauftraining ergänzt. Der erfolgreiche finnische Läufer Paavo Nurmi trainierte vornehmlich nach amerikanischem Vorbild. In Schweden wurde eine weitere Methode des Ausdauertrainings entwickelt, die als Fartlek (Fahrtspiel) bekannt wurde.

In Deutschland war der Mittelstreckentrainer Woldemar Gerschler davon überzeugt, dass man die Schnelligkeitsausdauer des Mittelstrecklers nur mit wiederholten hochintensiven Läufen auf kürzeren Trainingsstrecken entwickeln könne. Nach seiner Methode trainierte u. a. der deutsche Weltrekordler über 400 und 800 m Rudolph Harbig. Die Methoden des Mittel- und Langstreckentrainings wurden in den folgenden Jahren insbesondere von Emil Zatopek weiterentwickelt. Er lief vorwiegend Strecken über 200 m und 400 m und verband diese durch ein langsames Weitertraben über 200 m. Die kurzen Pausen von 45-90 s führten nur zu einer unvollständigen Erholung. Das Intervalltraining nach Zatopek wies folgende Merkmale auf: relativ kurze Laufstrecken, mittleres Tempo, sehr kurze, unvollständige Pausen und sehr hohe Wiederholungszahlen (vgl. Neumann & Hottenrott, 2002; Nett, 1950 und 1952). Die Erfolge Zatopeks über die Marathondistanz bei den Olympischen Spielen 1948 und 1952 sowie seine Weltrekorde über 5000 m und 10.000 m führten zur weltweiten Nachahmung seiner Methode. Die Intervallmethode dominierte in den 50er Jahren des vorigen Jahrhunderts in allen Ausdauersportarten. Diese extensive Form des Intervalltrainings wurde in Freiburg durch den Trainer Gerschler in eine intensive Form über kürzere Strecken von 100 m und 200 m modifiziert. Diese Art des Intervalltrainings basierte auf der Vorstellung, dass der physiologische Anpassungsreiz für die Herzvolumenvergrößerung in der Pause und nicht während der Belastung ausgelöst wird (Reindell et al., 1962). Bei Erreichen einer Herzfrequenz (HF) von 120-140/min in der Pause wurde der nächste Belastungsreiz gesetzt. Das bis Mitte der 60er Jahre propagierte Intervalltraining für den Leistungssport fand im Freizeitsport kaum Anhänger.

Im folgenden Jahrzehnt zeigten jedoch zunehmend solche Sportler überlegene Ausdauerleistungen, die in der Vorbereitungsperiode wieder die bekannte Dauermethode bevorzugten und neue Dimensionen im Belastungsumfang erreichten. Damit war der Übergang zum umfangsorientierten Ausdauertraining vollzogen, der bald ins Extreme gesteigert wurde. Wochenumfänge im Laufen von 300-400 km wurden teilweise erreicht.

Einen weiteren Impuls in den Laufleistungen setzte Lydiard mit der komplexen Anwendung des langsamen Dauerlaufs, des Hügellaufs und des Tempolaufs und war über viele Jahre ein erfolgreicher Trainer (Lydiard, 1987). Die Laufumfänge wurden wieder auf maximal 200 km pro Woche reduziert.

Ziel der verschiedenen Methoden ist es, die Ausdauerfähigkeiten komplex zu entwickeln. Am Beispiel des Langstreckenlaufs lässt sich im historischen Rückblick zeigen, dass neue Trainingsmethoden stets mit Steigerungen der Laufleistung bzw. Rekorden einhergingen (s. Tab. 2/1, Kap. 1).

6.4 Die Dauermethoden

Bei den Dauermethoden lassen sich vier Varianten unterscheiden. Die kontinuierliche extensive und kontinuierliche intensive Dauermethode sowie die variablen Dauermethoden, zu denen die Tempowechselmethode bzw. wechselhafte Dauermethode und die Fahrtspielmethode zählen (Abb. 1/6.4). Alle Dauermethoden kennzeichnen zyklische Belastungen ohne Pause.

Die *kontinuierliche Dauermethode* wird im Ausdauersport am häufigsten angewandt. Das Wesen besteht in der ununterbrochenen, längeren Ausdauerbelastung und der relativ gleichbleibenden Intensität. Die *extensive Form* (Abb. 2/6.4) wird vorwiegend zur Ausprägung und Stabilisierung der Grundlagenausdauerfähigkeit und zur Wiederherstellung nach hoch intensiven Trainingsreizen eingesetzt. Die Belastungsdauer richtet sich nach der individuellen Belastbarkeit sowie nach sportart- und disziplinspezifischen Besonderheiten; in der Regel sind es mehr als 30 min bis zu mehreren Stunden bei leichter bis mittlerer Intensität (Tab. 2/6.4).

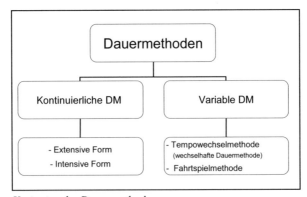

Abb. 1/6.4   Varianten der Dauermethoden

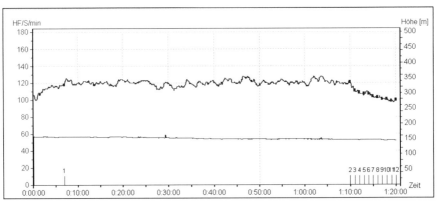

Abb. 2/6.4:   Verhalten der Herzfrequenz beim Lauf nach der extensiven Dauermethode im Grundlagenausdauerbereich 1 (GA 1)

Die *intensive Form* der Dauermethode entwickelt die Grundlagenausdauer auf ein höheres Niveau. Bei einer Intensität im Bereich der anaeroben Schwelle muss die Belastungsdauer im Vergleich zur extensiven Form deutlich verkürzt werden (Tab. 1/6.4).

Tab.1/6.4   *Charakterisierung der kontinuierlichen Dauermethode (GA: Grundlagenausdauer)*

	Kontinuierliche Dauermethode	
	Extensiv	**Intensiv**
Intensität*	leicht bis mittel 0,8 – 2,5 mmol/l Laktat 50 – 75 % VO_2max 60 – 80 % HF_{max}	mittel bis submaximal > 2,5- 5,0 mmol/l Laktat >75 – 85 % VO_2max >80 – 90 % HF_{max}
Dauer	30 min bis 8 h.	15 min bis 3 h.
Trainingsbereich	GA 1	GA 1-2 und GA 2
Ziele / Trainingseffekte	• Ausprägung und Stabilisierung der Grundlagen-ausdauer • Erhöhung der Leistung oder Geschwindigkeit bei aerober Beanspruchung • Verbesserung der Bewegungs-ökonomie • Erhöhung der aeroben Enzymaktivität und intra-muskulären Fettspeicher	• Entwicklung der Grundlagen-ausdauer auf höherem Niveau • Erhöhung der Leistung oder Geschwindigkeit bei aerob-anaerober Beanspruchung • Schulung der Willenskraft und Erhöhung der psychischen Be-lastbarkeit • Vergrößerung der Glykogen-speicher

*) Die Angaben sind Orientierungsgrößen. Der Intensitätsbereich muss individuell unter Berücksichtigung der Sportart festgelegt werden.

Wird bei der kontinuierlichen Dauermethode die Belastungsintensität nach der Geschwindigkeit oder Leistung gesteuert, dann ist zu beachten, dass mit zunehmender Belastungsdauer die Anforderungen an den Stoffwechsel, die Muskulatur sowie das Stütz- und Bewegungssystem steigen und die erhöhte Körperkerntemperatur zum Anstieg der Herzfrequenz führen. Wird bei zunehmender Ermüdung die Geschwindigkeit oder Leistung nicht reduziert, so steigt die Beanspruchung und mit ihr die Herzfrequenz an. Der Ermüdungsanstieg kann in einer Stunde 10-20 Herzschläge/min annehmen. Wird andererseits die Ausdauereinheit im Steady-State der HF absolviert, können Belastungsintensität und metabolische Beanspruchung über die Zeit abnehmen (vgl. Abb. 1/4.1).

Die **Tempowechselmethode**, auch als **wechselhafte Dauermethode** bezeichnet, unterscheidet sich von der kontinuierlichen Dauermethode dadurch, dass innerhalb einer Trainingseinheit mehrfach zwischen Anforderungen in aerober und aerob-anaerober Stoffwechselbeanspruchung sowie einer wettkampfspezifischen Intensität gewechselt wird. Im Vergleich zur Intervallmethode haben die intensiveren Belastungseinlagen eine längere Dauer (> 3 min). Die Anzahl der Belastungswechsel ist meist geringer als bei der Intervallmethode. Erholungspausen werden nicht eingelegt. Die Entlastungsphasen erfolgen in aerober Stoffwechsellage. Zur individuellen Belastungssteuerung eignet sich ein Herzfrequenz-Messgerät, mit dem die einzelnen Belastungsphasen programmiert werden können (Abb. 3/6.4).

Ziel des Trainings nach der Tempowechselmethode ist die Verbesserung der Leistungsfähigkeit im höheren Intensitätsbereich, der Erwerb einer schnellen Umstellungsfähigkeit bei Intensitätswechsel, die Gewöhnung an höhere Belastungsintensitäten und die Vorbereitung wettkampfspezifischer Belastungen. Die Belastungsintensitäten können mittels programmierter oberer und unterer Herzfrequenzgrenzen gesteuert werden.

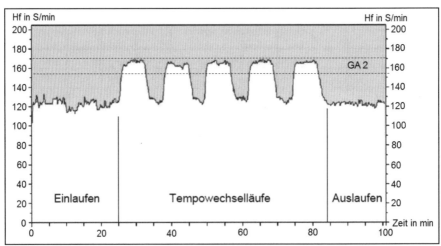

Abb. 4/6.4:   Beispiel der Herzfrequenzregulation bei Anwendung der Tempowechselmethode (5 x 8 min-Lauf im Grundlagenausdauerbereich 2, GA 2)

Die **Fahrtspielmethode** ist eine besondere Form der Tempowechselmethode. Hierbei wird ohne Pause, jedoch mit häufigem Tempowechsel, auf unterschiedlich langen Streckenabschnitten trainiert. Die Belastungsintensität wird meist nicht vorausgeplant, sie wird dem subjektiven Beanspruchungsempfinden oder dem Streckenprofil untergeordnet. Hottenrott und Zülch (1997) differenzieren die Fahrtspielmethode in eine extensive Form mit Intensitäten im Grundlagenausdauerbereich 1 bis 2 (GA 1 bis GA 2) und in eine intensive Form, d. h., von GA 1 bis in den wettkampfspezifischen Bereich (WSA). Methodisch wird das Training als ein Spiel mit der Geschwindigkeit erlebt. HF-Grenzen brauchen bei der intensiven Form nicht festgelegt werden; bei der extensiven Form sollte jedoch eine obere

Grenze eingeplant werden, um den Belastungsbereich einzuhalten und Überforderungen zu vermeiden. Die Fahrtspielmethode ist geeignet, die Selbständigkeit Trainierender zu erhöhen und eine psychische Auflockerung im Training zu erreichen.

Tab.2/6.4:   *Charakterisierung der variablen Dauermethode (GA: Grundlagenausdauer; WSA: Wettkampfspezifische Ausdauer)*

	Variable Dauermethode	
	Tempowechselmethode	**Fahrtspielmethode**
Intensität*	mittel-submaximal 2 - 6 mmol/l Laktat 80 – 90 % VO$_2$max 85 – 95 % HF$_{max}$	mittel bis maximal 2 – 12 mmol/l Laktat 80 – 100 % VO$_2$max 85 – 100 % HFmax
Dauer	30 min bis 2 h.	30 min bis 2 h.
Trainingsbereich	GA 1 bis GA 2	GA 1 bis WSA
Ziel / Trainingseffekte	• Verbesserung der Umstellungs- und Erholungsfähigkeit • Entwicklung der aerob-anaeroben Leistungsfähigkeit • Vorbereitung wettkampfspezifischer Belastungs-anforderungen	• Verbesserung der Umstellungs- und Erholungsfähigkeit • Entwicklung der aerob-anaeroben und aneroben Leistungsfähigkeit • Vorbereitung wettkampfspezifischer Belastungsanforderungen

* Die Angaben sind Orientierungsgrößen. Der Intensitätsbereich muss individuell unter Berücksichtigung der Sportart festgelegt werden.

Bei allen Dauermethoden sind bei der Steuerung der Belastungsintensität begleitende HF-Messungen sinnvoll. Durch Eingabe der Ober- und Untergrenze lässt sich die Herz-Kreislauf-Beanspruchung im gewünschten Bereich realisieren. Auf profilierten Strecken muss der Sportler die Geschwindigkeit variieren, um im eingestellten HF-Bereich zu bleiben. Ein größerer HF-Regulationsbereich ist in diesem Fall einzustellen. Auf flachen Trainingsstrecken können die HF-Grenzen problemlos eingehalten werden (s. Abb. 2/6.4).

6.5   Die Intervallmethoden

Die **Intervallmethoden** sind durch einen systematischen, geplanten Wechsel von Belastungs- und Erholungsphasen in einer Trainingseinheit gekennzeichnet. Die Pausen führen im Vergleich zur Wiederholungsmethode zu keiner vollständigen Erholung. Dadurch kommt es zum Anstieg der Ermüdung von Intervall zu Intervall. Über die Gestaltung der Pausen bezüglich Dauer und Intensität (passiv/aktiv) gibt es unter den Trainern kontroverse Vorstellungen. Viele Empfehlungen basieren auf dem Verhalten der Erholungsherzfrequenz während der Intervallpause. Nach Scholich (1982) umfasst die lohnende Pause etwa das erste Drittel der Zeit, die für die völlige Erholung notwendig ist. In dieser Zeit gehen die Erholungsvorgänge besonders rasch vor sich. Die HF sinkt von etwa 180-200 Schlägen/min auf etwa 120-140 Schlägen/min ab. Nach dieser Teilerholung kann die neue Belastung beginnen. Die Erholungsherzfrequenz hat zwar eine Bedeutung für die Belastungssteuerung des Intervalltrainings, allerdings sollte die Pausenlänge nicht allein nach dem Erholungsverhalten des Herz-Kreislauf-Systems festgelegt werden. Zu berücksichtigen ist auch die muskuläre Erholung nach anaerober Beanspruchung. Daher sind zusätzliche Laktatmessungen erforderlich, um die Belastungsintensität, die Anzahl der Intervalle und die Länge der Pausen auf den Sportler individuell abzustimmen. Eine Herzfrequenz von 120 Schlägen/min ist für eine „lohnende Pause" nur ein grober Anhaltswert für den richtigen Zeitpunkt des Beginns der nächsten Belastung. Das Herzfrequenzverhalten wird maßgeblich vom Leistungs- und Trainingszustand des Sportlers und dem aktuellen Ermüdungsgrad bestimmt. Weiterhin beeinflussen Lebensalter, Geschlecht sowie Veranlagung die Geschwindigkeit des Rückgangs der Herzfrequenz in der Intervallpause. Vom Verhalten der Herzfrequenz in der Erholungsphase kann nicht auf die muskuläre Erholung und den Abbau der Laktatkonzentration geschlossen werden. Insofern ist es problematisch, das Intervalltraining allein nach der Erholungsherzfrequenz zu steuern.

In den Ausdauersportarten haben sich zahlreiche Varianten der Intervallmethode entwickelt, die sich nach der Intensität oder der Belastungsdauer klassifizieren lassen.

Harre (2003, S. 323) differenziert die Intervallmethode in drei Intensitätsstufen (gering, mittel, hoch). Bei der Intervallmethode mit geringer Intensität wird der aerobe Stoffwechsel nicht verlassen und die Intervallbelastung beträgt 1-2 min. Diese extensive Variante können Anfänger zum Belastungsaufbau für das Durchhalten einer längeren Dauerbelastung nutzen. Die Intervallmethode mit mittlerer und hoher Intensität entspricht weitgehend der bisherigen Unterscheidung in die „extensive" und „intensive" Intervallmethode (Martin, Carl & Lehnertz, 1993; Zintl, 1989; Weineck, 2000; Hottenrott & Zülch, 1997; 1998a; Neumann & Hottenrott, 2002).

Extensive Intervallmethode

Die **extensive Intervallmethode** ist charakterisiert durch eine mittlere Belastungsintensität im aerob-anaeroben Stoffwechselbereich (Laktat 3-6 mmol/l), einer Dauer der Intervallbelastung von 30-180 min und einer Intervallpause von 2-3 min. Im Schwimmen sind kürzere Pausen von nur 15 s üblich. Joch und Übert (1999, S. 125) differenzieren die extensive Intervallmethode zusätzlich nach Mittelzeitintervallen (1-3 min) und Langzeitintervallen (3-15 min). Letztere kann auch der Tempowechselmethode zugeordnet werden.

Die HF kann zur Steuerung der Belastungs- und Erholungsphasen beitragen. In den Entlastungsphasen sollte die HF mindestens um 20 Schläge/min sinken (Abb. 1/6.5). Moderne HF-Messgeräte ermöglichen die Programmierung der Belastungs- und Erholungszeiten vor Trainingsbeginn. Damit sind Intervalltrainingseinheiten standardisierbar. Dies vereinfacht die Analyse der Trainingseinheit hinsichtlich der aktuellen Belastbarkeit und der Trainingsfortschritte. Bei unveränderter Pausenlänge informiert die Erholungs-HF über den Grad der Ermüdung. Sinkt die HF in der Erholungspause nur marginal, dann ist die Belastbarkeit für das gewählte Programm unzureichend.

Das Training mit der extensiven Intervallmethode dient zur Entwicklung der Kraft- und Grundlagenausdauerfähigkeit im aerob-anaeroben Funktionsbereich. Wettkampfnahe Anforderungen für die Langzeitausdauerdisziplinen werden vorbereitet und die Bewegungstechnik bei höheren Intensitäten ausgeprägt.

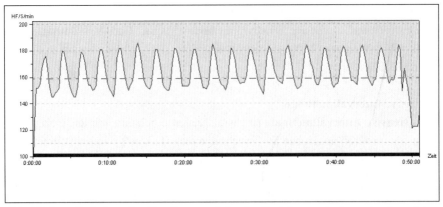

Abb. 1/6.5:   *Verhalten der Herzfrequenz beim Lauftraining nach der extensiven Inter-*
               vallmethode (20 x 200 m mit 600 m Trabpause)

Intensive Intervallmethode

Die **intensive Intervallmethode** zeichnet sich durch mehrere aufeinander folgende
Intervallbelastungen über 15-60 s bei hoher Intensität und einer Intervallpause von
15-90 s aus. Besonders kurze Intervallpausen sind im Schwimmsport üblich.
Joch und Ückert (1999) differenzieren die intensive Intervallmethode nach der
Belastungsdauer, indem sie Kurzzeit- (20-40 s), Mittelzeit-, (60-90 s) und extreme
Kurzzeitintervalle (6-9 s) unterscheiden. Die Gesamtbelastung wird nicht allein
von der Belastungsintensität, sondern dem Belastungs-Pausen-Verhältnis be-
stimmt. Die muskuläre Beanspruchung erhöht sich mit der Zahl der Intervallbelas-
tungen; in den kurzen Pausen wird nur wenig Laktat abgebaut. Am Ende einer
Serienbelastung ist eine Laktatakkumulation von 12-15 mmol/l normal. Mit der
HF-Messung kann die Belastungsintensität bei Intervallbelastungen nicht gesteuert
werden. Die HF erlaubt die Beurteilung der Gesamtbeanspruchung (Abb. 2/6.5).
Die intensive Intervallmethode dient der Ausbildung wettkampfnaher motorischer
Anforderungen und deren Stabilisierung gegen Störgrößen. Die anaerobe Leis-
tungsfähigkeit kann mit der Intervallmethode erhöht werden.

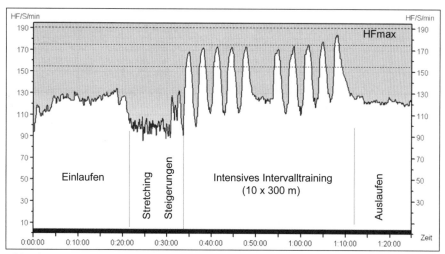

Abb. 2/6.5:   *Reaktion der Herzfrequenz bei der Erwärmung und Gestaltung des intensiven*
              Intervalltrainings (2 x 5 x 300 m mit 100 m Gehpause, aktive Serienpause
              10 min)

Bisher ist man davon ausgegangen, dass bei kurzen Belastungsphasen vorwiegend
der anaerobe-alaktazide Stoffwechsel beansprucht wird und der Laktatspiegel niedrig bleibt (Harre, 2003, S. 323). Dies lässt sich aber nicht uneingeschränkt bestäti-
gen. Bei 18 Fußballspielern der Regionalliga stieg die Laktatkonzentration nach 10
x 30 m mit 30 s Pause im Mittel auf 11,3 ± 2,7 mmol/l und maximal auf 14,8
mmol/l an (Hottenrott, 2006b).

Tab. 1/6.5:   *Charakterisierung der Intervallmethoden*

	Extensive Intervallmethode	**Intensive Intervallmethode**
Intensität*	Submaximal	submaximal-maximal
	3-6 mmol/l Laktat	> 6,0 mmol/l Laktat
	80-90 % VO_2max	>90 % VO_2max
	85-90 % HF_{max}	>90 % HF_{max}
Dauer	30 s-3 min	10-90 s
Intervallpause	15 s-3 min	15-90 s
Intervallbelastungen	10-20 Intervalle	6-15 Intervalle
Trainingsbereich	GA 1-2 bis GA 2	GA 2 bis WSA

Tab. 1/6.5:   *(Fortsetzung)*

	Extensive Intervallmethode	Intensive Intervallmethode
Ziel / Trainingseffekte	• Entwicklung der Leistungsfähigkeit im aerob-anaeroben Funktionsbereich. • Vorbereitung wettkampfspezifischer Anforderungen • Entwicklung der Bewegungstechnik bei höherer Belastungsintensität • Herzvolumenvergrößerung	• Entwicklung der Leistungsfähigkeit im anaerob-aeroben Funktionsbereich. • Ausprägung wettkampfspezifischer Anforderungen • Ausprägung der Bewegungstechnik bei hoher Belastungsintensität • Herzvolumenvergrößerung

* Die Angaben sind Orientierungsgrößen. Der Intensitätsbereich muss individuell unter Berücksichtigung der Sportart festgelegt werden.

6.6   Die Wiederholungsmethode

Bei der **Wiederholungsmethode** sind die einzelnen Belastungen kurz und hochintensiv, sodass hohe Laktatkonzentrationen (>10 mmol/l) bereits nach der 1. Wiederholung entstehen. Im Gegensatz zur intensiven Intervallmethode sollte es in der Pause zu einer nahezu vollständigen Erholung der beanspruchten Funktionssysteme auf das Vorstartniveau kommen. Die Pausenwirkung ist durch Messung der Laktatkonzentration objektivierbar. Für einen Laktatabbau bis auf das Ausgangsniveau sind Pausen von 30 min und länger erforderlich. In der Pause muss die Aktivität des Zentralnervensystems auf einem optimalen Niveau bleiben, um die nachfolgende Belastungsintensität auf einem hohen Niveau sichern zu können. Die Anzahl der Wiederholungen ist im Vergleich zur Intervallmethode niedrig und meist auf 3-8 Belastungen in einer Trainingseinheit begrenzt. Bei der Wiederholungsmethode mit Belastungen über mehrere Minuten kann die Belastungs-HF als Kontrollgröße sinnvoll eingesetzt werden. Wird das Verhalten der Erholungs-HF nach jeder Wiederholung analysiert, ergeben sich Hinweise auf die Belastungsverträglichkeit und die Gesamtbeanspruchung.

Im Ausdauertraining wird die Wiederholungsmethode zur Ausprägung der wettkampfspezifischen Leistungsfähigkeit und zur Einstellung des Sportlers auf Wettkampfbelastungen eingesetzt. Die Wiederholungsmethode fördert die Rekrutierung schnell kontrahierender Muskelfasern, die Entwicklung der Herzgröße sowie die Beanspruchung des anaerob-aeroben Funktionsbereichs.

Tab.1/6.6:   *Charakterisierung der Wiederholungsmethode (mod. nach Joch & Öckert, 1999)*

	Wiederholungsmethode		
	Langzeitbelastung	**Mittelzeitbelastung**	**Kurzzeitbelastung**
Intensität	Maximal	Maximal	Maximal
Dauer	3-8 min	1-2 min	20-30 s
Pause	> 5 min	> 3 min-5 min	> 5 min-7 min
Wiederholungen	3-5	4-6	4-8
Ziel/ Trainingseffekte	• Ausprägung wettkampfspezifischer Leistungsfähigkeit • Verbesserung der Leistung im anaeroben-aeroben Funktionsbereich • Rekrutierung schnell kontrahierender Muskelfasern in das Bewegungsprogramm • Psychische Willensschulung und Einstellung des Sportlers auf die Wettkampfintensität		

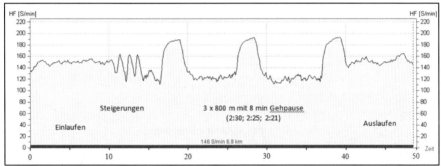

Abb. 1/6.6:   *Herzfrequenzverlauf bei Anwendung der Wiederholungsmethode (3 x 800 m)*

6.7   Die Wettkampfmethode

Die **Wettkampfmethode** dient zur Entwicklung und Überprüfung wettkampfspezifischer Ausdauerfähigkeiten. Sie umfasst Belastungsformen, die der Wettkampfsituation entsprechen. Dazu zählen Leistungskontrolltests und Wettkampftests. Die Wettkampftests dienen der Ausprägung der komplexen Wettkampfleistung und liefern Sportlern und Trainern eine zuverlässige Bewertung des aktuellen Leistungsstandes. Der Einsatz der Wettkampfmethode orientiert sich an den Anforderungen des Hauptwettkampfs. Verschiedene Varianten sind anwendbar. Bevorzugte Belastungen sind Unterdistanz- und Überdistanzstrecken sowie Tests mit bestimmten taktischen Anforderungen. Die HF-Messung bei Wettkampftests dient der Beanspruchungskontrolle und Testanalyse (Abb. 1/6.7).

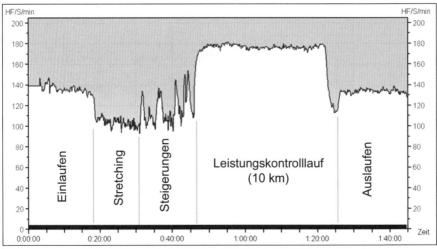

Abb. 1/6.7:   *Verlauf der Herzfrequenz vor, während und nach einem Leistungskontrolllauf über 10 km zur Vorbereitung auf einen Marathon*

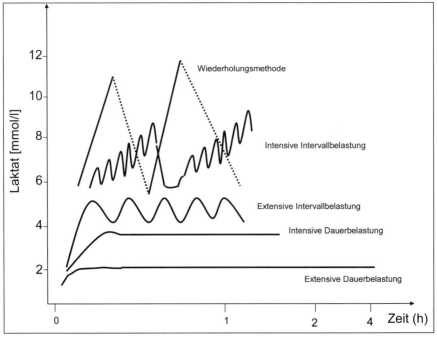

Abb. 2/6.7:   *Modellhafte Darstellung der Laktatkinetik bei verschiedenen Trainingsbelastungen*

Zusammenfassung:

Jede Trainingsmethode beansprucht die organismischen Funktionssysteme und die psycho-vegetative Regulation in besonderer Weise und löst belastungsspezifische Trainingseffekte aus. Trainingsmethoden sind daher aufgabenbezogen und zielorientiert auszuwählen und einzusetzen. Die komplexe Ausdauerfähigkeit lässt sich nicht mit einer Methode optimal ausbilden. Im ganzjährigen Trainingsprozess müssen alle Trainingsmethoden zur Anwendung kommen, wobei in der Vorbereitungsperiode der Schwerpunkt auf der extensiven Dauermethode und Intervallmethode liegt. In Abb. 2/6.7 wird die metabolische Beanspruchung modellhaft mittels Laktatverläufe bei unterschiedlichen Belastungen dargestellt.

7 Ausdauertests und Leistungsdiagnostik

7   Ausdauertests und Leistungsdiagnostik

7. 1   Allgemeine Prinzipien

Bei einer leistungsdiagnostischen Untersuchung ist die Testaussage abhängig von den Testgütekriterien, den äußeren Bedingungen bei der Testdurchführung und von der Einstellung des Sportlers oder Probanden zum Test. Zu den Gütekriterien eines Tests gehören die *Objektivität* der Testdurchführung (Untersucherunabhängigkeit), die *Zuverlässigkeit* (Reliabilität) und die *Gültigkeit* der Testaussage (Validität). Bei den leistungsdiagnostischen Tests ist zwischen Funktions- und Leistungstests zu unterscheiden (Neumann & Schüler, 1994). Beim Funktionstest ist das Verhalten eines Funktionssystems (z. B. Atmung, Herz-Kreislauf-System) unter Belastung von Interesse. Hingegen erfolgt die Orientierung beim Leistungstest auf die erreichte Endleistung oder Endgeschwindigkeit, natürlich unter Beachtung des Verhaltens von funktionellen Messgrößen. Die folgenden Aussagen zur Leistungs- bzw. Funktionsdiagnostik betreffen leistungsfähige Personen, die sich in einem guten allgemeinen Trainingszustand befinden und eine unterschiedliche Leistungsfähigkeit aufweisen. Klinische Aspekte bei gesundheitlich beeinträchtigten Personen oder Kranken, bei denen gesonderte Belastungen vorzugeben sind, werden nicht aufgeführt. Für die sportmedizinische Leistungsdiagnostik hat sich das Stufentestprinzip durchgesetzt (Mellerowicz, 1975; Neumann & Schüler, 1994; De Marées, 2002; Hollmann et al., 2006).

Hinweise zu *Randbedingungen* bei stufenförmigen Ausdauertests:

*   Vor dem Test ist der Gesundheitszustand des Sportlers zu hinterfragen. Aus ärztlicher oder gesundheitlicher Sicht dürfen keine Einwände zur Belastbarkeit vorliegen.
*   Bis eine Stunde vor dem Test kann eine leicht verdauliche Kost aufgenommen werden.
*   Vor der Belastung sollte der Sportler sich 5-10 min aufwärmen.
*   Bei der Festlegung der Höhe der Anfangsbelastung ist das aktuelle Leistungsvermögen zu beachten.
*   Nach dem Test sollte der Sportler ein Cool-down-Programm über fünf Minuten durchführen (z. B. Ausfahren, Ausschwimmen, Auslaufen), damit es zu keinen Funktionsstörungen im Herz-Kreislauf-System kommt.

- Infolge des motorischen Lerneffekts besonders bei Laufbandtests ist der erste Test immer kritisch zu bewerten bzw. als Übungstest anzusehen.

- Die Wiederholung von leistungs- oder funktionsdiagnostischen Tests ist erst nach 4-6 Wochen sinnvoll, weil es erst danach zu einer echten Anpassung kommen kann (s. Kap. 3).

Zu den hauptsächlich angewandten Testprinzipien gehören der *Ausbelastungstest* (Stufentest bis zur subjektiven Erschöpfung), der *submaximale Test* (keine Ausbelastung angestrebt) und *der Kurzzeitbelastungstest* (meist zur Bestimmung der maximalen Sauerstoffaufnahme).

7. 2   Einfache Tests zur Bestimmung der Ausdauerfähigkeit

Der diagnostizierte Fitness- und Leistungszustand des Sportlers ist für die Planung des Trainings nutzbar. Einfache Tests unterstützen die kurz- und mittelfristige Trainingsplanung bzw. ermöglichen die Belastbarkeit oder Störungen der Leistungsfähigkeit besser einzuschätzen. Im Fitness- und Gesundheitssport haben diese Tests eine besondere Bedeutung erlangt.

Im Leistungssport werden hingegen 2- bis 4-mal im Jahr aufwändige diagnostische Tests auf dem Laufband oder Fahrradergometer durchgeführt, wobei die Bestimmung von Sauerstoffaufnahme, Herzfrequenz und Laktat zum Standard gehört (Hollmann et al., 2006).

7.2.1   2-km-Walking-Test

Mit der Zunahme des Fitness- und Freizeitsports stieg das Bedürfnis nach einfach zu handhabenden Tests, aus denen persönliche Schlüsse für das Training gezogen werden können. Um diesen Bedürfnissen gerecht zu werden, wurde ein einfacher Gehtest entwickelt. Der *Walking-Test* über 2 km ist von Oja et al. (1991) entwickelt worden. Damit wird die aerobe Fitness gesunder Erwachsener bei moderater körperlicher Aktivität gemessen. Dieser Test wird mit schnellem, aber gleichmäßigem Gehtempo über 2.000 m durchgeführt. Festgehalten werden Gehzeit und die Herzfrequenz (HF) am Belastungsende. Auf der Grundlage von erreichter Gehzeit, Herzfrequenz und persönlicher Daten (Alter, Geschlecht, Körpergewicht und Körpergröße) kann ein *Walking-Index* zur Schätzung der maximalen Sauerstoffaufnahme errechnet werden. Das Testergebnis kann mit dem Fitnessniveau anderer altersgleicher Personen und gleichen Geschlechts verglichen werden. Bei regelmäßiger Testdurchführung ist die Veränderung der Ausdauerfitness einfach bestimmbar. Der 2-km-Walking-Test ist nur für gesunde Personen zwischen dem 20. und 65. Lebensjahr geeignet (Laukkanen et al., 2000) und nicht für Kranke und Kinder. Personen von über 65 Jahren können den Test nur durchführen, wenn sie gesund sind und sich regelmäßig belasten. Für leistungsorientierte Sportler bzw. Läufer sind die Ergebnisse zu ungenau und meist unterschätzt der Walking-Index ihre Leistungsfähigkeit.

7.2.2   COOPER-Test

Ein einfacher Test für größere Populationen mit unterschiedlicher Leistungsfähigkeit ist von Cooper (1968) vorgestellt worden. Dieser Test über 12 min Dauer auf einer 400-m-Bahn eignet sich zur Bestimmung der Ausdauerfähigkeit bei Kindern, Jugendlichen, Erwachsenen und Senioren (Cooper, 1984). Der Leistungszustand kann über die zurückgelegte Laufstrecke innerhalb von 12 min beurteilt werden (Tab. 1/7.2.2). Der Test erfordert eine maximale Laufbelastung über die festgelegte Zeit, wobei die zurückgelegte Strecke beurteilt wird.

Das beste Laufergebnis wird erzielt, wenn die Belastung mit möglichst gleich bleibendem Tempo durchgeführt wird. Endspurts beeinflussen das Ergebnis wenig. Aus der zurückgelegten Wegstrecke kann die maximale Sauerstoffaufnahme abgeschätzt und eine Bewertung der Ausdauerfähigkeit erfolgen. Die Leistungsbewertung ist nach Alter und Geschlecht zu differenzieren. Dazu wurde eine Vielzahl von Vorschlägen erarbeitet (Bloss, 1989, S. 54; Bös, 1996).

Tab. 1/7.2.2: Einordnung des kardiopulmonalen Leistungszustandes (Fitnessgrad) und der maximalen Sauerstoffaufnahme (VO₂max) anhand eines 12-minütigen Gehens oder Laufens (nach Cooper, 1968)

Laufstrecke (m)	VO$_2$max (ml/kg·min)	Fitnessgrad
weniger als 1600	weniger als 25,0	sehr schlecht
1600-2000	25,0-33,7	schlecht
2000-2400	33,8-42,5	befriedigend
2400-2800	42,6-51,5	gut
mehr als 2800	mehr als 51,6	hervorragend

Von Fußballspielern der höchsten Spielklassen wird eine Laufstrecke von 3.300-3.500 m in 12 min erwartet. Für die Steuerung der Trainingsbelastung ist dieser

Test wenig geeignet, weil er nur die Veränderung in der Laufleistung anzeigt und nicht die Stoffwechselbeanspruchung. Eine verbesserte Aussage ermöglicht die Laktatmessung nach Beendigung des Tests. Hierdurch ist der Anteil des anaeroben Energiestoffwechsels beim Zustandekommen der Laufleistung abschätzbar. Eine zusätzliche HF-Messung informiert über die Beanspruchung des Herz-Kreislauf-Systems bei dieser Laufbelastung.

7.2.3 CONCONI-Test

Der CONCONI-Test ist ein spezielles Stufentestverfahren zur Beurteilung der Ausdauerleistungsfähigkeit von trainierten Läufern. Der Test basiert auf dem Phänomen, dass die Herzfrequenz bei zunehmender Geschwindigkeit linear ansteigt und im oberen Belastungsbereich die Linearität verlässt. Conconi et al. (1982) ermittelten in Feldtests die Laufgeschwindigkeit, bei der es zur Abflachung der Herzfrequenzkurve kam und bezeichneten die Geschwindigkeit an diesem Punkt als vd *(deflection velocity)* und den Herzfrequenzwert als pd *(deflection pulse)*. Er soll den Beginn eines deutlich zunehmenden anaeroben Stoffwechsels markieren, ohne das Laktat bestimmt wird. In den folgenden Jahre kamen weitere Bezeichnungen wie *Deflektionspunkt, Conconi-Schwelle, Herzfrequenzknickpunkt, Herzfrequenzschwelle* hinzu (Hottenrott, 1993; Hofmann et al., 1994; Pokan et al., 2004). Der Herzfrequenzknickpunkt liegt in der Regel zwischen 60 und 90 % der HF_{max} und kennzeichnet den Übergang aerob-anaerober Energiebereitstellung (Hofmann et al., 1997). Die HF am Deflektionspunkt hat besondere Bedeutung für die Belastungssteuerung bekommen.

Die ursprünglich als Lauffeldtest entwickelte Conconi-Methode wurde für andere Sportarten und Zielgruppen sowie als Labortest weiterentwickelt.

CONCONI-Test auf dem Fahrradergometer oder der Radrolle
Für den Radsport entstand der CONCONI-Test auf der Radbahn (Veldrom) mit einer Rundenlänge von 335 m. Die Geschwindigkeit wurde 12 bis 16 Runden bis zur maximalen Ausbelastung gesteigert (Conconi et al., 1984, S. 274). Dieser Radfeldtest wurde für das Fahrradergometer und die Radrolle mit unterschiedlichen Testprotokollen modifiziert.

Auf dem Fahrradergometer wird bei konstanter Tretfrequenz die Leistung von Stufe zu Stufe in kleinen Inkrementen von 10-20 Watt gesteigert und die Belastungszeit pro Stufe verringert. Damit bleibt die Arbeit auf jeder Stufe gleich. Für

Freizeitsportler ist eine Startleistung von 50 W und eine Stufenerhöhung um jeweils 10 W üblich. Ausdauersportler beginnen mit der Startleistung von 100 W und einer Belastungszunahme von jeweils 20 W. Da die Arbeit konstant bleibt, verkürzt sich die Dauer von Belastungsstufe zu Belastungsstufe.

Radsportler führen den CONCONI-Test meist auf der Radrolle bzw. einem Windwiderstandssimulator durch, bei dem das eigene Fahrrad (Rennrad oder Mountainbike) genutzt wird. Die Belastungssteigerung erfolgt über die Veränderung der Übersetzung und Erhöhung der Tretfrequenz. Das Testprotokoll muss den individuellen Voraussetzung angepasst werden. Grazzi et al., (1999) schlagen für den eigens entwickelten Wind-load-Simulator folgendes Testprotokoll vor: Nach einem standardisierten Aufwärmprogramm beginnt der Test bei 60 U/min. Die Tretfrequenz wird dann alle 30 s um 1 U/min erhöht. Bei maximaler Ausbelastung erreichen Straßenradsportler 120-150 U/min.

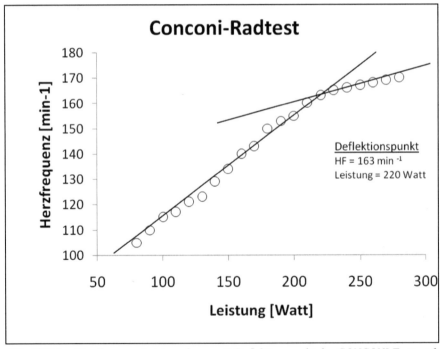

Abb. 1/7.2.3:   Herzfrequenz-Leistungskurve mit Deflektionspunkt des CONCONI-Tests auf dem Radergometer

Grundsätzlich ist bei der Interpretation der Testergebnisse zu beachten, dass das Testprotokoll einen Einfluss auf die Conconi-Schwelle hat (vgl. Grazzi et al., 1999; Hottenrott, 1993). Die Leistung am Deflektionspunkt ist höher, wenn dem Test ein adäquates Aufwärmprogramm vorausgeht (Chawalbinska-Moneta & Hanninen, 1989).

CONCONI-Lauffeldtest

Der Test kann auf dem Laufband oder auf einer 200- bzw. 400-m-Rundbahn durchgeführt werden. Belastet wird mit Teilstrecken von 200 m ohne Pause, bei ansteigender Geschwindigkeit. Das Produkt aus Laufstrecke und Laufzeit sollte auf jeder Stufe konstant bleiben. Die Anfangsgeschwindigkeit ist so zu wählen, dass mindestens acht Teilstrecken zu 200 m (1.600 m) absolviert werden können. Sportler mit einer 10-km-Bestzeit von 32-38 min sollten mit einem Lauftempo von 12 km/h (= 60 s über 200 m) beginnen (Tab. 1/7.2.3). Besser Trainierte wählen ein höheres, weniger gut Trainierte ein niedrigeres Anfangstempo.

Tab. 1/5.6: Lauftabelle des CONCONI-Tests für Ausdauersportler. Anfangsgeschwindigkeit 12 km/h bzw. 60 s über 200 m. Die hervorgehobenen Zahlen stellen die Sollzeiten an den 200-m-Messpunkten dar; die kleinen Zahlen dienen der Kontrolle an den 50-m-Teilstrecken

Strecke (m)	0 bis 1000 m Zeit (min:sec)	1000-2000 m Zeit (min:sec)	2000-3000 m Zeit (min:sec)	3000-4000 m Zeit (min:sec)
50	0:15,0	4:49,6	8:40,6	11:59,4
100	0:30,0	5:02,0	8:51,2	12:08,6
150	0:45,0	5:14,5	9:01,7	12:17,8
200	**1:00,0**	**5:27,0**	**9:12,3**	**12:27,1**
250	1:14,4	5:38,9	9:22,6	12:36,1
300	1:28,8	5:50,9	9:32,9	12:45,1
350	1:43,1	6:02,9	9:43,1	12:54,1
400	**1:57,5**	**6:15,0**	**9:53,4**	**13:03,1**
450	2:11,3	6:28,5	10:03,4	13:11,9
500	2:25,1	6:38,1	10:13,4	13:20,7
550	2:38,8	6:49,7	10:23,4	13:29,5
600	**2:52,5**	**7:01,4**	**10:33,4**	**13:38,2**
650	3:05,8	7:12,7	10:43,1	13:46,8
700	3:19,1	7:24,0	10:52,8	13:55,4
750	3:32,4	7:35,2	11:02,6	14:03,9
800	**3:45,8**	**7:46,4**	**11:12,3**	**14:12,5**
850	3:58,6	7:57,3	11:21,8	14:20,9
900	4:11,5	8:08,2	11:33,3	14:29,3
950	4:24,3	8:19,1	11:40,8	14:37,6
1000	**4:37,2**	**8:30,0**	**11:50,2**	**14:46,0**

Die Laufgeschwindigkeit wird alle 200 m um 0,5 km/h gesteigert. Die HF und die exakte Laufzeit werden nach jeder Teilstrecke bestimmt, wozu eine HF-Uhr erforderlich ist. Der Test ist zu beenden, wenn der Sportler die vorgegebene Laufgeschwindigkeit nicht mehr einhält oder zu erschöpft ist.

Testauswertung

Die Auswertung der Testdaten kann mit Unterstützung von Softwareprogrammen oder per Hand vorgenommen werden. Bei der manuellen Auswertung werden die Zwischenzeiten und HF-Werte am Ende jeder 200-m-Stufe in einen Protokollbogen übertragen und anschließend graphisch dargestellt. Sind alle Punkte übertragen, wird eine Ausgleichs- bzw. Regressionsgerade in den linearen Bereich der HF-Werte gelegt. Der Herzfrequenzknickpunkt befindet sich im oberen HF-Bereich, wo die Wertepaare die lineare HF-Kennlinie verlassen. Wird der *Deflektionspunkt* mathematisch mit einem Programm ermittelt, dann werden in den Herzfrequenzverlauf eine Regressionsgeraden in den unteren HF-Bereich und eine zweite von der maximal erreichten HF nach unten gelegt (Hofmann et al., 1988). Der Schnittpunkt beider Geraden ist dann der Deflektionspunkt (Abb. 2/7.2.3).

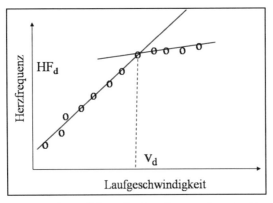

Abb. 2/7.2.3: Bestimmung des Deflektionsknickpunkts mittels zweier Regressionsgeraden

Beurteilung der Ausdauerleistungsfähigkeit

Hauptkriterium für die Beurteilung der aeroben Ausdauerleistungsfähigkeit ist die erreichte Geschwindigkeit bzw. Leistung am Herzfrequenzknickpunkt. Je höher die Leistung bzw. Geschwindigkeit am Deflektionspunkt, desto besser ist aerobe Ausdauerfähigkeit entwickelt. Am Verlauf der Herzfrequenzkennlinie lässt sich zusätzlich die anaerobe Ausdauerfähigkeit beurteilen. Ein niedriges anaerobes

Niveau liegt vor, wenn HF und Leistung bzw. Geschwindigkeit nach Erreichen des Deflektionspunkts nur noch geringfügig ansteigen. Für ein hohes anaerobes Potenzial spricht, wenn nach dem Deflektionspunkt die Belastung über mehrere Minuten fortgesetzt werden kann und die HF weiter ansteigt (Abb. 3/7.2.3).

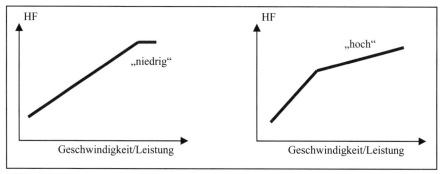

Abb. 3/7.2.3:   *Prinzipdarstellung von niedriger und hoher anaerober Leistungsfähigkeit beim CONCONI-Test. Ein geringer und flacher Anstieg der HF-Kurve nach dem Deflektionspunkt steht für eine geringe anaerobe Leistungsfähigkeit (links); ein relativ langer und steiler Anstieg für eine hohe anaerobe Leistungsfähigkeit (rechts) (Hottenrott, 1993, S. 235).*

Beurteilung der Leistungsentwicklung
Wird der CONCONI-Test im Trainingsprozess in regelmäßigen Abständen (6 bis 8 Wochen) unter vergleichbaren Testbedingungen durchgeführt, so kann es zu folgenden Veränderungen der HF-Kennlinien kommen (Abb. 4/7.2.3):

1. Rechtsverschiebung der HF-Kennlinie
Die Rechtsverschiebung der HF-Kurve spricht für die Zunahme der Ausdauerleistungsfähigkeit. Das Herz schlägt bei gleicher Leistung mit verminderter Frequenz, d. h. es arbeitet ökonomischer. Hingegen bedeutet eine Linksverschiebung der HF-Kurve eine Abnahme der Ausdauerleistungsfähigkeit.

2. Steiler HF-Kurvenverlauf bei gleichem HF-Abknickpunkt
Zu Veränderungen in der Anstiegssteilheit der HF-Kurve kommt es, wenn der Trainingsschwerpunkt von einem überwiegend aeroben Grundlagentraining zu einem Training mit vorwiegend intensiven anaeroben Belastungen wechselt. Dieser Zustand ist im Trainingsprozess meist dann nachweisbar, wenn der Sportler

das Vorbereitungstraining abgeschlossen hat und sich über intensiveres Training auf die Hauptwettkämpfe vorbereitet. Nach dem HF-Deflektionspunkt können die Sportler ihre Laufgeschwindigkeit noch steigern, indem sie bevorzugt den anaeroben Energiestoffwechsel nutzen.

3. Flacher HF-Kurvenverlauf
Ein flacherer HF-Kurvenverlauf signalisiert den Trend zu einer verbesserten Grundlagenausdauer. Das ist besonders nach einem umfangsbetonten Ausdauertraining der Fall. Generell zeigen die Kurven von Altersklassen-Sportlern und Marathonläufern einen flacheren Anstieg als jene von Jugendlichen und Mittelstreckenläufern.

4. Kein Deflektionspunkt bestimmbar
Wird bei vollständiger Ausbelastung und Einhaltung der Geschwindigkeitsvorgabe kein Abknickpunkt gefunden, so kann dies auf ungenügend ausgebildete anaerobe Leistungsgrundlagen oder einem vorzeitigen Testabbruch beruhen. Diese Annahmen werden gestützt, wenn die Laktatkonzentration bei Ausbelastung unter 4 mmol/l bleibt.

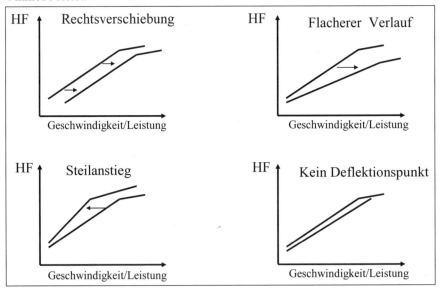

Abb. 4/7.2.3: Beurteilung der Leistungsentwicklung anhand der Veränderungen der HF-Kennlinien des CONCONI-Tests (nach Hottenrott, 1993, S. 239)

Kritisch ist zum CONCONI-Test anzumerken:

- Eine Kausalität zwischen dem Abknickpunkt der HF-Kurve und der beginnenden Laktatakkumulation ist nicht belegt.
- Die Conconi-Schwelle stimmt nicht mit der individuellen aneroben Laktat-Schwelle überein.
- Der Deflektionspunkt der Herzfrequenz-Kennlinie kann nicht immer eindeutig ermittelt werden.
- Die Testergebnisse des Conconi-Tests erlauben Aussagen über die aerobe Leistungsfähigkeit, nicht aber über die aerobe Kapazität, d. h. zur Voraussage der Wettkampfleistung ist die Prognose unsicher.

7.2.4 Physical Work Capacity (PWC)

Dieses Testprinzip entstand in der klinischen Funktionsdiagnostik als man annahm, dass bei einer HF von 170 Schlägen/min die maximale Sauerstoffaufnahme erreicht wird (Wahlund, 1948). Bei Leistungseinschränkungen ist auch eine niedrigere HF als Abbruchkriterium wählbar, z. B. PWC_{130} oder PWC_{150} (Hollmann, 1963). Zwischen der PWC_{170} bzw. PWC_{150} und der maximalen Sauerstoffaufnahme besteht keine enge Beziehung (Åstrand & Rodahl, 2003).

Die *PWC $_{170}$* wird bei ansteigender HF im Stufentestdesign bestimmt. Testkriterium ist die erreichte Ergometerleistung (W) bei der HF von 170 Schlägen/min. Die Belastung wird bei 75 W oder 1 W/kg Körpermasse begonnen und alle 2 min um 25 W gesteigert. Die PWC_{170} lässt sich durch lineare Interpolation oder grafisch ermitteln, indem vom erreichten HF-Wert (170, 150) ein Lot auf die X-Achse, welche die erreichte Leistung repräsentiert, gelegt wird.

Formel zur Bestimmung der PWC_{170}

$$PWC_{170} = P_1 + (P_2-P_1) \times (170-HF_1) / (HF_2-HF_1) \qquad P = \text{Leistung, HF} = \text{Herzfrequenz}$$

Untrainierte Männer sollten 2,5 W/kg Körpermasse und Frauen 2,0 W/kg erreichen (Rost & Hollmann, 1982). Durchschnittlich Trainierte erreichen bei einer PWC_{170} eine Leistung von 2,4-3,0 W/kg. Mit Zunahme der sportlichen Leistungsfähigkeit erfolgt der Anstieg der HF flacher und damit steigt die PWC_{170} an (Neumann & Schüler, 1994).

7.2.5   Steptests

In den USA stellten bereits 1929 Master & Oppenheimer einen Stufensteigetest vor, der nachfolgend Vorbild für zahlreiche Testvarianten wurde, die bis in den 60er Jahren des vorigen Jahrhunderts publiziert wurden (Master & Oppenheimer, 1929). Beim *Master-Steptest* werden für 90 s zwei Stufen von 22,86 cm Höhe auf- und abgestiegen. Über eine Tabelle können die Vorgaben für Körpergewicht, Alter und Geschlecht variiert werden. Testkriterium sind HF und Blutdruck vor und nach dem Steptest.

Unter dem Begriff *Step-, Kniebeuge-, Stufen- oder Treppensteigetest* werden alle einfachen motorischen Stufentestbelastungen subsummiert. International waren über 30 einfache motorische Prüfbelastungen im Gebrauch, bevor sich die Fahrradergometrie und Laufbandergometrie an der Klinik und in leistungsdiagnostischen Untersuchungsstellen durchgesetzt haben. Zu den einfachen Belastungen gehörte die Steigebelastung über 3-5 min auf unterschiedlich hohen Stufen (23-50 cm). Die Steptests finden kaum noch Anwendung, weil die Belastung zu niedrig ist und die erbrachte Leistung ungenau erfasst wird.

7.3   Ergometertests zur Bestimmung der Ausdauerleistungsfähigkeit im Labor

Der Vorteil von Labortests ist, dass die Untersuchungen unter vergleichbaren Umweltbedingungen und mit einem standardisierten Belastungsdesign durchgeführt werden können. Für die sportartspezifische Leistungsdiagnostik stehen verschiedene Spezialergometer zur Verfügung:

Schwimmen	: Strömungskanal, Armkraftzuggerät
Rudern	: Ruderergometer
Kanusport	: Kanuergometer
Radsport	: Hochleistungsradergometer
Lauf/Gehen	: Laufband
Skilanglauf	: Kippbares breites Laufband, Armkraftzuggerät
Triathlon	: Fahrradergometer, Laufband, Armkraftzuggerät u. a.
Inlineskating	: Kippbares breites Laufband

Bei der sportartspezifischen Ergometrie wird eine sportartspezifische Leistung oder Geschwindigkeit gemessen, zu der die biologischen Messgrößen zugeordnet werden. Im Vordergrund der Beurteilung steht der veränderte Aufwand bei der Bewältigung der Leistung. Die sportmedizinischen Kriterien zur Beurteilung der aeroben und anaeroben Leistungsfähigkeit haben auch bei der sportartspezifischen Ergometrie Gültigkeit. Der Schwerpunkt der sportartspezifischen Leistungsdiagnostik ist die Herstellung des Bezugs zwischen Trainingsbelastung, Wirkrichtung des Trainings und das erreichte Niveau der spezifischen Anpassung.

Allgemeine Empfehlungen bei der Ausführung von Stufentests auf Ergometern

Mit einem *Stufentest* wird die Regulation des Herz-Kreislauf- und Atmungssystems sowie des aeroben und anaeroben Energiestoffwechsels auf unterschiedlichem Belastungsniveau und im Zustand der Ausbelastung geprüft. In der Leistungsdiagnostik wird das Stufentestprinzip in den einzelnen Sportarten stark differenziert, sodass eine Teststandardisierung bis heute nicht erreicht wurde. Auch national und international gibt es bei der gleichen Sportart kein einheitliches Testdesign (McArdle et al., 2001). Damit ist die Vergleichbarkeit von Testergebnissen erschwert.

Allgemeine Prinzipien sind:

- Streckenlänge oder die Belastungsdauer sind auf jeder Stufe gleich zu halten und sollte mindestens 1 km auf dem Laufband bzw. 3 min auf dem Ergometer betragen.

- Die Zunahme der Geschwindigkeit bzw. der Leistung richtet sich nach der Anzahl der Belastungsstufen und der Leistungsfähigkeit des Athleten. Innerhalb des Stufentests ist die Höhe der Belastungssteigerung beizubehalten.

- Beim sportartspezifischen Test erfolgt die Belastungssteigerung in Prozent zur Bestleistung auf der Wettkampfstrecke. Die Steigerungsstufen sind von Sportart zu Sportart unterschiedlich und betragen beispielsweise 75 %, 80 %, 85 %, 90 %, 95 % und 100 % der Streckenbestzeit.

- Die Genauigkeit der Testaussage nimmt mit der Anzahl der Stufen zu. Als optimal haben sich 5-6 Stufen für die mathematische Analyse der Messpunkte erwiesen. Minimal sind drei Stufen zulässig. Zweistufentests sind kaum aussagefähig.

- Je länger die Wettkampfstrecke des Sportlers ist, desto länger sollte die

Belastungsdauer im Stufentest gewählt werden.

• Der Stufentest ist möglichst sportartspezifisch durchzuführen. Ein Radergometertest ist für einen Läufer nur bedingt aussagefähig, ebenso wie ein Laufbandtest für einen Radsportler. Für Schwimmer ist ein Laufband- oder Fahrradergometertest bedeutungslos.

Gestaltung des Testdesigns

Neben der Belastungsform sind Belastungsdauer und Belastungssteigerung auf jeder Stufe auf die sportartspezifischen Anforderungen abzustimmen. Für Sportler in den Langzeitausdauersportarten ist eine längere Belastungsdauer auf jeder Stufe vorzugeben, wenn die Ausdauerstabilität geprüft werden soll. Bei zu kurzer Stufendauer ist das in der Muskulatur entstehende Laktat erst bei der nächsten oder übernächsten Stufe nachweisbar. Die Zeit zum Einregulieren eines stabilen Funktionsniveaus beträgt leistungsabhängig 2-6 min (Neumann & Schüler, 1994; Hollmann et al., 2006). Ausdauersportler benötigen bis zum Erreichen eines stabilen Regulationszustandes, dem „Steady State", 2-4 min; hingegen Untrainierte 4-6 min. Ursprünglich wurde der Zustand des „Steady State" als Konstanz von Kreislauf-, Atmungs- und Stoffwechselvorgängen verstanden (Hill, 1925).

Ab einer bestimmten Belastungshöhe im Stufentest stellt sich kein Steady-State-Zustand mehr ein. Wird bei Untrainierten die Stufendauer zu lang gewählt, dann kommt es zu einer vorzeitigen muskulären Ermüdung und zu keiner Ausbelastung.

7.3.1 Fahrradergometrie

Auf dem *Fahrradergometer* wird die Belastung stufenförmig und ohne Pause bis zum Abbruch gesteigert. Während der Belastung werden Herzschlagfrequenz (HF), Sauerstoffaufnahme (VO_2) und Laktat gemessen. Bei dieser Belastungsvorgabe steigen HF und VO_2 linear und das Laktat exponentiell an.

Bewertungskriterien sind bei erreichter Ausbelastung die Leistung (W/kg), die maximale Sauerstoffaufnahme (VO_2max), die maximale HF und das maximale Laktat im Ohrkapillarblut.

Varianten des Stufentests auf dem Fahrradergometer

In Abhängigkeit von den Zielgruppen werden unterschiedliche Testvarianten durchgeführt (Tab. 1/7.3.1). Bei der Testdurchführung muss die Trittfrequenz (Kurbelumdrehungen/min) beachtet werden. Herzpatienten ist eine niedrige Drehzahl von 50-60 U/min und Sportlern von 80-100 U/min zu empfehlen. Bei der Fahrradergometrie wird die Leistungserhöhung pro Stufe ohne Pause durchgeführt. Eine Veränderung des Testprotokolls führt zu Veränderungen der Maximalleistung, der Beziehungen zwischen Arbeitsleistung, Atemgaswerte und Herzfrequenz sowie der ventilatorischen und metabolischen Schwellen (Amann et al., 2004; Grazzi et al., 1999; Gullestad et al., 1997).

Tab. 1/7.3.1: Testprotokolle für die Fahrradergometrie

Zielgruppe (Testprotokoll)	Anfangsleistung	Stufendauer	Leistungserhöhung pro Stufe
Herzgruppen (WHO)	25 Watt	2 min	25 Watt
Sportler (BA-L)	50 oder 100 Watt	3 min	50 Watt
Hollmann/Venrath	30 Watt	3 min	40 Watt
Leistungssport /	70-130 Watt	4-5 min	30 Watt
Hochleistungssport	80-120 Watt	3 min	20 Watt

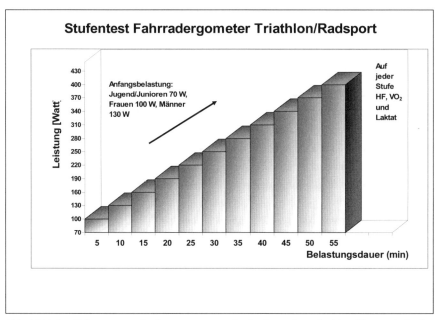

Abb. 1/7.3.1:   Schema eines Radergometertests für Radsportler oder Triathleten. Auf jeder Stufe werden Herzfrequenz (fortlaufend), Sauerstoffaufnahme (eventuell fortlaufend) und Laktat gemessen. Die Anfangsbelastung richtet sich nach der Leistungsfähigkeit. Frauen fangen bei 70-100 W und Männer bei 100-130 W an. Die Stufendauer beträgt 5 min und die Stufensteigerung 30 Watt.

7.3.2   Laufbandergometrie

Auf dem Laufband läuft der Sportler entgegen der Bandumlaufrichtung. Das Leistungsmaß ist die Geschwindigkeit, die in Meter pro Sekunde (m/s) oder Stundenkilometern (km/h) angegeben wird. Die gewählte Anfangsgeschwindigkeit ist vom Leistungsniveau des Probanden abhängig. Im Hochleistungssport werden als Geschwindigkeitssteigerung 0,9 km/h bzw. 0,25 m/s gewählt. Im Freizeitsport sind Steigerungen von 2 km/h bzw. 0,56 m/s möglich. Zahlreiche Einrichtungen benutzen einen Anstellwinkel von 1-2° bzw. 1,7-3,5 %. Bei der Bandneigung kommt es frühzeitiger zum Belastungsabbruch und die Beanspruchung der Funktionssysteme ist größer als beim Flachlauf. Die Ergebnisse zwischen dem Flach- und Anstiegslauf sind nicht vergleichbar.

Zwischen den einzelnen Stufen ist eine Pause von 30-60 Sekunden zur Blutabnahme für die Laktatbestimmung notwendig. Ähnlich wie bei der Fahrradergometrie werden HF, Sauerstoffaufnahme und Laktat auf jeder Stufe gemessen. Um den Anforderungen der Sportpraxis für die Belastungssteuerung besser zu entsprechen, wird neben der Zeitvorgabe (Minuten) auch über festgelegte Streckenlängen belastet. Die Streckenlängen auf dem Laufband werden abhängig vom Leistungszustand gewählt. Die Leistungsschwächsten oder Athleten aus den Kurz- und Mittelzeitausdauersportarten laufen die kürzeren Strecken (1-2 km). Für Leistungssportler (Langstreckenläufer, Triathleten) werden 3 oder 4 km auf einer Belastungsstufe bevorzugt (s. Abb. 2/7.2.2). Daraus resultierte eine Gesamtlaufbelastung von 12 km (4 x 3 km) bzw. 16 km (4 x 4 km).

Grundsätzlich erlauben längere Belastungsstufen sichere Aussagen über die aerobe Basisleistungsfähigkeit und damit auch Urteile zur *Ausdauerstabilität*.

Tab. 1/7.3.1:   Testprotokolle für die Laufbandergometrie

Zielgruppe (Testprotokoll)	Anfangs- geschwindigkeit	Stufendauer/ Stufenlänge	Geschwindigkeits- erhöhung / Bandneigung
Rehabilitationssport	2-6 km/h	3 min	2,5%
Fitnesssport	6-8 km/h	3 min	2 km/h
Sportspielarten	8 km/h	3 min / 800 m	1,5 km/h
Mittel-/ Langstreckenlauf	10-14 km/h	3-5 min / 800-2.000 m	1 – 2 km/h
Marathonlauf	10-14 km/h	3-5 min / 2 km – 4 km	1,0 – 1,5 km/h

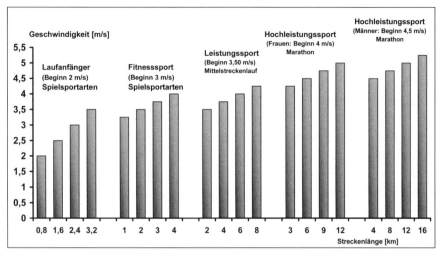

Abb. 2/7.3.2: Testvarianten der Laufbandergometrie für verschiedene Zielgruppen. Je höher die Ausdauerleistungsfähigkeit ist, desto länger kann der streckenbezogene Stufentest gewählt und je höher die Anfangsgeschwindigkeit festgelegt werden.

Für den Leistungs- oder Geschwindigkeitsanstieg von Stufe zu Stufe gibt es keine verbindlichen Vorgaben. Wird eine Ausbelastung des Sportlers beabsichtigt, dann sollten möglichst kleine und kurzzeitige Steigerungsstufen gewählt werden. Bei Leistungssportlern hat sich eine Steigerung der Laufbandbelastung um 0,25 m/s bewährt. Höhere Geschwindigkeitsanstiege führen meist zu einem vorzeitigen Belastungsabbruch infolge muskulärer Ermüdung.

7.4 Interpretation der Messwerte beim Stufentest

Aus der Dynamik des Laktatanstiegs kann eine so genannte *Laktatleistungskurve* erstellt werden. Mit Hilfe mathematischer Verfahren können Ausgleichskurven vom Laktatanstieg errechnet und die aerobe und anaerobe Schwelle bestimmt werden. Wird bei der Laktatleistungskurve die Ergometerleistung auf einen festgelegten Laktatwert bezogen, dann handelt es sich um eine *fixe Laktatschwelle* (Mader et al., 1976).

Für die Bestimmung von Belastungsbereichen, die aus dem Radergometertest abgeleitet werden können, sind für das Grundlagenausdauertraining je nach Sportart Laktatkonzentrationen von 2, 3 oder 4 mmol/l üblich. Der Laktatanstieg im Ergometertest weist eine individuelle Charakteristik auf, die vom Leistungszustand, insbesondere vom Niveau der Kraftausdauer abhängig ist. Der Laktatanstieg kann mit verschiedenen mathematischen Formeln berechnet werden. Durch die mathematische Ausgleichskurve der einzelnen Messwerte lässt sich das Krümmungsverhalten des Laktatanstiegs beschreiben. Diese Berechnungen waren zugleich Grundlage für die Bestimmung verschiedener *individueller Laktatschwellen* (s. Kap. 2.2). Die Errechnung der individuellen Schwelle nach Stegmann et al. (1981) erfordert eine volle Ausbelastung und die Einbeziehung des Abbaus des Laktats in den ersten Erholungsminuten. Hierbei gehen in die Berechnung der individuellen anaeroben Schwelle Laktatbildung und Laktatabbau ein. Falls der Sportler keine echte Ausbelastung erreicht, wird die individuelle Schwelle stark verfälscht (Heck et al., 2005).

Die individuelle anaerobe Schwelle kann bei Leistungsathleten unter 2,5 mmol/l und bei weniger Trainierten bei über 4 mmol/l Laktat liegen.

Eine andere Variante der individuellen Schwellenbestimmung ist der Zuschlag von einem festgelegten Laktatwert auf die *Basislaktatkonzentration.* Um zu realen Werten zu kommen, muss der Test bei dieser Bestimmungsmethode mit einer niedrigen Belastung angefangen werden. Eine individuelle anaerobe Schwelle wird postuliert, wenn die Laktatkonzentration über die aerobe Schwelle („Lactate Threshold") um 1,5 mmol/l (bzw. 1,0 mmol/l bei Radsportlern oder Extremausdauersportlern) ansteigt (Dickhuth et al., 1991; 2007). Die scheinbaren Gegensätze bei der Bestimmung der individuellen anaeroben Schwellen sind akademischer Natur und beeinflussen das Training in den einzelnen Belastungsbereichen praktisch nicht (Heck et al., 1985; Clasing, Weicker & Böning, 1994).

Durch wiederholte leistungsdiagnostische Untersuchungen ist die Entwicklung der Leistungsfähigkeit anhand der Veränderung einer Laktatschwelle oder weiterer Laktatschwellen gut zu belegen.

Weitere Angaben zur sportartspezifischen Leistungsdiagnostik und zu Vorstellungen bei der Bestimmung der Laktatschwelle in Deutschland sind der Fachliteratur zu entnehmen (Kindermann, 1987; Heck, 1990; Dickhuth et al., 1991; Klimt, 1992; Neumann & Schüler, 1994; Hollmann & Hettinger, 2000; Löllgen & Erdmann, 2000; Jeschke & Lorenz, 1998; Clasing & Siegfried, 2002; Pokan et al., 2004; Neumann et al., 2007 u.a.).

Tab. 1/7.4:   *Übersicht zu Training, Trainingswirkrichtung und möglichen Anpassungen*

Training	Wirkrichtung	Leistungsdiagnostische Parameter
Grundlagenausdauertraining 1	Ökonomisierung	Abnahme von Sauerstoffaufnahme, Herzfrequenz und Laktat auf sub-maximalen Belastungsstufen, Rechtsverschiebung der Laktat-Leistungskurve
Grundlagenausdauertraining 2	Entwicklung der Funktionsamplituden	Zunahme der maximalen Sauer-stoffaufnahme und Laktatmobilisa-tion, teilweise steilerer Anstieg der Laktat-Leistungskurve
Wettkampfspezifische Ausdauer, Wettkämpfe	Grenzbereiche der Funktionsamplituden	Zunahme der maximalen Sauer-stoffaufnahme und Laktatmobilisa-tion, Erreichen der maximalen Herzfrequenz, Steilanstieg der Laktat-Leistungskurve

Aus den leistungsdiagnostischen Ergebnissen sind sportmethodische Empfehlungen für das Training möglich. Im weiteren Schritt stützen sie die Geschwindigkeits- oder Leistungsvorgaben für das Ausdauertraining (s. Kap. 8). Wenn in den langsam kontrahierenden ST-Fasern das Glykogen depletiert ist, kommt es zu einer erhöhten Aktivierung der schnell kontrahierenden FT-Fasern. Die Konsequenz ist eine Zunahme der Sauerstoffaufnahme bereits auf submaximalen Belastungsstufen (Krustrup et al., 2004).

7.5   Kontroll- und Wiederholungsuntersuchungen

Für die wiederholte *sportartspezifische Ergometrie* ist ein Mindestabstand von sechs Wochen zu empfehlen, weil die Anpassung auf ein höheres Leistungsniveau diese Zeitspanne benötigt (s. Kap. 3.). Da die Entwicklung der Leistungsfähigkeit und der dafür benötigte biologische Aufwand im Blickfeld der Diagnostik stehen, empfiehlt es sich, die Untersuchung nur zu den Zeiten durchzuführen, in denen die sportartspezifische Leistungsfähigkeit normal ist und nicht durch zu starke Restermüdung überlagert wird. Unmittelbar nach Trainingslagern oder Wettkämpfen sind die leistungsdiagnostischen Untersuchungsergebnisse durch die anhaltende Restermüdung oft verfälscht. Ein typisches Beispiel dafür ist die Glykogenerschöpfung und die damit verbundene geringere Laktatbildung und erhöhte Sauerstoffaufnahme bei Belastung.

Bei der Bestimmung der Laktatgeschwindigkeitskurve im Lauf oder Laktatleistungskurve im Radsport, wird bei anhaltendem Defizit in den Muskelglyko-
genspeichern eine bessere submaximale Leistungsfähigkeit vorgetäuscht. Die
Kurven des Laktatanstiegs verschieben sich nach rechts und werden in Richtung
erhöhter Leistungsfähigkeit oder Leistungsverbesserung gedeutet. Um die Vortäu-
schung einer höheren Leistungsfähigkeit auszuschließen, sind neben der Laktatmessung auch die Bestimmungen von HF und Sauerstoffaufnahme notwendig. In
der Regel zeigt sich bei Glykogendepletion eine verringerte maximale Leistungsfähigkeit (Abb. 1/7.5).

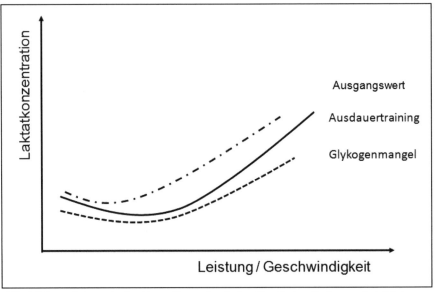

Abb. 1/7.5:   Schematische Darstellung der Laktatkinetik im Stufentest bei Glykogen-
               mangel und nach Verbesserung der Ausdauerleistungsfähigkeit durch ein
               mehrwöchiges Grundlagenausdauertraining

7.6   Sportartspezifische Leistungsdiagnostik unter
Feldbedingungen

Der Labor- und der Feldtest ergänzen sich gegenseitig und sind beide notwendig.
Der Feldtest ist häufiger durchführbar, er unterliegt aber äußeren Störfaktoren,
sodass die Leistungsaussage mitunter unsicher ist. Beim Feldtest sind die anwend-

baren Messgrößen begrenzt. Die Sauerstoffaufnahme kann inzwischen auch zuverlässig im Feldtest gemessen werden. Der Kostenaufwand (Geräteanschaffung und Messwertsicherung) ist aber hoch. Eine Ausnahme vom Feldtest macht der Schwimmstufentest. Er kann unter relativ konstanten Bedingungen in der Schwimmhalle durchgeführt werden. Das spezifische Schwimmergometer ist der Strömungskanal.

Beim Feldtest gibt es, entsprechend den örtlichen Gegebenheiten, mehrere Stufentestvarianten, die in den Ausdauersportarten genutzt werden (Tab. 1/7.6).

Tab. 1/7.6:   *Gebräuchliche Feldtests in den Ausdauersportarten*

Sportarten	Stufentestvarianten
Schwimmen	
Kurzstreckenschwimmen	8 x 100 (200 m)
Mittelstreckenschwimmen	8 x 200 m
Langstreckenschwimmen	5 x 400 m
Kurztriathlon, Langtriathlon	4 x 400 m
Laufen	
Mittelstreckenlauf (800-1.500 m)	4-6 x 600 m
Langstreckenlauf (5.000- 10.000 m)	4-6 x 1.000 m
Langstreckenlauf (Marathon)	Männer 4 x 2.000 m, Frauen 4 x 2.000 m
Kurz- und Langtriathlon, Duathlon	Männer 4 x 2.000 m, Frauen 4 x 2.000 m
Rad fahren	
Straßenradsport	4 x 6-8 km
Bahnradsport	4 x 5 km
Kurztriathlon, Duathlon	4 x 6 km
Skilanglauf	4 x 5 km
Kanusport	4 x 1.000 m
Rudern	3 x 1.000 m
Inlineskating	6 x 1.500 m

Bei den Feldtests sind Geschwindigkeit, Herzschlagfrequenz, Laktat und Messgrößen der Bewegung (Zugfrequenz, Schlagfrequenz, Schrittfrequenz, Umdrehungsfrequenz u. a.). bevorzugte Kontrollgrößen. Die Geschwindigkeit auf den submaximalen Belastungsstufen wird in Prozent der Bestleistung auf der Test- oder sportartspezifischen Wettkampfstrecke gewählt. Angefangen wird meist bei 80-85 % und danach wird die Geschwindigkeit um jeweils 3-5 % gesteigert. Die letzte Stufe ist meist eine Ausbelastung und sollte über 95 % des aktuellen Leistungsvermögens des Sportlers betragen (Abb. 1/7.6).

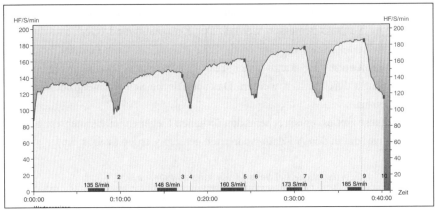

Abb. 1 /7.6:   *Verlauf der Herzfrequenz beim Feldstufentest (5 x 1.200 m) im Lauf. Auf den ersten zwei Belastungsstufen reguliert sich die HF nach kurzer Zeit auf einem gleich bleibenden Niveau ein. Ab der 3. Stufe steigt die HF ohne Plateaubildung an und erreicht auf der letzten Stufe den maximalen Wert. Parallel mit dem Anstieg der HF steigt die Laktatkonzentration über 4 mmol/l an.*

7.7   Komplexe sportartspezifische Leistungsdiagnostik

Die komplexe Leistungsdiagnostik (KLD) setzt die Durchführung mehrerer Tests und die Erfassung von mehreren Parametern voraus. Auf dem Laufband werden z. B. neben der HF, Sauerstoffaufnahme und Laktat, die Schrittlänge, Schrittfrequenz, Flug- und Stützzeit bestimmt. Auf dem Hochleistungs-Fahrradergometer (z. B. von FES oder SCHOBERER) werden im vier separaten Tests die Ausdauerleistungsfähigkeit nach dem Stufentestprinzip, die maximale Tretleistung in einem 10 s Zugkrafttest, die anaerobe Leistungsfähigkeit in einem 75 s Maximaltest und die Kräfteverhältnisse mit einem Balancetest geprüft (Neumann et al., 2000, S. 254).

Die Trainingsanalyse in Verbindung mit der Leistungsdiagnostik wird oft vernachlässigt, sie ist aber für das Erkennen der Ursachen von Erfolg oder Misserfolg von großer Bedeutung. Da die sportmethodische Belastungsvorgabe nicht punktuell erfolgt, sondern abgestuft in Intensitäts-(Belastungs-)Bereichen, ist zur Sicherung der Trainingsbelastung die zusätzliche Anwendung biologischer Messgrößen nützlich (s. Kap. 9). Ein zentraler und wesentlicher Test in der Leistungsdiagnostik ist der submaximale Laufbandstufentest. Er dient zur Bestimmung des aeroben Laufniveaus. Im mehrjährigen Leistungstraining wird eine deutliche Zunahme der

Geschwindigkeit bei 2 mmol/l Laktat erwartet. In den zurückliegenden Jahren wurde erreicht, dass Erkenntnisse aus den komplexen leistungsdiagnostischen Untersuchungen zu trainingsmethodischen Konsequenzen führten. Der enge Bezug von leistungsdiagnostischen Daten (z. B. Geschwindigkeit oder Leistung bei Laktat 2 mmol/l; vL2 oder PL2) zur Wettkampfzeit stützt die Wertigkeit dieser Testverfahren. Die Ergebnisse regen zu Lösungswegen für ein verbessertes Training an.

Die *Rechtsverschiebung* der *Laktat-Leistungskurve* oder *Laktat-Geschwindigkeits-Kurve* ist ein zuverlässiges Indiz für die Wirkrichtung des Trainings und das erreichte Niveau der aeroben Leistungsfähigkeit.

Die auf submaximalen Belastungsstufen oft ermittelte verminderte Sauerstoffaufnahme ist ein Kennzeichen der Zunahme der Bewegungsökonomie. Die Abnahme der Sauerstoffaufnahme ist eine Anpassung im sportartspezifischen Vortrieb und kennzeichnet die Zunahme der Anteile langsam kontrahierender Muskelfasern (STF) im Bewegungsprogramm. Der Zustand der niedrigeren Sauerstoffaufnahme auf submaximalen Belastungsstufen tritt nach stereotypen aeroben GA 1-Trainingsbelastungen auf.

Mit der Zunahme intensiver Trainingsinhalte (GA 2- und WSA-Training) veränderten sich die Bewegungsmuster für den Vortrieb, indem mehr Anteile von FTF in das Motorikprogramm einbezogen werden (Neumann & Schüler, 1994). Unter dem Einfluss von intensiven Trainingsprogrammen kommt es häufiger zum Anstieg der Sauerstoffaufnahme auf submaximalen Belastungsstufen, unabhängig von der Entwicklung der maximalen Sauerstoffaufnahme (VO_2max). Diese Funktionsänderung ist ein Anzeichen der Optimierung physiologischer Leistungsgrundlagen für die Wettkampfleistung. In diesem Sinne ist diese Regulationsumstellung nicht als negative Adaptation oder Rückgang der Ausdauerleistungsfähigkeit zu interpretieren. Zu beachten ist, dass dieser Zustand auch bei anhaltender Restermüdung der ST-Fasern auftritt und dieser durch die FT-Fasern im Bewegungsprogramm kompensiert wird.

Die durchgeführten Tests sind u. a. dann valide, wenn deren Ergebnis auf die zu erwartende Wettkampfleistung schließen lässt. Die Laufgeschwindigkeit bei 2 mmol/l Laktat im 4 x 4 km Laufbandstufentest zeigt eine mittlere Korrelation mit der Laufzeit über 10 km beim Triathlonwettkampf (Abb. 1/7.7).

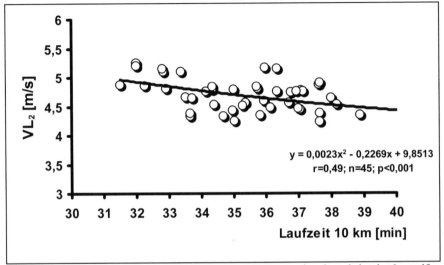

Abb. 1/7.7:   *Vergleich der im 4 x 4-km-Stufentest ermittelten Laufgeschwindigkeit bei 2 mmol/l Laktat (vL2) und der Geschwindigkeit beim 10-km-Lauf im Kurztriathlon*

Die im Test ermittelte Geschwindigkeit bei 2 mmol/l Laktat (vL2) hat sich als eine zuverlässige Orientierungsgröße zur Steuerung des GA 1-Lauftrainings im Triathlon erwiesen. Entscheidend sind die individuellen Zielvorgaben. Wenn beispielsweise Zeiten nach einem 10-km-Lauf unter 33 min bei den Männern im Triathlon erreicht werden sollen, dann muss die aerobe Laufgrundlage 5,0-5,25 m/s bzw. 18-18,9 km/h im 4 x 4 km Stufentest betragen.

Besonders hilfreich sind Längsschnittuntersuchungen, die Rückschlüsse auf die Entwicklung konditioneller Fähigkeiten zulassen (Abb. 2/7.7).

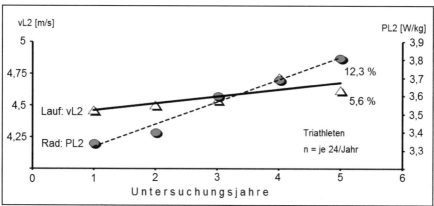

Abb. 2/7.7: *Längsschnittuntersuchung von 24 Bundeskader Triathlon über fünf Trainingsjahre. Dargestellt wird die Entwicklung der Laufgeschwindigkeit bei 2 mmol/l
Laktat (vL2) und Ergometerleistung bei 2 mmol/l Laktat (PL2). Die Zunahme
der aeroben Laufgeschwindigkeit war im Untersuchungszeitraum geringer als
die Kraftausdauerleistung auf dem Fahrradergometer*

Die diagnostische Bedeutung der maximalen Sauerstoffaufnahme ist unbestritten,
hat sie doch eine bestimmte Voraussetzungsfunktion für die Ausdauerleistungsfähigkeit. Aus ihrer Höhe kann aber keine sichere Voraussage zur Wettkampfleistung im Hochleistungssport getroffen werden. So weit bekannt ist, haben Spitzenläufer eine VO_2max über 80 ml/kg·min und Spitzenläuferinnen über 70 ml/kg·min
erreicht. Die höchste VO_2max ist demnach kein Garant für das Erreichen von
Weltspitzenleistungen (Tab. 1/7.7).

Tab. 1/7.7: *Maximale Sauerstoffaufnahme von Weltklasseathleten*

Name	VO₂max (ml/kg·min)	Jahr	Leistung (Laufzeit: Minuten)
	Männer		
K. Eich	**87,3**	1998	10.000 m (27:41,0 min)
H. Rono	**84,3**	1978	10.000 m (27:22,5 min)
H. Gebrselassie	**84,1**	1995	5.000 m (12:44,39 min)
S. Hissou	**83,8**	1996	10.000 m (26:38,08 min)
D. Komen	**83,5**	1996	3.000 m (1:42,73 min)
N. Morceli	**83,1**	1995	1.500 m (3:27,37 min)
S. Coe	**82,6**	1981	800 m (1:41,73 min)
B. Dinsamo	**80,6**	1988	Marathon (2:06.50 h)

Tab. 1/7.7:   *(Fortsetzung)*

Name	VO₂max (ml/kg·min)	Jahr	Leistung (Laufzeit: Minuten)
	Frauen		
Wang Junxia	74,2	1993	10.000 m (29:31,78 min)
Qu Yunxia	73,5	1993	1.500 m (3:50,46 min)
J. Kratochvila	72,9	1983	800 m (1:53,28 min)
F. Ribero	71,8	1995	5.000 m (14:36,45 min)
S. Masterkova	71,5	1996	1.000 m (2:28,98 min)
I. Kristiansen	71,2	1985	Marathon (2:21,06 h)

Werden Mindestgrößen in der VO₂max nicht erreicht, dann sind allerdings Laufspitzenleistungen nicht möglich. Die VO₂max ist eine zuverlässige Größe zur Beurteilung der maximalen Energiedurchsatzrate und eine zuverlässige Kenngröße für das Abschätzen der Ausdauerleistungsfähigkeit.

Eine Sonderform der Teststrategie bei Läufern sind wiederholte Tempolauftests auf verkürzter Wettkampfstrecke bis zum beabsichtigten Renntempo im Wettkampf. Die Abb. 3/7.7 dokumentiert einen Leistungsvergleich von zwei 800-m-Läufern über einen dreimaligen Tempolauf mit steigender Geschwindigkeit über 600 m.

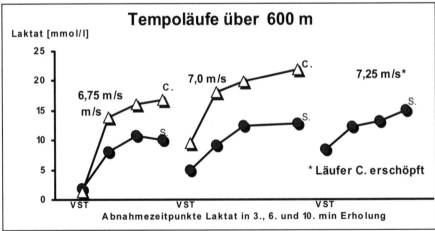

Abb. 3/7.7:   *Tempolauftest über 600 m auf dem Laufband von zwei Mittelstrecklern im Weltklasseniveau. Läufer C. musste für das Erreichen der vorgegebenen Geschwindigkeit ein deutlich höheres glykolytisches Potenzial einsetzen und erreichte nicht die geplante Endgeschwindigkeit von 7,25 m/s. VST: Vorstart*

Zusammenfassung:

Die Ausdauerleistungsfähigkeit kann sowohl durch Labortests als auch Feldtests erfasst werden. Für die Beurteilung der Leistungsentwicklung im Längsschnitt sind Labortests zu bevorzugen. Sportartspezifische Feldtests werden bei ihrer Wiederholung durch Witterungseinflüsse beeinflusst. Bei Feldtests sind die nutzbaren Messgrößen begrenzt. Die sportartspezifische Leistungsdiagnostik im Labor sollte sich nicht einseitig auf metabole (z. B. Laktatmessung) oder kardiorespiratorische (z. B. HF-Messung) Messgrößen stützen. Die Sicherung der Komplexität in der Leistungsdiagnostik einer Sportart erfordert die synchrone Bestimmung von Messgrößen der Atmung (O_2-Aufnahme, VO_2max, Atemäquivalent, RQ), des Herz-Kreislauf-Systems (HF, HRV), des Stoffwechsels (Laktat) und von spezifischen Merkmalen der Bewegungsstruktur (Schrittlänge, Bewegungsfrequenz, Flugzeit, Stützzeit u. a.). Diese Tests erfüllen die Bedingungen einer komplexen sportartspezifischen Leistungsdiagnostik (KLD). Die Bestimmung mehrerer Messwerte erhöht die Interpretationssicherheit bei kleinen Leistungsunterschieden und ermöglicht eine objektive Wertung der durch das Training hervorgerufenen Funktionsveränderungen oder Adaptationen.

Jede monokausale Diagnostik durch Parametereinengung, z.B. auf Laktat, ist für den Leistungssport unzuverlässig und erhöht die Möglichkeit der Fehleinschätzung in der Beurteilung der Wirksamkeit des absolvierten Trainings. Ein unvollkommenes Trainingskonzept ist durch eine sportartspezifische Leistungsdiagnostik allein nicht zu kompensieren.

8 Belastungsbereiche für das Ausdauertraining

8   Belastungsbereiche für das Ausdauertraining

8.1   Sportmethodische Grundlage der Trainingsanpassung

Um Anpassungen in den Organ- und Funktionssystemen zu erzielen, muss das Ausdauertraining auf unterschiedlichem Intensitätsniveau durchgeführt werden. Ein Training ausschließlich in einem punktuell festgelegten Stoffwechsel- oder Intensitätsbereich ist nicht sinnvoll. Eine Variabilität in der Belastungsintensität trägt zur Förderung leistungsbeeinflussender Funktionssysteme bei. Auch wechselnde äußere Bedingungen erfordern eine variable Vorgabe der Belastungsintensität. Die Belastungsintensität sollte sich in den Rahmen der physiologischen Belastungsverträglichkeit einordnen lassen. Aufgrund dieser Erkenntnisse haben sich in den Sportarten bestimmte Belastungsbereiche herausgebildet. Prinzipiell gilt, dass eine hohe Trainingsintensität nur auf der Basis einer hohen aeroben Ausdauergrundlage wirksam ist. Der Organismus kann nur begrenzt anaerob-aerobe Dauerbelastungen tolerieren. Eigene Trainingsanalysen zeigen, dass in den Ausdauersportarten im Jahresdurchschnitt nur etwa 20 % intensive Belastungen über der individuellen anaeroben Schwelle zur Weiterentwicklung der Ausdauerfähigkeit beitragen. In einigen Sportarten und in bestimmten Trainingsphasen kann der Intensitätsanteil zeitweilig höher sein.

8.2   Sportartspezifische Terminologie

Die Entwicklung der komplexen Ausdauerfähigkeit erfordert ein Training in unterschiedlichen Belastungsbereichen, die auch als Trainings- oder Intensitätsbereiche bezeichnet werden. Sie müssen für jede Sportart, in Abhängigkeit von der individuellen Leistungsfähigkeit, festgelegt werden. Im leistungssportlichen Training werden fünf Intensitätsbereiche voneinander abgegrenzt, für die sich eine spezifische Terminologie in den einzelnen Sportarten herausgebildet hat (Tab. 1/8.2).

Tab. 1/8.2: Belastungsbereiche und Bezeichnungen in ausgewählten Ausdauersportarten

Intensität der Belastung	Allgemeine Bezeichnung	Sportartbezogene Bezeichnungen			
		Schwimmen	Rad	Lauf	Skilanglauf
Sehr niedrig	REKOM	KB	KB	reg. DL	KB
Niedrig	GA 1	GA 1	G 1	ext. DL	STB
Mittel	GA 1-2	GA 1-2	G 2	int. DL	STB/EB
Hoch	GA 2	GA 2	EB	TDL	EB
Sehr hoch	WSA/SA	SA	SB	TL	GB

WSA: Wettspezifische Ausdauer	EB: Entwicklungsbereich
SA: Schnelligkeitsausdauer	STB: Stabilisierungsbereich
SB: Spitzenbereich	GA: Grundlagenausdauer
GB: Grenzbereich	DL: Dauerlauf
KB: Kompensationsbereich	TL: Tempolauf
REKOM: Regenerations- und	TDL: Tempodauerlauf
Kompensationstraining	ext.: extensiv
reg.: regenerativ	int.: intensiv

Die unterschiedlichen Bezeichnungen der Belastungsbereiche in den Sportarten sind historisch begründet. Im Skilanglauf und zum Teil im Radsport werden mit den Bezeichnungen „*Stabilisierung*" und „*Entwicklung*" die trainingsmethodische Intention zum Ausdruck gebracht. Mit dem Begriff „Stabilisierung" werden die Belastungen im GA 1-Bereich bezeichnet, welche die erworbenen Leistungsgrundlagen stabilisieren sollen. Der Begriff „Entwicklung" kennzeichnet intensivere Belastungen im GA 2-Bereich, die das Ausdauerniveau erhöhen sollen. Kritisch ist hierzu anzumerken, dass die Ausdauerfähigkeit in jedem Bereich auf unterschiedlichem Niveau entwickelt wird und die Bezeichnung „Entwicklung" zu Fehldeutungen führen kann.

Nachfolgend wird die trainingsmethodische Zielstellung der Belastungsbereiche kurz dargestellt:

1. **Regenerations- bzw. Kompensationstraining (REKOM)**
   Ziel: Unterstützung der Wiederherstellung, Beschleunigung der Regeneration.
   Methode: Dauermethode.

2. **Grundlagenausdauertraining 1 (GA 1)**
   Ziel: Entwicklung und Stabilisierung der Grundlagenausdauerfähigkeit und Vorbereitung der Verträglichkeit für intensive Belastungen.

<u>Methode</u>: Dauermethode, Fahrtspielmethode

3. **Grundlagenausdauertraining 2 (GA 2)**

    <u>Ziel</u>: Weiterentwicklung der Grundlagenausdauerfähigkeit auf höherem Intensitätsniveau und Vorbereitung der Wettkampfgeschwindigkeit

    <u>Methode</u>: Intervallmethode, Fahrtspielmethode, Dauermethode

4. **Wettkampfspezifisches Ausdauertraining (WSA)**

    <u>Ziel</u>: Entwicklung der Schnelligkeitsausdauer und wettkampfspezifischen Ausdauer.

    <u>Methode</u>: Wettkampfmethode, intensive Intervallmethode, Wiederholungsmethode.

Die Entwicklung sportartspezifischer Kraftfähigkeiten erfolgt ebenfalls in unterschiedlichen Intensitätsbereichen. In den einzelnen Ausdauersportarten bestehen unterschiedliche Modelle der Einteilung. So wird das Krafttraining auf dem Rad in zwei bis vier Kategorien differenziert (vgl. Lindner, 1993; Hottenrott & Zülch, 1998a; Neumann et al., 2004). Die Herausbildung hoher aerober Kraftausdauerfähigkeiten erfordert ein extensives Kraftausdauertraining (KA 1) und die Ausprägung maximaler Kraftausdauerfähigkeiten ein intensives Kraftausdauertraining (KA 2). Im Vergleich zum Grundlagenausdauertraining sind die Bewegungsfrequenzen (Zyklusfrequenzen) beim Kraftausdauertraining deutlich geringer und die Zykluswiderstände erhöht.

Nach der Stoffwechselwirkung sind die zu trainierenden Fähigkeiten wie folgt einzuordnen (Tab. 2/5):

Tab. 2/5: Einordnung des Spektrums der zu trainierenden Fähigkeiten in den Ausdauersportarten nach ihrer Hauptstoffwechselwirkung

Bereich/Fähigkeit	Bezeichnung	Stoffwechsellage
Kompensation und Regeneration	REKOM	aerob
Grundlagenausdauer	GA 1	aerob
Kraftausdauer	KA 1	aerob
Grundlagenausdauer	GA 2	aerob-anaerob
Kraftausdauer	KA 2	anaerob-aerob
Wettkampfausdauer	WA	aerob-anaerob bis anaerob-aerob
Schnelligkeitsausdauer	SA	anaerob

8.3   Varianten zur Festlegung der Belastungsbereiche

Bezugspunkt zur Festlegung der Belastungsbereiche ist die Belastungsintensität. Aus leistungsdiagnostischer und trainingsmethodischer Sicht bieten sich dazu unterschiedliche Varianten an, von denen vier vorgestellt werden. Alle Varianten zielen darauf ab, Funktions- bzw. Belastungsbereiche für eine Sportart festzulegen. Für die Auswahl eines Verfahrens ist nicht nur die Verfügbarkeit entscheidend, sondern vor allem die Validität in der Kennzeichnung des Funktionszustandes. Hierbei zeigt die Festlegung der Intensitätsbereiche über Laktatmessungen die größte Sicherheit.

• Festlegung der Belastungsbereiche, abgeleitet aus der *Laktatkinetik* von Laboroder Feldstufentests

• Festlegung der Belastungsbereiche, abgeleitet aus der *Herzfrequenzkinetik des CONCONI-Tests.*

• Festlegung der Belastungsbereiche, abgeleitet aus der individuellen sportartbezogenen *maximalen Herzfrequenz.*

• Festlegung der Belastungsbereiche, abgeleitet aus der *Streckenbestzeit* bzw. *maximalen Wettkampfgeschwindigkeit* auf der für die ausgeführten Sportart typischen Distanz.

Prinzipiell lassen sich Belastungsbereiche auch aus den ventilatorischen Schwellen (vgl. Kap. 2.2) ableiten. Dies erfordert jedoch eine aufwändige spiroergometrische Leistungsdiagnostik. Die praktische Bestimmung der ventilatorischen Schwellen (VT, PCR) setzt hohe Kenntnisse und viel Erfahrung voraus (s. Wassermann et al., 1999). Vielfach ist die Festlegung nicht eindeutig, sodass auf diese Möglichkeit zugunsten der Laktatschwellenbestimmung meist verzichtet wird.

Methoden mittels der Herzfrequenzvariabilität (HRV) zur Quantifizierung des aerob-anaeroben Übergangs sind Erfolg versprechend zu werten, auch wenn sie verschiedene methodisch-analytische Probleme bergen (Sandercock et al., 2006; Hoos, 2006). Jüngste Studien unter Verwendung von Zeit-Frequenzanalysen belegen, dass eine HRV-gestützte Bestimmung ventilatorischer Schwellen auch ohne Spirometrie möglich sein kann (Anosov et al., 2000; Blain et al., 2005; Cottin et al., 2006).

8.3.1   Belastungsbereiche abgeleitet aus der Laktatkinetik von Stufentests

Die am häufigsten angewandte und sicherste Methode der Intensitätsfestlegung ist die Bestimmung des Laktats bei Labor- und Feldstufentests. Für dieses Verfahren ist eine exakte Laktatbestimmung notwendig. Praktische Probleme treten weniger bei der Laktatbestimmung, sondern bei der sportartspezifischen Interpretation der Laktatwerte sowie der individuellen Intensitätsfestlegung auf.

Die Ableitung der Belastungsbereiche kann nach definierten Laktatwerten oder auf der Basis individueller Schwellenkonzepte erfolgen. Bewährt hat sich die Empfehlung einer Laktatspanne für den jeweiligen Belastungsbereich. Die Höhe des Laktats und die Laktatspanne für die Belastungsbereiche sind in den einzelnen Ausdauersportarten und Disziplinen unterschiedlich und zugleich abhängig vom Leistungszustand. Allgemeine Empfehlungen werden in Tab. 1 /8.3.1 gegeben. Für hoch ausdauertrainierte Athleten gelten in der Regel die unteren Werte der Laktatkonzentration für den entsprechenden Belastungsbereich. Die weniger ausdauertrainierten Sportler sollten sich an den oberen Werten orientieren. Im Einzelfall können weitere Feinabstufungen erfolgen. Die Hinweise in den Kap. 9 und 10 sollten Berücksichtigung finden.

Tab. 1/8.3.1: Allgemeine Orientierung für die Einteilung der Belastungsbereiche nach der Laktatkonzentration

Belastungsbereich	Laktatspanne	Stoffwechsel
REKOM	unter 1,5 mmol/l	Fettstoff-/Kohlenhydratstoffwechsel
GA 1	1-2 mmol/l	Fettstoff-/Kohlenhydratstoffwechsel
GA 1-2	2-3 mmol/l	Fettstoff-/Kohlenhydratstoffwechsel
GA 2	3-6 mmol/l	Kohlenhydrat-/Fettstoffwechsel
WSA*	> 6 mmol/l	Kohlenhydratstoffwechsel

* Gültig für KZA, MZA und LZA I Belastungen

Die Belastungsbereiche für die Geschwindigkeit, Leistung sowie Herzfrequenz werden grafisch oder mathematisch aus der Laktat-Geschwindigkeits-, Laktat-Leistungs- bzw. Laktat-Herzfrequenz-Beziehung ermittelt.

Vielfach wird dabei die Belastungsintensität an der individuellen anaeroben Schwelle auf 100 % gesetzt und davon die weiteren Belastungsbereiche abgeleitet. Abb. 1/8.3.1 zeigt die Einteilung der Belastungsbereiche für das leistungsorientierte Marathontraining.

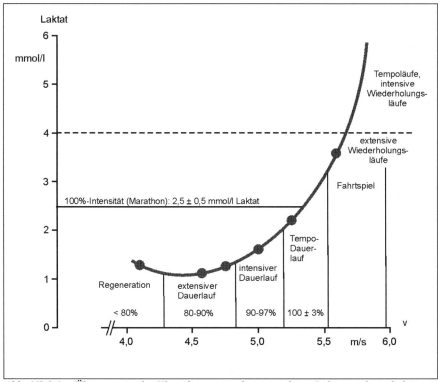

Abb. 1/8.3.1: Übertragung des Klassifizierungsschemas auf eine Laktatgeschwindigkeits-kurve und prozentuale Festlegung der Belastungsbereiche anhand der Laufgeschwindigkeit bei 2,5 ± 0,5 mmol/l Laktat (de Marées, 2002)

8.3.2 Belastungsbereiche abgeleitet aus der Herzfrequenzkinetik des CONCONI-Tests

Die individuellen Geschwindigkeiten für das Rad- oder Lauftraining werden prozentual von der Herzfrequenz und Geschwindigkeit am Deflektionspunkt des CONCONI-Tests abgeleitet. Der Deflektionspunkt ist in den Sportarten unterschiedlich (Conconi et al., 1984). Auch sind die Prozentwerte für die HF und Geschwindigkeit in den jeweiligen Belastungsbereichen nicht identisch. Dies erklärt sich damit, dass die HF-Geschwindigkeitskurve in der Regel nicht mit der Identitätslinie (45° Aufstiegsgerade) übereinstimmt. In Abb. 1/8.3.2 zeigt beispielhaft die Festlegung der Belastungsbereiche für den Langstreckenlauf. Kritisch anzumerken ist, dass der Herzfrequenzknickpunkt nicht immer bestimmt werden kann und damit Ableitungen für die Belastungsbereiche nicht möglich sind. Unsicher ist zudem die reale Stoffwechselbeanspruchung am Deflektionspunkt (vgl. Pokan et al., 2004).

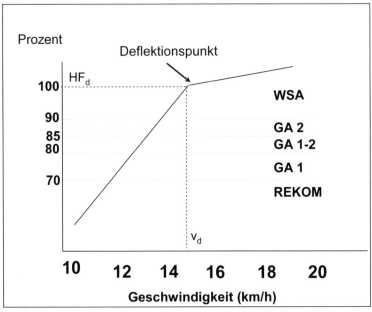

Abb. 1/8.3.2: Belastungsbereiche für den Langstreckenlauf. Der individuelle Herzfrequenzbereich für das Lauftraining wird prozentual von der HF am Deflektionspunkt (HF$_d$) abgeleitet (nach Hottenrott, 1993, S. 248).

8.3.3   Belastungsbereiche abgeleitet von der maximalen Herzfrequenz

Herzfrequenzvorgaben für das Training sind zahlreich. In den vergangenen Jahren bemühte sich eine Vielzahl von Wissenschaftlern, eine einfache und treffende Handhabung zu empfehlen. Aus den Arbeiten verschiedener Autoren (Mellerowicz, 1975; Israel, 1982; Rost & Hollmann, 1982; Karvonen & Vuorimaa, 1988; Pollock et al., 1998; Hollmann & Hettinger, 2000; Tanaka et al., 2001 u. a.) wurden Methoden zur Voraussage der maximalen Herzfrequenz (HF$_{max}$) und Trainings-Herzfrequenz (THF) entnommen. Diese werden nachfolgend kurz aufgeführt.

Allgemeine Formeln zur Bestimmung der maximalen Herzfrequenz (HFmax) und Trainings-Herzfrequenz (THF):

- HF_{max} = 220 - Lebensalter (in Jahren) (Rost & Hollmann, 1982)
- HF_{max} = 208 - 0,7 x Lebensalter (in Jahren) (Tanaka et al., 2001)
- **THF** = 180 - Lebensalter (in Jahren) (Hollmann & Hettinger, 2000)
- **THF** = 180 - Lebensalter (in Jahren) plus fünf Herzschläge / Lebensjahrzehnt jenseits der dritten Dekade (Israel, 1982)
- **THF** = 170 - Lebensalter (in Jahren) (Mellerowicz, 1975)
- **THF** = 180 - Lebensalter (in Jahren) bei biologisch jüngeren und trainierten Sportlern (Mellerowicz, 1975)
- **THF** = (HF_{max} - HF Ruhe) x %HF Training + HF Ruhe (Karvonen & Vuorimaa, 1988)

Bei diesen allgemeinen Formeln bleiben Sportart, Alter, Geschlecht, Leistungsfähigkeit und die Dauer der Belastung weitgehend unberücksichtigt. Diese Faktoren beeinflussen aber die HF-Regulation wesentlich (s. Kap. 9.1 und 10.1). Das kleinere Herz der Frau führt zu einem geringeren Schlagvolumen und einer höheren Ruhe- sowie submaximalen Herzfrequenz (HF). Die geschlechtsspezifischen Unterschiede fanden in allen bisher entwickelten Herzfrequenz-Formeln keine Berücksichtigung. Hottenrott und Neumann (2007) konnten in einer Untersuchung im Rahmen einer Marathonvorbereitung zeigen, dass die HF der Frauen bei 2, 3, 4 und 5 mmol/l Laktat signifikant höher war, als die der Männer gleichen Alters. Mit zunehmender Belastungsintensität nahm die HF-Differenz zwischen den Geschlechtern ab. Bei 2 mmol/l Laktat betrug die Differenz 10,2 Schläge/min (bzw. 7 %) und bei 5 mmol/l Laktat 2,9 Schläge/min (bzw. 2 %). Die maximale HF war im Vergleich zwischen Männern und Frauen in beiden Tests vergleichbar.

Aus den vorliegenden Ergebnissen und vorausgegangenen Untersuchungen wurde von den Autoren eine neue HF-Formel für das Ausdauertraining hergeleitet:

Herzfrequenz-Formel für das sportartspezifische Ausdauertraining

$$T\,H\,F \;=\; HF_{max} \;\; x \;\; 0{,}70 \;\; x \;\; LF_i \;\; x \;\; TZ_i \;\; x \;\; GF_i \;\; x \;\; SP_i$$

THF: Trainings-Herzfrequenz;
HF_{max}:=208 - 0,7 x Lebensalter für Erwachsene bzw. HF_{max}:= 220 - Lebensalter

für Kinder und Jugendliche. Die Formeln sollten nur zur Anwendung kommen, wenn die maximale Herzfrequenz durch einen sportartspezifischen Test nicht bestimmt werden kann.

LF_i: *Leistungsfaktoren*
(i_1 = 1,0 Einsteiger; i_2 = 1,03 Fitnesssportler; i_3 = 1,06 Leistungssportler)
TZ_i: *Trainingszielfaktoren*
(i_1 = 1,0 Grundlagenausdauertraining 1; i_2 = 1,1 GA 1-2-Training, i_3 = 1,2 GA 2-Training)
GF_i: *Geschlechtsfaktoren*
(Frauen: i_1 = 1,10 niedrige; i_2 = 1,06 mittlere; i_3 = 1,03 hohe Intensität; Männer: i_4 = 1,0)
SP_i: *Sportartfaktoren*
(i_1 = 1 Laufen, i_2 = 0,93 Rad fahren; i_3 = 1,07 Inline Skating, Skilanglauf).

Nach der Formel ergibt sich die Trainings-Herzfrequenz (THF) aus dem Produkt mehrerer Faktoren. Dabei wird die maximale HF mit einem konstanten Faktor 0,7 und vier weiteren variablen Faktoren multipliziert. Da die maximale HF nicht immer mit einem sportartspezifischen Test bestimmt werden kann, können Erwachsene die HF_{max} nach der Formel *„HF_{max}= 208 – 0,7 x Lebensalter"(Tanaka et al., 2001)* und Heranwachsende nach der Formel *„HF_{max}=220-Lebensalter"* ermitteln. Die Leistungsfaktoren (LF) berücksichtigen die Veränderung der Herzfrequenz in Abhängigkeit der Ausdauerleistungsfähigkeit. Einsteiger nehmen den Faktor 1,0, Fitnesssportler den Faktor 1,03 und Leistungssportler den Faktor 1,06. Die Trainingszielfaktoren (TZ) bestimmen die Herzfrequenz für drei typische Belastungsbereiche nämlich für das Fettstoffwechsel- bzw. Grundlagenausdauertraining 1 (LF1 = 1,0), für das Herzkreislauf- bzw. Grundlagenausdauertraining 1-2 (LF2 = 1,1) und für das Grundlagenausdauertraining 2 bzw. intensive Ausdauertraining (LF3 = 1,2). Die Geschlechtsfaktoren (GF) tragen intensitätsabhängig zu einer geschlechtsspezifischen HF-Korrektur bei. Frauen geben bei niedriger Intensität (Fettstoffwechseltraining) den Faktor 1,10 ein, bei mittlerer Intensität den Faktor 1,06 und bei hoher Intensität den Faktor 1,03. Für Männer beträgt der Faktor 1,0, d.h. den Geschlechtsfaktor müssen Männer bei der Berechnung der Trainingsherzfrequenz nicht berücksichtigen. Der Sportfaktor (SP) passt die Trainings-Herzfrequenz an die unterschiedlichen sportartspezifischen Anforderungen bezüglich des Herz-Kreislauf- und Stoffwechsel-Systems an.
Die Unsicherheit bei der Voraussage der erforderlichen Trainings-HF ist letztend-

lich Anlass dafür, die HF fortlaufend zu messen und Veränderungen der HF sportmethodisch und trainingsmethodisch individuell einzuordnen.

Das genaueste Verfahren zur Bestimmung der maximalen HF besteht darin, die maximale Herzfrequenz in einem Leistungstest zu bestimmen. Voraussetzung für die Eigenbestimmung ist ein guter gesundheitlicher Zustand und dass aus ärztlicher Sicht keine Einwände gegen eine maximale Herz-Kreislauf-Belastung bestehen. Der Test sollte nicht in den ersten Tagen nach einer Krankheit oder längerer Trainingspause durchgeführt werden.

Unter der maximalen HF wird jene HF verstanden, die von einem Sportler bei voller subjektiver Ausbelastung erreicht wird. Dabei stellt die Ausbelastung einen Zustand der willensmäßigen Mobilisierung aller Leistungsreserven dar, unter Einsatz größerer Muskelgruppen mit höchstmöglicher Intensität. Die maximale HF kennzeichnet einen Momentanzustand des Herz-Kreislauf-Systems und hat keinen Bezug zur Leistungsfähigkeit des Sportlers.

Der Maximaltest sollte nach einer intensiven Aufwärmphase erfolgen. Für die methodische Testgestaltung existieren unterschiedliche Varianten (Hottenrott & Zülch, 1997; 1998a; Spanaus, 2002).

Tab. 1/8.3.3: Empfehlungen für die Belastungsbereiche, abgeleitet von der individuellen maximalen Herzfrequenz nach Angaben mehrerer Autoren (Hottenrott & Zülch, 1997; 1998a; Neumann et al., 2002; 2004; u. a.)

Belastungsbereich % HF_{max}	Fitnesssport	Leistungssport	
		Langstreckenlauf	Straßenradsport
REKOM	50-60	< 70	< 60
GA 1	60-70	65-75	60-70
GA 1-2	70-80	75-85	70-80
GA2	80-90	85-90	80-90
WSA	>90	>90	>90

Der eindeutigen Festlegung der Belastungsbereiche über die maximale HF sind Grenzen gesetzt. Die prozentuale Ableitung von der maximalen HF wird u .a. von der Ausdauerleistungsfähigkeit des Sportlers, vom Geschlecht und der Sportart beeinflusst (Tab. 1 / 8.3.3). Frauen und Sportler mit einer ausgeprägten Grundlagenausdauerfähigkeit können sich eher an den oberen Grenzwerten der jeweiligen Belastungsbereiche orientieren, Untrainierte und Alterssportler eher an den unteren Grenzwerten. Zusätzlich wird die HF-Regulation durch Anlagen des Sportlers (z. B. Herzgröße) beeinflusst.

8.3.4   Belastungsbereiche, abgeleitet aus der Streckenbestzeit bzw. Wettkampfgeschwindigkeit

Die Festlegung von Belastungsintensitäten über Streckenbestzeiten oder Wettkampf-geschwindigkeiten war viele Jahre der einzige methodische Zugang zur individuellen Belastungssteuerung. Erfolgreiche Trainer entwickelten aufgrund ihrer mehrjährigen Erfahrung im Hochleistungssport Intensitätstabellen für die jeweiligen Disziplinen in den Ausdauersportarten. Zum Beispiel haben im Schwimmen und im Mittelstrecken-lauf diese Tabellen nach wie vor in der Trainingspraxis eine hohe Bedeutung, insbe-sondere für die Steuerung des hochintensiven Trainings. Problematisch scheint aller-dings die Verallgemeinerung der Intensitätsvorgaben für alle Sportler, denn die muskulären Voraussetzungen (ST-und FT-Muskelfaseranteile) und das Niveau der Grundlagenausdauerfähigkeit können zwischen den Sportlern erheblich variieren. Dies kann dazu führen, dass der Sportler über- oder unterfordert ist, da die Stoff-wechselbeanspruchung nicht berücksichtigt wird.

8.4   Proportionierung der Belastungsbereiche

Wie hoch der Trainingsumfang für die jeweiligen Belastungsbereiche sein soll, hängt u. a. von der Leistungsfähigkeit des Sportlers, dem Periodisierungsmodell, der Zyklisierung und dem Gesamttrainingsumfang ab. Genaue Angaben können nur für den Einzelfall getroffen werden.

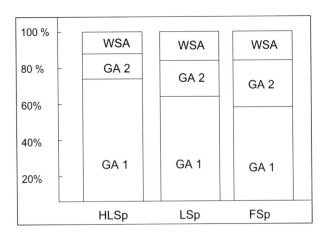

Abb. 1/8.4:   Belastungsproportionen im Hochleistungs-, Leistungs- und Fitnesssport

Die Belastungsproportionen unterscheiden sich für Hochleistungs-, Leistungs- und Fitnesssportler deutlich. Optimale Proportionen zur Fähigkeitsentwicklung kann der Fitnesssportler aufgrund mangelnder Zeit nicht realisieren. Das zeitintensive GA 1-Training zur Entwicklung der Grundlagenausdauerfähigkeit wird vernachlässigt. Im Prinzip führt der Fitnesssportler ein *Mischtraining* in mehreren Belastungsbereichen durch. Dies kann zu einem schnellen Leistungsaufbau beitragen, jedoch ist die Leistungsstabilität bei dichter Wettkampffolge nicht gegeben. Bei der Interpretation der Prozentangaben in Abb. 1 /8.4 ist zu beachten, dass Hochleistungssportler über 1.000 Stunden im Jahr bewältigen und folglich, absolut gesehen, einen höheren Belastungsumfang im GA 2- bzw. WSA-Bereich ableisten als Leistungs- und Fitnesssportler.

Zusammenfassung:

Das Ausdauertraining zur Entwicklung der Leistungsfähigkeit vollzieht sich in Belastungsbereichen, die auch als Trainings- oder Intensitätsbereiche bezeichnet werden. Die Belastungsbereiche berücksichtigen die Variabilität der Funktionssysteme bei der Bewältigung der Trainingsanforderungen. Die Festlegung der Proportionen für die reale Belastungsgestaltung basiert auf empirischen Trainingsdaten. Grundlage der Determination der Belastungsbereiche bildet die Laktatkonzentration, die maximale Herzfrequenz, der Deflektionspunkt des CONCONI-Tests, die Streckenbestzeit und die maximale Wettkampfgeschwindigkeit. Im Prinzip verkörpern diese Methoden den gezielten Zugang zur physiologischen Beanspruchung.

9 Biologische Messgrößen zur Steuerung der Ausdauerbelastung

9   Biologische Messgrößen zur Steuerung der Ausdauerbelastung

Um den erbrachten biologischen Aufwand im Training oder Wettkampf eindeutiger beurteilen zu können, werden zusätzlich biologische Messgrößen genutzt. Durch den Einsatz von **biologischen Messgrößen** kann eine Belastungsintensität bzw. die Reizwirksamkeit einer Trainingsbelastung mit größerer Sicherheit beurteilt werden. Die Beanspruchung des Organismus im Training wird noch durch weitere Faktoren beeinflusst. Hierzu gehört der aktuelle Ermüdungszustand oder eine nachwirkende Restermüdung. Die diagnostizierte Leistungsfähigkeit bei körperlicher Frische oder eine Restermüdung haben unterschiedliche Wirkungen auf die Trainingskontrollgrößen. Im ausgeruhten Zustand wird die sportliche Belastung mental leichter verarbeitet als bei noch nachwirkender muskulärer Ermüdung.

Der Einsatz von biologischen Messgrößen bei der Belastungssteuerung ist kein Ersatz für eine exakte Trainingsplanung oder Trainingsanalyse. Die aufwändigste Trainingssteuerung mit biologischen Messgrößen kann ein unzureichendes Trainingskonzept (z. B. zu geringe Gesamtbelastung, niedrige Intensitätsanteile u. a.) nicht ersetzen oder verbessern.

Bei den Steuerungsprozessen des Trainings sind die Maßnahmen der Belastungssteuerung und der Trainingssteuerung inhaltlich zu unterscheiden (s. Kap. 4.1). Erfolgt die Messwerterfassung bei einzelnen Trainingseinheiten, so handelt es sich um eine Maßnahme der **Belastungssteuerung.** Die diagnostische Aussage bei der Untersuchung in einer Trainingseinheit ist begrenzt; sie hat aber den Vorteil der Spezifität und der unmittelbaren Erfassung von verändernden Zuständen. Die Belastungssteuerung kann kurzfristig (täglich) und mittelfristig (wöchentlich/monatlich) erfolgen (s. Kap. 4.1).

Die entscheidenden Anpassungen im Muskel vollziehen sich über die dominant einwirkenden Belastungsreize. Dabei hat die sportartspezifische Trainingsintensität von den Trainingsreizen für die zu entwickelnden Fähigkeiten den größten Einfluss.

Um die Reizwirksamkeit der Fortbewegungsgeschwindigkeit in den jeweiligen Trainingsbereichen zu sichern, ist der Einsatz von biologischen Messgrößen besonders vorteilhaft. Die bei der täglichen Belastungssteuerung nutzbaren biologischen Messgrößen sind nicht zahlreich. Seit Jahren bewährte Messgrößen sind:

- **Herzschlagfrequenz (HF) und Herzfrequenzvariabilität (HRV)**
- **Laktat im Blut**
- **Serumharnstoff**
- **Creatinkinase (CK) im Blut.**

Diese Messgrößen repräsentieren Funktionssysteme und sind entsprechend der Bedeutung dieser bei der Entwicklung der Adaptation auch so zu werten. Eine Rangfolge in der Gewichtigkeit gibt es hierbei nicht, weil die Funktionssysteme die Adaptation unterschiedlich beeinflussen. Da die Reaktionen des Organismus auf die Trainingsbelastung individuell unterschiedlich und von komplexer Natur ist, sollte auf die Erfahrung von Trainern oder Fachberatern in der jeweiligen Sportart nicht verzichtet werden. Gegenwärtig ist zu beobachten, dass die Zahl der Sportler zunimmt, die ihre Belastung selbst steuern oder steuern möchten. Der Verzicht auf qualifizierte Fremdhilfe führt oft zu Fehlurteilen. Das Trainieren nach Gefühl oder innerer Eingebung ist zwar kurzfristig möglich, nur werden auf Dauer damit keine stabilen Leistungen erzielt.

9.1 Herzschlagfrequenz (HF) und Herzfrequenzvariabilität (HRV)

Die HF reagiert empfindlich auf eine Leistungsverbesserung, sie signalisiert bereits nach acht Tagen Training eine Funktionsumstellung, indem sie durch vegetative Einflüsse (Vagotonus) abnimmt. Die individuelle und fortlaufende Messung der HF erlaubt die Belastung trainingsmethodisch besser einzuordnen. Der Rückschluss von Veränderungen der HF auf den Energiestoffwechsel ist nur begrenzt möglich. Der Trainingszustand und die ausgeübte Sporttechnik haben einen großen Einfluss auf das HF-Regulationsniveau. Mit der Zunahme der Leistungsfähigkeit sinkt bei vergleichbarer Geschwindigkeit oder Leistung die HF ab, das gilt auch bei verbesserter Sporttechnik (Abb. 1/9.1).

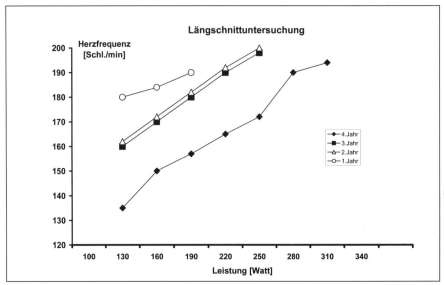

Abb. 1/9.1:   *Längsschnittuntersuchung der Herzschlagfrequenz (HF) bei einer erfolgreichen Triathletin über fünf Trainingsjahre. Seit der Anfangsbelastung im ersten Untersuchungsjahr im Ergometerstufentest nahm die HF bei 130 W um 45 Schläge/min ab.*

In den einzelnen Sportarten gibt es bei der HF-Messung Besonderheiten. Beim **Lauftraining** führen z. B. kleine Veränderungen in der Laufgeschwindigkeit (> 0,2 m/s) oder Veränderungen im Streckenprofil (Anstieg > 1°) zur Zunahme der HF um 3-7 Schlägen/min gegenüber dem Flachlauf. In Kenntnis dieser Regulation sollte der Athlet die Anstiege langsamer angehen oder ein bestimmtes Geschwindigkeitsniveau nicht überschreiten.

Je besser der Trainingszustand (Leistungsfähigkeit) ist, desto geringer ist der HF-Anstieg bei einer Geschwindigkeitserhöhung oder Leistungszunahme. Das bedeutet, dass sich ein verbesserter Trainingszustand oder eine Zunahme der Leistung bei vergleichbarer Stoffwechselsituation (Laktat 2 mmol/l) unterschiedlich auf das Herz-Kreislauf-System auswirkt (Abb. 1/9.1). Bei Laufbelastungen ist im Vergleich zur Radleistung das HF-Regulationsniveau immer etwas höher, weil das eigene Körpergewicht mit beschleunigt werden muss. Wird eine vergleichbare Stoffwechselsituation zu Grunde gelegt, dann ist die HF beim Lauf um 15-20 Schläge/min höher als beim Radfahren (Abb. 2/9.1).

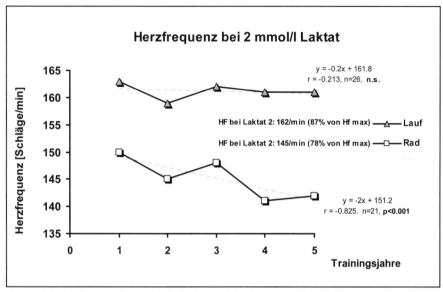

Abb. 2/9.1:   *Längsschnittvergleich der Herzschlagfrequenz (HF) bei Laufband -und Rader-*
gometerbelastungen von je 26 bzw. 21 *Triathleten bei einem Stoffwechselzu-*
stand von 2 *mmol/l Laktat. Bei vergleichbarer Laktatkonzentration nimmt die*
HF beim Radtest stärker ab als beim Laufbandtest über 4 x 4 *km.*

Die Zunahme der Leistungsfähigkeit äußert sich auch in der maximalen HF beim
Ausbelastungstest auf dem Laufband und auf dem Fahrradergometer (Abb. 3/9.1).

Bei Hochleistungsathleten nehmen der Vagotonus und das Herzschlagvolumen zu.
Durch diese funktionelle Umstellung des vergößerten Sportherzens wird die
HF_{max} in der Ausbelastungsphase nicht mehr oder selten erreicht. Nach Beendigung des Hochleistungstrainings und durch die Rückbildung der trainingsbedingten
Herzvergrößerung steigt die Ausbelastungs-HF wieder an.

Die HF wird beim Radtraining von mehreren Störfaktoren beeinflusst. Zu diesen
Faktoren gehören Wind, Straßenbelag, Anstieg, Abfahrt, Fahrposition, Radmaterial
u. a. Bei der Belastungssteuerung im Radsport wird der Einfluss von äußeren Störfaktoren in einer höheren Schwankung der HF bemerkt (Abb. 4/9.1).

Um die Radfahrgeschwindigkeit gleich zu halten, muss die aufzubringende muskuläre Kraftausdauer ständig variieren. Beim Fahren im Windschatten in einer kleineren oder größeren Gruppe nimmt die HF um 20-30 % ab.

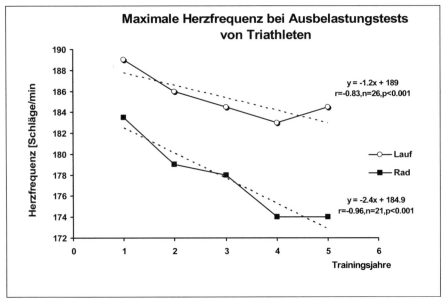

Abb.3/9.1:   *Abnahme der maximalen Herzschlagfreuenz (HF) beim Lauf- und Fahrrader-*
gometer-Ausbelastungstest während fünf Jahren Leistungstraining bei 26 bzw.
21 Triathleten. Ursache dieses Phänomens scheint die längere Testdauer zu
sein. Durch vorzeitige muskuläre Ermüdung bei längerer Fahrzeit bzw. Lauf-
zeit wird HF$_{max}$ nicht erreicht.

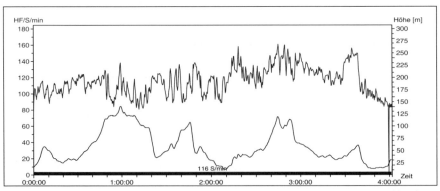

Abb. 4/9.1:   *Verlauf der Herzschlagfrequenz bei einer 4 h Radfahrt (85 km) auf leichtem*
Streckenprofil (570 Höhenmeter) bei durchschnittlicher HF von 116 Schlä-
gen/min. Die HF schwankt zwischen 80 und 160 Schlägen/min.

Herzfrequenz beim Schwimmen

Beim Schwimmen wird die HF-Regulation stark von der Technik der Fortbewegung beeinflusst. Das Differenzierungsvermögen in der Schwimmgeschwindigkeit („Wassergefühl") kennzeichnet die beherrschte Schwimmtechnik. Die Schwimmtechnik im Freistil verursacht bei vergleichbarer Geschwindigkeit eine geringere Herz-Kreislauf-Belastung und Mobilisation der Glykolyse als die Schwimmlage Rücken und Schmetterling. Entsprechend sind z. B. Messwerte des Laktats nicht von der Freistiltechnik auf andere Schwimmarten übertragbar (Abb. 5/9.1). Diese scharfe Differenzierung ermöglicht eine HF-Messung kaum.

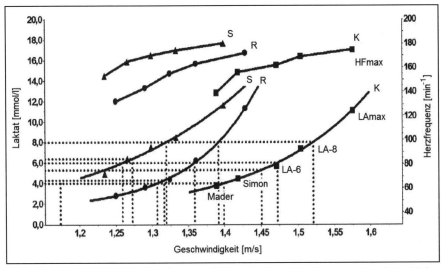

Abb. 5/9.1:   Vergleich der Herzfrequenz (HF) und der Laktatkonzentration bei gleicher Schwimmgeschwindigkeit über drei Stilarten (K = Freistil, R = Rücken, S = Schmetterling). Mittelwerte von sechs Schwimmern. Die bei der Freistiltechnik gewonnenen Daten (HF, Laktat, Laktat-Schwellen) sind nicht auf andere Stilarten übertragbar (nach Solimann et al., 2007).

Beim Schmetterlingschwimmen wird bei einer deutlich niedrigeren Geschwindigkeit bereits die HF$_{max}$ erreicht (s. Abb. 5/9.1). Unabhängig von der Stilart haben die technisch schlechteren Schwimmer eine niedrigere Ausbelastungs-HF im Wasser als die besseren. Das betrifft auch Vergleiche von Triathleten mit Spezialschwimmern. Die meisten Leistungssportler, die nicht Spezialschwimmer sind, erreichen beim Schwimmen meist nicht ihre maximale HF oder erreichen diese bei einer niedrigen Geschwindigkeit. Bevor das Herz-Kreislauf-System bei den technisch unvollkommenen Schwimmern am oberen Anschlag ist, sind diese bereits muskulär durch hohe Laktatbildung erschöpft.

Wird im Schwimmen die Belastungsintensität auf Prozent der Bestleitung bezogen, dann ergibt es sich, dass bei vergleichbarer Intensität, die HF im submaximalen Belastungsbereich um 10-15 Schläge/min niedriger liegt als beim Lauf.

Herzfrequenz beim Skilanglauf

Die Kontrolle der Belastungsintensität mit biologischen Messgrößen ist beim Skilanglauf besonders notwendig, weil die wechselnden Reibungsverhältnisse auf Schnee oder der unterschiedliche Asphaltbelag auf Rollerbahnen die Beurteilung der Beanspruchung erschweren. Die Skilanglaufgeschwindigkeit kann sich bei wechselnden Gleitverhältnissen rasch verändern. „Schneller" Schnee fördert die Bewegungsmotorik und verursacht einen größeren HF-Anstieg als „stumpfer" Schnee. Die Freistiltechnik führt bei vergleichbarer Geschwindigkeit und identischen Schneebedingungen im Vergleich zur klassischen Skilanglauftechnik zu einem geringeren Anstieg der HF.

Der Skilangläufer wechselt durch das Streckenprofil rasch das Regulationsniveau in der HF. Er erreicht oft bei hoher Belastung am Anstieg seine maximale HF; er kann sich in der Abfahrt aber teilweise erholen. Durch weitere aktive Stockarbeit beim Abfahren hält der leistungsfähigere Skilangläufer das Tempo hoch. Die HF sinkt bei längerer Abfahrt unter 100 Schläge/min ab. Bei zunehmender Ermüdung nimmt HF in den Abfahrten weniger stark ab. Die Erholung ist gestört, wenn die HF innerhalb einer Minute nicht über 30 Schläge/min abfällt. Ähnlich wie die Straßenradsportler, weisen die Skilangläufer ein breites HF-Regulationsniveau auf. Die HF kann beim Skilanglaufen auf Schnee oder Skirollerbelastungen in aerober Stoffwechsellage von 100-170 Schlägen/min schwanken.

Herzfrequenz beim Triathlon

Sowohl beim Kurz- als auch Langtriathlon ist die HF von der ausgeübten Teilsportart abhängig. Bei Triathlonwettkämpfen kommt es zu einem allmählichen Ansteigen der HF vom Schwimmen über das Radfahren bis hin zum Laufen. Das HF-Niveau bewegt sich beim Wettkampf zwischen 150-185 Schläge/min. Beim Wechsel der Sportarten sinkt die HF um wenige Schläge ab, sodass insgesamt eine durchgehend hohe Herz-Kreislauf-Beanspruchung vorliegt (Abb. 6/9.1).

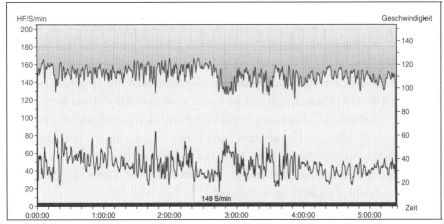

Abb. 6/9.1: Verhalten der Herzschlagfrequenz während der 180 km Radstrecke beim Ironman auf Hawaii von einem 40-jährigen Athleten. Bei einer Durchschnittsgeschwindigkeit von 34,5 km/h wird eine HF von durchschnittlich 149 Schlägen/min erreicht.

Beurteilung der Belastungsintensität mit der Herzfrequenz

Das Hauptkriterium für die Beurteilung der Belastungsintensität ist die Kombination von Dauer und Geschwindigkeit der Trainingbelastung in einer Sportart.

Die HF benötigt bei jüngeren Ausdauersportlern eine kürzere Zeit als bei älteren, um sich auf das vorgegebene Belastungsniveau einzuregulieren. Je besser der Trainingszustand ist, desto schneller wird ein Gleichgewichtszustand (Steady-State) in der HF-Regulation erreicht. Untrainierte und Ältere benötigen zum Einregulieren ihrer HF auf den Steady-State-Zustand 4-6 min.

Die HF ist im Regulationsbereich von 120-175 Schlägen/min geeignet, die Belastungsintensität in aerober Stoffwechsellage zu differenzieren. Eine eindeutig aerobe Stoffwechsellage liegt vor, wenn die Laktatkonzentration unter 2 mmol/l liegt.

Bei konstanter Leistung oder Geschwindigkeit nimmt bei Dauerbelastungen von über 30 min die HF im Bereich des aerob-anaeroben Übergangsbereiches um 10-15 Schläge/min zu.

Bei zunehmender muskulärer Ermüdung steigt die HF allmählich an, mitunter auch sprunghaft. Trotz empfundenen Anstrengungsgefühls nimmt die Geschwindigkeit bei der Ermüdung ab. Die HF bietet eine unmittelbare Rückinformation über den biologischen Aufwand bei der Belastungsbewältigung. Je größer der biologische Aufwand bei der Belastungsbewältigung ist, desto höher reguliert die HF. Besteht die Absicht, sich mit gleich bleibender HF im oberen Intensitätsbereich des aeroben Stoffwechsels (aerob-anaerober Übergang) zu belasten, dann nehmen Geschwindigkeit oder Leistung sowie Laktatkonzentration ab (Hottenrott & Schwesig, 2006). Bei Langzeitwettkämpfen nimmt die Zahl der Sportler zu, die mit Hilfe der HF-Messung ihre Leistungsfähigkeit aussteuern. Das Überschreiten eines bestimmten HF-Grenzbereichs bei Dauerbelastungen, welcher bei jüngeren Sportlern zwischen 180-190 Schlägen/min und bei ältern zwischen 160-170/min liegt, macht die Hinzuschaltung des anaeroben Energiestoffwechsels wahrscheinlich. Die Zunahme der HF während Dauerbelastungen kennzeichnet eine zu hoch gewählte Geschwindigkeit oder stärkere Ermüdung. Der Vorteil der HF-Messung liegt in der aktuellen Differenzierungsmöglichkeit von Intensität und Dauer der Belastung sowohl im Training als auch im Wettkampf.

Für die Trainingssteuerung ist die Messung der maximalen HF von untergeordneter Bedeutung, da diese unterschiedlichen Einflüssen unterliegt. Maßgebliche Einflussfaktoren auf die maximale HF sind: motorische Mobilisationsfähigkeit, Trainingszustand, Trainingsalter, Lebensalter, Geschlecht u. a. (s. Kap. 10.1). Die Sportlerinnen erreichen in ihren jüngeren Jahren meist eine höhere maximale HF als die Männer. Mit zunehmendem Lebensalter sinkt die Möglichkeiten des Erreichens der maximalen HF ab, obgleich sie höher sein kann als bislang postuliert (Abb. 7/9.1).

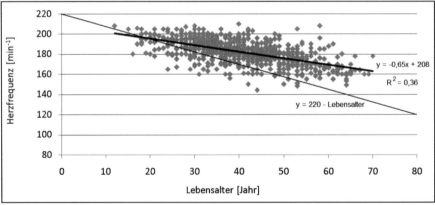

Abb. 7/9.1: *Maximale Herzschlagfrequenz (HF) im Alternsgang bei Ausbelastung (Hottenrott, 2005) von 893 Marathonläufern und 640 Triathleten im Alter von 18 bis 70 Jahren. Die reale maximale HF ist bei älteren Sporttreibenden höher als bisher angenommen*

Den hauptsächlichsten Einfluss auf die maximale HF hat die Ausprägung der sportartspezifischen Schnelligkeitsausdauer. Da Ältere nicht mehr so hohe Geschwindigkeiten im Training oder Wettkampf erreichen, ist ihre maximale HF niedriger. Im Bereich der HF_{max} wird immer Laktat gebildet. Während sich die HF am oberen Regulationsanschlag bewegt, kann die Laktatbildung noch anhalten und zunehmen. Erreicht die HF etwa 90 % des individuellen Maximalwertes, dann ist die Höhe der Laktatbildung ungewiss. Hierbei kann eine Laktatkonzentration von 3 oder bis über 10 mmol/l vorliegen. Für die Belastungssteuerung wird die Trainings-HF von der maximalen HF abgeleitet (s. Kap. 8.3.1). Die **Ruhe-HF** ist ein zuverlässiger Indikator für die gestörte Regeneration bzw. trainingsbedingte Überforderung. Bereits ein Ansteigen der Ruhe-HF um 6-8 Schläge/min signalisiert eine unvollständige Regeneration, beginnende Erkrankung oder die Anbahnung eines Übertrainings. Zu beachten ist, dass bei sich entwickelnden Erkrankungen (Infekt) die HF frühzeitig um 8-10 Schläge/min ansteigt.

Herzfrequenzvaribilität (HRV)
Eine neue unterstützende Information für die Belastungssteuerung ergibt die Messung und Analyse der HRV (Aubert et al., 2003; Hottenrott et al., 2006). In mehreren Untersuchungen (Berbalk & Bauer, 2001; Earnest et al., 2004; Hottenrott & Haubold, 2006) konnte gezeigt werden, dass ein individuelles Beanspruchungsmonitoring mittels HRV auch im Leistungssport möglich ist. Auf der Basis von HRV-Indizes und Methoden der künstlichen Intelligenz wurden Algorithmen zur individuellen Belastungssteuerung entwickelt, die in kommerziellen Analysesystemen verfügbar sind (Rusko et al., 2003; Saalasti et al., 2003; Tamminen et al., 1999; 2000). Diese Geräte erlauben die Bestimmung personenbezogener Herzfrequenzbereiche in Abhängigkeit individueller Leistungsvoraussetzungen. Sie finden breite Anwendung im Fitness-, Gesundheits- und Leistungssport.
Die HRV-Bestimmung bei körperlichem Training muss sehr sorgfältig erfolgen. Vor allem was die Belastungssteuerung und die Diagnostik des Übertrainings betrifft, sollte ein individuelles Verlaufsmonitoring durchgeführt werden. Vollautomatische „Black-Box"-Analysen sind abzulehnen, da sie inkonsistente Befunde liefern können. Wegen der Limitationen der traditionellen HRV-Indizes bei der Leistungsdiagnostik und Belastungssteuerung von Hochleistungssportlern sollten zusätzliche Parameter (Sauerstoffaufnahme, Blutlaktat) mitbestimmt werden.

Die Variabilität der HF ist im erholten Zustand größer als bei Ermüdung. Starke Ermüdung vermindert die HRV oder hebt diese fast auf.

Eine stark gestörte Regeneration führt auch zu einer höheren HF während der Trainings- oder Testbelastung; sie kann bei der gewohnten Belastung etwa zehn Schläge/min höher liegen. Durch die Messung der HRV können Überforderungen sowohl im Fitnesssport als auch Gesundheitssport frühzeitiger erkannt werden. Mit der HRV ist eine beanspruchungsorientierte Belastungssteuerung möglich (s. Kap. 10.1).

9.2 Laktat

Die Laktatmessung ist eine der wichtigsten Maßnahmen bei der Trainingssteuerung. Die Bestimmung der Laktatkonzentration bei sportlichen Belastungen hat eine zentrale Stellung bei der Belastungssteuerung und für die Beurteilung der Belastungsintensität.

Die Laktatmessung erfolgt in der Trainingspraxis mit verschiedenen Methoden. Diese benötigen nur 5-20 µl Ohrkapillarblut. Neben den bewährten und genauen nasschemischen Methoden, die meist in Untersuchungseinrichtungen genutzt werden, stehen Sportlern und Trainern elektrochemische Methoden oder Papierstreifenmethoden zur einfachen aber etwas ungenaueren Laktatbestimmung zur Verfügung.

Der Zeitpunkt der Blutabnahme zur Laktatbestimmung ist von der Belastungsintensität abhängig. Je kürzer eine intensive Belastung dauert, desto später ist das Laktat zu messen. Das Laktat benötigt eine bestimmte Zeit zum Austritt aus der belasteten Muskulatur und zur Verteilung im Körper.

Wird bei Kurzzeitbelastungen mit einem hohen Laktatwert gerechnet, dann sollte die Blutabnahme erst nach drei Minuten oder später erfolgen (Abb. 1/9.2). Erfolgt die Laktatmessung bei intensiven Kurzzeitbelastungen unmittelbar am Belastungsende, dann wird der Laktatgipfel nicht erfasst und die Laktatmobilisationsfähigkeit unterschätzt (Abb. 1/9.2).

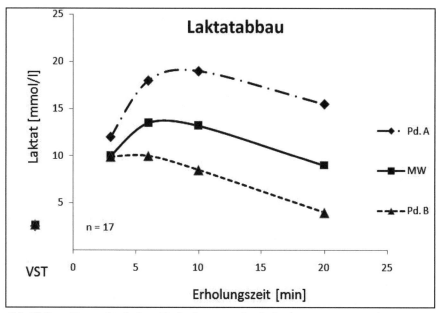

Abb.1/9.2:   *Unterschiedliches Nachschwingen der Laktatkonzentration nach intensiver Stationsbelastung über 3 min Dauer im Judo. In Abhängigkeit von der sportartspezifischen aero-anaeroben Leistungsfähigkeit erfolgt der Laktatabbau unterschiedlich. (Proband A: unzureichende Ausdauergrundlagen; Proband B: gute spezifische Ausdauerleistungsfähigkeit)*

Bewertung der Laktatbestimmung

Mobilisationsfähigkeit der Motorik

Die Höhe der Laktatkonzentration ist bei sportlichen Belastungen von der Aktivierung schnell kontrahierender Muskelfasern (FTF) in das sportartspezifische Bewegungsprogramm abhängig. Durch Vergleiche von erreichter Geschwindigkeit (Leistung) und Höhe der Laktatkonzentration kann auf den Entwicklungsstand der aeroben, aerob-anaeroben oder anaeroben sportartspezifischen Leistungsfähigkeit geschlossen werden. Die Laktatwerte beim Wettkampf sind von der erreichten Geschwindigkeit oder Leistung, bei Beachtung weiterer Einflussfaktoren, abhängig. Hilfreich sind Vergleiche von mehreren Wettkämpfen. Die Laktatkonzentration am Belastungsende informiert unzureichend über das aerobe Leistungsniveau. Um im Leistungssport sicher entscheiden zu können, ob die Leistungszunahme im Wettkampf auf aerob-anaeroben oder vorwiegend anaeroben Grundlagen beruhte, sind zusätzliche leistungsdiagnostische Untersuchungen im Labor- oder Feldtest auf submaximalen Belastungsniveau notwendig (s. Kap. 7).

Entwicklungsstand der aerob-anaeroben Leistungsfähigkeit
Die sportartspezifische Leistungsfähigkeit ist am sichersten auf submaximalen Belastungsstufen im Labor- oder Feldtest bei Laktat 2, 3 oder 4 mmol/l bestimmbar. Hilfreich ist dabei die Erstellung einer *Laktatleistungskurve* oder *Laktatgeschwindigkeitskurve*. Übereinstimmende Aussagen zum fixen Laktatwert liefert auch die Bestimmung eines individuellen aerob-anaeroben Schwellenwertes (*individuelle Laktatschwelle*).

Die Höhe der Laktatkonzentration dokumentiert nach Langzeitbelastungen den metabolen Gleichgewichtszustand. Beim Triathlon, wo verschiedene Bewegungsprogramme abgefordert werden, liegen nach 110-130 min Wettkampfzeit die Laktatwerte bei 6-9 mmol/l. Hohe Laktatwerte von 10-15 mmol/l werden bei den Intervallläufen über 3-5 km im Biathlon erreicht; in den Schießpausen fällt die Laktatkonzentration leicht ab. Das Niveau der aeroben Leistungsfähigkeit bestimmt maßgeblich wie lange eine Geschwindigkeit (Leistung) bei hoher Laktatkonzentration durchgehalten werden kann. Bei einem Zwischenspurt oder bei zu schneller Startgeschwindigkeit kommt es zu einem plötzlichen Laktatanstieg von mehreren mmol/l. Dadurch wird der aerobe Energiestoffwechsel erheblich gestört. Deshalb meiden erfahrene Ausdauerathleten unnötige Zwischenspurts.

Beurteilung der Wirkung von Trainingsmitteln
Die Trainingsmittel, wie Rad fahren, Laufen, Skirollerlauf, Schwimmen u. a. wechseln in ihrer Anwendung in den Sportarten oder sind fester Bestandteil des Trainings. Entsprechend ihrer motorischen und technischen Beherrschung beeinflussen sie den Stoffwechsel unterschiedlich. Die Auswirkung der Trainingsmittel auf den anaeroben Stoffwechsel und damit der Laktatbildung ist von großem methodischen Interesse. Die Verbesserung der aeroben Leistungsfähigkeit ist an der Abnahme der Laktatkonzentration bei vergleichbarer Leistung oder Geschwindigkeit erkennbar.

Beurteilung der Wirkung von Trainingsmethoden
Die Trainingsmethoden, wie Dauer-, Intervall oder Tempowechselmethode, wirken sich auf den Stoffwechsel unterschiedlich aus. Mit Hilfe der Laktatmessung kann bei der Anwendung bestimmter Trainingsmethoden deren Stoffwechselwirkrich-

tung erkannt werden (Hottenrott & Zülch, 1995). Über die Laktatmessung wird die energetische Komponente der Trainingsbelastung erfasst. Die Zunahme der Laktatkonzentration über 2 mmol/l bedeutet das Überschreiten der aeroben Leistungsfähigkeit und die Kompensation der Energiebildung über den zusätzlichen anaeroben Energiestoffwechsel. Wenn bei gleicher oder höherer Geschwindigkeit die Laktatkonzentration abnimmt, dann ist die Zunahme der sportartspezifischen aeroben Leistungsfähigkeit wahrscheinlich.

Bei einem auf Leistungszuwachs orientierten Training ist immer die Geschwindigkeit (Leistung) die Führungsgröße und nicht von vornherein die Höhe der Stoffwechselregulation. Ein Training mit höheren anaeroben Anteilen führt meist zu einer schnelleren Leistungsentwicklung. Der Nachteil ist, dass aufgrund niedriger aerober Basisleistungsfähigkeit, die Leistungszunahme instabil ist oder sich auf zu einem niedrigen Niveau entwickelt. Die in ein Training eingebauten kurzzeitigen Intensitätserhöhungen sind für die Entwicklung der Motorik nützlich, da das bei der Geschwindigkeitserhöhung angestiegene Laktat während der Belastung wieder abgebaut wird. Um eine Zunahme der maximalen Sauerstoffaufnahme zu erreichen sind intensive Belastungen bei Laktat 6 mmol/l notwendig. Wird einseitig im GA 1 oder GA 2 Bereich belastet,, so ist der Einfluss auf die Entwicklung der VO_2max gering. Die Entwicklung der aeroben Leistungsgrundlagen wird bei eingestreuten Intensitätserhöhungen nicht beeinträchtigt. Die Wirkung einer Trainingseinheit ist von der Dominanz eines Stoffwechselweges abhängig.

9.3 Serumharnstoff

Eine andere Information bei der Belastungssteuerung ermöglicht die Bestimmung des **Serumharnstoffs**. Bei wiederholt kataboler Stoffwechsellage kommt es zum Anstieg des Serumharnstoffs im Sport. Im Leistungstraining wird mehrmals täglich trainiert. Der neue Trainingsreiz trifft auf eine noch unvollständig erholte Muskulatur. Ein anhaltender Glykogenmangel in der Muskulatur erschwert die Ausführung intensiver Belastungen und kann so die Ursache für einen erhöhten Proteinabbau in der Muskulatur sein. Als Folge des Proteinkatabolismus steigt der Harnstoff im Blut an. Aus der Höhe des Serumharnstoffs ist auf das Ausmaß des Proteinumsatzes und des Proteinabbaus zu schließen (Neumann & Schüler, 1994). Der Ruhewert im Serumharnstoff wird beim Leistungstraining um 2-3 mmol/l überschritten, so dass bei Sportlern dieser 5-7 mmol/l und bei Sportlerinnen 4,5-6 mmol/l beträgt. Mit zunehmender Belastungsdauer und der Summation von Belastungsreizen steigt der Proteinkatabolismus an und damit auch der Serumharnstoff (Abb. 1/9.4). Der Serumharnstoff ist nach einer hohen Einmalbelastung oder Summationsbelastungen noch für mehrere Tage nachweisbar.

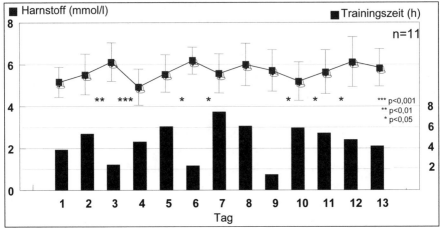

Abb. 1/9.4:   *Die Serumharnstoffkonzentration während eines 13tägigen Triathlontrainings. Die Belastungs- und Entlastungs-Relation spiegelt sich im Verhalten des Serumharnstoffs wider (nach Hottenrott, 1995)*

Der Serumharnstoff wird zweckmäßigerweise früh vor Trainingsbeginn gemessen. Dabei sollte in Trainingslagern täglich gemessen werden. In den Morgenwert geht die Nachbelastungskonzentration des Vortags und die Erholungsfähigkeit über Nacht ein. Eine Messung unmittelbar nach der Trainingseinheit bringt praktisch keine größeren Vorteile, es sei denn, es werden wissenschaftliche Fragestellungen geklärt. Die Verlaufsmessung der Serumharnstoffkonzentration im Training informiert über die summative Wirkung der Trainingsbelastung und erlaubt Folgerungen zur Erholungsfähigkeit des Athleten. Übersteigt der Serumharnstoff in Ruhe an mehreren Tagen die Konzentration von 9-10 mmol/l bei Männern und 7-8 mmol/l bei den Frauen dann war die Trainingsbelastung zu hoch. Bei diesen oder höheren Werten ist die Belastung deutlich zu vermindern oder es ist eine Belastungspause einzulegen. Bereits durch die Trainingspause von einem Tag sinkt der morgendlichen Serumharnstoff am nachfolgenden Tag um 1-3 mmol/l ab. Auch deutliche Verminderungen in der Trainingsbelastung bewirken eine Abnahme der Serumharnstoffkonzentration. Am Folgetag führt die Entlastung zu einer Harnstoffabnahme von 0,5-2 mmol/l.

Wird trotz hoher Serumharnstoffwerte weiter trainiert, dann wird der Sportler überfordert und es kann sich ein Übertraining entwickeln. Der Sportler kommt in eine ständige katabole Stoffwechselsituation und diese blockiert die Anpassungen im Muskel. Das Training ist dann nicht effektiv.

Extrem hohe Harnstoffwerte sind nach dem Langtriathlon (Ironman), 100-km-Läufen oder Mehrfach-Langtriathlon messbar; sie liegen unmittelbar nach der Belastung zwischen 12-17 mmol/l. Die Normalisierung dieser hohen Werte dauert über eine Woche. Das bedeutet, dass die katabole Stoffwechsellage sich nicht sofort normalisiert. Damit ist klar, dass aus der Sicht des Stoffwechsels, die muskuläre Ermüdung mindestens eine Woche nachwirkt.

9.4 Creatinkinase im Blut

Das im Sport repräsentative Zielorgan für die Belastbarkeit ist der Muskel. Der Muskel ist nicht nur ein kraftbildendes Organ, sondern auch ein hochempfindliches Sinnesorgan, welches auf Dehnungsreize reagiert. Die Dehnungsreize regulieren das Ausmaß der Muskelbewegungen. Wird die muskuläre Belastbarkeit durch ungewohnte Kurzzeit- oder Langzeitbelastungen überschritten, dann tritt aus den Muskelzellen das Enzym **Creatinkinase** (CK) aus und wird aus dem Zwischenzellraum über das Lymphsystem in die Blutbahn transportiert. Diese Reaktion dauert 4-8 Stunden.

Das Messen der CK-Aktivität im Blut hat sich als geeignete Messgröße zur Beurteilung der muskulären Belastbarkeit herausgestellt. Unter normalen Bedingungen ist nur eine sehr geringe Aktivität der CK im Blut nachweisbar. Bei energetischen Engpässen und/oder mechanischer Muskelzerstörung erhöht sich die CK-Aktivität im Blut. Bei regelmäßigem moderaten Training beträgt die CK etwa 2-5 μmol/s·l. Bei intensivem Training steigt die CK bis 15 μmol/s·l an. Nach Extremausdauerbelastungen können CK-Anstiege von über 60 μmol/s·l erreicht werden. In gewissen Belastungssituationen verläuft der CK-Anstieg mit dem Serumharnstoff parallel. Kommt jedoch ein neuer ungewohnter Trainingsreiz auf das Programm, dann reagiert die CK-Aktivität mit einem Anstieg, ohne dass der Proteinkatabolismus erhöht sein muss (Abb. 1/9.5).

Hohe CK-Werte sind ein sicheres Zeichen einer muskulären Überforderung und Strukturzerstörung infolge des Überschreitens der Leistungsgrenzen. Sehr hohe CK-Werte (über 30 μmol/s·l) können die Nierenfunktion beeinflussen und sind unbedingt zu kontrollieren.

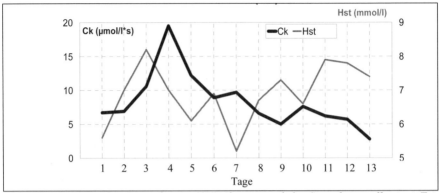

Abb. 1/9.5:   *Werte der Creatinkinase-(CK)-Aktivität und des Serumharnstoffs eines Tri-*
athleten, der vor dem Trainingslager weniger Laufbelastungen hatte. Nach ei-
nem ungewohnten Lauf über 20 km steigt seine CK-Aktivität am dritten Trai-
ningstag auf 20 μmol/s·l an. Die Normalisierung der Werte dauerte bei
gewohnter Rad und Schwimmbelastung über 10 Tage. Mit der Zunahme der
Belastungsintensität nimmt die CK-Aktivität zu. Die Angabe von 20 μmol/s·l
entspricht 1.200 U/l (nach Hottenrott, 1994)

Nach hohen sportlichen Belastungen wird der Gipfel der CK-Erhöhung erst nach
zwei bis drei Tagen erreicht, um dann über mehrere Tage langsam abzunehmen.
Eine deutliche Abnahme der angestiegenen CK-Aktivität signalisiert die sportartspezifische muskuläre Wiederbelastbarkeit.

Die in Laborbefunden angegebenen klinischen Ruhenormwerte für die Creatinkinase sind für den Leistungssportler nicht zutreffend, sie sind zu niedrig. Durch die
ständige Muskelbelastung werden die Normalwerte in Ruhe bei Sportlern regelmäßig überschritten. Mitunter entstehen Verunsicherungen bei Ärzten, wenn ein
Sportler einen erhöhten CK-Aktivitätswert in Ruhe aufweist. Die angestiegenen
Ruhewerte widerspiegeln das allgemeine muskuläre Belastungsniveau oder die
Nachwirkungen einer aktuellen Trainingsbelastung und haben keine Konsequenz
für das Training.

Eine sehr hohe CK-Aktivität nach Extrembelastungen, ungewohnten Belastungen
oder sehr großen Belastungsintensitäten sollte ernst genommen werden, da sie
Anzeichen für eine starke Muskelauflösung (Rhabdomyolyse) sein können (s. Abb.
1/10.3.4). Bei einem Infekt und gleichzeitiger Trainingsbelastung kann die CK-
Aktivität auffällig hoch ansteigen.

Zusammenfassung:
Durch den Einsatz von biologischen Messgrößen kann die Belastungsintensität bzw. die Reizwirksamkeit einer Trainingsbelastung mit größerer Sicherheit beurteilt werden. Die Messgrößen haben eine unterschiedliche Aussage und repräsentieren verschiedene Funktionssysteme. Die Beanspruchung des Organismus im Training wird durch den aktuelle Ermüdungszustand oder eine nachwirkende Restermüdung beeinflusst. In der Sportpraxis haben sich zur Belastungssteuerung die Herzschlagfreuenz (HF), die Laktatkonzentration, der Serumharnstoff sowie die Creatinkinase durchgesetzt. Jede dieser Messgrößen muss differenziert, entsprechend dem Funktionssystem, beurteilt werden und ist nicht durch eine andere ersetzbar.

10 Wirkung des Ausdauertrainings auf leistungsbeeinflussende Funktionssysteme und trainingsmethodische Folgerungen

10   Wirkung des Ausdauertrainings auf leistungsbeeinflussende Funktionssysteme und trainings-methodische Folgerungen

Die Beanspruchung von Funktionssystemen im Organismus ist die Folge einer körperlichen Belastung oder des regelmäßigen Trainings. Sinn der Anpassung in Organen und Funktionssystemen ist, wiederkehrende Trainingsreize mit geringerer Beanspruchung zu beantworten. In den einzelnen Organen und Funktionssystemen des Organismus verläuft die Anpassung unterschiedlich.

10.1   Herz-Kreislauf-System

Eine sportliche Belastung führt zu einer erhöhten Beanspruchung des Herz-Kreislauf-Systems, in dem die Herztätigkeit ansteigt. Diese dient der Zunahme der Förderleistung des Herzens; das Herzminutenvolumen nimmt zu, um den Sauerstofftransport zur Arbeitsmuskulatur zu gewährleisten. Bei Belastung kommt es zum Anstieg der Herzschlagfrequenz (HF) und des Herzschlagvolumens (HV).

Das regelmäßige Ausdauertraining führt zu morphologischen und funktionellen Anpassungen des Herzens, die als **Sportherz** bezeichnet werden (Rost, 1990).

Das Ausmaß der Anpassung des Herzens an die Belastung ist von Lebensalter, Geschlecht, Belastungsumfang, Intensität des Trainings sowie vom Trainingsalter abhängig. Das Sportherz weist eine physiologische Vergrößerung der Herzkammern und Vorhöfe sowie eine Zunahme der Herzwanddicke auf. Im Gegensatz zur krankhaften Vergrößerung des Herzens, z. B. bei Herzklappenfehlern oder Formen der krankhaften Myokardhypertrophie, ist die Sportherzanpassung durch eine harmonische und gleichmäßige Volumenzunahme der Herzkammern und des Herzmuskels gekennzeichnet.

Inwieweit ein Sportherz vorliegt, kann durch eine echokardiografische Untersuchung beurteilt werden (Dickhuth et al., 1990). Die sportkardiologische Diagnostik ist bei Kaderathleten in den Ausdauersportarten ein obligatorischer Bestandteil der sportmedizinischen Untersuchung.

Anpassung des Herzens an Training

Durch das Ausdauertraining kann sich ein leistungsangepasstes Herz entwickeln. Erst nach mehrmonatigem intensiven Ausdauer- und Kraftausdauertraining wird die Sportherzanpassung ausgelöst. Die relative Herzgröße, die als **Herzquotient** von Reindell et al. (1960) eingeführt wurde, kennzeichnet bei Gesunden bei einem Wert über 12 ml/kg den Beginn der Sportherzentwicklung (Tab. 1/10.1). Nimmt der Sportler deutlich an Körpermasse zu, dann verkleinert sich der Herzquotient. Für Vergleiche ist dann die absolute Herzgröße (Herzvolumen) heranzuziehen. Hochleistungsathleten in Ausdauersportarten erreichen eine absolute Herzgröße von 1.200 ± 100 ml und Sportlerinnen von 850 ± 70 ml (Berbalk, 1996).

Um Herzgrößen von 17-18 ml/kg Körpermasse zu erreichen, ist ein mehrjähriges Leistungstraining mit Belastungsumfängen von 25-35 Trainingsstunden pro Woche erforderlich (Tab 1/10.1).

Tab. 1/10.1: Abhängigkeit der relativen Herzgröße (Herzquotient) in Ausdauersportarten vom Trainingsumfang (Daten nach Berbalk, 1997)

Relative Herzgröße (ml/kg)			
Ausmaß der Sportherzanpassung	Sportler	Sportlerinnen	Trainingsstunden (Stunden/Woche)
Kleines Sportherz	13-14	12-13	10-15
Mittleres Sportherz	15-16	14-15	15-25
Großes Sportherz	17-18	16-17	25-35
Maximales Sportherz	19-20	18-19	25-45

Mit der Zunahme der Vergrößerung des Herzens erfolgt eine Ökonomisierung der Herzfunktion. Unter Ruhebedingungen drückt sich diese Anpassung in einer Erhöhung des Herzschlagvolumens bei gleichzeitiger Abnahme der HF aus. Bei submaximalen Belastungen weist der Ausdauertrainierte eine Kreislaufregulation mit niedrigerer Herzfrequenz und einer verstärkten Herzschlagvolumenregulation auf. Ausdauersportler bewältigen demzufolge submaximale Belastungen mit einer geringeren kardialen Beanspruchung, d. h. der Herzmuskel benötigt weniger Sauerstoff als bei Untrainierten. Diese kardiale Ökonomisierung ist ein wesentliches Kennzeichen in der Anpassung an Trainingsbelastungen.

Neben der submaximalen Funktionsoptimierung nimmt die Förderleistung des Sportherzens bei Maximalbelastungen der Ausdauerathleten zu. Die Steigerung des Herzminutenvolumens resultiert aus der Zunahme des Herzschlagvolumens und der Herzschlagfrequenz des vergrößerten Sportherzens, wobei die Förderleistung bei Hochleistungsathleten bis zu 40 l/min erreichen kann (Rost, 1979). Die Zunahme des maximalen Herzminutenvolumens ist ein wesentlicher Faktor für die Steigerung der Sauerstofftransportkapazität des Herz-Kreislauf-Systems.

Sportherzentwicklung im mehrjährigen Leistungsaufbau
Die Anpassung des Herzens an die Trainingsbelastung ist vom Kind bis zum Erwachsenen nachweisbar. Bei 8- bis 10-jährigen Kindern fand sich nach einem regelmäßigen Schwimmtraining eine Zunahme der Herzgröße (Herzvolumen) und der maximalen Sauerstoffaufnahme (Rost et al., 1985). Die nach dem Grundlagentraining folgende Trainingsetappe des Aufbau- und Anschlusstrainings (s. Kap. 11) zeigte einen starken Einfluss auf den jugendlichen Organismus. In diesem biologischen Entwicklungsalter überlagern sich die wachstumsbedingten Organveränderungen und die trainingsinduzierten morphologischen und funktionellen Anpassungen. Ein Sportherz liegt vor, wenn der Sportler ein Herzvolumen von 13 ml/kg und die Sportlerin von 12 ml/kg Körpermasse erreicht. Nach Untersuchungen von Berbalk (1997) lässt sich im Alter von 14-15 Jahren bei ca. 50 % der Ausdauersportler und -sportlerinnen ein Sportherz nachweisen. Nach dem Anschlusstraining wiesen 70-80 % der 18- bis 19-jährigen Athleten eine Sportherzanpassung auf. Die Herzgrößenzunahme der jugendlichen Sportler und Sportlerinnen vollzieht sich zu 60 % durch den Einfluss des Ausdauertrainings und zu 40 % durch die wachstumsbedingte Entwicklung. Die Herzgrößenzunahme bei jugendlichen Sportlern ist kein Hinweis auf eine Überlastung des Herz-Kreislauf-Systems (Abb. 1/ 10.1).
Die Sportlerinnen weisen in allen Alters- und Leistungsbereichen ein kleineres Sportherz als die Sportler derselben Sportart auf. Ein gesundes Herz kann auch im Hochleistungstraining prinzipiell nicht überlastet bzw. krankhaft geschädigt werden. Wird die Trainingsgesamtbelastung vermindert (Verletzung, Erkrankung) dann verkleinert sich das Sportherz innerhalb weniger Wochen.
Die Größe des Sportherzens steht in direkter Beziehung zur Entwicklung der Ausdauerleistungsfähigkeit. Bei Triathleten fand sich ein enger Zusammenhang zwischen dem relativen Herzvolumen und der Wettkampfleistung beim Kurztriathlon sowie mit leistungsdiagnostischen Funktionsgrößen der Fahrrad- und Laufbandergometrie (Neumann, Pfützner & Berbalk, 2007).

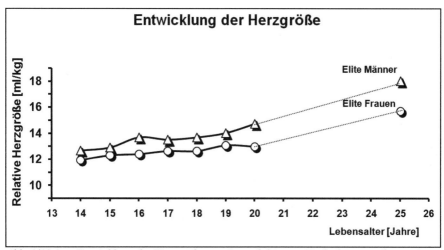

Abb. 1/10.1: Entwicklung der Herzgröße vom Jugend- bis zum Hochstleistungsalter in Ausdauersportarten (Daten nach Berbalk, 1997)

Bei einer extremen Sportherzanpassung können die echokardiografisch bestimmten Teilmaße des Herzens, wie beispielsweise die Herzwanddicken, die Durchmesser der Herzkammern und der Vorhöfe sowie die Herzmuskelmasse, die in der klinischen Medizin gebräuchlichen Normwerte überschreiten. Entscheidendes Kriterium für eine physiologische Entwicklung des Herzens ist eine harmonische Ausprägung der Herzmuskelmasse in Relation zum Gesamtherzvolumen.

Sportherz und Infekt
Das Sportherz ist bei Infektionskrankheiten (Viruserkrankungen) besonders gefährdet. Die wirksamste Vorbeugungsmaßnahme gegen Erkrankung des Herzens ist die Trainingsentlastung und der Verzicht auf Wettkampfteilnahme bei Infekten. Bei Fortsetzung des Trainings kann es zu einer negativen Beeinträchtigung der Immunabwehr kommen. Folge eines geschwächten Immunsystems kann die Entwicklung einer Herzmuskelentzündung oder Herzrhythmusstörung sein. Eine unbehandelte oder nicht rechtzeitig erkannte Herzmuskelentzündung kann zu schwerwiegenden Funktionsstörungen (plötzlicher Herztod) führen. Eine Herzmuskelentzündung ist in den Anfangsstadien schwer zu diagnostizieren.

Rückbildung des Sportherzens

Nach Beendigung des Leistungstrainings tritt eine Verkleinerung des Sportherzens ein. Um Funktionsstörungen im Herz-Kreislauf-System nach dem Leistungstraining zu vermeiden, ist ein systematisches **Abtrainieren** notwendig. Die Trainingsbelastung sollte über einen Zeitraum von mindestens sechs Monaten bis zu zwei Jahren systematisch vermindert werden. Wird nicht „abtrainiert", so stellen sich meist vegetativ bedingte Störungen in der Herzfunktion (Druck in der Herzgegend, Herzsensationen, Herzrhythmusstörungen) ein, die das Befinden und den Gesundheitszustand beeinträchtigen. Die wirksamste Maßnahme ist eine körperliche Belastung. Bereits nach einer Trainingspause von 6-8 Wochen kann sich das Herzvolumen um 100-150 ml verkleinern. Bei Weiterführung des Trainings auf Freizeitniveau nach dem Leistungstraining bleibt ein gering vergrößertes Herzvolumen (12-13 ml/kg Körpermasse) erhalten.

Ruheherzfrequenz

In Abhängigkeit vom Trainingsumfang sinkt die Ruhe-HF bei Ausdauersportlern auf durchschnittlich 40-50 Schläge/min ab. Bei etwa 10 % der Hochleistungsathleten werden HF-Werte unter 40 Schlägen/min in Ruhe gemessen. Als niedrigste HF wurde bei einem Läufer 25 Schläge/min und bei einer Triathletin 30 Schläge/min im Ruhe-EKG gemessen (Neumann, Pfützner & Berbalk, 2007). Die HF ist in Körperruhe ein empfindlicher Indikator für die trainingsbedingten Veränderungen in der Aktivität des vegetativen Nervensystems. Das Ausdauertraining führt zur Zunahme der Aktivität des parasympathischen Nervensystems (erhöhter Vagotonus) und bewirkt am Sinusknoten des Herzens eine Abnahme der Frequenz. Die HF wird von weiteren kardialen, zentralen und peripheren Faktoren beeinflusst.

Die HF ist auch ein sensibler Indikator bei gesundheitlichen Störungen. Bei Infekten kann die HF um mehr als 10 Schläge/min erhöht sein (s. Kap. 6). Das Training ist dann zu unterbrechen oder nur im Kompensationsbereich fortzuführen.

Herzfrequenzvariabilität (HRV)

Neben der HF kann auch die Rhythmizität der Herzschlagfolge zur Beurteilung der Herzfunktion herangezogen werden (Werdan et al., 2006). Schwankungen in der Frequenz aufeinanderfolgender Herzschläge sind ein normales physiologisches Phänomen der Herztätigkeit. Diese Variabilität der Herzfrequenz wird durch das vegetative Nervensystem beeinflusst.

In Ruhe, unter Belastung und in der unmittelbaren Erholung werden die HRV-

Veränderungen unmittelbar erkennbar. In Abb. 2/10.1 wird dies exemplarisch anhand einer standardisierten Fahrradergometerbelastung eines Ausdauerbreitensportlers veranschaulicht. Das RR-Tachogramm (Abstände zwischen den R-Zacken im EKG) während des Radstufentests zeigt, wie mit zunehmender Belastungsintensität (60-280 Watt und alle 3 min um 20 Watt erhöht) die RR-Intervalllängen abnehmen und von einer drastischen HRV-Reduktion begleitet sind. Unmittelbar nach Belastungsende kehren sich diese Verhältnisse wieder um. Die rechte Abbildung zeigt die HRV-Spektren nach zwei Belastungsphasen von je 20 min derselben Person mit 50 % VO$_2$max bzw. 80 % VO$_2$max. Die HRV-Spektren wurden am Ende der jeweiligen 15-minütigen Erholungsphasen berechnet. Wie zu sehen, kommt es nach der intensiven Belastung zu einem deutlichen LF$_{RR}$- und LF$_{RR}$ / HF$_{RR}$ -Anstieg während nach der extensiven Belastung der HF$_{RR}$-Anteil im Vergleich zum Ruhewert sogar ansteigt (Hottenrott et al., 2006).

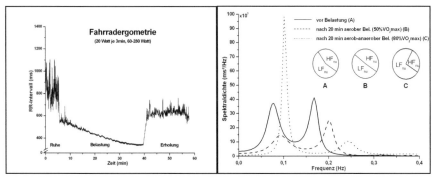

Abb. 2/10.1:   Links: RR-Tachogramm eines Freizeitsportlers vor, während und nach einem Radstufentest (60-280 Watt und alle 3 min um 20 Watt erhöht); rechts: Leistungsdichtespektren vor und nach 20-minütigen Dauerbelastungen mit unterschiedlicher Intensität (A: Ruhe; B: 50 % VO$_2$max; HF 125 min^{-1} , Laktat 1,7 mmol/l; C: 80 % VO$_2$max, HF 155 min^{-1}, Laktat: 3,0 mmol/l). LF$_{RR}$: low frequency; HF $_{RR}$: high frequency (Hottenrott et al., 2006)

Zwischen Trainingsbelastung und Vagusaktivität existiert eine Dosis-Wirkungs-Beziehung. So konnte mittels Spektral- und Transferfunktionsanalyse gezeigt werden, dass es erst ab einer wöchentlichen Belastungsintensität von 75 % der maximalen aeroben Kapazität (über mindestens 120 Minuten pro Woche) nach 3 Monaten zu Veränderungen der HRV und Baroreflexsensibilität kommt (Okazaki et al., 2005). Bei einer hohen Aktivität des Parasympathikustonus nimmt die Herzfrequenzvariabilität zu. Überwiegen sympathische Einflüsse, dann verringert sich die HRV. Leistungssportler weisen in Ruhe durch den hohen Parasympathikotonus eine ausgeprägte HRV auf, die sich mit der Abnahme der Ruhe-HF noch verstärkt. Aerobes Ausdauertraining, bei angemessener Intensität und Dauer, führt bei gesunden Personen sowie bei Patienten mit Herzkreislauferkrankungen zu einer Zunahme der Vagusaktivität und der Gesamtvariabilität. Daher kann die HRV prinzipiell im Sport als leistungsdiagnostische Kenngröße, als Kontrollparameter der Beanspruchung und als Steuerparameter der Belastungsintensität eingesetzt werden. Damit es zu einem HRV-Anstieg kommt, ist das Training allerdings bezüglich Intensität, Dauer und Umfang auf die individuelle Leistungsfähigkeit abzustimmen. Dafür ist ein moderates und mindestens dreimonatiges Ausdauertraining ausreichend (Hottenrott et al., 2006).

Durch regelmäßige Kontrollen der Ruhe-HF und der HRV können Veränderungen im vegetativen Zustand des Sportlers erfasst und die physische Beanspruchung im Trainingsprozess verfolgt werden. Für jeden Sportler lassen sich individuelle Regulationsbereiche der Herzfrequenzvariabilität ermitteln. Nach hohen Trainingsbelastungen kann eine Abnahme der HRV auf eine unzureichende Regeneration hinweisen. Zeigt die HRV über mehrere Tage deutlich erniedrigte Werte, verbunden mit einer Abnahme der Leistungsfähigkeit oder Leistungsbereitschaft, dann sollte an einen beginnenden Übertrainingszustand gedacht werden. Nach hohen psychophysischen Beanspruchungen finden sich kurzzeitige Veränderungen in der HRV; sie erfordern keine trainingsmethodischen Konsequenzen. Eine kontinuierliche Zunahme in der HRV lässt auf eine positive Belastungsverarbeitung und eine Anpassung des vegetativen Zustandes schließen. Ein Überblick zu aktuellen Erkenntnissen der Herzfrequenzvariabilität bei Sporttreibenden ist bei Hottenrott (2004 und 2006) nachzulesen.

Zusammenfassung:

Das Sportherz ist ein leistungsangepasstes Herz mit einer hohen maximalen Förderkapazität bei gleichzeitiger Optimierung der Herzfunktion in Ruhe und während submaximaler Belastung. Das Ausmaß der morphologischen und funktionellen Herzanpassung hängt wesentlich vom Gesamttrainingsumfang ab. Ab einer relativen Herzgröße (Herzquotient) von 12 ml/kg Körpermasse ist das Herz Gesunder vergrößert, das Sportherz beginnt sich herauszubilden. Das Sportherz erreicht im Hochleistungssport in Ausdauersportarten einen Herzquotienten von 17-19 ml/kg bei Sportlern und von 15-17 ml/kg Körpermasse bei Sportlerinnen. Die Größe des Sportherzens kann in direkter Beziehung zur wettkampfspezifischen Ausdauerleistungsfähigkeit stehen. Ausdruck der funktionellen Anpassung im Herz-Kreislauf-System ist die Abnahme der Ruhe-Herzfrequenz (HF) auf 40 Schläge/min und darunter. Im Ausdauertraining sollte die Ruhe-HF regelmäßig kontrolliert werden, um frühzeitig Ermüdungszustände oder Erkrankungen zu erkennen. Über die Bestimmung der Herzfrequenzvariabilität (HRV) ist ein neuer diagnostischer Zugang zur Beurteilung des vegetativen Zustandes der Athleten möglich. Die Abnahme der HRV kann daher ein Indikator für eine unzureichende Regeneration sein.

10.2 Atmungssystem

Das Atmungssystem wird aus didaktischen Gründen in die Lungenatmung und die Sauerstoffaufnahme unterteilt.

10.2.1 Atmung

Die Lungenatmung sichert die bedarfsgerechte Sauerstoffversorgung des Organismus. Dies vollzieht sich durch die äußere und innere Atmung. Zur Atmung insgesamt gehören die sauerstoffaufnehmenden, transportierenden und verwertenden Systeme. Diese sind:

- die Sauerstoffaufnahme mit der Atemluft
- der Gasaustausch in der Lunge
- die Sauerstoffbindung an die Erythrozyten im Blut

- der Transport des Sauerstoffs im Hämoglobin (Erythrozyten) mit dem Blut sowie

- die Abgabe an das bedürftige Gewebe und die Nutzung des Sauerstoffs zur Energiegewinnung

Eine repräsentative Messgröße für die Ausdauerleistungsfähigkeit ist die **maximale Sauerstoffaufnahme (VO$_2$max)**. Die Funktionsfähigkeit der gesamten Sauerstofftransportkette trägt letztendlich zur Effizienz des Atmungssystems bei. Atmungssystem und Herz-Kreislauf-System sind eng miteinander verbunden und werden deshalb auch als **kardiopulmonales Funktionssystem** bezeichnet.

Die Einatmung (Inspiration) ist ein aktiver Vorgang, an der die Zwischenrippenmuskulatur (Brustatmung) bzw. das Zwerchfell (Bauchatmung) vordergründig beteiligt ist. Dass bei einem Atemzug ventilierte Volumen wird als **Atemzugvolumen** (AZV) bezeichnet. Die in den oberen Luftwegen, der Luftröhre und den Bronchien verbleibenden Luftanteile werden als **Totraum** bezeichnet. Im Totraum wird die Luft angefeuchtet, erwärmt und gereinigt. Bei der Nasenatmung werden diese Mechanismen besonders wirksam, sodass bei niedriger Belastung die Nasenatmung zu bevorzugen ist.

Da die Strömungswiderstände für die Atemluft bei Nasenatmung 2- bis 3-fach höher sind als bei der Mundatmung, wird bei hoher Belastungsintensität unwillkürlich über den Mund eingeatmet. Bei intensiven Kurzzeitbelastungen mit hoher Atemfrequenz kann der **Sauerstoffbedarf** der **Atemmuskulatur** 10-15% von der maximalen Sauerstoffaufnahme betragen. Das Ausdauertraining erhöht das aerobe Stoffwechselpotenzial in der Atemmuskulatur und kräftigt zugleich die Atemmuskulatur.

Lungenfunktionsmesswerte

Die Messwerte der Lungenfunktion sind mit Hilfe der Spirometrie bestimmbar (s. Kap. 7.2). Die maximal ausgeatmete Lungenluft, die als **Vitalkapazität** *(VK)* bezeichnet wird, liegt bei Ausdauersportlern 10-15 % über der Norm Untrainierter (Tab. 1/10.2.1).

Tab. 1/10.2.1: Ausgewählte Messwerte der Vitalkapazität und der Einsekundenkapazität bei Triathleten und Schwimmern (Daten nach Neumann, Pfützner & Berbalk, 2007).

Ausdauersportler	Vitalkapazität (VK)		Einsekundenkapazität (FEV 1)	
	VK (l)	Sollwert (%)	FEV 1 (l)	Sollwert (%)
Triathleten (n = 26)	6,05 ± 0,92	114	4,74 ± 0,45	110
Triathletinnen (n = 16)	4,74 ± 0,45	116	3,78 ± 0,53	108
Schwimmer (n = 58)	6,70 ± 1,04	113	5,39 ± 0,88	111
Schwimmerinnen (n = 72)	4,73 ± 0,79	112	4,62 ± 0,64	112

Die Schwimmer haben von den Ausdauerathleten die höchste VK; diese kann bei körperbaulich großen Sportlern bis zu 9 Liter betragen. Die VK wird entscheidend von konstitutionellen Faktoren beeinflusst und erlaubt keine Rückschlüsse auf die Ausdauerleistungsfähigkeit.

Zur Bestimmung von Flussgeschwindigkeiten in den Atemwegen wird die ausgeatmete Luft in einer Sekunde gemessen. Die pro Sekunde maximal ausgeatmete Luft wird als **Sekundenkapazität** (FEV 1) bezeichnet. VK und besonders die FEV 1 wird zum Ausschluss von funktionellen Ventilationsstörungen bestimmt. Belastungsbedingte Verengungen der Atemwege (Belastungsasthma) oder Bronchialasthma auf entzündlicher Grundlage sind durch den FEV-1-Wert zu erfassen. Sportler können mit bronchialerweiternden Sprays behandelt werden, wobei die Dopingbestimmungen zu beachten sind.

Atemminutenvolumen

Die Messgrößen der Atmung werden bei körperlichen Belastungen mit der Methode der **Spiroergometrie** bestimmt. Für die Sauerstoffaufnahme ist das **Atemminutenvolumen** (AMV) die entscheidende Funktionsgröße. Das AMV ist das Produkt aus **Atemfrequenz** (AF) und **Atemzugvolumen** (AZV). In Ruhe beträgt das AMV 8-12 l/min. Bei Untrainierten steigt das AMV bei maximalen Leistungsanforderungen auf etwa 100 l/min und bei Ausdauerathleten auf Werte von 150-220 l/min an. Die Erhöhung des AMV bei Belastung erfolgt durch die unterschiedliche Zunahme von dem AZV und der AF. Atemtiefe und Atemfrequenz sind wesentliche Einflussgrößen auf die Atemarbeit. Eine frequenzbetonte Atmung ist gegenüber der tieferen Atmung unökonomischer, weil die Atemmuskulatur mehr Sauerstoff verbraucht. Ausdauertrainierte haben bei einem vergleichbaren AMV ein größeres AZV und eine niedrigere AF. Nur bei submaximalen Belastungen kann die Atmung subjektiv beeinflusst werden. Durch eine bewusste Steuerung von Atemtiefe und Atemfrequenz ist eine ökonomischere Atmung antrainierbar. Der geringere

Sauerstoffverbrauch der Atemmuskulatur des Trainierten kommt der sportartspezifisch belasteten Arbeitsmuskulatur zugute, der Wirkungsgrad der Muskelarbeit steigt. Das AMV kann subjektiv beeinflusst werden. Übersteigt die Atmung 70 % des maximal möglichen AMV, dann wird die meiste Luftmenge durch Mundatmung ventiliert.

Atemäquivalent

Das Verhältnis zwischen Atemminutenvolumen und Sauerstoffaufnahme ändert sich unter der Belastung. Die Relation von AMV und O_2-Aufnahme wird als **Atemäquivalent (AÄ)** bezeichnet. Das AÄ kennzeichnet, wie viel Liter Atemluft zur Aufnahme von einem Liter Sauerstoff erforderlich ist. Je kleiner das AÄ bei Belastung ist, desto effektiver erfolgt die Sauerstoffaufnahme. Sportler haben bei vergleichbaren Belastungen ein geringeres AÄ als Untrainierte. Auf Grund der nichtlinearen Dynamik des AMV mit zunehmender Belastungsintensität kann das AÄ zur Bestimmung einer anaeroben Schwelle herangezogen werden. Ein AÄ über 29 kennzeichnet die maximale Beanspruchung der Atmung bei Belastung.

Respiratorischer Quotient

Bei spiroergometrischen Untersuchungen werden die O_2-Aufnahme und die CO_2-Ausscheidung gemessen. Aus der CO_2-Abgabe und der O_2-Aufnahme ist der **respiratorische Quotient (RQ)** bestimmbar. Der RQ (VCO_2/VO_2) dient bei ansteigenden spiroergometrischen Untersuchungen als Kriterium einer Ausbelastung (RQ > 1). Ein Anstieg des RQ über 1 ist ventilatorisch bedingt und steht in keinem Zusammenhang mit dem Energiestoffwechsel. Bei längeren gleichbleibenden Belastungen (über 20 min) kennzeichnet der RQ die beanspruchten Anteile des Kohlenhydrat- und Fettstoffwechsels an der Energiegewinnung.

Kopplung von Atmung und Bewegungsstruktur

In einigen Sportarten, besonders im Schwimmen oder in den Wasserfahrsportarten (Kanu, Rudern), erfolgt eine Kopplung des Atemrhythmus mit der sportartspezifischen Bewegung. Die Koordination zwischen Bewegungsfrequenz und dem richtige Atemrhythmus beeinflusst die Leistungsfähigkeit. Eine hochfrequente Atmung erhöht den Atemwegswiderstand und vermindert den inspiratorischen Flow (Steinacker et al., 1994).

> **Zusammenfassung:**
> Das Ausdauertraining kräftigt die Atemmuskulatur und erhöht die ventilatorische Kapazität; hiermit wird eine Voraussetzung für die Steigerung der maximalen Sauerstoffaufnahme geschaffen. Durch Training kann das maximale Atemminutenvolumen (AMV) verdoppelt werden. Ausdauertraining verbessert die Atemökonomie. Trainierte atmen tiefer und weniger frequent als Untrainierte und sparen damit Sauerstoff. Das Atmungssystem ist für die Ausdauerleistungsfähigkeit nicht leistungsbegrenzend. Eine hochfrequente Atmung (Hyperventilation) steigert den Sauerstoffbedarf in der Atemmuskulatur und entzieht diesen der Muskulatur.

10.2.2 Blut

Das Blut erreicht durch das Gefäßsystem alle Bereiche des Körpers und verbindet aufgrund seiner Zusammensetzung und ständigen Zirkulation die Organsysteme zu einer funktionellen Einheit. Wesentliche Aufgaben des Blutes bestehen in der Vermittlungs-, Transport-, Puffer- und Abwehrfunktion (Abb. 1/10.2.2).

Bestandteile des Blutes und hämatologische Parameter
Die Hauptbestandteile des Blutes sind die Blutflüssigkeit (Blutplasma) und die korpuskulären Anteile, wie Erythrozyten, Leukozyten und Thrombozyten (Abb. 1/10.2.2). Das Verhältnis zwischen korpuskulären und flüssigen Anteilen liegt bei durchschnittlich bei 45 %, d. h. es überwiegt das Blutplasma. Wenn vom Blutplasma das Gerinnungsprotein Fibrinogen entfernt wird, entsteht das Serum.
Im Blutplasma sind Salze und niedermolekulare Stoffe (Glukose, freie Fettsäuren, Creatinin, Harnstoff u. a.) gelöst. Als kolloidale Lösung liegen die hoch- und niedermolekularen Proteine (Globuline und Albumine) vor. Diese dienen der Aufrechterhaltung des kolloidosmotischen Drucks im Blut und verhindern den Wasseraustritt im Kapillarsystem aus dem Blut ins Gewebe. Das Blut weist durch den Anteil an Blutkörperchen und Proteinen eine 4- bis 5-fach höhere Viskosität als Wasser auf.

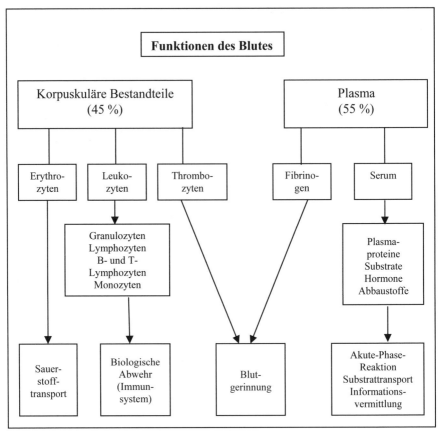

Abb. 1/10.2.2: Die Funktionen des Blutes

Hämatokrit

Die Fließeigenschaft des Blutes (Viskosität) kommt im **Hämatokrit** (HK) zum Ausdruck. Der HK ist das Verhältnis der festen und flüssigen Bestandteile des Blutes. Der durchschnittliche HK-Wert des Mannes liegt bei 45 % (40-52 %). Bei Frauen ist der Wert etwas niedriger, er beträgt 41 % (37-47 %). Im Leistungssport gelten niedrigere Grenzwerte (< 50% Männer und < 46 % Frauen). Durch stärkere Dehydratation (Wasserverlust) oder nach großem Schweißverlust bei Ausdauerbe-lastungen verändert sich das Verhältnis von korpuskulären und flüssigen Anteilen des Blutes. Bei Überwiegen der korpuskulären Bestandteile wird das Blut dickflüs-siger, die Viskosität ist erhöht. Neben der Dehydratation haben die Körperposition, die Tageszeit und die Ernährung Einfluss auf den HK-Wert (Schmidt et al., 2006).

Bei regelmäßigem Ausdauertraining kommt es zu einer **Blutverdünnung (Hämodilution)**, sodass die Hämatokritwerte an der unteren Norm liegen. Durch die Hämodilution wird der kapillare Gasaustausch begünstigt und damit die muskuläre Sauerstoffversorgung verbessert.

Nur bei sehr starkem Schweißverlust (> 3 % der Körpermasse) oder bei unzureichender Flüssigkeitsaufnahme steigt die HK-Konzentration physiologisch an. Im Zustand der Dehydratation können HK-Werte bei Sportlern von über 50 % erreicht werden (Schmidt, 2002). Ab einem HK von 52 % ist infolge der Viskositätszunahme mit einer ungünstigen Beeinflussung des maximalen Herzminutenvolumens und einer Abnahme der Sauerstofftransportkapazität zu rechnen (Thomson et al., 1982; Spriet et al., 1986). Bei einer Zunahme des HK-Wertes von über 60 %, wie es bei unerlaubter EPO-Einnahme möglich ist, sind gesundheitliche Risiken (z. B. Schlaganfall) gegeben.

Erythrozyten und Blutvolumen

Das Blut enthält 4,5-5 Millionen **Erythrozyten** pro Mikroliter, deren **Hämoglobin** (Hb) den Sauerstoff bindet. Für den Sauerstofftransport ist der rote Blutfarbstoff, das Hämoglobin wesentlich. Das Hb sichert eine rasche O_2-Aufnahme in der Lunge und die O_2-Abgabe im Gewebe, was über eine reversible Sauerstoffkopplung an Eisen möglich ist. Die ausreichende Verfügbarkeit von Eisen ist eine Voraussetzung dafür, dass genügend Hämoglobin gebildet werden kann. Die durchschnittlichen Hb-Werte der Männer liegen bei 15,5 g/dl (14-17 g/dl) und der Frauen bei 13,8 g/dl (12-16 g/dl). Leistungssportler dürfen die oberen Grenzwerte nicht überschreiten. Wenn bei Sportlern der Hb-Wert um 1 g/dl ansteigt, dann hat dass zur Folge, dass der HK sich um etwa 3 % erhöht.

Das Gesamtblutvolumen ist vom Körpergewicht abhängig und beträgt etwa 75-80 ml/kg. In einem Blutvolumen von 5,3 l sind bei Sportlerinnen etwa 700 g Gesamthämoglobin enthalten (Schmidt et al., 2006). Durch Ausdauertraining nimmt das Gesamtblutvolumen zu, wobei das Verhältnis korpuskulärer und flüssiger Anteile tendenziell zugunsten des Blutplasmas verschiebt, das bedeutet, der HK-Wert nimmt ab (Abb. 2/10.2.2).

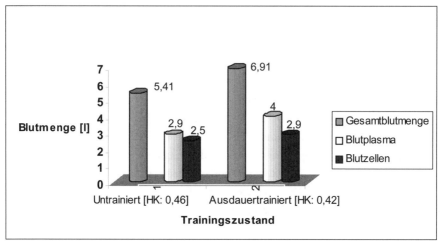

Abb. 2/10.2.2: Wirkung des Ausdauertrainings auf die Veränderungen von Gesamtblut, Blutzellen und Hämatokrit bei Männern

Transportfunktion des Blutes

Das Blut versorgt den Organismus mit Sauerstoff und Nährstoffen und transportiert zugleich Stoffwechselendprodukte und das Kohlendioxid. Für den Ausdauersportler ist die Sauerstofftransportkapazität des Blutes eine leistungsbeeinflussende Größe. Ein Gramm Hämoglobin kann 1,34 ml O_2 binden und transportieren. Die Zunahme des Gesamthämoglobins durch Training erhöht die Sauerstofftransportkapazität. Neben Dopingmanipulationen (EPO) kann durch Höhentraining die Sauerstofftransportkapazität physiologisch erhöht werden. Das Blut hilft die Körperkerntemperatur zu regulieren, indem die bei der Muskelarbeit anfallende überschüssige Wärme an die Körperperipherie (Haut) abtransportiert wird. Die im Dienste der Wärmeregulation notwendige größere Hautdurchblutung erfolgt auf Kosten der Muskeldurchblutung. Bei extremer und längerer Wärmeexposition nimmt in den Ausdauersportarten die Leistungsfähigkeit ab; die Körperkerntemperatur steigt an (s. Kap. 12.2).

Pufferfunktion des Blutes

Bei intensiver muskulärer Beanspruchung entsteht Milchsäure (Laktat), welche die Puffersysteme beansprucht. Das Ausmaß der Säuerung kann über die Wasserstoffionenkonzentration erfasst werden und wird als pH-Wert gemessen. Normalerweise liegt der pH-Wert des Blutes bei 7,4 und damit im schwach alkalischen Bereich.

Eine erhöhte Konzentration an Wasserstoffionen (Säuerung) beeinflusst den Stoffwechsel und wirkt sich negativ auf den Wirkungsgrad von Enzymen aus. Als Maß für den Anteil nicht flüchtiger Säuren im Blut wird neben dem pH auch der Basenüberschuss (base excess oder BE) bestimmt. Das wichtigste Puffersystem des Blutes ist das Kohlensäure-Hydrogenkarbonat-System (Bikarbonatpuffer). Die Pufferwirkung des Bikarbonats kommt dadurch zustande, weil die Kohlensäure als CO_2 aus diesem Puffersystem entweichen kann. Der Organismus kompensiert eine Übersäuerung im Stoffwechsel (metabolische Azidose) zunächst über die Atmung. Durch die verstärkte Atmung (Hyperventilation) erfolgt eine größere CO_2-Abgabe mit der Ausatmungsluft, der CO_2-Partialdruck im Blut nimmt ab und führt kompensatorisch zum Ausgleich der Azidose und Stabilisierung des pH-Wertes. Der RQ (VCO_2/VO_2) über 1,0 ist der Ausdruck der respiratorischen Kompensation einer **metabolischen Azidose**. Neben dem Bikarbonat beteiligen sich das Hb, die Plasmaproteine und die Phosphate an der Pufferwirkung des Blutes. Wenn der Organismus bei intensiven Belastungen das Säuren-Basen-Gleichgewicht nicht mehr kompensieren kann (z. B. Abfall des pH-Wertes unter 7,2, des BE auf -15 bis -20 und des $pCO_2 < 30$ Torr), dann wird die Belastung abgebrochen, der Sportler ist übersäuert.

Abwehrfunktion des Blutes

Das Blut hat eine Schutzfunktion gegenüber Krankheitserregern und Fremdkörpern. Bei Eindringen von Keimen wird durch die Leukozyten die zelluläre Abwehr des Blutes gestartet. Entzündungszustände oder intensive Ausdauerbelastungen führen zu einer Zunahme der **Leukozyten** im Blut auf mehr als 10.000 pro µl (Leukozytose). Die Leukozyten können weiter in Granulozyten, Lymphozyten und Monozyten differenziert werden (Differentialblutbild). Die **Lymphozyten**, die als T- und B-Lymphozyten wichtige Funktionen in der immunologischen Abwehr spielen, sind wesentliche Blutbestandteile. Nach langen und intensiven Ausdauerbelastungen werden die Leukozyten verstärkt vom Gefäßendothel gelöst und auch aus dem Knochenmark ausgeschüttet. Sie können dabei bis auf 25.000 pro µl ansteigen und bleiben noch bis zum nächsten Tag erhöht. Nach Marathonläufen ist eine **Leukozytose** von über 15.000 pro µl möglich. Auch die Lymphozyten zeigen eine vorübergehende Zunahme nach Belastung, die als **Lymphozytose** bezeichnet wird. Neben dem zellulär vermittelten biologischen Schutz wirken im Blut weitere Abwehrmechanismen, so spezielle **Plasmaproteine** (z. B. Akute-Phase-Proteine) und Immunglobuline. Ein moderates Ausdauertraining stimuliert das Immunsystem und steigert das zelluläre und humorale Abwehrpotenzial. Intensives Training, ohne ausreichende Regeneration wirkt immundepressiv (s. Kap. 10.5).

Sportleranämie

Eine Abnahme der Hb-Konzentration im Blut vermindert die Sauerstofftransportkapazität und damit auch die Ausdauerleistungsfähigkeit. Da bei Ausdauersportlern eine Blutverdünnung (Hämodilution) eine normale physiologische Anpassung ist, erscheint der Hb-Wert immer etwas niedriger. Dieser Zustand wurde früher als Sportleranämie bezeichnet. Die **Sportleranämie** beruht auf der Verdünnung des Blutes (Hämodilution). Bei der Sportleranämie sind die Eythrozytenzahl und damit das Hb absolut unverändert, nur der Hämatokritwert ist erniedrigt.

Die Hämodilution wird hormonell verursacht, indem es nach anstrengenden Ausdauerbelastungen zu einem Anstieg der Hormone Aldosteron und Adiuretin kommt. Diese beiden Hormone halten das Wasser über den kolloidosmotischen Druck und das Natrium im Blut zurück. Mit dem Abfall dieser Hormonkonzentrationen am dritten Nachbelastungstag kommt es zu einer deutlich erhöhten Harnausscheidung. Diese hormonelle Regulation im Flüssigkeitshaushalt schützt den Körper bei Belastung vor zu großem Wasserverlust.

Die **echte Sportleranämie** beruht auf einem **Eisenmangel.** Sie führt in einem ausgeprägten Stadium zu einer Erniedrigung des Hämoglobins. Bei erniedrigtem Hämoglobin ist die Sauerstofftransportkapazität und damit die Ausdauerleistungsfähigkeit vermindert. Wenn bei einem Ausdauersportler das Hb von 15,5 auf 14,0 g/dl abnimmt, dann führt das zu einer Abnahme der O_2-Aufnahme und Leistungsverlust von etwa 5 % (Gledhill, 1993). Da die Hämoglobinsynthese von der Eisenaufnahme mit der Ernährung abhängt, ist die Kontrolle des Eisenstoffwechsels im Sport (besonders *Ferritin*) von praktischer Bedeutung. Der klinische Normwert für das Ferritin gilt für Sportler nicht, hier muss bereits bei Absinken des Ferritins unter 30 ng/l therapeutisch reagiert werden. Eine *Eisenunterversorgung* äußert sich in zunehmender Müdigkeit, verlängerter Erholung und Trainingsunlust. Der Ausgleich des Eisenspiegels dauert mehrere Monate.

> **Zusammenfassung:**
> Das Blut hat eine Vermittlerfunktion zwischen den Organen. Typische Anpassungen des Blutes an das Ausdauertraining sind durch die Zunahme des Blutvolumens, die tendenzielle Abnahme des Hämatokritwertes, die Erhöhung der Gesamthämoglobinmenge und den Anstieg der Pufferkapazität gekennzeichnet. Das immunologische Abwehrpotenzial ist in der Regel erhöht.
> Beim Leistungstraining sollten die Blutwerte bzw. der Eisenspiegel (Ferritin) regelmäßig kontrolliert werden.

10.2.3 Sauerstoffaufnahme

Die Energiegewinnung erfolgt mit und ohne Sauerstoff, d. h. aerob und anaerob. Das Gehirn ist ohne Sauerstoff nicht funktionsfähig. Mit Beginn der Muskelarbeit steigt der **Sauerstoffbedarf** sprunghaft an. Die maximale Sauerstoffversorgung wird nach einer bis zwei Minuten maximaler körperlicher Aktivität erreicht.

Die **maximale Sauerstoffaufnahme** (VO_2max) repräsentiert die Obergrenze der Energieflussraten im Organismus. Die VO_2max gilt international als zuverlässiges Maß für die maximale aerobe Leistungsfähigkeit (Åstrand & Rodahl, 1986; Hollmann & Hettinger, 1990; Neumann & Schüler, 1994; McArdle, Katch & Katch, 2001; Kjaehr et al., 2003; de Marées, 2002, u. a.). Im angloamerikanischen Schrifttum wird die VO_2max als Maß der aeroben Kapazität (aerobic capacity) bezeichnet, was im physikalischen Sinne nicht ganz korrekt ist. Für Vergleiche wird die **relative Sauerstoffaufnahme** verwandt, indem ein Quotient zum Körpergewicht errechnet wird (VO_2max/kg). Der Quotient aus Atemminutenvolumen und Sauerstoffaufnahme, das **Atemäquivalent (AÄ)**, bringt die Effektivität der Atmung bei der Belastung zum Ausdruck. Das Atemäquivalent zeigt an, wie viel Sauerstoff mit der eingeatmeten Luft aufgenommen werden kann. Bei normaler Belastung beträgt das AÄ 25-27 und kennzeichnet eine stabile Stoffwechselsituation. Ein AÄ über 29 zeigt an, dass die aktuelle aerobe Leistungsfähigkeit überschritten wurde und ist ein Kennzeichen der Sauerstoffunterversorgung während der Belastung. Der aufgenommene Sauerstoff über die Atmung reicht nicht mehr für die Leistung aus; der anaerobe Energiestoffwechsel (Glykolyse) wird verstärkt hinzugeschaltet.

Training der maximalen Sauerstoffaufnahme (VO_2max)
Die VO_2max kann nur durch ein mehrmonatiges intensives Ausdauer- und Kraft-

ausdauertraining ansteigen. Das Training der VO_2max erfordert höhere Trainingsreize als die Entwicklung der aeroben Leistungsgrundlagen. Erst bei längeren Trainingsbelastungen in aerob-anaerober Stoffwechsellage (Laktat über 6 mmol/l) werden ausreichend hohe Reize für die Entwicklung der maximalen Sauerstoffaufnahme gesetzt. Die 100%-ige Ausnutzung der individuellen VO_2max ist nur für wenige Minuten Dauer möglich. Zeitlich längere Belastungen werden nur mit verminderter Ausnutzung der VO_2max erbracht (s. Kap. 2, Tab. 1 /2.5). Mit dem aeroben Basistraining wird vordergründig die Stoffwechselökonomie trainiert und nicht der erforderliche hohe Energiedurchsatz für die Entwicklung der VO_2max. Die Trainingsreize bei zu langer Belastungsdauer sind für die Entwicklung der VO_2max zu niedrig. Auch mehrstündige Langzeitwettkämpfe üben keinen ausreichenden Reiz auf die Entwicklung der maximalen Sauerstoffaufnahme aus, da sie diese nur zu 50-70 % beanspruchen.

Damit intensive Trainingseinheiten wirken, müssen diese in einer bestimmten Anteiligkeit an der Gesamtbelastung erbracht werden. Als optimal werden in den einzelnen Ausdauersportarten 5-20 % an intensivem Training von der Gesamtbelastung angesehen. Durch das regelmäßige Training intensiver Inhalte unterscheidet sich das Leistungs- und Hochleistungstraining eindeutig vom Fitness- und Gesundheitssport. In der Sekundärprävention wird das Grundlagenausdauertraining bevorzugt (s. Kap. 13).

Um den Entwicklungsstand der VO_2max bei Sportlern vergleichen zu können, wird diese auf das Körpergewicht bezogen. In Abhängigkeit von der Sportart bzw. Sportartengruppe ist die relative VO_2max unterschiedlich (Tab. 1/10.2.3).

Tab. 1/10.2.3: Relative maximale Sauerstoffaufnahme (ml/kg·min) in den Sportartengruppen (Daten nach Neumann, Pfützner & Berbalk, 2007)

Sportartengruppe	Männer	Frauen
Ausdauersportarten	77-85	60-70
Sportspielarten	55-60	45-52
Zweikampfsportarten	60-65	50-53
Schnellkraftsportarten	50-55	45-50
Technische Sportarten	50-60	45-50

Die Leistung im Wettkampf ist nicht direkt von der VO_2max abhängig. Weitere Einflüsse sind Sporttechnik, Renntaktik, Rennerfahrung u. a. Bei zu niedriger VO_2max ist die höhere Inanspruchnahme des anaeroben Stoffwechsels die überwiegende Kompensationsvariante.

> **Zusammenfassung:**
>
> Die Zunahme der relativen maximalen Sauerstoffaufnahme (VO_2max/kg) ist für zahlreiche Sportarten vorteilhaft und leistungsentscheidend für die Ausdauersportarten. Die VO_2max und die Leistungsfähigkeit auf submaximalen Belastungsstufen sind die zwei wesentlichen Kenngrößen für die sportartspezifischen Ausdauerleistungen. Für die Entwicklung der aeroben Leistungsgrundlagen ist eine bestimmte Gesamtbelastung notwendig. Das Training der VO_2max erfordert immer intensive und kurzzeitige Belastungen, die in die Trainingsbelastung einzuordnen sind. Spitzenleistungen in den einzelnen Sportarten erfordern das Erreichen eines bestimmten Referenzwertes in der VO_2max.

10.3 Energiestoffwechsel

Zur Energiegewinnung stehen unterschiedliche Substrate und Stoffwechselwege zur Verfügung. Ziel ist das bei Muskelaktivität abgebaute **Adenosintriphosphat** (ATP) schnell zu resynthetisieren. Bei der Muskelarbeit wird das ATP in ADP gespalten. Hierbei entsteht Energie und anorganisches Phosphat. Die Resynthese des zu ADP gespaltenen ATP kann über mehrere Wege erfolgen:

1. ADP + Creatinphosphat (CP) $\longrightarrow$ ATP + Creatin
2. ADP + Glukose (Glykogen) $\longrightarrow$ ATP + Laktat
3. ADP + Glukose, Fettsäuren (Proteine) + O_2 $\longrightarrow$ ATP + CO_2 (+NH_2)

Zusätzlich ist bei Energiedefizit (Notfallreaktion) noch eine 4. Stoffwechselreaktion möglich:

$$2\,ADP \xrightarrow{\text{Adenylatkinase}} AMP + ATP$$

$$AMP \xrightarrow{\text{AMP-Desaminase}} IMP + NH_3$$

(Adenosinmonophosphat = AMP; Inosinmonophosphat = IMP, Ammoniak = NH_3, Stickstoff = NH_2)

Die Reaktionen 1, 2 und 4 laufen ohne Sauerstoff ab, d. h. anaerob. Der bevorzugte Weg der Energiegewinnung ist im Sport die aerobe ATP-Resynthese aus der Glukose (Glygogen) und aus freien Fettsäuren (Triglyzeride). Im Notfall werden bei Kohlenhydratmangel glukoplastische Aminosäuren für die Energiegewinnung abgebaut. Für die Gluconeogenese können noch Laktat und Glyzerin verwertet werden.

10.3.1 Energiereiche Phosphate

Zu den energiereichen Phosphaten gehören die **Adeninnucleotide** und das **Creatinphosphat** (CP). Zu den Adeninnucleotide werden ATP, ADP, **Adenosinmonophosphat** (AMP) und **Inosinmonophosphat** (IMP) gezählt. Das Creatinphosphat gehört gleichfalls zu den energiereichen Phosphaten und ist für die anaerob alaktazide Energiegewinnung das ergiebigste Substrat, indem es in der Zeiteinheit die meiste Energie liefern kann (Tab. 1/10.3.1).

Der ATP-Speicher im Muskel beträgt 5-6 mmol/kg Feuchtgewicht (FG) und der Creatinphosphat-Speicher 25 mmol/kg FG. Durch sportartspezifisches Training können sich beide Speicher vergrößern.

Tab. 1/10.3.1: Reaktionswege der aeroben und anaeroben Energiebereitstellung (nach Berg & Dickhuth, 2007)

Energielieferndes Teilsystem	Substrate	Kapazität (mmol/kg) Feuchtmuskelgewebe	Leistungsfähigkeit (mmol/(kg·s) Feuchtmuskelgewebe	Halbwertzeit der Erholung (min)
Alaktzid	ATP, KP →ADP, Kreatin	20 – 25	3 – 6	0,5
Laktazid	Glykogen → Laktat	50	1,5 – 3,0	10 – 20
Aerob	Glykogen → CO_2, H_2O Fettsäuren → CO_2, H_2O	begrenzt durch Substrate	0,5 – 0,75 0,24 – 0,40	Tage bei Substraterschöpfung

Die weiteren Energiedepots des Muskels sind das **Glykogen** und die **Triglyzeride**. Die Adeninnucleotide und das CP sind für den Beginn der Muskelarbeit oder für eine plötzliche kurzzeitige Leistungserhöhung während der Belastung die entscheidenden Substrate. Der Energiegewinn ist aus den einzelnen Stoffwechselwegen unterschiedlich. Der ATP-Speicher ist klein und reicht nur für einige Muskelkontraktionen aus. Den höchsten Energiegewinn in der Zeiteinheit liefert das Creatinphosphat (Abb. 1/10.3.1).

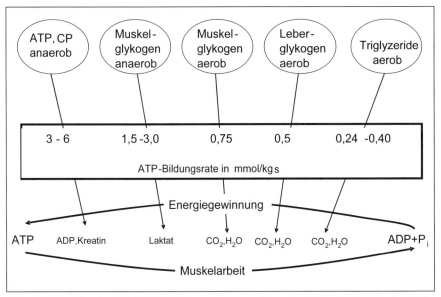

Abb. 1/10.3.1: Geschwindigkeit der Bildungsrate von Adenosintriphosphat (ATP) durch die Substrate Creatinphosphat, Glykogen und freie Fettsäuren. Die Resynthese des ATP aus Adenosindiphosphat (ADP) verläuft unterschiedlich schnell. Das Creatinphosphat (CP) ermöglicht die schnellste Resynthese von ATP.

Da der CP-Speicher klein ist, reicht die Energie bei Belastungen mit höchster Intensität für nur 6-8 Sekunden (s) und bei niedrigerer Intensität für 20-30 s aus. Die zu Belastungsbeginn erfolgte Energiefreisetzung aus dem CP ist für 6 s fast alaktazid, d. h., es erfolgt keine oder nur eine sehr geringe Bildung von Laktat. Nach hochintensiven Belastungen von 6-8 s in Serie lässt sich der Laktatanstieg nicht vermeiden, da sofort mit Beginn der intensiven Belastung die Glykolyse startet. Wiederholte intensive Maximalbelastungen sollten nicht länger als 6 s dauern, um überwiegend die CP-Speicher zu beanspruchen. Bei den wiederholten Belastungsserien (Intervalltraining) muss der anaerobe Stoffwechsel die unvollständige CP-Auffüllung immer wieder ausgleichen. Bei acht Sprintläufen über 30 m im Abstand von 30 s mit einer durchschnittlichen Laufzeit von 4,46 s stieg die Laktatkonzentration zwischen 8-12 mmol/l an (Tab. 2/10.3.1).

Tab. 2/10.3.1: Mittelwerte der Laktatkonzentrationen von 25 Fußballern der Regionalliga die einen Sprinttest über 8 x 30 m absolvierten. Der Start erfolgte alle 30 s. Laktat wurde nach 3 und 6 min Erholung gemessen (E3, E6) (eigene Daten)

	Zeit über 30 m (s)	Laktat E3 (mmol/l)	Laktat E6 (mmol/l)
Mittelwert ± SD	4,46 ± 0,12	9,45 ± 2,01	9,29± 1,94
Minimum	4,12	7,70	6,59
Maximum	4,63	12,40	12,20

Der Abbau der energiereichen Phosphate hat einen eigenen Stoffwechselweg, der als Purin-Nucleotid-Stoffwechsel bezeichnet wird. Im **Purin-Nucleotid-Stoffwechsel** werden ADP und AMP im Zustand größerer Energienot, z. B. bei Maximal- und Schnellkrafttraining in Serie, bis zum Hypoxanthin und Ammoniak im Muskel und dann weiter in der Leber zu Harnsäure und Harnstoff abgebaut. Der Abbau der Adeninnucleotide dauert nach hochintensiven Sprintbelastungen im Stoffwechsel über 20 min. Erst nach dieser Zeit ist die höchste Konzentration der Harnsäure im Blut messbar.

Die nachhaltigsten sportartspezifischen Trainingsreize für die Entwicklung des anaeroben-laktaziden Stoffwechsels sind wiederholte Intensitätsbelastungen von etwa 60 s Dauer (Intervalltraining).
Die CP-Speicher sind bei Sprintern um etwa 20 % höher als bei Ausdauersportlern. Die alaktazide Leistungsfähigkeit der Muskulatur ist von der Größe des CP-Speichers abhängig. Durch zusätzliche Creatinaufnahme kann der CP-Speicher im Muskel, ähnlich wie durch Sprinttraining, um bis zu 20 % zunehmen (Rawson & Persky, 2007). Nicht alle Sportler können jedoch ihren CP-Speicher bei Creatinaufnahme in der Muskulatur erhöhen (Nonresponder). Die Ursachen dafür sind noch unklar.

Zusammenfassung:

Das Creatinphosphat (CP) sichert die energetische Versorgung des Muskels vom Übergang aus der Ruhe zur intensiven Muskelleistung. Die körpereigenen CP-Speicher können sich durch ein kurzzeitiges und intensives Maximal- und Schnellkrafttraining von 6 s Dauer (Serientraining) erhöhen. Das CP wird als Energie nicht nur für den Belastungsstart, sondern auch während einer ausdauerorientierten Belastung bei Zwischen- und Endspurts benötigt. Kurzzeitiges Schnellkraft- und Sprinttraining führt zur Zunahme der CP-Speicher um 20 %. Wenn im Muskel reichlich Creatinphosphatspeicher verfügbar sind, dann ist das für die Regeneration nach einem alaktaziden Leistungstraining von Vorteil.

10.3.2 Kohlenhydrate

Die Kohlenhydrate werden als **Glykogen** in Muskulatur und Leber gespeichert und bei Belastung unter Energieaufwand in Glukose umgewandelt. Der Abbau des Glykogens kann unter aeroben und anaeroben Stoffwechselbedingungen erfolgen, wobei der anaerobe Abbau die Glykogenspeicher schneller erschöpft als der aerobe. Die Dauer der Wiederauffüllung entleerter Muskelglykogenspeicher dauert bei normaler Trainingsbelastung 24-48 Stunden und nach einem intensiven Marathonlauf fünf bis sieben Tage.

Anaerober Energiestoffwechsel

Während das **Muskelglykogen** vorrangig den Energiebedarf des Muskels abdeckt, sorgt das **Leberglykogen** für die Aufrechterhaltung des Blutglukosespiegels. Für den Muskel ist der Abbau des Glykogens energetisch ergiebiger als der von aufgenommener Glukose. Aus 1 mol Glykolsyleinheiten des Glykogens können anaerob 3 mol ATP gebildet werden, hingegen aus der Blutglukose nur 2 mol ATP. Der Abbau von Glykogen oder Glukose erfolgt bis zur Stufe der Brenztraubensäure (Pyruvat) ohne Sauerstoff und wird als **Glykolyse** bezeichnet. Als Endprodukt des anaeroben Energiestoffwechsels entsteht aus dem Pyruvat die Milchsäure bzw. deren Salz, das **Laktat**. Wenn die Belastungsintensität das aerobe Leistungsniveau überfordert und ein relativer Sauerstoffmangel vorliegt, kommt es zur Laktatbildung (Abb. 1/10.3.2). Die der belasteten Muskulatur zur Verfügung stehende Sauerstoffmenge entscheidet, ob der Glykogen- bzw. Glukoseabbau auf der Stufe des Pyruvats endet oder weiter aerob über den Zitratzyklus erfolgt. Wenn bei Sauerstoffmangel das Pyruvat nicht weiter über das Acetyl-CoA in den Mitochondrien abgebaut werden kann, entsteht ein Pyruvatstau mit der Folge erhöhter Laktatbildung. Die anaerobe Energiebildung setzt ein, wenn der Energiebedarf in der Zeiteinheit höher ist als er über den aeroben Stoffwechselweg erbracht werden kann. Intensive und kurzzeitige Muskelleistungen über 10 s Dauer gehen stets mit Laktatbildung einher. Die Glykolyse erreicht nach etwa 60 s intensivster Muskelbelastung ihr Maximum (Abb. 2/10.3.2).

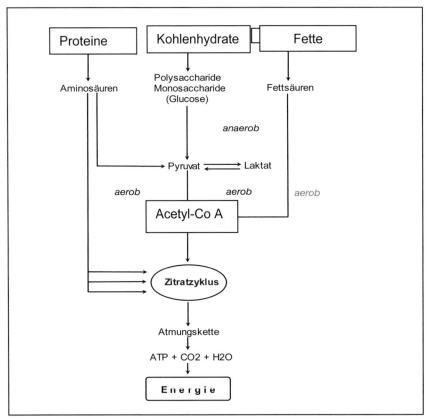

Abb. 1/10.3.2: Schema der Energiegewinnung aus den Substraten (Kohlenhydrate, Fettsäuren, Proteine). Die zentrale Schaltstelle im Stoffwechsel ist die Bildung der aktivierten Essigsäure (Acetyl-CoA). Über das Acetyl-CoA werden die meisten Substrate in den Zitratzyklus eingeschleust. Wenn bei intensiven Belastungen die Sauerstoffversorgung nicht ausreicht, kommt es zur Bildung von Laktat aus dem Pyruvat.

Die Glukoseaufnahme aus dem Blut ist für den Muskel begrenzt. Die Zellmembran besitzt zwei Glukosetransportmechanismen, einen insulinabhängigen und einen insulinunabhängigen. Der insulinabhängige Glukosetransport erfolgt bevorzugt in Ruhe und bei kürzerer Muskelarbeit. Der insulinunabhängige Glukosetransport wirkt besonders bei längerer Muskelarbeit. Mit Beginn der Muskelarbeit werden alle Stoffwechselwege gestartet. Die Intensität der Belastung entscheidet, welcher Stoffwechselanteil überwiegt. Der anaerobe Abbau von Glykogen gleicht die begrenzte Sauerstoffversorgung zu Belastungsbeginn aus.

Fallen bei intensiven Belastungen hohe Laktatkonzentrationen an, so kommt es in den Geweben und im Blut zum Anstieg der Wasserstoffionenkonzentration, d. h., der pH-Wert nimmt ab. Bei einer Laktatkonzentration von über 20 mmol/l sinkt der pH im Blut unter 7,2 ab. Erreicht die pH-Senkung in der Muskelzelle einen Wert von 6,4, dann hemmt sich die Energiebildung selbst und schützt die Zellen vor weiterer Übersäuerung.

Bei längeren Ausdauerbelastungen (Steady State) stehen Bildung und Abbau des Laktats auf unterschiedlichem Niveau, meist zwischen 2-4 mmol/l, im Gleichgewicht. Im Hochleistungssport kann das Laktat-Steady-State bis zu 7 mmol/l betragen (Neumann et al., 2004, S. 410). Mit zunehmender Wettkampfdauer und nachlassender Geschwindigkeit nimmt die Laktatkonzentration ab (Abb. 2/10.3.2).

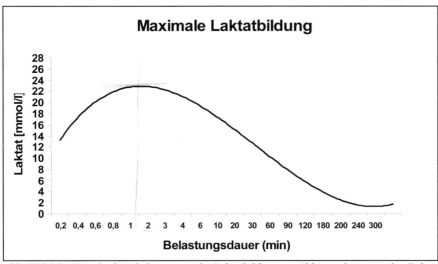

Abb. 2/10.3.2: Durchschnittliche maximale Laktatbildung in Abhängigkeit von der Belastungsdauer bei Wettkämpfen (mod. nach Neumann & Schüler, 1994)

Das Kompensationstraining nach intensiven Belastungen fördert den Laktatabbau und damit die muskuläre Regeneration stärker als Ruhe. Das meiste Laktat wird von der Leber (50 %) abgebaut, gefolgt von der nichtbelasteten Muskulatur (30 %) sowie Herzmuskel und Nieren (je 10 %).

Da die FT-Fasern bei den einzelnen Sportlern unterschiedlich angelegt sind, ergibt sich eine stärkere Laktatbildungsfähigkeit bei den Sportlern, die einen höheren Anteil an FT-Fasern aufweisen (Gollnick et al., 1973; Costill et al., 1976). Erfahrungsgemäß können die „Sprinter" in den einzelnen Sportarten mehr Laktat bilden als die Ausdauersportler. Deutliche Unterschiede in der Laktatmobilisation bestehen zwischen Bahn- und Straßenradsportlern, Mittel- und Langstreckenläufern, Kurz- und Langstreckentriathleten u. a.

Leistungssportler mit über 40 % FT-Fasern weisen eine deutlich höhere Laktatbildungsfähigkeit auf als Sportler, die 70-80 % FT-Fasern haben (Gollnick et al., 1973).

Unabhängig von ererbten Anteiligkeiten der Muskelfasern kann die Laktatbildungsfähigkeit durch Intensitätstraining mit hoher Bewegungsfrequenz und Geschwindigkeit sportartspezifisch erhöht werden. Bei monotonem Ausdauertraining nimmt die Laktatmobilisationsfähigkeit ab. Die zuvor glykolytisch arbeitenden Muskelfasern werden mit oxidativen Enzymen ausgestattet.

Das anaerobe Potenzial in der Muskulatur ist in kürzerer Zeit trainierbar als das aerobe. Die anaerobe Energiegewinnung ist von der Zunahme der Aktivität der Schlüsselenzyme der Glykolyse in der Muskulatur abhängig, hauptsächlich von der Phosphofructokinase (PFK) und der Pyruvatdehydrogenase (PDH). Wenn die Enzymaktivitäten von PFK und PDH durch Schnelligkeitstraining deutlich zunehmen, dann steigt die Laktatbildung an. Als Wirkung eines sportartspezifischen Schnelligkeitstrainings kann die Laktatmobilisationsfähigkeit um 1-5 mmol/l ansteigen.

Über den glykolytischen Stoffwechselweg kann doppelt soviel Energie in der Zeiteinheit gebildet werden als über den aeroben Glukose- oder Fettsäurenabbau (s. Abb. 1/10.3.2). Das bei intensiver Muskelbelastung gebildete Laktat wird bereits während der Belastung aktiv aus den Muskelzellen ausgeschleust und gelangt in das Blut. Unmittelbar nach intensiven Kurzzeitbelastungen, beispielsweise einem 400-m-Lauf in 50-60 s, befindet sich das Laktat noch überwiegend in der Muskulatur. Bevor es über die Zellzwischenräume vollständig in das Blut gelangt, können 10-20 min vergehen. Wird die Laktatkonzentration nach der Belastung mehrfach gemessen, dann ist die Laktatabbaugeschwindigkeit beurteilbar. Die Abbaurate des Blutlaktats bewegt sich zwischen 0,3 und 0,5 mmol/l in einer Minute, wobei Trainierte das gebildete Laktat schneller abbauen. Die höchsten Laktatkonzentrationen erreichen 800- und 1.500-m-Läufer, bei ihnen wurden bis zu 25-26 mmol/l im Blut gemessen.

Aerober Energiestoffwechsel

Die Hauptsubstrate für den aeroben Energiestoffwechsel in der Muskulatur sind das Glykogen und die intramuskulären Triglyzeride.

Der aerobe Abbau des Glykogens ist begrenzt, weil die verfügbaren Glykogenspeicher in der Muskulatur bei Untrainierten ~300 g und bei Trainierten bis 520 g betragen (Tab. 1/10.3.2).

Tab. 1/10.3.2: Energiespeicher und die daraus zu gewinnende Energie bei Ausdauertrainierten

Verfügbare Energiespeicher bei Ausdauerathleten		
Speicher	**Menge (g)**	**Theoretischer Energiegewinn (kcal)**
Gewebsspeicher		
Leberglykogen	120	492
Muskelglykogen	400	1.640
Muskeltriglyzeride	200-300	1.860 – 2.790
Subkutanes Fett	8.000	74.400
		79.322 kcal*
Zirkulierende Substrate		
Extrazelluläre Glukose	18	74
Freie Fettsäuren	0,4	4
Triglyzeride	3,0	28
Aminosäuren	110	451
		557 kcal

* Maximaler täglicher Energieumsatz beträgt 12.000 bis 14.000 kcal

Die Glykogendepots Ausdauertrainierter ermöglichen intensive Belastungen bis zu 90 min Dauer. Ist die Belastungsintensität größer als die Möglichkeit des Energiegewinns aus dem aeroben Glykogenabbau, dann wird zusätzlich Glykogen anaerob abgebaut und es entsteht Laktat. Steht ausreichend Sauerstoff zur Verfügung, dann wird das Pyruvat über den Multienzymkomplex Pyruvatdehydrogenase (PDH) in die aktivierte Essigsäure (Acetyl-CoA) durch Decarboxilierung umgewandelt. Die Bildung von Acetyl-CoA durch PDH ist ein nicht mehr umkehrbarer Stoffwechselschritt. Das Acetyl-CoA wird in den Zitratzyklus über das Oxalacetat eingeschleust. Für den Zitratzyklus gibt es verschiedene Bezeichnungen (Zitronensäurezyklus, Zitratzyklus, Krebszyklus oder Tricarbonsäurezyklus). Das Acetyl-CoA entsteht nicht nur bei der aeroben Energiewandlung aus Glukose, sondern auch aus der Beta-Oxidation der Fettsäuren und beim Aminosäurenabbau (s. Abb. 1/10.3.2). Die Menge an gebildetem Acetyl-CoA entscheidet, wann die Umschaltung der Kohlenhydratoxidation auf einen höheren Anteil Fettsäurenoxidation stattfindet. Beide Stoffwechselwege beeinflussen sich ständig. Fällt beim Fettsäurenabbau reichliche Acetyl-CoA an, dann wird der Glykogenabbau über Pyruvat gedrosselt. Das Pyruvat kann dann nur über einen Ersatzweg in den Zitratzyklus gelangen, indem es direkt zu Oxalacetat umgewandelt wird. Diese Oxalacetatbildung aus dem Glykogenabbau erhöht wiederum die Aufnahmekapazität des Zitratzylus für das aus dem Fettsäurenabbau stammende Acetyl-CoA. Damit ist die gegenseitige Beeinflussung von Glukose- und Fettsäurenabbau vorgegeben.

Auch bei niedriger Belastungsintensität, (< 60 % der VO_2max), bei der überwiegend die freien Fettsäuren (FFS) abgebaut werden, muss der Kohlenhydratstoffwechsel intakt sein. Ohne einen stabilen Kohlenhydratstoffwechsel sind keine Langzeitbelastungen möglich.

Die Anpassung des aeroben Energiestoffwechsels an das Training verläuft langsamer als die des anaeroben Stoffwechsels. Die Zunahme der Aktivität der Enzyme des aeroben Energiestoffwechsels benötigt mehrere Wochen. Zu den entscheidenden Enzymen des aeroben Energiestoffwechsels gehören die Citratsynthase, Alpha-Ketoglutaratdehydrogenase, Succinatdehydrogenase, Malatdehydrogenase u. a. Das durch Training veränderte Aktivitätsniveau dieser muskulären Enzyme begrenzt den maximalen aeroben Energiestoffwechsel.

Glykogenspeicher

Die Glykogenspeicher können sowohl durch Ausdauertraining als auch durch bestimmte Diäten in Muskulatur und Leber vergrößert werden. Die Angaben zur Größe der Glykogenspeicher schwanken, weil deren Füllungszustand von der Ernährung und von der Trainingsbelastung abhängt. Das **Glykogen** kommt in zwei Fraktionen vor, dem *Pro- und Makroglykogen* (Adamo & Graham, 1998). Bei Kohlenhydrataufnahme wird das Proglykogen zuerst und das Makroglykogen erst nach 2-3 Tagen Erholung aufgefüllt (Adamo et al., 1998). Die Regeneration der Glykogenspeicher erfolgt schneller, wenn neben den Kohlenhydraten gleichzeitig Proteine aufgenommen werden (Burke et al., 2004). Der Abbau des Glykogens erfolgt nur in der beanspruchten Muskulatur. Nach Wettkampfbelastungen sinkt der Glykogenspiegel schneller ab als nach Trainingsbelastungen bei 70 % der VO_2max (Abb. 3/10.3.2).

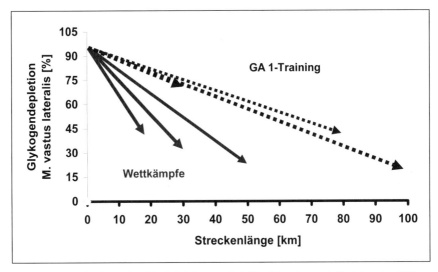

Abb. 3/10.3.2: Abnahme des Muskelglykogens bei Wettkämpfen und Training im Skilanglauf. Die Mittelwerte der Glykogenspiegel sind jeweils durch 5-8 Skilangläufer der Nationalmannschaft der DDR belegt. (Daten von Neumann; FKS intern 1978, unveröffentlicht)

Die Blutglukose darf bei Ausdauerbelastungen einen Wert von etwa 3,5 mmol/l (60 mg/dl) nicht unterschreiten, damit es nicht zum Nachlassen des motorischen Bewegungsantriebes durch das Großhirn kommt. Bei Glykogenmangel erfolgt eine begrenzte Glukoseneubildung aus Aminosäuren und Glyzerin in der Leber. Die Glukoneogenese wird hormonell durch Cortisol, Glukagon und Wachstumshormon sowie metabolisch durch die verstärkte Bildung von Ketonkörpern stimuliert.

In Ruhe und bei betonter Kohlenhydratdiät kann der Glykogenspeicher der Sportler auf 3 g/kg FG ansteigen. Damit erreicht der Ausdauersportler eine Auffüllung seiner Glykogenspeicher auf 500-600 g. Dieses als *Glykogensuperkompensation* bezeichnete Phänomen ist nur bei Trainierten erreichbar, nicht jedoch bei Untrainierten (Blom et al., 1987). Bei Untrainierten fehlt die enzymatische Voraussetzung zur verstärkten Glykogenbildung. Von der Auffüllung der Glykogenspeicher (Carboloading) profitieren die Athleten bei Ausdauerbelastungen bis zu 12 h Dauer. Alle längeren Belastungen erfordern eine zusätzliche Auffüllung der intramuskulären Fettspeicher (Triglyzeride) durch Fettloading (Knechtle & Müller, 2002).

Die Leber speichert bei Untrainierten etwa 80 g Glykogen und bei Leistungssportlern etwa 120 g.

Zusammenfassung:

Der Abbau der Glukose bzw. deren Speicherform Glykogen kann über den anaeroben und aeroben Stoffwechselweg erfolgen. Entscheidend dafür sind die gewählte Belastungsintensität und der Trainingszustand. Der anaerobe Abbau des Muskelglykogens liefert in der Zeiteinheit mehr Energie als der aerobe. Das Muskelglykogen ist durch den anaeroben Abbau schneller erschöpft. Die Glykogenvorräte nehmen durch Ausdauertraining in Muskulatur und Leber zu. Durch Kohlenhydratdiät ist eine Glykogensuperkompensation bei Sportlern erreichbar, nicht jedoch bei Untrainierten.

Die Glykogendepots von Muskulatur und Leber erlauben Wettkampfleistungen in der aerob-anaeroben Stoffwechsellage von etwa 90 min Dauer ohne Nahrungsaufnahme. Mit der Kohlenhydrataufnahme während Belastung wird ein Abfall der Blutglukosekonzentration verhindert.

10.3.3 Fettsäuren

Bei Belastungen mit Intensitäten unter 60 % der VO_2max und langer Dauer sind die **freien Fettsäuren** (FFS) die dominanten Energielieferanten (Abb. 1/10.3.3).

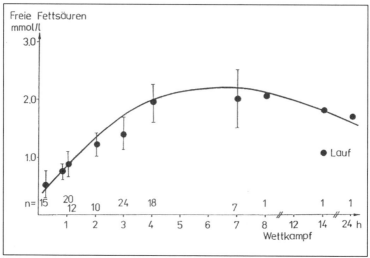

Abb. 1/10.3.3   Konzentration der freien Fettsäuren (FFS) nach Wettkampfbelastungen im Lauf von 10 min bis 24 Stunden (nach Neumann & Schüler, 1994, S. 100)

Die Resynthese des bei der Muskelkontraktion abgebauten ATP zu ADP erfolgt über den Fettstoffwechsel am langsamsten (s. Abb. 1/10.3.1). Im Gesamtenergiegewinn ist der *Fettstoffwechsel* den anderen Stoffwechselwegen überlegen. Die Fettspeicher im Unterhautfettgewebe, Körperorganen und intramuskulär sind so groß, dass sie im Training nicht erschöpft werden. Die Konzentration der FFS steigt bei mehrstündigen Ausdauerwettkampfbelastungen an (s. Abb.1/10.3.3).

Ein optimales Fettstoffwechseltraining beginnt bei Belastungen von über zwei Stunden Dauer mit einer Belastungsintensität unter 60-70 % der VO_2max oder bei Nüchterntraining (Hottenrott & Sommer, 2001). Das Fettstoffwechseltraining erhöht die Aktivität der Enzyme Lipoproteinlipase und Beta-Hydroxyacyl-CoA-Dehydrogenase (HAD) (Kiens, 2006). Beim Ausdauertraining kommt es zur Einlagerung der **Triglyzeride** (Neutralfette) unmittelbar neben die Mitochondrien in der Muskulatur (Hoppeler et al., 1973).

Solange Trainingsbelastungen energetisch durch den Glykogenabbau zu sichern sind, findet kein adäquates Fettstoffwechseltraining statt. Die Einschleusung von langkettigen Fettsäuren in den Mitochondrialraum ist nur über das L-Carnitin möglich. Die gesundheitsfördernde Wirkung des erhöhten Fettsäurenumsatzes durch Training besteht darin, dass die zirkulierenden Fett-Protein-Komplexverbindungen (Lipoproteine) im Blut in ihrer Zusammensetzung verändert werden. Die **Lipoproteine** niedriger Dichte (LDL- und VLDL-Cholesterol) und die Triglyzeride nehmen ab und die Lipoproteine hoher Dichte (HDL-Cholesterol) steigen an. Das HDL-Cholesterol zählt zu den gefäßschützenden Lipoproteinen. Die HDL-Konzentration ist von Höhe der wöchentlichen Trainingsbelastung abhängig. Sie steigt an, wenn das Lauftraining über 20 km/Woche beträgt (Kokinos et al., 1995; Lakka & Salonen, 1992). Mit der Zunahme des aeroben Fitnessniveaus sinkt das Risiko an einer koronaren Herzerkrankung zu versterben (Wilson et al., 1988).

Ketonkörper

Die **Ketonkörper** *Betahydroxibutyrat* (BHB), *Acetacetat* und *Aceton* entstehen bei der Betaoxidation von FFS in der Leber, unter der Bedingung des Kohlenhydratmangels. Die Ketonkörper sind für das Gehirn und die Nervenzellen ein verwertbares Substrat. Im Energie-Mangelzustand kann das Betahydroxibutyrat etwa 5-7 % des Energiebedarfs absichern. Zu einem Anstieg der Ketonkörper kommt es auch bei restriktiver Kohlenhydrataufnahme im Rahmen einer Protein-Fettdiät zum Erreichen einer Glykogensuperkompensation.

Einfluss intensiver Belastungen auf die freien Fettsäuren
Der Fettstoffwechsel wird bei Übersäuerung des Muskels unterdrückt. Wenn die Laktatkonzentration auf 7 mmol/l und darüber ansteigt, wird der Umsatz der FFS deutlich gehemmt. Die energetische Sicherung der Leistung erfolgt dann nur über den Glykogenabbau (Abb. 2/10.3.3).

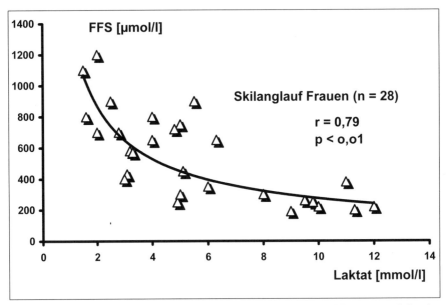

Abb. 2/10.3.3: Bei Trainings- und Wettkampfbelastungen mit 7 mmol/l Laktat und darüber sind keine höheren Anstiege der Fettsäuren im Blut nachweisbar (Daten nach Neumann & Schüler, 1994)

Die Unterdrückung des Fettstoffwechsels durch Laktat ist eine reale Einflussgröße im Energiestoffwechsel. Alle intensiven Trainingsformen mit erhöhter Laktatbildung unterdrücken den Fettstoffwechsel und steigern den Kohlenhydratumsatz.

Zusammenfassung:

Für längere Ausdauerbelastungen sind die freien Fettsäuren (FFS) das hauptsächliche Substrat zur Energiegewinnung. Das Ausdauertraining erhöht die Anteile von FFS am Energieumsatz und vermindert die Fettvorräte im Körper. Der Umsatz von FFS ist nur durch aerobe Dauerbelastungen zu erhöhen. Durch Ausdauertraining kommt es zur Zunahme der intramuskulären Triglyzeridspeicher (Neutralfette). Damit sind die Triglyzeride, neben dem Muskelglykogen, die entscheidende Energiereserve für die Mitochondrienfunktion bei Langzeitbelastungen.

Bei Kohlenhydratmangel während Langzeitbelastungen läuft die Beta-Oxidation der FFS unvollständig ab und es entstehen in der Leber verstärkt Ketonkörper (Betahydroxibutyrat). Die Ketonkörper sind für das Gehirn und die Nervenzellen ein „Ersatzkohlenhydrat". Die Muskulatur kann nur in geringen Mengen die Ketonkörper verwerten. Eine belastungsbedingte Laktatkonzentration über 7 mmol/l im Blut unterdrückt den Umsatz der FFS. Durch zu intensive und kurzzeitige Trainingsbelastungen kann der Fettstoffwechsel nicht gesteigert werden.

10.3.4 Proteine

Der Organismus hat eine kleine unmittelbar verfügbare Reserve an Proteinen, die in Form von etwa 110 g **freien Aminosäuren** zur Verfügung stehen. Der Hauptteil der Proteine ist fest in Strukturen eingebaut und hat eine Masse von etwa 5-6 kg. Unter moderaten Belastungsbedingungen werden die Proteine nicht abgebaut.

Bei Langzeitbelastungen können zwischen 3,8-9,6 g Aminosäuren pro Belastungsstunde oxidiert werden (Poortmans, 1988). Bis zu 10 % des Energiegewinns kann aus Proteinen erfolgen (Poortmans, 1988).

Nach Marathonläufen wurden Verminderungen des Aminosäurenpools von 30 g und nach 100-km-Läufen von 90 g errechnet (Neumann & Steinbach, 1990). Insbesondere werden bei mehrstündigen Belastungen Alanin und die verzweigtkettigen Aminosäuren (Valin, Leuzin, Isoleuzin) als Stickstofflieferanten (NH_2) zur Glukoseneubildung herangezogen. In welchem Ausmaß die strukturell eingebauten Proteine im Notfall metabolisiert werden, ist noch unklar.

Weil die Aminosäurenbestimmung bevorzugt zur Klärung wissenschaftlicher Fragestellungen erfolgt, wird unter praktischen Gesichtspunkten die Enzymaktivität der *Creatinkinase* (CK) und das Abbauprodukt der Proteine, der *Serumharnstoff*, zur indirekten Diagnostik von Störungen im Struktur- und Proteinstoffwechsel herangezogen.

Creatinkinase

Alle extremen Ausdauerbelastungen führen zu Mitochondrien- und/oder Muskelfaserstruktur-Zerstörungen; dadurch dauert die Regeneration mehrere Tage bis Wochen. Der Anstieg des zellständigen Enzyms **Creatinkinase** (CK) im Blut ist immer ein Anzeichen für die muskuläre Strukturzerstörung.

Unabhängig von zerstörten Muskelstrukturen steigt die CK im Leistungstraining auch bei energetisch bedingter Muskelüberforderung an. Die im normalerweise im Zellinneren gelagerte CK durchwandert die zerstörte oder energetisch instabile Zellmembran und gelangt über die Zellzwischenräume und Lymphbahnen zeitlich verzögert in das venöse Blut. (Abb. 1/10.3.4).

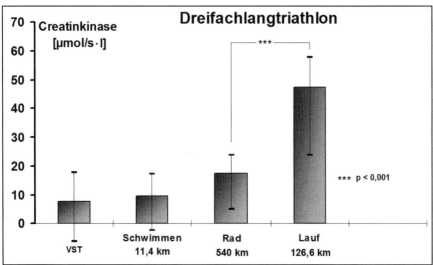

Abb. 1/10.3.4:   *Durchschnittlicher Anstieg der Creatinkinaseaktivität während eines Dreifachlangtriathlons, mit einer durchschnittlichen Belastungszeit der 9 Athleten von 49 h (Daten nach Neumann, Pfützner & Hottenrott, 2004)*

Die verzögerte Regeneration nach mehrstündigen Belastungen äußert sich oft in der noch verminderten muskulären Kraft- und Kraftausdauer. Mit der Aufhebung der Proteinsynthesehemmung nach etwa sechs Stunden in der Erholung setzt die Muskelregeneration verstärkt ein.

Serumharnstoff

Der erhöhte Proteinumsatz und Proteinabbau während und nach Langzeitbelastungen führt zum Ansteigen der Harnstoffkonzentration im Blut. Die Harnstoffbildung ist ein Anzeichen für die gesteigerte Entgiftung des durch die Belastung angehäuften Proteinstickstoffs (NH_2). Der Harnstoff wird über die Nieren ausgeschieden. Mit zunehmender Belastungsdauer steigt der Proteinabbau und damit die Serumharnstoffkonzentration an (Abb. 2/10.3.4).

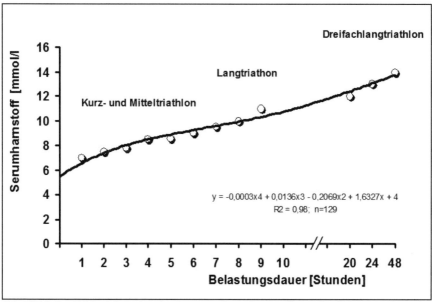

Abb. 2/10.3.4: Abhängigkeit des Anstiegs von Serumharnstoff von der Belastungsdauer im Triathlon (nach Neumann, Pfützner & Hottenrott, 2004)

Aus der Höhe der Serumharnstoffkonzentration kann das Ausmaß des Proteinab- und -umbaus abgeschätzt werden. Mit zunehmender Ausdauerleistungsfähigkeit vermindert sich der Proteinabbau während der Belastung. Die Abnahme des Proteinkatabolismus ist die Folge einer stabileren Energieversorgung und besonders des höheren Fettsäurenumsatzes während der Belastung. Der erhöhte Fettsäurenumsatz schont den Glykogenabbau und damit auch die Einbeziehung von Aminosäuren zur

Energiegewinnung. Durch die ständige Trainingsbelastung kommt es zu einem höheren Verschleiß von Proteinen bzw. Aminosäuren. Um die abgebauten Proteine zu ersetzen, muss die tägliche Proteinaufnahme im Leistungstraining höher sein als normal. Die optimale Proteinaufnahme bei Ausdauerathleten wird bei 1,4 bis 1,8 g/kg Körpergewicht gesehen (Tarnopolsky, 1999). Muskelwachstum und Muskelkraft sind nur durch eine ausgeglichene sportartspezifische Proteinbilanz zu sichern. Hohe Trainingsumfänge von 20-35 Stunden/Woche, Extremanforderungen bei Radrundfahrten oder anderen Etappenleistungen, engen die Regenerationszeiten für zerstörte Muskelstrukturen auf molekularer Ebene stark ein. Der nach intensiven Langzeitbelastungen ausgelöste höhere Proteinumbau ist am nachschwingenden mehrtägigen Anstieg des Serumharnstoffs zu erkennen (Abb. 3/10.3.4).

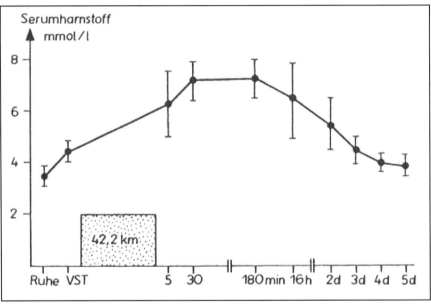

Abb. 3/10.3.4:   Veränderung der Serumharnstoffkonzentration nach einem Marathonlauf. Mittelwerte von 41 Läufern bei durchschnittlich 195 min Laufzeit (Daten nach Neumann & Schüler, 1994, S. 109)

Zusammenfassung:
In der Muskulatur eines ausdauertrainierten Sportlers sind etwa 5-6 kg Proteine strukturell eingebaut. Der trainingsbedingte muskuläre Strukturverschleiß führt zu einem höheren Proteinbedarf im Leistungssport. Er erhöht sich bei Ausdauersportlern auf über 1,5 g/kg Körpermasse. Mit dieser Menge werden die trainingsbedingten Altproteine ersetzt und ein Zuwachs an Muskelmasse erreicht. Im energetischen Notfall, besonders bei Langzeitausdauerbelastungen, werden einige Aminosäuren direkt zur Energiebildung (Glukoneogenese) herangezogen. Das betrifft die verzweigtkettigen Aminosäuren, Alanin und Glutamin. Der erhöhte Proteinumsatz und Proteinabbau (Katabolismus) führt zu einer Erhöhung der Serumharnstoffkonzentration. Damit eignet sich der Serumharnstoff zur Beurteilung von Belastungskatabolismus und Belastungsvertäglichkeit. Mehrtägig anhaltende Serumharnstoffkonzentrationen über 10 mmol/l sollten im Leistungstraining zur Belastungsverminderung oder Trainingspause veranlassen. Wird die Belastungsreduzierung unterlassen, dann verzögert sich die Anpassung.

10.4 Hormonsystem

Neben dem Nervensystem ist das Hormonsystem ein wichtiges Kommunikationssystem im Organismus, dessen Botenstoffe hauptsächlich über die Blutbahn an die Zellen gelangen. Die Hormone werden in Zellen bestimmter Organe gebildet und freigesetzt (z. B. Schilddrüse, Nebennierenrinde, Hoden, Eierstöcke). Von den Nervenzellen des Nebennierenmarks werden bei Stress die Katecholamine (Adrenalin, Nordrenalin und Dopamin) freigesetzt. Entsprechend der chemischen Struktur der Hormone werden drei Hormongruppen unterschieden:
Peptidhormone (z. B. Wachstumshormone, Insulin) und **Glykoproteinhormone** (z. B. Erythropoetin),
Steroidhormone (z. B. Testosteron, Cortisol) sowie
Tyrosinderivate (z. B. Adrenalin, Noradrenalin, Tyrosin)
Im Sport werden bevorzugt die Hormone gemessen, welche in Beziehung zum Energiestoffwechsel stehen. Bei körperlicher Belastung sind die **Katecholamine** (Adrenalin, Nordrenalin) die Starterhormone. Ihr Konzentrationsanstieg ist von der Belastungsintensität abhängig (Abb. 1/10.4).

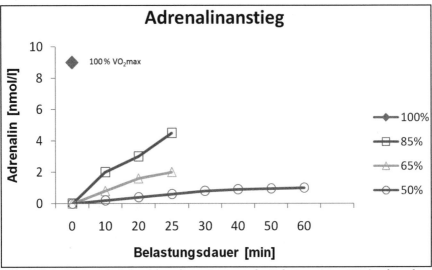

Abb. 1/10.4: Abhängigkeit des Adrenalinanstiegs von der Belastungsintensität (mod. nach Daten von Kjaehr, 1989)

Die Freisetzung von Katecholaminen erfolgt durch die Aktivierung des sympathischen Nervensystems, Acetylcholin, Insulin u. a. Substanzen. Während das Noradrenalin die Alpha-Rezeptoren an den Zellen stimuliert, wirkt das Adrenalin an Alpha- und Beta-Rezeptoren. Neben den körperlichen bzw. sportlichen Belastungen können auch psychische Belastungen oder beides zu einer Erhöhung der Katecholamine führen. Jede Unterzuckerung ist für den Organismus ein Stress und führt zum Adrenalinanstieg. Bereits intensive Ergometerbelastungen im Labor mit Laktatbildung steigern die Katecholaminsekretion (Urhausen et al., 1987). Als „Starterhormone" bewirken die Katecholamine im Stoffwechsel eine Glykogenolyse, Lipolyse und Proteolyse; das bedeutet, dass alle wichtigen Substrate für die Fortführung der Belastung bereitgestellt werden. Da die Wirkung von Katecholaminen zeitlich begrenzt ist, übernimmt das **Cortisol**, als Hormon der Nebennierenrinde, die weitere Aktivierung der Stoffwechselwege zur Sicherung der Energieversorgung. Der Anstieg des Cortisols ist Indikator für den Anstrengungsstress des Sportlers. Am Beispiel des Marathonlaufs wird deutlich, dass Sportler mit niedriger maximaler Sauerstoffaufnahme einem größeren Stress beim Marathonlauf ausgesetzt sind als die besser Trainierten mit höherer maximaler Sauerstoffaufnahme (Neumann, 1991).

Neben den bereits aufgeführten Wirkungen von Cortisol hat dieses eine weitere bedeutende Eigenschaft, die darin besteht, das **Immunsystem** in seiner Funktion bei Stresssituationen zu drosseln. Das bedeutet, je höher die Intensität oder je länger die Dauer einer Belastung ist, desto stärker macht sich das im Immunsystem negativ bemerkbar (s. Kap. 10.5). Bei intensiven Kurzzeitbelastungen von 1-5 min Dauer kann das Cortisol Konzentrationen im Blut von 800-1.000 mmol/l erreichen. Das bedeutet höchste psychophysische Stressregulation. Bei längeren Belastungen und zunehmender Ermüdung bzw. Anstrengung steigt die Cortisolkonzentration an (Abb. 2/10.4).

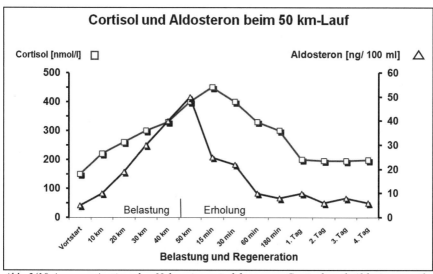

Abb. 2/10.4:   *Anstieg der Nebennierenrindehormone Cortisol und Aldosteron während einer gleichbleibenden Laufbandbelastung von 14 km/h (3,9 m/s). Mit zunehmender Streckenlänge nimmt die Stressregulation zu. Das Aldosteron sichert den Mineralhaushalt, vor allem von Natrium- und Kalium (Daten nach Neumann & Schüler, 1994, S. 120)*

Das **Insulin** ist das wirksamste anabole Hormon, welches in den B-Zellen der Bauchspeicheldrüse gebildet wird. Durch Insulin wird die Glykogenspeicherung in Muskel und Leber sowie die Einlagerung der Triglyzeride in das Fettgewebe gefördert. Bei Glukoseaufnahme wird die Insulinsekretion gesteigert und der Blutzuckerspiegel auf das erforderliche Niveau einreguliert. Die maximale Insulinsekretion ist nach 30-45 min erreicht. Adrenalin und Noradrenalin hemmen die

Insulinfreisetzung, was dazu führt, dass bei Stress der Glukosespiegel im Blut ansteigt.

Ausdauerbelastungen führen zur Abnahme der Insulinsekretion nach etwa 20 min. Nach 90 min Belastung beträgt die Insulinkonzentration nur noch 50 % des Ausgangswertes. Durch den Abfall des Insulins ist eine höhere Verbrennung von freien Fettsäuren möglich.

10.5 Immunsystem

Das durch Training zu erreichende Anpassungsniveau steht mit dem Gesundheitszustand in einem engen Zusammenhang. Zu dem die Gesundheit maßgeblich beeinflussenden zentralen Funktionssystemen gehört das **Immunsystem**; es steht im Spannungsfeld zwischen dem aeroben Grundlagentraining, dem aerob-anaeroben Training, den Wettkämpfen und den Summationsbelastungen im Training (Abb. 1/10.5).

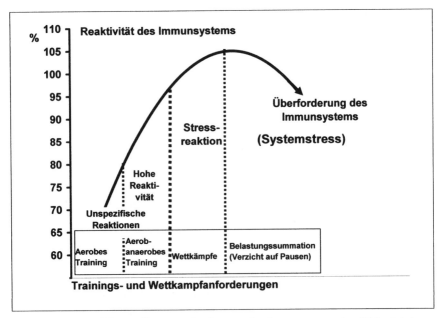

Abb. 1/10.5: *Modellvorstellung zur Reaktivität des Immunsystems in Abhängigkeit von Trainings- und Wettkampfbelastungen (mod. nach Neumann, 1991).*

Beim Grundlagentraining (GA) wird die größte immunologische Toleranz erreicht, die wenigsten Athleten erkranken. Die ansteigende Belastungsintensität hat einen größeren Einfluss auf die Mitreaktion der immunologischen Antwort. Um den Organismus auch im aeroben Belastungsmaß nicht zu überfordern, muss die Zunahme der Gesamtbelastung allmählich erfolgen. Unvorbereitete und sprunghafte Belastungserhöhungen werden selten immunologisch toleriert.

Die Mitreaktion des Immunsystems besteht in einem immunspezifischen und unspezifischen Anteil. Nach Untersuchungen von Nieman (1994) kann der Einfluss des Trainings auf das Gesundheitsrisiko in Form einer **J-Kurve** dargestellt werden. Das bedeutet, dass ein moderates Training einen günstigsten Einfluss auf die Immunreaktion hat, im Gegensatz zu hochintensiven Belastungen, nach denen das Erkrankungsrisiko (z. B. Infekt) deutlich ansteigt. Destabilisierend für die immunologische Abwehrbereitschaft sind hohe Anteile von GA 2-Belastungen. Demzufolge hat ein Wettkampf den größten negativen Einfluss auf die körpereigene Abwehrfähigkeit, weil hier Stress und höchste Intensität zusammenfallen.

Die bisher bekannten Messgrößen des Immunsystems ermöglichen noch keine quantifizierten Aussagen zum Gesundheitszustand und zur Höhe der sportlichen Belastbarkeit. Das immunologische Geschehen ist sehr komplex. Die nach einer hohen sportlichen Anstrengung zu beobachtende Abwehrschwäche ist nicht gleichbedeutend mit einer Erkrankung. Nach einer hohen psychophysischen Belastung besteht für etwa 3-72 Stunden ein sogenanntes offenes Fenster (*„Open-window-Phänomen"*). Dieses längere Zeitmaß entspricht praktischen Erfahrungen, dass nach einem Störreiz auf die Immunabwehr diese oft erst am dritten Tag nach dem Ereignis zum Vorschein kommt. Dazwischen befindet sich ein instabiler Zustand, indem es um Erkrankung oder Nichterkrankung geht. In diesem instabilen Zustand des Immunsystems besteht eine erhöhte Anfälligkeit der betroffenen Person gegenüber eindringenden Erregern (Pedersen et al., 1989; 1999).

Die Erkrankungen bei Sportlern sind meist auf die oberen Atemwege oder individuell bekannten Schwachstellen begrenzt. Die Spitzen der Infekthäufigkeit sind im Frühjahr und Winter und betreffen bis zu 19 % der Leistungssportler (Weiß, 1994). Wenn der Jahresdurchschnitt der Infektionen der oberen Luftwege etwa 5 % beträgt, dann wird geschätzt, dass die Leistungssportler, die witterungsunabhängig trainieren, eine Verdoppelung der Infektrate gegenüber Untrainierten aufweisen. Die Schwierigkeit der objektiven Erfassung des immunologischen Zustandes von Athleten besteht darin, dass die im Blut bestimmbaren Zellzahlen (Lymphozyten-

und Leukozyten-Subpopulationen), Plasmaproteinkonzentrationen, Mediator-substanzen (Interleukine), Antikörper (Immunglobuline) u. a. nur einen „Schnapp-schuss" darstellen und dass sich schnell ändernde funktionelle immunologische Ereignisse nicht ausreichend repräsentieren.

Regelmäßige Belastungsverminderungen und Transformationsphasen im Leis-tungstraining haben bezüglich der Stärkung der natürlichen immunologischen Abwehr eine große Bedeutung.

Das Immunsystem „bekämpft" die Produkte des Zellzerfalls und Zellabbaus mit denselben Mitteln wie eingedrungene Fremdstoffe (Dufaux, 1989), so auch den bekannten Muskelkater. Alle freigesetzten *Protein-Bruchstücke* bei muskulärer Überlastung rufen eine *aseptische Entzündung* hervor und müssen vom Immunsys-tem als eigen („Selbst") oder fremd („Nichtselbst") identifiziert und neutralisiert werden. Damit befindet sich das Immunsystem der Sportler in einem ständigen „Training" beim Abbau muskulärer Zerfallsprodukte. Die für Aufräumarbeiten eingesetzte immunologische Kapazität steht für die Abwehr insgesamt nicht zur Verfügung. Sehr starke Abwehrleistungen von „Muskeltrümmern" bedingen, dass das biologische Abwehrpotenzial gegenüber eindringenden Keimen geschwächt ist. Die Muskelfunktion wird besonders durch exzentrische Belastungen (Bergab-lauf) gestört.

Zusammenfassung:

Das Immunsystem ist eng mit dem Zentralnervensystem verknüpft und kann deshalb mit diesem gemeinsam die Stresseinwirkungen abwehren. Hoher sport-licher Belastungs-Stress vermindert für ein bis drei Tage das immunologische Abwehrpotenzial. Daher gewinnen Vorsorgemaßnahmen durch geplante Rege-neration an Bedeutung. Zur Erhaltung der funktionellen Leistungsfähigkeit des Immunsystems ist die regelmäßige Entlastung im Leistungstraining notwendig. Die Belastungsintensität hat gegenüber der Belastungsdauer einen größeren Einfluss auf die Aktivierung von Teilen des Immunsystems. Individuelle Be-lastbarkeitsgrenzen können noch nicht sicher mit den Messgrößen des Immun-systems erfasst werden.

Bahnen sich im Leistungstraining Infekte an, dann ist die Belastungsverminde-rung oder Trainingspause nach wie vor die wirksamste Maßnahme. Trainings-entlastung fördert die eigene immunologische Abwehrleistung.

10.6 Muskulatur

Die Muskulatur muss zum Erhalt ihrer Funktion ständig belastet werden, da ihr Nichtgebrauch zum **Muskelschwund** (Muskelatrophie) mit Kraftverlust führt. Die Muskelatrophie ist bei verletzungsbedingter Ruhigstellung, längerer Bettruhe, Schwerelosigkeit bei Kosmonauten und beim Bewegungsmangel bekannt. Belastungspausen von 10 Tagen sind im Leistungstraining die äußerste Grenze zum Erhalt der normalen muskulären Funktionsfähigkeit.

Die Trainingswirkung wird vordergründig am Zustand der Muskulatur beurteilt bzw. gemessen. Die Anpassungen vollziehen sich sowohl in den zentralnerval gesteuerten motorisch-koordinativen Funktionen als auch im Energiepotenzial des Muskels. Die Beurteilung von Veränderungen der Muskulatur durch Training wurde mit der Einführung der Nadelbiopsie der Muskulatur durch Bergström (1962) möglich.

Muskelfaserverteilung

Die Muskelfasern können über histochemische Färbemethoden in schnell und langsam kontrahierende eingeteilt werden. Die schnell kontrahierenden Muskelfasern (fast twitch fibres) werden als FTF und die langsam kontrahierenden Muskelfasern (slow twitch fibres) als STF bezeichnet. Die Muskelfaserverteilung ist individuell festgelegt, d. h. vererbt. Für Vergleiche der Muskelfaserverteilung zwischen den Sportarten wird der seitliche Oberschenkelmuskel bevorzugt.

Die Mehrzahl der Untrainierten weist ein ausgeglichenes Verhältnis von STF und FTF auf. Die Muskelfaseranlage ist mit vorbestimmend, in welcher Sportart der Jugendliche später erfolgreich sein wird. Generell haben Sprinter hohe Anteile an FTF und Ausdauersportler hohe Anteile an STF. Ausdauersportler haben durchschnittlich 65-85 % STF und Sprinter sowie Schnellkraftsportler 60-70 % FTF (Costill et al., 1976). Das Vorhandensein von hohen Anteilen an FTF prädestiniert die Sportler für die Fähigkeit Schnelligkeit in der jeweiligen Sportart. Zur Nutzung hoher FT-Muskelfaseranlagen gehört immer ein gezieltes sportartspezifisches Schnelligkeitstraining.

Muskelfaserfläche

Durch Kraft- und Kraftausdauertraining, kann die Muskelfaser hypertrophieren. Bleibt der Widerstandsreiz aus und wird nur die Ausdauerfähigkeit trainiert, dann verkleinert sich das Faservolumen wieder. Für die Ausdauersportarten ist die Entwicklung der aeroben Kraftausdauer, d. h. ein Ausdauertraining mit veränderten Widerständen die entscheidende Leistungsreserve, da hiermit die sportartspezifische Vortriebsleistung gesteigert wird.

Die Sportler erreichen durch das Kraftausdauertraining gegenüber Untrainierten eine größere Muskelfaserfläche. Die geringere Muskelfaserfläche der Frau bedingt ihre um etwa 20 % niedrigere Kraftfähigkeit gegenüber dem Mann.

Das Volumen der FTF-Fasern ist meist größer als das der STF. Durch das Krafttraining nehmen bevorzugt die FTF und durch das Ausdauertraining bevorzugt die STF zu. Die Hypertophie der Muskelfasern beruht auf der Zunahme der Menge der Kontraktionsproteine (Aktin, Myosin, Troponin). Lässt der Trainings-Widerstandsreiz auf den Muskel nach, dann bildet sich die Faserhypertrophie und damit die Kraftfähigkeit rasch wieder zurück. Die Abnahme von Faserflächen bedeutet Kraftverlust.

Muskelfaserkapillarisierung

Durch ein Ausdauer- aber auch Krafttraining nimmt die muskuläre Durchblutung zu, weil die Kapillarzahl um die Muskelfasern ansteigt. Durchschnittlich werden die FTF von vier und die STF von drei Kapillaren versorgt. Das Ausdauertraining führt zur Zunahme des Kapillarisierungsgrades um 40 %. Unter den physiologischen Bedingungen des Ausdauertrainings werden wahrscheinlich die Reserve-Kapillaren eröffnet und keine Kapillaren neu gebildet. Der auslösende Reiz für die bessere Durchblutung des Muskels ist der belastungsbedingte Energiemangel.

Enzymaktivitäten in Muskelfasern

Durch das Training ändern sich die Stoffwechseleigenschaften in den Muskelfasern. Voraussetzung dafür ist, dass sich **Enzyme** dieser Stoffwechselwege an die entsprechenden Trainingsreize adaptieren. Beispielsweise führt das intensitätsbetonte Bahnradtraining zu anderen Enzymveränderungen auf muskelzellulärer Ebene als das ausdauerbetonte Straßenradsporttraining (Tab. 1/10.6.).

Muskulatur 231

Tab. 1/ 10.6: Enzymaktivitäten im Radsport (nach Neumann, Pfützner & Berbalk, 2005)

Enzyme [μmol/kg FG]	Straßenradsportler n = 19 x	± s	Bahnradsportler n = 12 x	± s	Signifikanz p <
Glykogensynthetase	127	23	68	35	0,002
Phosphoglyceratkinase x 1.000	2,90	0,80	4,27	1,0	0,001
Pyruvatkinase x 1.000	1,72	0,36	2,88	0,8	0,001
Laktatdehydrogenase	3,82	1,20	6,50	1,9	0,001
Citratsynthase	717	189	488	1,69	0,005

Aus der Tab.1/10.6 ist ersichtlich, dass bei den Straßenradsportlern die Enzyme des aeroben Stoffwechsels (Citratsynthase) und bei den Bahnradsportlern die Enzyme des anaeroben Stoffwechsels (Phosphoglyceratkinase, Laktatdehydrogenase) deutlich erhöht sind. Die Laktatbildung kann nur zunehmen, wenn das glykolytische Enzym Phosphoglyceratkinase (PGK) ansteigt. Durch Ausdauertraining nimmt die Aktivität der PGK ab und damit auch die Laktatbildung. Der Ausgleich kommt durch die Zunahme des aeroben Energiestoffwechsels, z. B. kenntlich am Anstieg der Citratsynthase (CS). Die Zunahme maximaler Sauerstoffaufnahme kann nur erfolgen, wenn die Enzyme des aeroben Stoffwechsels (CS, Sukzinatdehydrogenase u. a.) in ihrer Aktivität ansteigen.

Energievorräte

Durch Ausdauertraining kann sich der **Glykogenspeicher** nahezu verdoppeln. In Ruhe beträgt der Glykogengehalt des Muskels 1,5-2,0 g/100 g Muskelfeuchtgewicht (FG). Das entspricht bei 10 kg belastungsbedingt eingesetzter Muskelmasse 150-200 g. Das Glykogen nimmt nur in den Muskelgruppen zu, die sportartspezifisch trainiert wurden.

Eine *Glykogensuperkompensation* ist nur bei hoher Kohlenhydrataufnahme und trainingsbedingter Aktivitätszunahme der Glykogensynthetase möglich (s. Kap. 10.3).

Neben Creatinphosphat und Glykogen ist der **intramuskuläre Triglyzeridspeicher** (TG) ein bedeutender Energielieferant. Die höchsten muskulären Triglyzeridspeicher weisen Extermausdauersportler auf.

Ultrastruktur

Die eigentlichen energiebildenden Strukturen sind in der Muskulatur die **Mitochondrien**. Das Ausdauertraining führt zur Zunahme von Volumen und Dichte der Mitochondrien sowie zur Oberflächenzunahme der inneren Mitochondrienmembran. Die Zunahme des Mitochondrienvolumens steht in einem engen Zusammenhang mit der maximalen Sauerstoffaufnahme (Hoppeler et al., 1973). Die innere Oberfläche der Mitochondrienmembran erhöht sich von 1,88 m^2 bei Untrainierten auf 2,77 m^2 bei Ultralangstreckenläufern (Howald, 1982). Damit ist die strukturelle Grundlage für eine größere Sauerstoffaufnahme und Energiegewinnung gegeben.

Zusammenfassung:

Die durch den sportartspezifischen Bewegungsablauf zentralnerval angesteuerten Muskelfasern passen sich auf die Erfordernisse der Energiegewinnung, der Zuverlässigkeit der Arbeitsweise (Ausdauer), der Schnelligkeit in den Kontraktionsfolgen sowie der Widerstandsüberwindung (Kraftentfaltung) an. Das sportliche Training erhöht die Kontraktionsgeschwindigkeit der Muskelgruppen, die Vortriebsleitung (Kraft- und Kraftausdauer) sowie die Ermüdungsresistenz (längere Beanspruchbarkeit). Damit verbunden sind ein höherer Energieumsatz, die Zunahme der Substratspeicher, die stärkere Durchblutung und die Muskelfaserhypertrophie. Je nach Trainingsinhalt können sich die Anteile der aeroben und anaeroben Energiegewinnung auf muskelzellulärer Ebene verändern. Die Muskelfaserverteilung ist vererbt. Größere Anteile an schnell kontrahierenden Muskelfasern (FTF) begünstigen die Schnelligkeits- und Kraftleistung; hingegen ermöglichen höhere Anteile langsam kontrahierender Muskelfasern (STF) eine stabile Ausdauerleistungsfähigkeit.

11 Langfristiger Leistungsaufbau

11   Langfristiger Leistungsaufbau

11.1   Talentsuche, Talentauswahl und Talentförderung

Das gesamte System des leistungssportlichen Trainings ist darauf gerichtet, eine
hohe Trainingswirksamkeit zu erreichen. Für die Entwicklung der sportlichen Leistung sind längere Zeiträume erforderlich. Deshalb ist es notwendig, das Training in
Ausbildungsabschnitten zu planen, für die inhaltliche und zeitliche Strukturen
charakteristisch sind. Im Mittelpunkt dieser Ausbildungsstufen stehen die ständige
Erhöhung der Leistungsgrundlagen und die Verbesserung der Wettkampfleistung.

Spitzenleistungen im Ausdauersport sind das Ergebnis von Talent, langfristigem
Leistungsaufbau, Trainingsfleiß und eines auf die individuellen Fähigkeiten abge-
stimmten Trainingskonzepts. Für die Entwicklung einer hohen Ausdauerleistung
ist ein mehrjähriges Training erforderlich. Anschlussleistungen an die Weltspitze
werden in den Ausdauersportarten nach etwa 10-15 Trainingsjahren erreicht. Bis
heute gibt es keine abgesicherten Vorgaben für die Belastungssteigerungen im
Verlauf des Kinder- und Jugendtrainings. Konsens besteht darin, dass alle Komponenten der Belastung, insbesondere der Belastungsumfang, zu steigern sind. Zur
Dynamik der Steigerung und zur Beziehung der quantitativen und qualitativen
Belastungskomponenten untereinander bestehen erhebliche Erkenntnisdefizite, was
sich auch in den unterschiedlichen Belastungsvorgaben für den mehrjährigen Leistungsaufbau in den Ausdauersportarten widerspiegelt (vgl. Rost & Pfützner, 2006).
Ausdauer ist eine Fähigkeit, die nicht langfristig gespeichert werden kann. Insofern
ist die für das Nachwuchstraining in den Ausdauersportarten zur Verfügung stehende Zeit bevorzugt für ein qualitatives Training zu nutzen. Das bedeutet, dass die
altersgemäße Ausprägung von Schnelligkeit, Koordination, Beweglichkeit und der
Bewegungstechnik eindeutig Vorrang vor einem Konditionstraining hat. Das Be-
herrschen der Sporttechnik und der sportartspezifischen Schnelligkeitsanforderun-
gen ist eine Grundvoraussetzung für die Erzielung von Spitzenleistungen.

Talentsuche und Talentauswahl

Talentsuche, Talentauswahl und Talentförderung stellen die Eckpfeiler der leis-
tungssportlich orientierten Nachwuchsförderung dar (Carl, 1988). Als *sportliches
Talent* gilt eine Person, von der man aufgrund ihres Verhaltens oder aufgrund er-
erbter oder erworbener Verhaltensbedingungen annimmt, dass diese für sportliche

Leistungen eine besondere Begabung besitzt. In einer ersten Analyse gilt zu belegen, dass das sehr genotypisch determinierte sportliche Talent dann vorliegt, wenn es sehr gut sportliche Leistungsvoraussetzungen besitzt, Normalentwickler ist und bisher kaum trainiert hat. Genotypisch determinierte Sportbegabungen können sich sowohl spezialisiert (in einem Test oder Sportart) als auch vielseitig äußern, d. h. sie erbringen in einem sportmotorischen Test (Sportart) oder in mehreren Tests (Sportarten) sehr gute Leistungen. Kinder, die bereits trainiert haben und mit sehr guten trainingsbedingten Leistungen auffallen, müssen keine Sporttalente sein.

Die *Talentauswahl* ist eine Maßnahme, die beabsichtigt, aus einer Vielzahl sportinteressierter Kinder und Jugendlicher jene auszuwählen, die zur Aufnahme eines systematischen Trainings in einer Sportart bereit sind. Je höher die Anzahl der gesichteten Kinder, desto wahrscheinlicher ist es, ein Talent zu entdecken. Zur Talentsuche gehören die Sichtung in Vorschuleinrichtungen (KITAS), im Sportunterricht der Schulen und im außerschulischen Sportangebot von Vereinen und Schulen. In Deutschland existiert bisher kein einheitliches Talentsichtungssystem. Die einzelnen Bundesländer verfahren nach sehr unterschiedlichen Konzepten.

Die Eignungsdiagnostik, die aus sportmotorischen Tests und Konditionstests (vgl. Bös, 2005) besteht, wird sportartunabhängig und nach Vorgaben der Sportarten durchgeführt. Unabhängig davon werden Talente zufällig von Übungsleitern oder Sportlehrern beim Sport bzw. bei Sportwettkämpfen entdeckt.

Die Prognostizierbarkeit eines Talents aufgrund sportmotorischer Leistungen ist unsicher. Nach wie vor muss der praktischen Eignungsdiagnostik Vorrang gegeben werden, weil die genetische Grundlage des Sporttalents noch nicht gemessen werden kann (Bös, 2005). Demzufolge sind bei der Talentsuche die Fähigkeitsbereiche der sportlichen Leistung zu diagnostizieren, die entwickelt und trainiert werden können (Martin et al., 1999).

Talentförderung

Die *Talentförderung* obliegt in Deutschland den Richtlinien des Deutschen Olympischen Sportbundes (DOSB) und erfolgt in den Sportvereinen sowie unterschiedlichen Fördereinrichtungen von Bund, Länder und Bildungseinrichtungen (Eliteschulen des Sports) (Abb. 1/11.1).

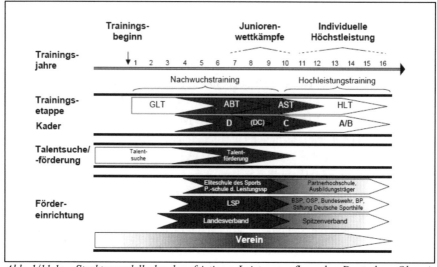

Abb. 1/11.1:   Strukturmodell des langfristigen Leistungsaufbau des Deutschen Olympischen Sportbundes (nach DOSB)

Für das Erreichen von Spitzenleistungen ist der langfristige Trainingsprozess in
vier Ausbildungsabschnitte gegliedert. Die Altersangaben, die den einzelnen Ausbildungsabschnitten zugeordnet sind, variieren sportartspezifisch. So beginnt im
Schwimmen das Grundlagentraining 2-3 Jahre früher als im Radsport. Zusätzlich
werden die Altersbereiche durch das biologische Alter korrigiert.

In jedem Abschnitt werden, entsprechend dem kalendarischen bzw. biologischen
Alter, bestimmte Trainingsinhalte vorgegeben. Die Trainingsinhalte werden von
der Leistungsstruktur der Sportart und der altergemäßen Belastbarkeit bestimmt.

Ziel der Grundausbildung ist eine sportartunabhängige allgemeine und vielseitige
Motorikschulung (Martin et al., 1994) sowie das Erlernen sportartspezifischer
Techniken der Ausdauerdisziplinen.

Vom Grundlagentraining bis zum Hochleistungstraining nimmt die Gesamtbelastung stetig zu. Neben dem speziellen Training hat das ergänzende und allgemeine
Training im Grundlagen- und Aufbautraining noch einen relativ hohen Anteil an
der Gesamttrainingsbelastung. Ab dem Aufbautraining erhöht sich der Anteil des
speziellen Trainings deutlich. Bei systematischer Steigerung der Trainingsbelastung muss in jedem Ausbildungsabschnitt eine Einheit von quantitativen und qualitativen Belastungsfaktoren gewährleistet sein.

Tab. 1/11.1: Ausbildungsabschnitte im langfristigen Trainingsprozess

Ausbildungsabschnitte	Alter (Jahre)	Lebensabschnitte
Grundausbildung	7-10	Kindertraining
Grundlagentraining	11-14	Schülertraining
Aufbautraining	15-18	Jugendtraining
Anschlusstraining	19-23	Juniorentraining
Hochleistungstraining	> 24	Erwachsenentraining

Unabhängig vom Anteil des allgemeinen, ergänzenden und speziellen Trainings erhöht sich die Gesamtbelastung im Verlaufe der Trainingsjahre. Die Gesamtbelastung wird in Stunden pro Trainingsjahr ausgewiesen. Hochleistungstraining in den Ausdauersportarten erfordert eine jährliche Trainingsbelastung von mindestens 800 Stunden im Jahr. Im Straßenradsport und Triathlon wurden Trainingsumfänge von 1.300 bis 1.500 Stunden im Jahr erreicht (Pfützner et al., 1996).

Nach dem Grundlagentraining in der Sportart erreichen die Leistungsstärksten den Status eines D-Kaders. Bei weiterer überdurchschnittlicher Leistungsentwicklung hat der Sportler die Chance in den C-Kader aufgenommen zu werden. Die Berufung in die C-, B- und A-Kader erfolgt über den *Spitzenverband* (Abb. 2/ 11.1). Bei Vorliegen eines Sporttalents sollte sich die Kaderzugehörigkeit nicht an starren Altersvorgaben orientieren. Ein talentierter Nachwuchssportler sollte durchaus die Möglichkeit bekommen, in einem höheren Kader aufgenommen zu werden. Nach eigenen Erkenntnissen hat sich diese Strategie positiv ausgewirkt. Neben dieser klassischen Kadereinteilung wird in einigen Bundesländern noch ein L-Kader geführt. Dieser Kaderkreis umfasst ehemalige Kadersportler oder *Sportartquereinsteiger*, die trotz perspektivischer Voraussetzungen den direkten Kaderaufstieg aus objektiven Gründen nicht bewältigten. Gründe dafür können Verletzungen, Krankheit oder Bildungsprioritäten sein. In Verantwortung der Landesfachverbände werden diesen Athleten entsprechende Trainingsbedingungen gesichert. Die Zugehörigkeit zu diesem Kaderkreis ist zeitlich begrenzt und abhängig von der Entwicklung der Leistungsfähigkeit.

Talentauswahl und Fördersystem in Ausdauersportarten

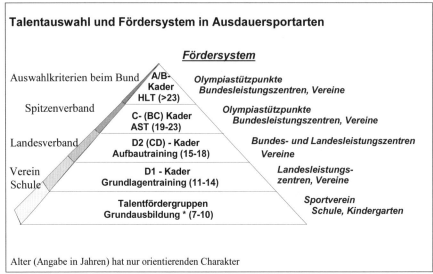

Alter (Angabe in Jahren) hat nur orientierenden Charakter

Abb. 2/11.1:   Kaderpyramide in Anlehnung an die Richtlinien des DOSB

Olympiastützpunkte haben im Fördersystem eine hohe Bedeutung erlangt. Sie sind Betreuungs- und Serviceeinrichtungen für die Bundeskaderathleten (A-, B-, C-Kader) sowie deren verantwortliche Trainer und greifen auf die leistungssportlichen Strukturen in Spitzenverbänden, Landessportbünden und Sportvereinen zurück. Die Olympiastützpunkte sind angelehnt an bestehende Einrichtungen des Bundes, der Länder, der Städte/Kommunen und der Hochschulen. Sie verfügen neben einer Grundausstattung an Management- über Betreuungspersonal im physiotherapeutischen, medizinischen, sozialen, trainings- und bewegungswissenschaftlichen, psychologischen und ernährungswissenschaftlichen Bereich, entsprechend den lokalen bzw. regionalen Bedingungen und Anforderungen. Um leistungssportliches Weltniveau zu halten und weiterzuentwickeln, orientiert sich die apparative technische Ausstattung an den Betreuungsanforderungen der Spitzenverbände (weitere Informationen zum Fördersystem beim DOSB).

11.2 Leistungsentwicklung und Belastbarkeit im Nachwuchstraining

Die Belastbarkeit im Nachwuchstraining ist weitgehend abhängig vom biologischen Alter des Heranwachsenden. Nach statistischen Erhebungen wird davon ausgegangen, dass in jedem Jahrgang mit 64 % Normalentwicklern und zu je 16 % mit Früh- und Spätentwicklern zu rechnen ist. Die akzelerierten Kinder weisen in den Ausdauersportarten die besten Jahrgangsleistungen auf und können als *Frühentwickler* einen Leistungsvorsprung von bis zu 3 Jahren aufweisen. Im Juniorenalter wird dann der Entwicklungsvorsprung wieder ausgeglichen.

Die Aufnahme des Trainings im Schulkindalter geht mit einer Erhöhung der maximalen Sauerstoffaufnahme (VO$_2$max) und einer Abnahme der submaximalen Herzfrequenz einher. Die trainingsbedingte Zunahme der (VO$_2$max) ist größer als ihr Anstieg durch Wachstum.

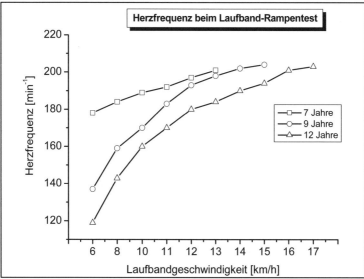

Abb. 1/11.2:   Leistungsentwicklung eines Mädchens über sechs Jahre anhand eines Laufband-Rampentests (Beginn 6 km/h, Steigerung um 1 km/h alle 60 s) (Hottenrott, unveröff. Daten)

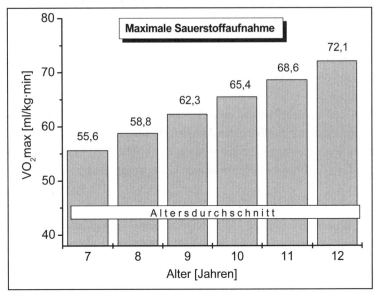

Abb. 1/11.2   (Fortsetzung)

Die kontinuierliche Leistungsentwicklung im Nachwuchsbereich setzt eine jährliche Steigerung der *Trainingskennziffern* voraus. Dabei ist zu beachten, dass die Leistungsentwicklung sich nicht linear, sondern zum Teil in Sprüngen vollzieht. Die größten Leistungssprünge erfolgen in den Ausdauersportarten in der puberalen und postpuberalen Entwicklungsphase. In diesem Zeitraum ist eine Umfangssteigerung von bis zu 100 % im Trainingsjahr möglich. Mit zunehmender Leistungsfähigkeit nehmen die relativen Umfangssteigerungen ab und betragen im Juniorenalter 10-20 % im Jahr (Abb. 2/11.2).

Die Zunahme der sportartspezifischen Leistungsfähigkeit lässt sich auch durch leistungsdiagnostische Untersuchungen belegen. Dabei ist zu beachten, dass die anfänglichen Zuwachsraten in den physiologischen Messparametern größer sind als bei höherem Trainingsalter (Abb. 3/11.2).

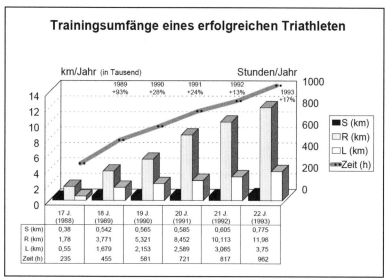

Trainingsumfänge eines erfolgreichen Triathleten

km/Jahr (in Tausend)   Stunden/Jahr

S (km)	0,38	0,542	0,565	0,585	0,605	0,775
R (km)	1,78	3,771	5,321	8,452	10,113	11,98
L (km)	0,55	1,679	2,153	2,589	3,065	3,75
Zeit (h)	235	455	581	721	817	962

| | 17 J. (1988) | 18 J. (1989) | 19 J. (1990) | 20 J. (1991) | 21 J. (1992) | 22 J. (1993) |

Abb. 2 / 11.2: *Entwicklung der Gesamttrainingsbelastung und der Belastungen in den Teildisziplinen im Triathlon eines erfolgreichen Nachwuchsathleten (nach Hottenrott & Betz, 1995)*

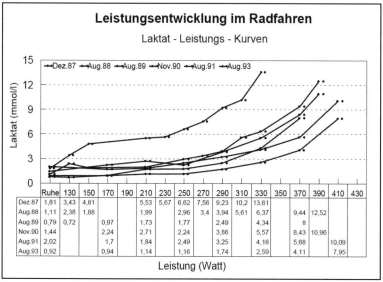

Leistungsentwicklung im Radfahren

Laktat - Leistungs - Kurven

Laktat (mmol/l)

→ Dez.87   → Aug.88   → Aug.89   → Nov.90   → Aug.91   → Aug.93

	Ruhe	130	150	170	190	210	230	250	270	290	310	330	350	370	390	410	430
Dez.87	1,81	3,43	4,81			5,53	5,67	6,62	7,56	9,23	10,2	13,61					
Aug.88	1,11	2,38	1,88			1,99		2,96	3,4	3,94	5,61	6,37		9,44	12,52		
Aug.89	0,79	0,72		0,97		1,73		1,77		2,49		4,34		8			
Nov.90	1,44			2,24		2,71		2,24		3,86		5,57		8,43	10,96		
Aug.91	2,02			1,7		1,84		2,49		3,25		4,16		5,68		10,09	
Aug.93	0,92			0,94		1,14		1,16		1,74		2,59		4,11		7,95	

Leistung (Watt)

Abb. 3/11.2: *Leistungsentwicklung eines Triathleten beim Fahrradergometer-Stufentest in einem Zeitraum von 6 Jahren (nach Hottenrott & Betz, 1995).*

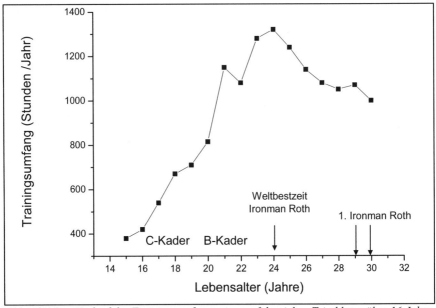

Abb. 4/11.2:   *Verlauf des Trainingsumfangs eines erfolgreichen Triathleten über 16 Jahre.*
Zeitgleich mit der höchsten Gesamtbelastung erreicht der Athlet als erster in
der Welt eine Wettkampfzeit beim Ironman von unter 8 Stunden.

Mehrjährige Trainingsaufzeichnungen von erfolgreichen Triathleten belegen, dass
die höchste Gesamttrainingsbelastung erst nach 10-12 Trainingsjahren erreicht
wird und dass in den Folgejahren der Trainingsumfang bei Erhöhung der Trainingsqualität in der Regel abnimmt. Auch bei der Umstellung von Quantität auf
Qualität (verbunden mit einer Abnahme der Gesamtbelastungsstunden) können
nachfolgend noch Weltspitzenleistungen erbracht werden (Abb. 4/11.2).

Diesem Phänomen scheint ein Grundprinzip zugrunde zu liegen, in dem eine weitere Steigerung der Gesamtbelastung die weitere Ausprägung der sportartspezifischen Wettkampfgeschwindigkeit behindern würde. Hohe Geschwindigkeitsanteile
erfordern längere Regenerationszeiträume und damit eine zeitliche Verminderung
des Umfangstrainings. Mit Zunahme des Trainingsalters nimmt zugleich die Belastbarkeit des Stütz- und Bewegungssystems ab; daraus kann eine weitere Verlängerung der Regenerationszeiträume beruhen.

Bleiben beim qualitätsorientierten Training die Zuwachsraten in der Leistungsentwicklung aus, dann sollte sich erneut auf die Erhöhung der Gesamtbelastung oder auf den Wechsel in der Aufeinanderfolge der Trainingsmethoden konzentriert werden.

Belastungsproportionen im langjährigen Leistungsaufbau

In den einzelnen Ausbildungsabschnitten des langjährigen Leistungsaufbaus werden alle Intensitätsanteile trainiert, wobei sich die Anteiligkeit der Belastungsbereiche in den Ausbildungsabschnitten verändert. Bei niedriger Gesamtbelastung ist der Anteil der Belastungsintensitäten höher. Mit Zunahme der Gesamtbelastung steigen die absoluten Anteile intensiver Belastungen an, sie sinken aber relativ zur aeroben Gesamtbelastung ab.

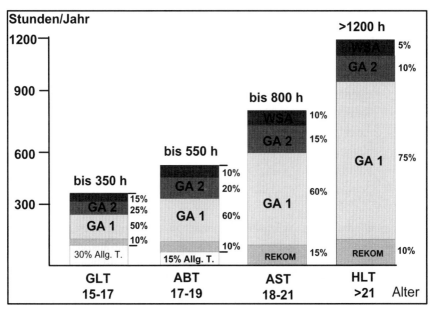

Abb. 5/11.2: Belastungsproportionen in den einzelnen Ausbildungsabschnitten des Leistungstrainings (GLT: Grundlagentraining, ABT: Aufbautraining, AST: Anschlusstraining, HLT: Hochleistungstraining). Bei Zunahme der Gesamtbelastung nimmt die Anteiligkeit der einzelnen Belastungsbereiche absolut zu. Die intensiven Belastungsanteile (GA 2, WSA) nehmen prozentual ab (nach Hottenrott & Betz, 1995).

Unabhängig von den nationalen Trainings- und Fördersystemen entwickelt sich die Ausdauerleistung stetig weiter (vgl. Kap. 1). In vielen Ausdauersportarten hält die Leistungsentwicklung im Nachwuchsbereich nicht der schnelleren Entwicklung auf Weltniveau stand. Vor allem in den leichtathletischen Ausdauerdisziplinen hat sich die Differenz zur Weltspitze von unter 2 % in den 80er Jahren auf 3-5 % in den folgenden Jahren erhöht.

Die Anschlussleistungen der Junioren bis zur Weltspitze benötigten in der Vergangenheit 3-5 Jahre. Nachweislich werden die Weltbestleistungen in zahlreichen Ausdauersportarten in einem höheren Lebensalter verbracht, wie die Analyse der Altersstruktur der Olympiateilnehmer der letzten Jahre zeigt (Tab. 1/11.2). Dies bedeutet, dass der Trainingszeitraum der Junioren für das Erreichen der Weltspitze objektiv länger dauern muss. Gegenwärtig wird dieser Zeitraum zum Erreichen von Weltspitzenleistungen mit 4 bis 6 Jahren geplant.

Tab. 1/11.2:   *Altersstruktur bei Olympischen Spielen in ausgewählten Ausdauersportarten (Rost et al., 2001)*

Sportart	1992	1996	2000	92-00
Radsport	23,9	25,9	27,1	+ 3,2
Leichtathletik	25,8	27,0	28,1	+ 2,3
Kanurennsport	25,2	26,3	26,4	+ 1,2
Rudern	25,3	26,0	25,6	+ 0,3
Schwimmen	23,1	24,5	23,6	+ 0,5

Um das sportliche Talent zu erhalten und nicht zu einer vorzeitigen Aufgabe des Trainings zu veranlassen, sind die sozialen Sicherungssysteme auszubauen, welche die finanzielle Absicherung der Leistungssportler gewährleisten.

Am Beispiel erfolgreicher Sportarten ist zu prüfen, welche entwicklungsfördernden Bedingungen nutzbar sind, um den knapper werdenden Zeitrahmen zur Ausprägung von Spitzenleistungen optimal zu nutzen. Bildungs- und Trainingsanforderungen sind durch verbesserte Rahmenbedingungen optimaler aufeinander abzustimmen. Hierzu gehört der Ausbau von sportartspezifischen Leistungszentren, Kooperationen zwischen den Bildungseinrichtungen und den Sportvereinen, Weiterbildung und Erfahrungsaustausch der Trainer sowie der Ausbau einer effektiven Leistungssportforschung in Deutschland.

Gesicherte leistungsfördernde Randbedingungen, wie Gruppentraining, Höhen- und Klimatraining sowie professionelle Betreuung, sind bereits im Nachwuchstraining zu nutzen, um die Schere zur Weltspitzenleistung nicht weiter anwachsen zu lassen (s. Abb. 6/11.2).

Geht man davon aus, dass die Leistungsentwicklung auf epigenetischer Anpassung basiert, und sich in relativ gleichbleibenden Entwicklungsstufen vollzieht, dann ist ein längerer Zeitrahmen für die Ausprägung der internationalen Juniorenspitzenleistung erforderlich oder das Trainingssystem muss effektiver gestaltet werden. In der Kaderpyramide des DOSB bzw. in der Kaderstruktur der meisten Spitzenverbände finden gegenwärtig diese Entwicklungstendenzen eine noch zu geringe Berücksichtigung.

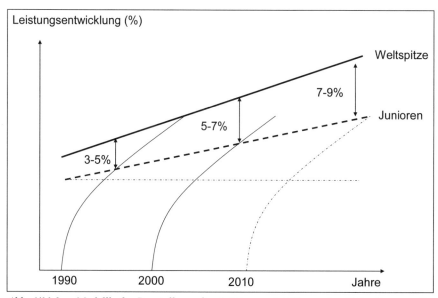

Abb. 6/11.2: *Modellhafte Darstellung der Leistungsentwicklung der Weltspitze von Erwachsenen und der Junioren im Ausdauersport. Durch die Leistungserhöhung in der Weltspitze ist objektiv ein längeres Leistungstraining der Nachwuchsathleten erforderlich.*

Zusammenfassung:

Der langfristige Leistungsaufbau mit dem Ziel, Weltspitzenleistungen ab dem Juniorenalter zu erzielen, erfordert eine strategische Nachwuchsförderung. Dazu zählen die systematische Talentsuche und Talentförderung, die gezielte Förderung durch Bund, Länder und Bildungseinrichtungen sowie das Umsetzen eines wirksames Trainingskonzepts, welches die Differenzierung und Individualisierung sowie die Qualität und Quantität des Trainings bei progressiv ansteigender Gesamtbelastung in jedem Ausbildungsabschnitt in den Mittelpunkt stellt. Durch eine zu frühe und einseitige sportartspezifische Ausbildung wird eine talentgerechte Entwicklung verhindert. Bei zu steilem Leistungsanstieg im Schüler- und Jugendalter kann das individuelle Anpassungspotenzial nicht hinreichend ausgeschöpft werden. Die Folge ist eine vorzeitige Leistungsstagnation. Nachwuchstraining muss darauf gerichtet sein, junge talentierte Sportler an ausbaufähige Anschlussleistungen im Erwachsenenalter heranzuführen.

12 Ausdauertraining unter veränderten Bedingungen

Inhalt

12   Ausdauertraining unter veränderten Bedingungen

Die gezielte Nutzung von trainingsbegünstigenden Klimaeinflüssen fördert die Herausbildung von Anpassungen, die für den Wettkampf nützlich sind. Für das Training in den Übergangszeiten und im Winter gibt es zahlreiche Alternativen, wie Trainingsorte am Mittelmeer, Kanarische Inseln, Südafrika oder anderen Überseeländern. Wird das Vorbereitungstraining in entfernte Überseeländer verlegt, dann ist die Zeitzonenumstellung zu beachten. Um die physiologischen Probleme der Zeitumstellung (Müdigkeit, Schlaflosigkeit, Belastungsunlust) zu umgehen, bieten sich Alternativen in der Nord-Süd-Richtung, wie Südafrika, an. An Trainingsorten mit über zwei Stunden Zeitdifferenz zu Deutschland kommt es meist zur vorübergehenden Störung im natürlichen Tag-Nacht-Rhythmus. Die Trainingslager, mit einer Zeitdifferenz von über fünf Stunden, sollten begründet gewählt werden. Für jeden Sportler ist der Rückflug entgegen dem Sonnenlauf (in Ostrichtung) weitaus belastender als die Flugreise in Westrichtung.

Bei zwei Stunden Zeitunterschied ist ein Tag zur Umstellung an den gewohnten Tag-Nacht-Rhythmus einzuplanen. Die Nichtbeachtung dieser Grundregel hat zahlreichen leistungsstarken Athleten gute Wettkampfplatzierungen verhindert. Kurzfristige Anreisen zu Wettkämpfen in andere Zeitzonen sind zu vermeiden.

12.1   Ausdauertraining in der Höhe

Mit zunehmender Höhe nehmen der Luftdruck und damit auch der Sauerstoffpartialdruck ab. Ab 1.500 m nimmt alle 100 m Höhenzunahme die maximale Sauerstoffaufnahme (VO_2max) um etwa 1 % ab. In Höhen von 2.000-2.500 m ist mit einer Abnahme der Ausdauerleistung bei einer Wettkampfdauer von 10-130 min um 2-8 % zu rechnen. Der größte Leistungsabfall erfolgt auf den längeren Distanzen.

Ein wirksames Höhentraining im Ausdauersport erfolgt ab 1.700 m. Beim Training über 3.000 m ist die Wirkung im Leistungssport umstritten. Korrekturen in der Trainingsgeschwindigkeit sind beim Ausdauertraining in der Höhe erforderlich. Eine Geschwindigkeitsverminderung schützt vor Überforderung und sichert die Belastbarkeit. Im Vergleich zur Tallage ist in 2.000-2.500 m Höhe die Laktatkonzentration bei gleicher Laufgeschwindigkeit um 1-2 mmol/l höher (Neumann, 1999).

Tab. 1/12.1:   Varianten des Höhenaufenthalts im Leistungstraining (nach Neumann, Pfützner & Hottenrott, 2004)

Kennzeichnung	Aufenthaltsdauer (Training)	Trainingsziel
Kurze Dauer	7-10 Tage	Unspezifische Belastung, Aktivierung biologischer Systeme, aktive Regeneration.
Mittlere Dauer	14-20 Tage	Stabilisierung der aeroben Leistungsfähigkeit, Reizwechsel im GA 1-Training, Training zwischen Wettkämpfen.
Lange Dauer	21-40 Tage	Entwicklung konditioneller Fähigkeiten (GA 1, KA 1, GA 2, KA 2, SA) im Komplex.
Wiederholtes Höhentraining („Höhentrainingsketten")	3-4 x im Jahr für 17-21 Tage	Stabilisierung der aeroben Leistungsfähigkeit, Bestandteil der UWV.

Voraussetzungen für das Höhentraining

Bei niedrigem aerobem Leistungsniveau, nach Erkrankungen oder vor bedeutenden Wettkämpfen, ist ein Höhentraining zu unterlassen. Für ein leistungsorientiertes Höhentraining sollte eine aerobe Basisleistungsfähigkeit vorhanden sein (VO_2max: Männer > 60 ml/kg·min, Frauen > 55 ml/kg·min). Für das Höhentraining haben sich mehrere Varianten im Jahresleistungsaufbau bewährt (Tab. 1/12.1).

Physiologische Aspekte

Der verminderte *Sauerstoffpartialdruck* in der Atemluft steigert die Reizwirksamkeit der Ausdauerbelastung um 3-10 % in der Höhe. Die wesentliche Wirkung des Höhentrainings liegt in der Zunahme der *Sauerstofftransportkapazität* des Blutes und in der besseren Sauerstoffversorgung der belasteten Muskulatur. Die Hypoxie regt die Bildung des körpereigenen Hormons Erythropoetin (EPO) an und dieses aktiviert die Neubildung von Erythrozyten bzw. Hämoglobin (Hb). Sportler, die das Höhentraining schlecht vertragen (Nonresponder), haben wahrscheinlich eine geringere EPO-Freisetzung als höhenverträgliche Athleten (Chapman et al., 1998). Damit der am Hb der Erythrozyten gebundene Sauerstoff leichter an die Gewebe abgegeben werden kann, kommt es beim Höhentraining weiterhin zur Zunahme des in den Erythrozyten wirkenden Enzyms *Diphosphoglycerat* (2,3-DPG). Das 2,3-DPG ermöglicht die leichtere Lösung des Sauerstoffs vom Hb und verbessert damit die Sauerstoffabgabe an die Muskulatur.

Bei einem Höhentraining von 3-4 Wochen in 2.000-2.900 m Höhe nimmt die Masse der Erythrozyten um über 13 % zu (Schmidt, 2002). Die gleichzeitige Zunahme des Plasmavolumens führt dazu, dass die Hb-Konzentration weitgehend gleich bleibt. Beim Höhentraining kommt es durch die Zunahme der Atemfrequenz zu einem erhöhten Wasserverlust über die Atemwege. Bei unzureichender Flüssigkeitsaufnahme vermindert sich die Blutflüssigkeit und der Hämatokrit kann sich auf 50-53 % erhöhen.

Vor dem Höhentraining sollten das Blutbild und der Eisenstoffwechsel (Ferritin) kontrolliert werden. Bei einer Eisenunterversorgung ist das Höhentraining zu unterlassen.

Im Leistungssport darf die Hb-Konzentration nach Festlegung internationaler Sportverbände bei den Männern 17,0 g/dl und bei den Frauen 16,0 g/dl nicht übersteigen. Werte darüber sind verdächtig auf Dopingmanipulationen und führen zu einer Wettkampfsperre, deren Dauer bei den einzelnen Sportverbänden unterschiedlich lang ist (5-18 Tage).

Energiestoffwechsel in mittleren Höhen

Das Höhentraining führt zu einem erhöhten *Glykogenabbau*. Bei vergleichbaren Belastungsintensitäten ist das Laktat gegenüber der Tallage um 0,5-2,5 mmol/l höher. Die erhöhte Laktatbildung ist Kennzeichen des anaeroben Stoffwechsels (Glykolyse) und dient dem Ausgleich des Sauerstoffmangels.

Als Gegenregulation zur Eingrenzung einer erhöhten Laktatbildung werden die Puffersysteme des Blutes aktiviert und im Ergebnis steigt die Pufferkapazität an. Die Zunahme der *Pufferkapazität* durch das Höhentraining wirkt eine bestimmte Zeit nach (Mizuno et al., 1990; Saltin et al., 1995) und ist mit Ursache dafür, dass bei kürzeren Ausdauerwettkämpfen sofort bei Rückkehr in die Tallage die Leistungsfähigkeit erhöht sein kann.

Sportmethodische Gestaltung des Höhentrainings

Die Befunde von Levine und Stray-Gundersen (1997) lösten eine lebhafte Diskussion zum Höhentraining aus, indem behauptet wurde, dass das Schlafen in der Höhe effektiver sei als das Trainieren. Inzwischen wird die Variante, in der Tallage zu trainieren und in der Höhe zu schlafen („*sleep high, train low*") kaum mehr praktiziert. Die zumutbare Gesamtbelastung im Höhentraining hängt vom Leistungsniveau der Athleten und von der Länge der regenerierenden Pausen nach den Trainingseinheiten ab. Bei GA 2-Intervallbelastungen ist eine um 15 % längere Pause gegenüber der Tallage notwendig. Werden notwendige längere Regenerationszeiten ignoriert, erfolgt die Verarbeitung der Trainingsreize infolge Restermüdung langsamer. Ein hartes Training bis zur Abreise ist kontraproduktiv und begünstigt Erkrankungen nach Rückkehr in die Tallage.

Ein Orientierungskriterium für die Belastungsintensität ist die Laktatkonzentration. Diese sollte bei den GA 1-Einheiten das Niveau von 2 mmol/l nicht wesentlich übersteigen. In der Umstellungszeit zu Beginn des Höhentrainings kann bei gleicher Geschwindigkeit bzw. Leistung das Laktat 2-3 mmol/l höher als gewohnt liegen. Hält die erhöhte Laktatkonzentration länger an, dann sollte die Laufgeschwindigkeit entsprechend vermindert und die Trainingspausen verlängert werden.

Eine sichere Methode für die Selbstkontrolle der Laufgeschwindigkeit bietet die Herzfrequenz-(HF)-Messung. Die Richtwerte sollten auf den Erfahrungen im Flachland aufbauen. Die HF für die GA 1- und GA 2-Belastungsbereiche aus dem Flachland muss in der Höhe nicht angepasst werden (vgl. Kap. 8).

Das Höhentraining eignet sich nicht für die direkte Entwicklung der VO_2max, da hier die entsprechende Belastungsintensität fehlt. Zur Erhöhung der VO_2max kommt es erst nach drei Wochen intensiven Transformationstrainings in Tallage.

Transformationszeit nach dem Höhentraining

Nach der Rückkehr ins Flachland ist in der ersten Woche eine deutliche Belastungsverminderung notwendig. Im Zeitraum vom 4. bis zum 11. Tag nach dem Höhentraining ist die Leistungsabgabe bei etwa 70 % der Sportler vermindert. Ein Wettkampf in diesem Zeitraum stört die Regeneration und Leistungsentwicklung. Bis zum ersten Wettkampf ist das GA 1-Training, kombiniert mit WSA-Training und häufigeren Kompensationseinheiten, zu bevorzugen. Nach diesem *Transformationstraining* ist ein individuelles Leistungsoptimum zwischen dem 14. und 20. Tag nach Rückkehr aus dem Höhentraining im Flachland zu erwarten (Fuchs & Reiß, 1990).

In Ausnahmefällen ist es möglich, sofort nach der Höhe, d. h., am ersten bis dritten Tag, einen Kurzzeitwettkampf auszuführen (Tab. 2/12.1). Den Ausgangspunkt für die zeitliche Planung des Höhentrainings bildet immer der sportliche Leistungshöhepunkt im Trainingsjahr.

Tab. 2/12.1: *Effekte auf die Wettkampfleistung in Tallage unmittelbar nach einem Höhen-*
training (Tag eins bis Tag vier)

Positive Effekte	Negative Effekte
Ausnutzung der erhöhten sympathikotonen Grundaktivität (Klimareiz, hohe UV-Strahlung in Höhe).	Falls Blutverdickung besteht (Hämatokrit über 50 %), ist die Sauerstoffabgabe an die Muskulatur erschwert.
Erhöhte Pufferkapazität des Blutes ermöglicht bessere Verträglichkeit kürzerer anaerober Belastungen.	Das durch Hypoxietraining geschwächte Immunsystem hat kaum Reserven und führt bei Wettkampfbelastungen zum Anstieg der Infektrate.
Verbesserte Mikrozirkulation in der Arbeitsmuskulatur (Hypervolämie).	Unmittelbar nach dem Höhentraining durchgeführte Wettkämpfe verlängern die Regenerationszeit und können zur Leistungsinstabilität beitragen.

12.2 Ausdauertraining bei Hitze

Eine Anpassung oder Akklimatisation an Hitze vollzieht sich nur bei direkter Hitzebelastung über fünf Tage und setzt eine Außentemperatur von über 27° C voraus. Eine Hitzeakklimatisation erfolgt erst dann, wenn die *Körperkerntemperatur* durch die Trainingsbelastung auf 39-40° C ansteigt. Die erste wesentliche physiologische Umstellung ist die Zunahme der Schweißbildungsrate und die Ausscheidung von einem salzärmeren Schweiß. Der fein verteilte Schweiß auf der Haut erzeugt eine größere Verdunstungskälte als der abtropfende Schweiß.

Der wesentliche physiologische Vorgang bei der *Hitzeakklimatisation* besteht darin, dass es zu einer Absenkung der Körperkerntemperatur um etwa 0,5° C im Wärmezentrum des Gehirns kommt (De Marées, 2002). Die erniedrigte Körperkerntemperatur führt dazu, dass das *Wärmezentrum* im *Hypothalamus* empfindlicher auf die Erhöhung der Außentemperatur reagiert. Die durch die zentrale Sollwertverstellung eingetretene größere Temperaturdifferenz zwischen Körperkern und Außentemperatur bildet die Voraussetzung für die frühzeitige und größere Schweißbildung unter Hitze. Die *Schweißbildung* stellt den entscheidenden Faktor für die Abkühlung der Körperoberfläche dar. Wenn bei Hitze zeitig geschwitzt wird, so hat das für die frühzeitigere Verdunstung Vorteile, es kommt zu einer zeitigen Abkühlung. Die Anpassung an Hitze führt auch zur Umstellung im Herz-

Kreislauf-System. Die Herzfrequenz (HF) steigt bei akklimatisierten Sportlern bei Belastungen geringer an.

Beim Hitzetraining erhöht sich das Plasmavolumen und dadurch wird das Blut dünnflüssiger. Dünnflüssiges Blut hat einen um etwa 3 % niedrigeren Hämatokrit-Wert. Der Abfall des Hämatokrits durch Ausdauertraining, Hitzebelastungen oder Höhentraining kann die Ursache für eine „Sportleranämie" sein (Friedmann, 2001). Nach fünf Tagen Hitzetraining hat sich die Mehrzahl der Funktionssysteme an die Hitze angepasst und nach etwa 10 Tagen ist die Hitzeakklimatisation abgeschlossen (Shapiro et al., 1998). Die Hitzeverträglichkeit ist unterschiedlich. Sportlerinnen und Jugendliche sowie Ältere vertragen die Hitze weniger gut als erwachsene Leistungssportler (Bar-Or, 1998).

Ein moderates Umfangstraining von 60-120 min Dauer pro Tag, bei Außentemperaturen > 27° C, begünstigt die physiologische Umstellung an die Hitze mehr als ein kurzzeitiges und zu intensives Training (Neumann, 1999). Über das zweckmäßige Verhalten bei der Akklimatisation informiert Tab. 1/12.2.

Tab. 1/12.2: Empfehlungen für das Ausdauertraining bei Hitze (Außentemperatur über 27° C)

Unmittelbar vor dem Ausdauertraining 0,3-0,5 l Flüssigkeit aufnehmen.
Während des GA1-Trainings sollten Sportler alle 20 min trinken etwa 200 ml.
Dauert die Belastung über 60 min, dann sind zusätzlich Elektrolytlösungen mit Kochsalz und Kohlenhydraten aufzunehmen.
Das Hitzetraining sollte in geringer Intensität, d.h. im unteren GA1-Belastungsbereich beginnen.
Die Belastungsdauer im Laufen ist auf 90 min zu begrenzen, weil in diesem Zeitraum die Körperkerntemperatur bereits auf 40° C ansteigen kann.
Die Belastungsintensität sollte mit der HF-Messung kontrolliert werden. Erhöht sich die HF bei gleicher GA1-Geschwindigkeit bzw. Leistung über 10 Schläge/min, dann ist die Intensität zu vermindern.
Die Bekleidung ist an die Außentemperatur, Sonneneinstrahlung, Luftbewegung sowie an die Luftfeuchtigkeit anzupassen, wobei helle Oberbekleidung vorteilhaft ist.
Mit freiem Oberkörper sollte nicht trainiert werden, da der abtropfende Schweiß nicht kühlt.
Nach dem Hitzetraining ist reichlich zu trinken und unmittelbar mit der Kohlenhydrataufnahme zu beginnen.

Die Belastungsintensität hat den größten Einfluss auf das Ansteigen der Körperkerntemperatur. Messungen der Körperkerntemperatur am Ende von Marathonläufen ergaben, dass die Läufer, die im letzten Laufdrittel das Tempo erhöhten, den höchsten Anstieg der Körperkerntemperatur und die größten Flüssigkeitsverluste im Ziel aufwiesen (Noakes, 1992). Die Hauptgefahr bei Hitzeläufen liegt in der vorzeitigen Überhitzung. Das langsame Anlaufen verzögert die Überhitzung. Der

Anstieg der Körperkerntemperatur über 40° C bei sportlichen Belastungen birgt gesundheitliche Risiken (Tab. 2/12.2).

Tab. 2/12.2   Hitzeerkrankungen im Ausdauersport

Formen	Anzeichen	Ursachen	Behandlung
Hitzekollaps **(heat syncope)**	Blässe und Gleichgewichtsstörungen bei aufrechter Körperhaltung, meist unmittelbar nach Zieleinlauf.	Starker Flüssigkeitsverlust; Versacken des Blutes in Beinmuskulatur nach dem Endspurt.	Flachlagerung im Schatten, Hochlagerung der Beine (Autotransfusion), Kühlung, Trinken.
Hitzeerschöpfung **(heat exhaustion)**	Starker Schweißverlust (kalter Schweiß), Kopfschmerz, Müdigkeit, Desorientierung, starker Leistungsabfall, niedriger Blutdruck, hohe Herzfrequenz. Unterschieden werden leichte, schwere und schwerste Formen.	Starke Dehydratation und Anstieg der Körperkerntemperatur über 40°C.	Flachlagerung, Abkühlung jeder Art, ärztliche Hilfe, Infusion von Kochsalzlösungen mit Glukose, eventuell Klinikeinweisung.
Hitzschlag **(heat stroke)**	Schwerste Form der Hitzeerkrankung: Motorikstörungen, Desorientierung, warme trockene Haut, starker Leistungsabfall. Zusammenbruch mit Bewusstlosigkeit während Belastung.	Starke Dehydratation mit Anstieg der Körperkerntemperatur über 41°C. Störung der Übersichtsregulation des Großhirns und der Motoriksteuerung des Kleinhirns durch Unterzuckerung (Hypoglykämie).	Flachlagerung und drastische Abkühlmaßnahmen (Wasser, Eis, feuchte Tücher). Infusion, Temperaturmessung (rectal, tympanal), ärztliche Hilfe, Kliniktransport in ärztlicher Begleitung.

Nach einer neuen Einteilung werden der Sonnenstich und die Hitzekrämpfe nicht mehr zu den Hitzeerkrankungen im Sport gerechnet, weil sie auch bei Körperruhe (Zuschauer in Stadien) auftreten können.

Trinken bei Hitze

Das Trinken muss bei Hitze aus Einsicht erfolgen, da das Durstgefühl verspätet auftritt und unzuverlässig über den Zustand der Dehydratation informiert. Die tägliche *Gewichtskontrolle* hilft das Flüssigkeitsdefizit festzustellen. Kommt es beim Hitzetraining zu einer Abnahme des Körpergewichts von über 4 %, dann liegt ein Flüssigkeitsdefizit vor. Im Zustand der *Dehydratation* nehmen sowohl das Plasmavolumen als auch das Herzminutenvolumen ab. Der Urin wird dunkelgelb und hat eine spezifische Dichte von > 1,020. Bei Hitze wird die Aufnahme der Flüssigkeit im Darm von zahlreichen Faktoren beeinflusst (Tab. 3/12.2).

Tab. 3/12.2: *Flüssigkeitseigenschaften und deren Auswirkungen auf die Resorption im Magen-Darm-Trakt (mod. nach Bronus, 1993)*

Flüssigkeitseigenschaft/ Funktionszustand	Wirkung auf die Flüssigkeitsresorption
Menge (Volumen)	Der Anstieg der Trinkmenge erhöht die Aufnahme.
Natriumarme und warme Flüssigkeiten (hypotones Leitungswasser, Tee)	Verlangsamung der Resorption im Duodenum (Dünndarm).
Energiegehalt (% Glukose)	Glukosegehalt bis 8 % beschleunigt die Resorption; bei über 10 % Glukose wird die Resorption langsamer.
Osmolalität (Druck gelöster Teilchen-zahl in Flüssigkeiten), Maßeinheit: mOsmol/kg	Flüssigkeiten mit einem hohen osmotischen Druck sind hyperton und werden langsam resorbiert.
pH-Wert (Wasserstoffionenkonzentration)	Eine deutliche Abweichung des pH-Neutralwerts von 7,0-7,45 in den Flüssigkeiten verlangsamt die Resorption. Hoher Säuregehalt (pH < 7,0) führt zur Azidose und hoher Basengehalt (pH > 7,45) führt zur Alkalose.
Belastungsintensität	Bei Belastungsintensitäten über 80 % der maximalen Herzfrequenz wird die Flüssigkeitsresorption verlangsamt.
Dehydratation (Flüssigkeitsmangel)	Flüssigkeitsverluste von über 1,5 l oder über 2 % des Körpergewichts verlangsamen die Flüssigkeitsresorption.
Angst und Stress	Verlangsamung der Flüssigkeitsresorption im Darm.

Da der Flüssigkeitsverlust bei Hitzebelastungen größer ist als die *Resorptionskapazität im Darm*, kann der Wasserverlust bei Hitze nicht durch das Trinken ausgeglichen werden. Im feuchtwarmen Klima können bei 60 min Laufen bereits 1-1,5 l Schweiß verloren gehen. Vom Darm können maximal 1 l/h resorbiert werden.

Wird zu viel hypotone (salzarme) Flüssigkeit getrunken, dann kommt es zur Flüssigkeitsüberladung im Magen-Darm-Trakt. Zur Resorption muss aus dem Blut Natrium abgegeben werden. Dadurch kann es zu einem *Natriummangel* im Blut (Hyponatriämie) kommen. Fällt das Blutnatrium unter 130 mmol/l ab, dann können ernste Gesundheitsschädigungen eintreten. Erste Beschreibungen der Hyponatriämie erfolgten beim Hawaii Ironman (Hiller et al., 1985; Hiller, 1998). Eine extreme Hyponatriämie (Natrium unter 120 mmol/l) führt zum Hirnödem, dessen erste Anzeichen eine auffallende Desorientierung und Schrittunregelmäßigkeiten beim Laufen sind. Wiegt ein Athlet nach einem Hitzewettkampf mehr als vorher, dann hat er zu reichlich getrunken und es besteht bei ihm die Gefahr einer „Wasservergiftung" (Noakes et al., 1985; Noakes, 1992; Speedy et al., 1997). Reines Leitungswasser oder Tafelwasser ist zu kochsalzarm und eignet sich bei Hitze nicht als alleiniges Getränk. Nur durch dosierte Aufnahme salzhaltiger Flüssigkeiten kann einer Hyponatriämie vorgebeugt werden (Speedy & Noakes, 1999; Speedy et al., 2001). Der Trinkflüssigkeit sollte bei Hitzebelastungen auf 1 l Wasser ~ 1 g Kochsalz zugefügt werden. Der Darm kann pro Belastungsstunde nur 800 mg reines Natrium resorbieren; dass sind etwa 2 g Kochsalz. Bei einem Langtriathlon verlieren die Athleten 4-7 g Kochsalz (Zapf et al., 1999). Da die Getränke der Veranstalter meist zu wenig Kochsalz enthalten, sollten die Athleten selbst für Kompensationsmöglichkeiten sorgen.

Durch die Aufnahme einer 6 %igen Glukose-Elektrolyt-Lösung kann der Verlust an Plasmavolumen durch Dehydration weitgehend ausgeglichen werden (Koulmann et al., 1997).

Schwimmen und Radfahren bereiten bei Hitze, im Gegensatz zum Laufen über 60 min Dauer, keine größeren Probleme.

Eine Körperüberhitzung erfolgt meist durch zu intensives Laufen. Analysen bei Laufwettbewerben von 32-90 km ergaben, dass die Athleten im Durchschnitt 0,5 l/h tranken. Ihre Schweißbildungsrate betrug pro Stunde ca. ein Liter (Dennis et al., 1997).

Treten Magenkrämpfe während einer Belastung auf, dann beruhen diese meist auf der Aufnahme von hyperosmolaren Getränken, Salztabletten oder konzentrierten Energiedrinks. Auch sehr kalte Flüssigkeit stört die Magen- und Darmfunktion. Da nicht jedes handelsübliche Getränk den physiologischen Anforderungen beim Wettkampf gerecht wird, sollte es zuvor getestet werden.

12.3 Ausdauertraining bei Kälte

Bei Temperaturen unter -20° C sind Skilanglaufwettkämpfe untersagt. Die Erfrierungsgefahr an den Endgliedern und den Schleimhäuten (Nase, Auge, Lunge) ist bei diesen Temperaturen zu hoch. Für die Auslösung von Erfrierungen wurde eine *„Windchilltemperatur"* angegeben. Diese besagt, dass bei starken Luftbewegungen (Wind), die Abkühlung auf der Haut- und Schleimhautoberfläche größer ist als durch die Außentemperatur zu erwarten wäre. Beispielsweise beträgt bei -10 Grad Außentemperatur und einer Windgeschwindigkeit von 11,1 m/s (40 km/h) die gefühlte Hauttemperatur -30° C.

Mit der fühlbaren Temperatur ist die an der Hautoberfläche herrschende Temperatur gemeint, die umso unangenehmer ist, je höher die Windgeschwindigkeit ansteigt. Beispielsweise beträgt die Abkühlungsrate der Haut bei ~ -12° C und leichtem Wind (bis 7 m/s) 500-1.350 kcal/m² in zwei Stunden. Scheint die Sonne stark, dann vermindert sich die Abkühlung der Haut deutlich und diese beträgt nur noch etwa 50 % des angegebenen Wind-Chill-Index. Ein *Wind-Chill-Index* an der Hautoberfläche von ~ -30° C führt mit hoher Wahrscheinlichkeit zu örtlichen Erfrierungen.

Das Auftragen von Creme als Schutz vor Erfrierung ist nutzlos, da ihr Wassergehalt Erfrierungen fördert. Bei Wettkämpfen oder Training in großer Kälte sollten Gesichtsmasken und geeignete Brillen zum Schutz der Augen benutzt werden. Wenn der Tränenfluss zu stark gedrosselt ist, verlieren die Hornhaut des Auges und die Bindehäute ihren Schutz. Die Hornhaut wird zu stark unterkühlt und die Bindehäute des Auges entzünden sich. Eine Unterkühlung der Schleimhäute der Atemwege provoziert einen Reizhusten.

Das Kältetraining steigert den *Energieverbrauch* um 10-20 %. Eine hoch kalorische und fettreichere Ernährung ist beim Kältetraining zu bevorzugen. Durch den Aufbau eines stärkeren Unterhautfettgewebes und die Zunahme der Oberflächendurchblutung der Haut ist eine *Kälteakklimatisation* möglich. Kaltwasserschwimmen über etwa 10 Tage führt zur Kälteanpassung beim Schwimmen.

Ein längeres Schwimmen bei Wassertemperaturen zwischen 20-26° C führt zur Auskühlung der Muskulatur und des Gesamtkörpers und erfordert Schutzanzüge (*Neoprenanzüge*). Langstreckenschwimmer benötigen daher ein stärkeres Unterhautfettgewebe, da sie keine Schutzanzüge tragen dürfen. Schwimmer ohne eine starke Unterhautfettschicht sollten nicht bei Wassertemperaturen unter 16° eine

Langstreckendistanz bewältigen wollen. Kaltwasserschwimmen führt zu einem Energieumsatz von 700-800 kcal/h (Knechtle et al., 2004).

12.4   Ausdauertraining bei Luftverschmutzung und Ozon

Die Ausdauerleistungsfähigkeit kann durch Verunreinigungen der Luft und Strahlungseinflüsse beeinträchtigt werden. Im Extremfall sind gesundheitliche Schädigungen möglich.

UV-Strahlung

Sonnenstrahlung mit einem hohen Anteil an kurzwelligem ultraviolettem Licht (UV) führt zur Bräunung der Haut. Biologische Reaktionen bewirken UV-A (400-320 nm), UV-B (320-280 nm) und UV-C (280-200 nm). Die intakte Ozonschicht filtert die UV-C-Strahlung vollständig, die UV-B-Strahlung nur teilweise. Beim Sonnenstand mit einem Einfallwinkel von 60° hat die Sonnenstrahlung die größte Wirkung auf die Haut.

Die schädigende Wirkung des UV-Lichts erhöht sich bei lokalen Störungen in der Ozonschicht (z. B. Australien). Im Hochgebirge und an der See ist die UV-Strahlung besonders hoch. Die *Hautrötung* durch die UV-Strahlung der Sonne nimmt mit steigender Höhe zu und ist in 1.500 m bereits doppelt so hoch wie in Tallage (De Marées, 2002). Der in der Hautschutzcreme enthaltene *Lichtschutzfaktor* (10-30) orientiert sich nur an der Erythemreaktion der Haut, er informiert nicht über die Gesamtwirkung der UV-A-Strahlung auf den Organismus. Das Einreiben der freien Körperstellen mit hohen UV-Lichtschutzfaktoren beugt einem Sonnenbrand mit UV-B-Strahlung vor. Für den Schutz der Augen ist eine Sonnenbrille mit UV-Glas notwendig.

Kohlenmonoxid (CO)

Das Kohlenmonoxid führt bei Einatmung zu einer reversiblen Bindung an den Sauerstofftransportträger Hämoglobin im Blut. An Hämoglobin angelagertes CO blockiert je nach Bindungsmenge die Sauerstoffaufnahme. Das Training im Stadtzentrum oder entlang dicht befahrener Autostraßen führt zu einer Blockierung der Sauerstofftransportkapazität, da im Blut bis zu 5 % CO-Hämoglobin gebildet werden. Bereits bei einer CO-Hämoglobinbindung von 8 % nimmt die maximale Sauerstoffaufnahme um 10 % ab (Folinsbee, 1992). In einer Innenstadt mit starkem Fahrzeugverkehr ist nach Möglichkeit kein Ausdauersport durchzuführen.

Schwefelabbauprodukte

Von den in Industrieabgasen reichlich enthalten Schwefelverbindungen ist das Schwefeldioxid (SO_2) und das Sulfat (SO_4) besonders wirksam. Das Schwefeldioxid ist die Vorläufersubstanz für die Entstehung des sauren Regens. Für den Läufer ist von Bedeutung, dass die Einatmung dieser sauren Substanzen zu einer deutlichen Verengung und Entzündung in den Atemwegen führt. Sportler mit Neigung zu asthmatischen Reaktionen sollten sich unter diesen Bedingungen nicht belasten oder ihr Lauftraining im Wald durchführen.

Pollenallergien

In der Blütezeit von Pflanzen besteht vom März bis zum späten Herbst die Gefahr der Pollenallergie. Allergisch reagierende Sportler sollten die öffentliche Pollenflugwarnung beachten und, wenn möglich, das Training in pollenallergenarme Gebiete (See, Gebirge) verlegen.

Vorbeugendes Verhalten bei Luftschadstoffen

Bei Smogwetterlage ist das Ausdauertraining einzuschränken. Entscheidend ist bei Smogwetterlage, dass das Atemminutenvolumen 60 l/min nicht übersteigen sollte. Dies entspricht Belastungen im niedrigen GA 1-Bereich. Wenn es bei der Belastung zu einer erhöhten Schleimabsonderung aus den Atemwegen kommt, dann ist das bereits ein erstes Anzeichen einer möglichen Verengung der Atemwege, die sich im *Belastungsasthma* äußert. Sportler mit asthmatischer Veranlagung oder bestehendem Belastungsasthma sollten bei schadstoffbelasteten Luftsituationen sich vor dem Training einen schnell- und langwirkenden Asthmaspray zuführen.

Erlaubt sind für Leistungssportler, die im Trainingskontrollsystem des DOSB erfasst sind, nur Sprays mit den Substanzen *Salbutamol, Salmeterol, Terbutalin* und *Formoterol* (Stand 2007).

Ozon

In Erdnähe bildet sich das Ozon aus einer Reaktion zwischen dem Stickstoffdioxid (NO_2) und dem Sauerstoff (O_2) unter dem Einfluss der UV-Strahlung. Bei Gewitter (Blitzentladung) entsteht ebenfalls Ozon. In der Stratosphäre besteht die stärkste

Ozonkonzentration und absorbiert teilweise die UV-Strahlung der Sonne. Hohe Ozonkonzentration reizt die Atemwege.

Die EU hat Richtwerte für die Ozonkonzentration festgelegt. Keine Gefahr für die Gesundheit besteht bei einer Ozonkonzentration unter 100 mg/m³; ab 180 mg/m³ erfolgt eine Unterrichtung der Bevölkerung. Über 200 mg/m³ können Schleimhautreizungen, Kopfschmerzen oder Hustenreiz auftreten. Beträgt der Einstundenmittelwert 360 g/m³ werden Warnungen ausgesprochen, da diese Konzentration die Gesundheit gefährdet. Das Flimmerepithel der oberen Luftwege reagiert besonders empfindlich auf hohe Ozonkonzentrationen.

Nach Folinsbee und Schelegele (2000) besteht bereits bei über 180 µg/m³ Ozon eine gesundheitsschädigende Wirkung der Atemwege. Entscheidend ist aber nicht die Ozonspitze, sondern die *Expositionsdauer* (Trainingsdauer) bei hoher Ozonkonzentration. Bei einer Ozonkonzentration von 240-400 µg/m³ (0,12-0,20 ppm) genügt eine Exposition von 60 min bei moderater Belastung, um eine Verminderung der Sekundenkapazität (FEV_1), der maximalen Sauerstoffaufnahme und der Ausdauerleistung hervorzurufen (Folinsbee & Schelegele, 2000). Je größer die Atmungsleistung bei Ozonbelastung, desto frühzeitiger ist eine funktionelle Störung in der Lunge zu erwarten.

Sportler mit Neigung zu asthmatischen Beschwerden sollten bei Ozonwitterungssituationen besonders vorsichtig mit dem Ausdauertraining im Freien sein. Als praktische Konsequenz sollte bei Ozonwarnung das Training in die frühen Morgenstunden oder in die späten Abendstunden verlegt werden. Bei Sonnenschein wird zwischen 11 und 17 Uhr die höchste Ozonkonzentration gemessen.

Zusammenfassung:

In den Ausdauersportarten wird ein zwei- bis vierwöchiges Training in mittleren Höhen (1.800-2.500 m) zunehmend zur Steigerung der Sauerstofftransportkapazität genutzt.

In mittleren Höhen ist bei gleicher motorischer Beanspruchung wie in Tallage die Reizwirksamkeit um etwa 10 % höher. 4 bis 11 Tage nach dem Höhentraining zeigen 70 % der Athleten eine instabile Leistungsfähigkeit. Zur verbesserten Leistungsabgabe kommt es 14-21 Tage nach dem Höhentraining, bei entsprechender Gestaltung des Transformationstrainings zuvor.

Eine Anpassung an Hitze (> 27°C) kann nur durch aktive Belastung erfolgen, nicht jedoch durch passiven Aufenthalt. Nach 5-10 Tagen intensiven und kurzzeitigen Trainings unter Hitze erfolgt eine Akklimatisation. Dies zeichnet sich durch zeitigeres Schwitzen und Abgabe salzärmeren Schweißes, erhöhter Hautdurchblutung und verbesserter Herz-Kreislauffunktion aus. Bei Hitze ist rechtzeitig zu trinken, bei Zugabe von Kochsalz in die Getränke. Hitzewettkämpfe sind langsamer anzugehen als gewohnt.

Die erhöhte Emission von Kohlendioxid, Schwefelabbaustoffen, Kohlenmonoxid, Ozon und bestimmten Blütenpollen behindern Ausdauerbelastungen individuell unterschiedlich. Am häufigsten treten dabei asthmatische Beschwerden auf. Athleten mit bekanntem und behandeltem Belastungsasthma sollten bei Extremwetterzuständen das Training einschränken oder unterlassen.

13 Ausdauertraining in der Sekundärprävention

Inhalt

13   Ausdauertraining in der Sekundärprävention

Die Vorbeugung gesundheitlicher Störungen im Alternsprozess wird als *Primärprävention* bezeichnet. Kommen zum Bewegungsmangel und Übergewicht weitere Faktoren, wie Fehlernährung und Berufsstress hinzu, dann summieren sich diese Risikofaktoren. Das lebensbegleitende körperliche und sportliche Training sind entscheidende Maßnahmen zur Sicherung des Gesundheitszustandes. Kommt es zu chronischen Erkrankungen, dann wird die sportliche Aktivität als Hauptbestandteil der *Sekundärprävention* aufgefasst, die ein Fortschreiten der Erkrankung verhindern soll.

Inzwischen belegen zahlreiche Studien, dass es einen gesicherten Zusammenhang zwischen körperlicher Aktivität und Gesundheit, unabhängig vom Lebensalter gibt (Paffenbarger, 1982; Paffenbarger et al., 1994; Kujala et al., 1998). Die lebensbegleitende körperliche Aktivität bzw. der Sport führen zur besseren Lebensqualität und tragen zur Verlängerung der Lebenszeit bei (Böger & Kanowski, 1982; Bokovsky et al., 1994; Roberts et al., 1998; Miller et al., 1998; Winett & Carpinelli, 2000; Schringer, 2001; Oguma et al., 2001). In der Gesundheitsprävention besteht ein Problem darin, die Betroffenen fortwährend zur Bewegung zu motivieren. Deshalb ist die professionelle Unterstützung für die meisten Menschen wichtig, um auch im höheren Lebensalter ausreichend körperlich aktiv zu bleiben. Eine nachhaltige Gesundheitsprävention ist dann wirksam, wenn beim Sport eine bestimmte Belastungsintensität eingehalten wird (Lee et al., 1995).

Die sicherste Vorsorgemaßnahme ist nach gegenwärtigem Kenntnisstand die primäre Prävention. Die körperlich schonende Lebensweise schadet mehr als sie gesundheitlich nutzt. Inzwischen werden selbst Patienten mit Herzmuskelschwäche (Herzinsuffizienz), neben der medikamentösen Therapie, zu einer erhöhten körperlichen Aktivität angehalten, eine Tatsache, die bis vor kurzem für nicht möglich gehalten wurde (Hambrecht, et al., 1993). Eine erhöhte körperliche Aktivität steht in einem größeren Zusammenhang mit Zufriedenheit und Wohlbefinden als muskuläre Inaktivität (Abele & Brehm, 1994; Alfermann & Stoll, 1996). Das regelmäßige sportliche Training ist eine der wirkungsvollsten Maßnahmen zur Steigerung der Gehirndurchblutung und damit zur Bremsung des altersbedingten Abfalls der Leistungsfähigkeit (Hollmann & Meirleir, 1988). Die Wirkung des Sports auf den Gesamtorganismus wird von keinem Medikament übertroffen.

Analysen zur Veränderung des Körperfetts in der Lebensspanne ergaben, dass es trotz lebensbegleitender sportlicher Aktivität im Alternsgang zu einer Abnahme der aktiven Muskelmasse und zum Austausch von Muskulatur durch Fettgewebe kommt (Parhofer & Göke, 2003). Auch bei unverändertem Körpergewicht verschieben sich die Relationen zwischen Fett- und Muskelmasse mit zunehmendem Alter. Zwischen dem 50. bis 60. Lebensjahr nehmen die körpereigenen Fettreserven um 2 kg (13-15 %) zu (Pollock et al., 1987). Die Gewichtszunahme im Alter durch Fetteinbau ist durch sportliches Training begrenzt beeinflussbar. Eine altersphysiologische Fettzunahme ist gesundheitlich nicht bedrohlich, wenn der Bauchumfang bei Männern unter 94 cm und unter 80 cm bei Frauen bleibt. Werte über 102 cm bei Männern und über 88 cm bei Frauen sind sichere Anzeichen der Zunahme des stoffwechselaktiven Bauchfetts und Indikatoren eines beginnenden metabolen Syndroms (Grundy et al., 2005).

13.1 Koronare Herzkrankheit

Die Herz-Kreislauf-Erkrankungen verursachen gegenwärtig die höchste Sterblichkeit in mittleren und höheren Lebensjahren. Zahlreiche spektakuläre Todesfälle im Sport beruhen auf nicht erkannten Vorerkrankungen im Herz-Kreislauf-System oder auf Herzrhythmusstörungen (Löllgen et al., 2006).
An akutem *Herzinfarkt* starben 2003 in Deutschland 34.679 Männer und 29.550 Frauen, das entsprach 8,7 % bzw. 6,5 % aller Todesfälle. Die Zahl der Todesfälle ist seit 1990 bis 2004 in Deutschland rückläufig.
Von den insgesamt über 120.000 jährlich in Deutschland an Herzinfarkt Erkrankten überleben etwa 55 %. Für die Überlebenden nach einem Herzinfarkt besteht in Deutschland ein standardisiertes Rehabilitationsprogramm. Die früher übliche körperliche Schonung nach einem Infarkt gehört der Vergangenheit an. Die dosierte körperliche Aktivierung und das Training sind jetzt Behandlungsstandard (Tab. 1/13.1).

Tab. 1/13.1:   Rehabilitationsprogramm nach Herzinfarkt, das von der Welt-Gesundheits-Organisation (WHO) empfohlen wird

Behandlungs phasen	Behandlungsphasen (verbal)	Belastungsformen	Dauer
Phase I	Hospitalphase (Krankenhausaufenthalt)	Frühmobilisation im Bett und Station	3-4 Wochen
Phase II	Anschlussheilbehandlung (AHB) oder Konvaleszenz	Rekonditionierung in REHA-Klinik oder Spezialambulanz	8-12 Wochen
Phase III	Postkonvaleszenz	Langzeitrehabilitation	Lebenslänglich

Bevor nach einem Herzinfarkt mit einem Ausdauertraining in der Rehabilitationsphase III begonnen werden kann, muss bei einem Ergometertest unter EKG-
Kontrolle eine *Mindestleistung* von 1 W/kg über eine Dauer von zwei Minuten
erbracht werden. Wird diese Grundleistung nicht erreicht, dann ist auf dem Ergometer so lange zu üben, bis die Mindestleistung erreicht wird. Den Herzinfarkt-
Rehabilitanden wird empfohlen, dreimal in der Woche ca. 30 min ausdauerorien-
tiert zu üben. Das langsame Radfahren, Laufen, Gehen, Nordic Walking und
Schwimmen sind effektive Belastungsformen. Das Schwimmen muss unter quali-
fizierter Aufsicht erfolgen.

Nach den klassischen Untersuchungen von Paffenbarger et al. (1978) wirkt der Energiemehrverbrauch durch Bewegung und Sport von 2.000-3.000 kcal/Woche präventiv und führt zu einer Senkung der tödlichen Infarktereignisse von 50 %.

Der präventiv wirkende Energiemehrverbrauch durch Sport wurde inzwischen mehrfach bestätigt. Die erhöhte körperliche oder sportliche Aktivität ist ein eigenständiger
Schutzfaktor vor Herz-Kreislauf-Erkrankungen, der unabhängig von anderen Risikofaktoren wirkt (Lakka et al., 1994). Regelmäßiges Laufen, Walken (Gehen) oder
Nordic Walking haben sich als besonders wirksam herausgestellt; damit wird das
Herzinfarktrisiko mindestens um den Faktor 3 gesenkt. Auch andere ausdauerorientierte Sportarten sind nützlich. Selbst Gartenarbeit oder regelmäßiges Treppensteigen
schützt vor Herz-Kreislauf-Erkrankungen. Geringe körperliche Aktivität ist immer
noch besser als motorische Untätigkeit. Als Mindest-belastung werden 2,5 km Gehen
am Tag empfohlen. Wenn täglich eine Stunde mit einer Geschwindigkeit von 5,5
km/h gegangen oder mit Hilfe von Stöcken als Nordic Walking ausgeführt wird,
dann kommt es zu einem zusätzlichen Energieverbrauch von ca. 2.200 kcal in der
Woche. Das langsame Laufen (Joggen) oder Nordic Walking einer Person von 80 kg
führt zu einem Energieverbrauch von etwa 10 kcal/min.

Werden durch Bewegung weniger als 1.000 kcal/Woche umgesetzt, dann schreiten
die Erkrankungen des Herz-Kreislauf-Systems in den Gefäßen fort, bzw. der prä-
ventive Reiz reicht nicht aus (Hambrecht et al., 1993). Demnach ist ein Training
von weniger als zwei Stunden/Woche zu wenig für die primäre Prävention. Erst bei
einem Energiemehrverbrauch von über 2.000 kcal/Woche kommt es in der Mehrzahl der Fälle zu einer Rückbildung einer bereits bestehenden Verkalkung in den
Koronararterien des Herzens (Niebauer et al., 1997). Wird eine aerobe Ausdauerbelastung über 3 x 60 min/Woche eingehalten, dann ist bereits mit einer echten
Verminderung der Risikofaktoren (z. B. Cholesterol, Blutdruck) nach neun Wochen Training zu rechnen (McMurray et al., 1998).

Bei *Ausdauerbelastungen* in der Rehabilitation ist die Kontrolle der Belastungsintensität mit Hilfe der Herzfrequenz notwendig. Die Mehrzahl der Herzfrequenz-Messgeräte erlaubt zusätzlich die Kalkulation des Kalorienverbrauchs auf der Basis der Herzfrequenz sowie der Eingabe personenbezogener Werte wie Körpergewicht, Alter, Leistungsfähigkeit (VO_2max-Wert) und maximale Herzfrequenz.¯ Die Übungsdauer und die Höhe der Anfangsbelastung muss vom behandelnden Arzt festgelegt werden. Wird in der Rehabilitationsphase III unter Aufsicht in Herzgruppen trainiert, dann besteht das Übungsziel darin, sich 3-4 x pro Woche zu belasten (Meyer, 2004; Schüle & Huber, 2004). In der kardialen Rehabilitation sollte der Laufumfang pro Übungseinheit etwa 4-8 km betragen. Fällt dieses oder das langsame Joggen zu schwer, dann sind Rad fahren, Nordic Walking oder Schwimmen wirksame Alternativen. Beim Bewegen der eigenen Körpermasse werden auch bei einem langsamen Tempo die meisten Kalorien umgesetzt.

Das konditionelle Aufbautraining erfolgt in Deutschland in *Herzgruppen* (Graf & Rost, 2001). Inzwischen gibt es über 6.000 Herzgruppen in Deutschland, die bei einer Belastbarkeit von > 0,5 W/kg als *Übungsgruppen* und bei einer Belastbarkeit von über 1,0 W/kg Körpergewicht als *Trainingsgruppen* bezeichnet werden (Graf et al., 2004). Zur Sekundärprävention oder Rehabilitation gehört auch ein Kraftausdauertraining. Das kann durch Belastungen im profilierten Gelände oder durch Kreistraining an Fitnessmaschinen in Studios erfolgen (Tab. 2/13.1).

Tab. 2/13.1   Empfehlungen für das Training bei koronarer Herzkrankheit (KHK)

Ziele	Leistungsfähigkeit ↑, Körpergewicht ↓, Optimierung Blutfette, Blutdruck↓, Insulinsensitivität ↑, Lebensqualität ↑, Reinfarktrisiko ↓
Belastungsintensität	40-80 % HFmax
Medikation	Betablocker senken obligat die HF um 15-20 Schläge/min und vermindern die Ausdauerleistungsfähigkeit.
Belastungskontrolle	HF-Messung während Belastung
Mögliche Vorfälle/ Gesundheitsstörungen	Herz-Kreislauf-Stillstand. Erste Hilfe. Defibrillator am Trainingsort. Schnelle Arztrufbereitschaft sichern.

13.2   Bluthochdruck (Hypertonie)

Der **Bluthochdruck** (Hypertonie) ist inzwischen eine Volkskrankheit. Zwischen dem 25. und 75. Lebensjahr haben 60 % der Männer und 40 % der Frauen einen erhöhten Blutdruck (über 130/85 mm Hg). Der erhöhte Blutdruck ist oft ein Teilsymptom des Metabolischen Syndroms und ein Risikofaktor für Gefäßerkrankungen (Schlaganfall), Herzkrankheiten oder Nierenfunktionsstörungen.

Nach Auswertung internationaler Studien wiesen diejenigen Personen die niedrigste Sterblichkeit auf, die einen Blutdruck von weniger als 138/83 mm Hg und eine Herzfrequenz (HF) von unter 60 Schlägen/min aufwiesen (Deutsche Hochdruckliga, 2003). Das betraf sowohl die unter Medikamenteneinfluss stehenden nicht trainierten Patienten (z. B. Einnahme von Beta-Rezeptorenblocker, Lipidsenker oder Thrombozyten-Aggregationshemmer) als auch die älteren Ausdauersportler, die noch keine Herz-Kreislauf-Medikamente einnahmen. Entscheidend war, dass die Medikamente oder die ausgeübte Sportart zu einem niedrigen Blutdruck und zur Senkung der HF führten.

Regelmäßiges und moderates Lauftraining von etwa 20-30 km/Woche führt erfahrungsgemäß zu einer *Blutdrucksenkung* um 8-10 mm Hg und zur Abnahme der HF um 5-15 Schläge/min. Der Bluthochdruck (Hypertonie) ist eine häufige Begleiterscheinung des Übergewichts, des Bewegungsmangels, von Stress und/oder des Metabolischen Syndroms. Überdurchschnittlich häufig liegt der Blutdruck beim Metabolischen Syndrom, Diabetes Typ II, hohen Blutfettwerten und/oder Gicht über dem Normwert. Ein erhöhter Blutdruck liegt vor, wenn mehrere Messungen an unterschiedlichen Tagen Werte über 140/90 mm Hg ergeben.

Neben der medikamentösen Behandlung (ACE-Hemmer, Diuretika, Betablocker, Alphablocker, Kalziumblocker) spielt die körperliche Bewegung bzw. regelmäßiger Ausdauersport eine bedeutende und unterstützende Rolle bei der Blutdrucksenkung. International anerkanntes Behandlungsziel ist, unabhängig vom Alter, den Blutdruck unter 140/85 mm Hg zu senken. Derzeit laufen Studien, ob die gegenwärtig als noch normal bezeichneten Werte von 130-139/85-89 mm Hg auf längere Sicht gesundheitliche Schäden verursachen oder behandlungsbedürftig sind. Um den systolischen Blutdruck durch Sport zu senken, ist ein ausdauerorientiertes Training von 3-4 x wöchentlich und 45-60 min pro Trainingseinheit notwendig (Tab. 1/13.2).

Tab. 1/13.2   Empfehlungen für das Training bei Hypertonie (siehe auch Tab. 2/13.2)

Ziele	Blutdruck ↓, Körpergewicht↓, Leistungsfähigkeit↑, Schlaganfallrisiko↓
Belastungsintensität	40-80 % HFmax
Medikation	Senkung des Medikamentenverbrauchs
Belastungskontrolle	Fortlaufende HF-Messung, unter Beachtung individueller Grenzwerte
Mögliche Vorfälle / Gesundheitsstörungen	Plötzlicher Blutdruckanstieg, Kopfschmerz, Abbruch der Belastung, Arztkonsultation

Auch wenn durch Medikamenteneinnahme allein der Blutdruck gesenkt wird, sollten die Ausdauerbelastungen nicht aufgegeben werden. Sie ermöglichen mitunter die Verminderung der Medikamentendosis. Zur Senkung des Blutdrucks gibt es weitere Möglichkeiten. Zu diesen gehören nichtmedikamentöse Gewichtsreduktion, Senkung der Kochsalzaufnahme von 10 auf 5 g täglich, Einschränkung der Alkoholaufnahme, körperliche Betätigung (mindestens 2 h/Woche), Diät (Mehrkonsum von Obst und Gemüse, Fettreduktion) und Einstellen des Rauchens.

Tab. 2/13.2:   Gesundheitlicher Nutzen regelmäßigen Lauf- und Gehtrainings (20-50 km/Woche Lauf (Jogging) oder 5 x 60 min/Woche Gehen (Walking, Nordic Walking) im profilierten Gelände mit 5 km/h*

Funktionssysteme	Physiologische Wirkung
Herz-Kreislauf-System	Senkung des systolischen Blutdrucks um 8-10 mm Hg in Ruhe, Abnahme der Herzfrequenz um 5-10 Schläge/min in Ruhe und Belastung.
Energiestoffwechsel	Energiemehrverbrauch von 400-600 kcal/h Sport, Steigerung des Grundumsatzes, geringere Altersgewichtszunahme.
Kohlenhydratstoffwechsel	Senkung des Blutzuckers, Abnahme der Insulinresistenz, Senkung der Insulinsekretion, Abnahme des Glukoseanstiegs nach Nahrungsaufnahme.
Fettstoffwechsel	Abnahme von Cholesterol (unter 200 mg/dl), LDL-Cholesterol (unter 150 mg/dl) und Triglyzeriden (unter150 mg/dl). Zunahme des HDL-Cholesterols auf über 40 mg/dl. Quotient LDL/HDL unter 4 notwendig.
Blutgerinnung	Veränderte Blutgerinnung, Zunahme der Fibrinolyse.
Stütz- und Bewegungssystem	Vermindertes Osteoporoserisiko, Anstieg der Muskelkraft, bessere Bewegungskoordination.
Psychophysisches Leistungsvermögen	Anstieg der allgemeinen Leistungsfähigkeit und spezifischen Ausdauer, Steigerung des Selbstwertgefühls, Abnahme der Häufigkeit an depressiven Stimmungslagen.

* Die Trainingsbelastung muss mindestens drei Monate und regelmäßig erfolgen.
Zusammenfassung internationaler Daten

13.3   Diabetes mellitus (Zuckerkrankheit)

Bei der **Zuckerkrankheit** (Diabetes mellitus) handelt es sich um eine Störung im Glukosestoffwechsel auf Grund eingeschränkter (Diabetes Typ II) oder gänzlich ausgebliebener (Diabetes Typ I) Insulinbildung in der Bauchspeicheldrüse. Die Zahl der *Diabetiker* wird in Deutschland auf etwa 6 Millionen geschätzt. Von diesen Diabetikern sind 5-7 % insulinpflichtig, d.h., sie haben den Typ I Diabetes. Das Hormon Insulin ist notwendig, um die Blutglukose in Körperruhe und bei Belastung in die Muskelzelle zu transportieren. Von der Zuckerkrankheit sind in Deutschland mehr Frauen als Männer betroffen. Mit zunehmendem Alter steigt die Diabetesprävalenz an, sodass es nach dem 60. Lebensjahr bereits 12-17 % Diabetiker gibt (Dodt et al., 2002). Die Zahl der Diabetiker nimmt in den industrialisierten Ländern ständig zu. Die Diabetiker mit Bluthochdruck werden nach Einschätzungen der Weltgesundheitsorganisation und Internationalen Hochdruckliga (WHO/ISH) als höchste Risikogruppe eingeordnet, weil mit einer Wahrscheinlichkeit von 20-30 % in den nächsten 10 Jahren ein kardiovaskuläres Ereignis eintritt. Das bedeutet, dass die Diabetiker nicht nur seitens ihres Stoffwechsels gefährdet sind, sondern noch weit höher in ihrem Gefäßsystem.

Die Blutglukose wird durch spezielle Proteine, den *Glukosetransportern*, in die Muskelzelle gebracht. Der hauptsächliche Glukosetransporter (GLUT-4) ist insulinabhängig. Jede Zelle verfügt neben dem GLUT-4-Rezeptor noch über weitere Rezeptoren, die nicht alle insulinabhängig sind. Die insulinunabhängigen Rezeptoren reagieren empfindlich auf muskuläre Belastungsreize und erhöhen die Empfindlichkeit der Zelle gegenüber Insulin. Das ist der Grund dafür, dass Typ I und II Diabetiker, die sich in Ausdauersportarten betätigen, mit bedeutend niedrigeren Insulinmengen auskommen.

Die Diabetiker vom Typ II, die sich sportlich betätigen, erhöhten die Insulinempfindlichkeit der Muskelzellen und benötigen bei dosierter Glukoseaufnahme keine oder nur kleine Mengen an blutzuckersenkenden Medikamenten. Typ II Diabetiker müssen während längeren Ausdauerbelastungen ihren Blutzucker kontrollieren und bei Blutglukoseabnahme dosiert Glukose (Traubenzucker) aufnehmen. Das Mitführen eines kleinen Blutzuckermessgerätes ist kein Problem mehr.

Diabetes Typ I (insulinabhängiger Diabetes)

Der Diabetiker vom Typ I ist auf eine ständige Insulinzufuhr angewiesen, weil seine Bauchspeicheldrüse kein *Insulin* mehr produziert. Der Typ-I-Diabetiker muss regelmäßig Insulin spritzen und seinen Blutzucker mehrmals am Tag kontrollieren. Mit der Einführung von *Insulinpumpen* können Typ-I-Diabetiker inzwischen auch Langzeitbelastungen (Marathon, Triathlon, Ironman) bestreiten. Ein nicht gut eingestellter Diabetes führt im Laufe der Erkrankung zu zahlreichen Komplikationen, die sich hauptsächlich an den Blutgefäßen äußern. Hierzu gehören z. B. vorzeitige Gefäßverkalkung, koronare Herzkrankheit, Sehstörungen, Bluthochdruck u. a. Der Sport treibende Diabetiker Typ I muss beim Sport seinen Blutzucker ständig kontrollieren, damit er keine Unterzuckerung *(Hypoglykämie)* erleidet. Beim Training oder längerer körperlicher Belastung sollte die Blutglukose nicht unter 4 mmol/l (72 mg/dl) abfallen. Der Diabetiker muss ständig Traubenzucker mitführen, damit er Blutglukoseabfälle schnell kompensieren kann.

Diabetes Typ II (insulinunabhängiger Diabetes)

Der Typ-II-Diabetiker hat noch eine begrenzte *Insulinbildung* in der Bauchspeicheldrüse, die aber unvollständig den Anforderungen bei der Nahrungsaufnahme entspricht.

Die Abnahme der *Insulinsensitivität* des Muskelgewebes, als Folge der Bewegungsarmut oder von Übergewicht, geht oft mit einer Erhöhung der Triglyzeride einher, diese übersteigen den Grenzwert von 1,7 mmol/l (148 mg/dl). Die Diabetiker vom Typ II repräsentieren über 90 % der Diabetiker. Bevor es zum Ausbruch der Erkrankung kommt, wird meist eine Vorstufe, die *Glukosetoleranzstörung,* durchlaufen. Die Vorstufe zeichnet sich durch einen zu hohen Blutzuckerspiegel in Ruhe aus. Nur die erhöhte muskuläre Belastung steigert die Insulinempfindlichkeit der Muskelzelle und vermindert eine bestehende Insulinresistenz (Koivisto et al., 1986; Etgen et al., 1997).

Die meisten Diabetiker sind übergewichtig und meiden körperliche Aktivität. An sportlicher Belastung sind meist nur die jüngeren normal- oder leicht übergewichtigen Typ-II-Diabetiker interessiert. Der normalgewichtige Diabetiker, der etwa 20 % des Typ-II-Diabetikers ausmacht und zum Sport bereit ist, wird auch als Typ-II-a-Diabetiker bezeichnet.

Bei der sportlichen Belastung gelangt die Blutglukose durch die insulinunabhängigen Rezeptoren vermehrt in das Innere der Muskelzellen oder Gewebe. Die Betroffenen benötigen weniger blutzuckersenkende Medikamente oder Insulin. Eine virusbedingte *Autoimmunreaktion* kann auch bei gesunden Sportlern insulin-produzierenden Zellen in der Bauchspeicheldrüse schädigen. Diese Komplikation macht sich nicht sofort bemerkbar, sondern ist erst durch eine Blutzuckerkontrolle zu belegen. Meist ist bei Entdeckung des Diabetes die Blutglukose über 16,7 mmol/l bzw. > 300 mg/dl angestiegen. Ist nach einem Infekt eine deutliche Leistungsabnahme festzustellen und besteht ein erhöhtes Durstgefühl, dann sollte der Blutzucker mehrfach kontrolliert werden (Tab. 1/13.3).

Tab. 1/13.3: Blutglukosewerte bei sportlich aktiven Diabetikern

Beurteilung des Blutzuckers	Glukosekonzentration* [mmol/l, (mg/dl)]	HbA1c [%]**
Unterzuckerung (Hypoglykämie)	< 3,5 (< 63)	< 6,0
Normaler Blutzucker (nüchtern)	< 5,3 (< 95)	< 6,0
Grenzwertiger Blutzucker (nüchtern: mögliche Kohlenhydrat-Toleranzstörung)	5,3-6,1 (95-110)	6,5-7,5
Grenzwertiger Blutzucker 2 h nach 75 g-Glukoseaufnahme (Glukosetoleranztest)	7,8-11,1 (140-200)	> 6,5
Zu hoher Blutzucker nüchtern (Hyperglykämie)	> 6,1 (110)	>7,5 (Diabetes)
Pathologischer Blutzucker 2 h nach 75 g Glukosebelastung	> 11,1 (200)	>7,5 (Diabetes)
Stressbedingte Belastungshyperglykämie bei gesunden Sportlern im Wettkampf (Wettkampfdauer unter 60 min)	6-12 (108-216)	< 6,0

* Glukosekonzentration ist im venösen Blut etwa 1 mmol/l niedriger als im Kapillarblut.
** HbA1c: Durchschnittlicher Glukosewert in den letzten Monaten, der im Hämoglobin gespeichert wird. Dieser HbA1c-Wert ist stabiler als der schwankende Blutglukosewert.

Die Gefahr einer Unterzuckerung besteht besonders beim Marathonlauf, Lang-triathlon oder langen Radstrecken (Tab. 2/13.3).

Weist ein Sportler in Ruhe erhöhte Glukosekonzentrationen auf, dann sollte ein *Glukosebelastungstest* (75 g oder 1 g Glukose pro kg Körpergewicht) durchgeführt werden und zudem der *HbA1c-Wert* bestimmt werden.

Ein im Stoffwechsel gut eingestellter Diabetiker Typ II weist relativ geringe Schwankungen im Blutglukosespiegel auf. Eine repräsentative Messgröße für die Schwankungen des Blutzuckers ist der Glukosegehalt im Hämoglobin, der als HbA1c-Wert gemessen wird. Er informiert über die durchschnittliche Blutglukose-konzentration über längere Zeiträume.

Der Diabetiker leidet meist an weiteren Gesundheitsstörungen, wobei die Übergewichtigkeit und die Hypertonie zu den häufigsten Begleiterkrankungen zählen. Etwa 75 % der Diabetiker haben einen zu hohen arteriellen Blutdruck (Sawiki & Kaiser, 2004).

Tab. 2/13.3: Empfehlungen für das Training bei Diabetes mellitus

Ziele	Körpergewicht ↓; Insulinsensitivität ↑; Insulingabe ↓; Leistungsfähigkeit ↑; Glukoseverwertung und Glykogensynthese ↑
Belastungsintensität	50-75 % der HFmax Training mindestens 3 x 40 min/Woche. Für ein Fettstoffwechseltraining sind längere Belastungen bei ~60 % HFmax notwendig
Medikation	Insulingabe vor dem Training reduzieren, kein Training bei Blutzucker über 250 mg/dl (14 mmol/l).
Belastungskontrolle	Blutzuckerkontrolle nach 60 min Belastung. Glukoseaufnahme bei Belastungen über 60 min Dauer (Mitführen von Traubenzucker notwendig!).
Mögliche Vorfälle / Gesundheitsstörungen	Unterzuckerung (Hypoglykämie). Anzeichen: Leistungsabfall, kühle und feuchte Haut, Heißhunger, schwankender Schritt, Verwirrtheit. Hilfe: Gabe von Kohlenhydraten (Traubenzucker, Cola-Getränke).

13.4 Fettstoffwechselstörungen (Dyslipoproteinämie)

Die abdominelle Fettsucht geht meist mit einer erhöhten **Dyslipoproteinämie** einher. Das bedeutet, die Triglyzeridwerte (Neutralfette), LDL-Werte (Lipoproteine niedriger Dichte) sowie VLDL-Werte (Lipoproteine sehr niedriger Dichte) sind erhöht und das HDL-Cholesterin (Cholesterin hoher Dichte) ist erniedrigt. Meist ist der Blutdruck erhöht und der Blutglukosespiegel nüchtern oder nach dem Essen überschreitet die Normwerte. Als einfaches Erkennungsmerkmal einer Fettstoffwechselstörung hat sich neben dem *Body Mass Index (BMI)* der *Bauchumfang* oder auch der Quotient aus *Taillen-Hüft-Umfang* erwiesen (Mansfield et al., 1999). Ein Verdacht auf reichliches, stoffwechselaktives intraabdominelles Bauchfett besteht bei einem Bauchumfang von über 102 cm bei Männern und über 88 cm bei Frauen. Die Gefahr der Entwicklung eines *Metabolischen Syndroms* steigt bei zunehmender Bewegungsarmut im Alternsgang und einer damit einhergehenden Gewichtszunahme. Je körperlich aktiver ein Erwachsener ist, desto geringer ist die Chance, dass sich mit zunehmendem Alter ein Metabolisches Syndrom entwickelt (Abb. 1/13.4).

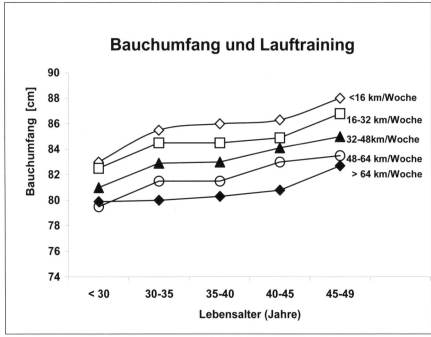

Abb. 1/13.4:   *Einfluss des Lauftrainings auf den Bauchumfang mit zunehmendem Lebensalter. Querschnittsdaten nach Williams (1997). Je höher die wöchentliche Laufstrecke war, desto geringer war die Zunahme des Bauchumfangs mit zunehmendem Lebensalter*

Eine Mehraufnahme von 2 % an Energie (Kalorien) pro Tag führt in 10 Jahren zu einer Massenzunahme von 10 kg. Das ist das typische Phänomen der Gewichtszunahme zwischen dem 20. und 40. Lebensjahr. Das Übergewicht fängt bei Männern mit einem BMI von über 25 und bei Frauen von über 23 an und ist bei einem BMI 30 manifest. Ein über viele Jahre bestehendes Übergewicht führt zur Zunahme gesundheitlicher Risiken, die sich im Diabetes mellitus Typ II, koronarer Herzkrankheit (KHK), Bluthochdruck, Metabolischem Syndrom u. a. Störungen äußern. Die Erkrankungswahrscheinlichkeit steigt deutlich an, wenn der BMI den Wert 30 überschreitet. Große epidemiologische Studien weisen aus, dass der BMI über 26,5 bei Männern und über 25 bei Frauen zu einer signifikanten Zunahme von kardiovaskulären Erkrankungen führt. Wenn es gelingt, bei Übergewichtigen das Körpergewicht um mehrere Kilogramm dauerhaft zu reduzieren, dann nimmt das Erkrankungsrisiko wieder ab.

Ein Ausdauertraining beeinflusst die Zusammensetzung der im Blut zirkulierenden Fette, besonders die Proteinkomplexverbindungen (Lipoproteine unterschiedlicher Dichte). In mehreren Studien konnte gezeigt werden, dass die Lipoproteine niedriger Dichte (LDL- und VLDL-Cholesterin) und die Triglyzeride (Neutralfette) durch ein Ausdauertraining abnahmen (Kavanagh et al., 1983; Berg et al., 1994; Ytaco et al., 1997; Leaf et al., 1997 u. a.). Hingegen steigert das Ausdauertraining die Lipoproteine hoher Dichte, wie die HDL-Cholesterine („gutes Cholesterin"). Das HDL-Cholesterin ist ein gefäßschützendes Lipoprotein, weil es das überschüssige Cholesterin wieder zur Leber transportiert. Die Konzentration des HDL-Cholesterins hängt von der Höhe der wöchentlichen Trainingsbelastung ab. Die Marathonläufer verfügen auf Grund ihres größeren Trainingsumfangs über eine deutlich höhere HDL-Konzentration als die Freizeitläufer (Jogger) oder Untrainierte (Kokinos et al., 1995). Ein hoher HDL-Wert bedeutet einen erhöhten Gefäßschutz und ein verringertes Risiko für die Entwicklung einer Endothelschädigung bzw. Arterienverkalkung (Tab. 2/13.4).

Tab. 2/13.4: Empfehlungen für das Training bei Fettstoffwechselstörungen

Ziele	Leistungsfähigkeit ↑, negative Energiebilanz, Körpergewicht ↓, Muskelmasse ↑, Optimierung Fettstoffwechsel (HDL↑,VLDL ↓, VDL ↓, Cholesterol ↓, Triglyzeride ↓), Insulinsensitivität ↑; Blutdruck ↓; Lebensqualität ↑
Belastungsintensität	60-70 % HFmax
Medikation	Blutdrucksenkende und fettstoffwechselbeeinflussende Medikamente beeinflussen das Training meist nicht
Belastungskontrolle	Kontinuierliche Messung der HF
Mögliche Vorfälle / Gesundheitsstörungen	Gelenkbeschwerden, Dehydratation. Funktionsbekleidung bei starker Schweißbildung vorteilhaft.

13.5 Übergewicht (Adipositas)

Die Zunahme der Übergewichtigkeit von Männern, Frauen, Jugendlichen und Kindern ist eine Folge der drastisch angestiegenen *Bewegungsarmut*, begleitet von Über- und Fehlernährung. Spitzenreiter der Fettsucht im Erwachsenenalter sind die USA mit 41 %. Deutschland liegt im Mittelfeld. Die wenigsten Übergewichtigen hat mit 3 % Japan (Abb. 1/13. 5).

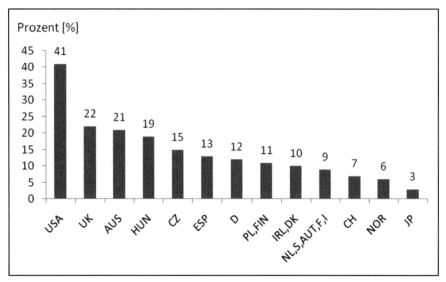

Abb. 1/13.5:   *Verteilung der Übergewichtigkeit (Adipositas) in den Industrienationen. Die meisten Übergewichtigen mit einem Body-Mass von über 30 haben die USA, die wenigsten Übergewichtigsten gibt es in Japan (nach OECD Health Data , 2003)*

Die tägliche, stundenlange muskuläre Untätigkeit vor dem Fernseher bzw. Computer, verbunden mit der Aufnahme energiereicher Getränke und Nahrung oder Alkohol, fördert die positive Energiebilanz und zwingt zur Vergrößerung der Fettdepots, wodurch es zur Gewichtszunahme kommt.

Demnach besteht das hauptsächliche Ziel zum Erhalt des Normalgewichts in der Erhöhung des Energieumsatzes und nicht nur in einer Diät. Ein erhöhter Kalorienverbrauch ist durch Ausdauersport erreichbar. Der Ansatz zur Lösung zunehmender Übergewichtigkeit und Fettsucht in den Industrienationen liegt eindeutig in der Vorsorge. Bereits in der Kindheit sollte die körperliche Aktivität erhöht und die Energieaufnahme den realen Bedürfnissen angepasst werden.

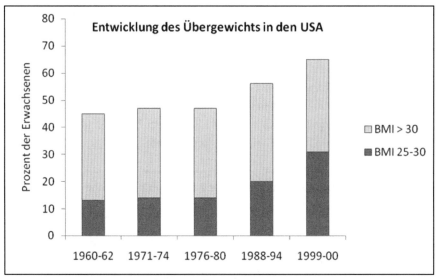

Abb. 2/13.5:   *Stellvertretend für die Industrienationen weisen die repräsentativen Daten aus den USA aus, wie in den vergangenen 40 Jahren das Körpergewicht anstieg. Inzwischen werden über 65 % der Erwachsenen in den USA als übergewichtig eingestuft (Daten nach Bonow, 2002).*

Das frühzeitige Bemühen, nicht übergewichtig zu werden, ist gegenwärtig die einzige Chance zur Abwehr der Massenzunahme in breiten Bevölkerungskreisen. *Übergewichtigkeit* und *Sterblichkeit* stehen in einem bestimmten Wechselverhältnis zueinander. Leicht übergewichtige 60- bis 70-jährige Männer, mit einem BMI von 26,6, hatten die niedrigste Sterblichkeitsrate. Bei den 20- bis 30-jährigen Männern ist der BMI von 21,4 ideal (Tab. 1/13.5). Die leicht übergewichtigen Männer wiesen gegenüber den „dünnen" eine längere Lebenserwartung auf (Anders et al., 1993).

Diejenigen Sportprogramme, welche die Stoffwechsel- oder Kreislaufregulation verändern (z. B. Cholesterinabfall oder Blutdruckabnahme), haben einen Gesundheitsnutzen. Wenn durch *Diätumstellungen* und/oder Sport eine weitere Gewichtszunahme gestoppt wird, ist das bereits ein Erfolg. Die Höhe des Energieverbrauchs durch Sport ist geringer als allgemein angenommen. Bei moderater Dauerbelastung der eigenen Körpermasse werden, je nach Körpergewicht, nur 400-500 kcal/Stunde verbraucht. Um ein Kilogramm körpereigenes Fett oder 2-4 kg Muskelmasse abzubauen, muss ein Energiedefizit von 5.000-10.000 kcal vorliegen, wie Daten bei einem extremen Radrennen über 2.272 km (55, 5 km Höhendifferenz) ergaben (Bircher et al., 2006).

Die Nahrungsindustrie gibt weltweit jährlich 11 Milliarden Dollar für Werbung zum ungesunden Essen (viel Kohlenhydrate und Fette) und für den Konsum großer Portionen aus. Die Preise für Fast Food sind zu billig und für Obst zu hoch (Bonita, 2006). In Deutschland leiden bereits 12 % der Erwachsenen an eindeutiger Fettsucht. Von den Übergewichtigen wiesen 47,7 % einen BMI von über 25 auf und 11,5 % hatten einen BMI über 30 (Dittrich, 2001) (Abb. 3/13.5).

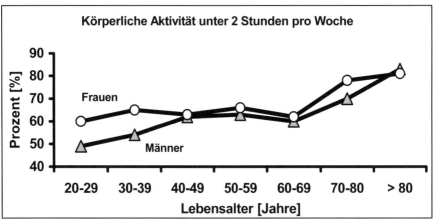

Abb. 3/13.5:   *Zunahme der Bewegungsarmut im Alternsgang. Mit Eintritt in das Rentenalter gibt es noch eine Phase erhöhter körperlicher Aktivität bis zum 70. Lebensjahr (Daten nach Spiegel Spezial 2006, H. 3, S. 20).*

Die Erkrankungswahrscheinlichkeit steigt deutlich an, wenn der BMI den Wert 30 überschreitet (Tab. 1/13.5). Die Lebenszeit von Adipösen ist um durchschnittlich fünf Jahre verkürzt. Bei Kindern im Alter von 7-14 Jahren ist ein BMI von 15-17 normal und ist nicht als Magersucht zu deuten. Eine sinnvolle Körpermassenreduktion funktioniert auf Dauer nur in Kombination von Sport und restriktiver Energieaufnahme (Miller et al., 1998). Alle angepriesenen Diätmaßnahmen ohne Sport vermindern die Körpermasse auf Dauer nur selten. Mehrere Pharmafirmen, Stiftungen, Krankenkassen und Gesundheitszentren haben Patientenprogramme zum Abnehmen gestartet.

Tab. 1/13.5:   *Definition von Normal- und Übergewicht nach Vorgaben der Welt-Gesundheits-Organisation (WHO)*

Gewichtsklassifizierung	Body Mass Index (kg/m^2)
Untergewicht (Erwachsene)	< 18,5
Normalgewicht	18,5-24,9
Übergewicht	≥ 25
Vorstufe Fettsucht (Übergewicht, Adipositas)	25,0-29,9
Adipositas Grad I	30,0-34,9
Adipositas Grad II	35,0-39,9
Adipositas Grad III	≥ 40

Trotz aller Warnungen vor den gesundheitlichen Gefahren steigt das Übergewicht in breiten Bevölkerungskreisen ständig an. Die empfohlenen Maßnahmen zeigen bislang wenig Wirkung, weil die bisher beworbenen Methoden der restriktiven bzw. optimierten Ernährung nur kurzzeitig anhalten. Ohne ein Energiedefizit, hervorgerufen durch körperliche Aktivität oder Sport, verbunden mit restriktiver Energieaufnahme, gibt es keine Gewichtsverminderung. Die zusätzlichen Bewegungsprogramme oder der regelmäßige Sport werden von den Übergewichtigen und Dicken zu wenig angenommen (Tab. 2/13.5).

Tab. 2/13.5:   *Trainingsempfehlungen bei Adipositas*

Ziele	Leistungsfähigkeit ↑, bei negativer Energiebilanz geht Körpergewicht ↓, Optimierung des Fettstoffwechsels, Insulinsensitivität ↑; Blutdruck ↓; Lebensqualität ↑
Belastungsintensität	50-60 % HFmax. Schwimmen und Rad fahren ist bei stark Adipösen zu bevorzugen.
Medikation	Blutdrucksenkende und fettstoffwechselbeeinflussende Medikamente beeinflussen das Training meist nicht
Belastungskontrolle	Kontinuierliche HF-Messung
Mögliche Vorfälle / Gesundheitsstörungen	Gelenkbeschwerden. Funktionsbekleidung bei starker Schweißbildung (Dehydration) vorteilhaft

Zusammenfassung:

Die Vorbeugung gesundheitlicher Störungen wird als Primärprävention bezeichnet. In den mittleren Lebensjahren kommt es zur Zunahme der Bewegungsarmut und zugleich der Körpermasse. Kommen weitere Störfaktoren, wie
Fehlernährung und Berufsstress hinzu, dann summieren sich diese zu Risikofaktoren und es kommt zu markanten Herz-Kreislauf- und/oder Stoffwechsel-
störungen. Im Endpunkt dieses Fehlverhaltens stehen dann der Herzinfarkt
oder der Diabetes Typ II mit seinen zahlreichen Komplikationen im Gefäßsystem. Sind erste Gesundheitsstörungen aufgetreten, dann ist das körperliche und
sportliche Training eine wesentliche Maßnahme, diese lebensverkürzenden
Gesundheitsstörungen positiv zu beeinflussen. Die notwendige sportliche Aktivität bei bereits eingetretenen Gesundheitsstörungen (z. B. Diabetes) wird als
Sekundärprävention bezeichnet. Die sicherste Vorsorgemaßnahme ist aber die
primäre Prävention.

Die körperlich schonende Lebensweise schadet mehr als sie gesundheitlich
nutzt. Zahlreiche Untersuchungen belegen, dass die erhöhte körperliche Aktivität in einem größeren Zusammenhang mit der Zufriedenheit und dem Wohlbefinden steht als die muskuläre Inaktivität. Offensichtlich ist das regelmäßige
sportliche Training mit einer Intensität von über 5 MET (~ 18 ml Sauerstoff-
aufnahme/kg Körpermasse) eine der wirkungsvollsten Maßnahmen zur Steigerung der Gehirndurchblutung, der Stoffwechselaktivität und damit auch zur
Bremsung des altersbedingten Leistungsrückgangs.

14 Ernährung im Ausdauersport

14   Ernährung im Ausdauersport

14.1   Ernährungsformen und Energieaufnahme

Die Höhe der Energieaufnahme ist von der Dauer und Intensität der sportlichen Beanspruchung abhängig. Da die Glykogenspeicher in Muskulatur und Leber für sportliche Belastungen von 90-120 min Dauer ausreichen, ist bei Belastungen von über zwei Stunden eine Kohlenhydrataufnahme notwendig. Damit wird der Abfall der Blutglukose unter 3,5 mmol/l (63 mg/dl) vermieden und eine Leistungsabnahme verhindert (Abb. 1/14.1).

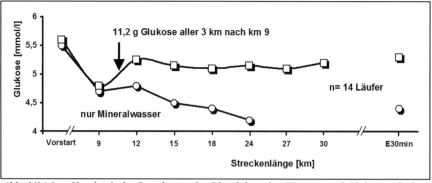

Abb. 1/14.1:   *Vergleich der Regulation der Blutglukose bei Wasser- und Glukoseaufnahme in vorgegebener Geschwindigkeit bei 2 mmol/l Laktat (3,7-4,2 m/s) bei 14 Läufern (nach Neumann & Pöhlandt, 1994)*

Durch die Kohlenhydrataufnahme während der Belastung und das Einbeziehen der freien Fettsäuren (FFS) in den Energiestoffwechsel sowie der körpereigenen Glukoneogenese aus Aminosäuren, Glyzerin und Laktat sind Belastungen über mehrere Stunden möglich. Eine Laktatkonzentration unter 3 mmol/l ist die Voraussetzung dafür, dass ausreichend Fettsäuren bei Dauerbelastungen umgesetzt werden (Krssak et al., 2000). Bei intensiven Belastungen oberhalb der Laktatschwelle wird die Oxidation der FFS behindert (Kanaley et al., 1995). Die Ursachen für die Hemmung der Fettverbrennung durch hohe Laktatkonzentrationen sind noch unklar. Bei Leistungssportlern konnte ab einem Laktat von 7 mmol/l keine hohen Werte der FFS-Konzentration gemessen werden (Neumann & Schüler, 1994). Das bedeutet, dass der Energiegewinn nur über die vorhandenen Glykogenspeicher und die zusätzlich aufgenommenen Kohlenhydrataufnahme erfolgt.

Nur bei einer Energiereserve von mindesten 7 % Fett sind Belastbarkeitsstörungen und metabole Entgleisungen zu vermeiden (Fröhner et al., 2005). Bei Untergewicht in den Ausdauersportarten (BMI < 18) kann es zur Stagnation in der Leistungsentwicklung und zu Essstörungen kommen. Bei den Essstörungen überwiegen die **Magersucht** (Anorexia nervosa) oder die **Bulimie** (Fressanfälle mit selbst gesteuerten Abführmaßnahmen).

14.2 Energieaufnahme bei extremen Ausdauerbelastungen

Seit über 10 Jahren ist eine Zunahme der Wettkampfstreckenlängen bei allen Ausdauersportarten zu beobachten. Das sind *Extremstrecken* im Lauf bis 3.100 Meilen (~ 3.989 km), Etappenläufe über 5.000 km u. a. Im Radsport werden Rundfahrten von über 3.700 km und Einzelrennen bis 1.000 km gestartet. Beim Langtriathlon (Ironman) sind inzwischen dreifache, 10-fache und 20-fache Wiederholungen üblich. Auch die Schwimmer absolvieren immer längere Strecken. Die Extrembelastungen erfordern spezielle Ernährungsweisen und eine veränderte Einteilung der Kraftausdauer während der Distanzbewältigung.

Im Radsport werden bei der „Tour de France" von den Athleten durchschnittlich 7.780 kcal/Tag aufgenommen. Bei extremen Bergetappen stieg der Energieverbrauch bis auf 9.000 kcal an (Saris et al., 1989; Lindemann, 1991). Zur Sicherung des Energiebedarfs nehmen die Radprofis täglich 800-1.000 g Kohlenhydrate, 250 g Protein und 215-320 g Fette auf. Um einem energetischen Defizit zu entgehen, müssen die Athleten am Ende von mehrtägigen Wettkämpfen immer höhere Anteile an Fettsäuren aufnehmen, um die Gesamtenergiebilanz annähernd zu sichern. Werden bei der Proteinaufnahme 4 g/kg Körpergewicht bei Etappenbelastungen unterschritten, dann sind Körperödeme und Umfangszunahmen an den unteren Extremitäten die Regel (Knechtle et al., 2003; Knechtle et al., 2003a; Knechtle & Marchand, 2003).

Bei Extrembelastungen ist mit einer *Energieaufnahme* von bis zu 10.000 kcal/24 h zu rechnen, wobei es bei einem höheren Bedarf zu einem Energiedefizit kommt. Da bei den Langzeitausdauerbelastungen pro Belastungsstunde nur 40-60 g Kohlenhydrate vom Darm aufgenommen werden können, steigt das Energiedefizit auf durchschnittlich 5300 kcal/24 h an (Knechtle, 2007). Folge ist die Abnahme des Körpergewichts. Die Energieaufnahme bei mehrtägiger Belastung liegt unter 500 kcal/h (Zapf et al., 2002; Knechtle & Müller, 2002).

Der Flüssigkeitsbedarf beträgt bei Langzeitbelastungen durchschnittlich 7-15l/Tag.

Bei einem 100-Meilen-Lauf (160 km) wurden in 24 h im Durchschnitt 17,9l getrunken (Murphy et al., 1999).

14.3 Kohlenhydrataufnahme

Bei Belastungen bis 120 min Dauer sind die Kohlenhydrate der wichtigste Energieträger. Bei Extremausdauerbelastungen liefern die Fettsäuren zu 60-70 % die erforderliche Energie.

Durch reichliche Kohlenhydrataufnahme kann der Zustand der *Glykogensuperkompensation* (über 3 g Glykogen/100 g Muskelgewebe) erreicht werden. Zur Vorbereitung intensiver Ausdauerbelastungen wurden von Bergström et al. (1967) Diätmaßnahmen empfohlen, die zur Vergrößerung der Glykogenspeicher führen. Diese sind später als *„SALTIN-Diät"* bekannt geworden. Nach einer glykogendepletierenden Belastung von über 60 min Dauer erfolgt für drei Tage eine Fett-Protein-Diät, ohne Kohlenhydrate. Danach werden über drei Tage reichlich Kohlenhydrate aufgenommen, die im Muskel eine Überfüllung der Glykogenspeicher bewirken. Mit vollen Glykogenspeichern kann die Ausdauerleistungsfähigkeit bei über 30-90 min Dauer verbessert werden.

Die Belastungsreduzierung vor bedeutenden Wettkämpfen und die gleichzeitige Aufnahme kohlenhydratreicher Kost begünstigt ebenfalls die Leistungsfähigkeit (Hottenrott, 1994).

Die *Energiespeicher* der Muskulatur sind Creatinphosphat, Glykogen und Triglyzeride. Die Glykogenspeicher sichern Belastungen bis zu zwei Stunden Dauer energetisch ab. Durch Ausdauertraining vergrößern sich die Glykogenspeicher (Bergström & Hultman, 1967). Bei Belastungen bis 60 min Dauer ist die Verbrennung von FFS von untergeordneter Bedeutung (Bergman et al., 1999). Mit zunehmender Belastungsdauer steigt der Anteil der Fettsäuren aus den intramuskulären Triglyzeriden (Neutralfetten) und dem subkutanen Fettgewebe zur energetischen Sicherung der Leistung an. Mit zunehmender Ausdauerleistungsfähigkeit nimmt der Glykogenverbrauch ab, weil höhere Anteile von FFS am Energieumsatz beteiligt sind (Watt et al., 2002). Nach 120-180 min moderater Ausdauerbelastung sind die Glykogenspeicher entleert (Coggan & Coyle, 1991). Auch bei Kohlenhydrataufnahme während der Belastung sind die Glykogenspeicher in der belasteten Muskulatur nach 240 min entleert (Coyle, 1995). Bei Belastungen mit einer Intensität von 60-70 % VO_2max können die höchsten Anteile der FFS oxidiert werden (Achten et al., 2002). Untrainierte Personen erreichen bei einer Belastungsintensität von 50 % VO_2max die höchste Fettoxidationsrate. Pro Minute Ausdauerbelastung werden durchschnittlich 0,5 g Fett abgebaut (Achten & Jeukendrup, 2003). Demnach wären für Untrainierte 33 Stunden Belastung notwendig, um 1 kg Fett zu verbrennen.

Mit der erhöhten *Fettoxidationsrate* können Ausdauersportler ihre Belastungsintensität erhöhen. Damit ist es Ausdauerextremsportlern möglich, eine Fettoxidation bei 65 % der VO_2max von 1 g/min zu erreichen (Achten et al., 2003; Jeukendrup, 2005). Durch Laufen oder Walken wird bei gegebener Belastungsintensität (% VO_2max) eine höhere Fettoxidation erreicht als beim Radfahren. Frauen setzten bei vergleichbaren Belastungsintensitäten mehr Fettsäuren um als Männer (Venables et al., 2005).

Tab. 1/14.3:   Wirkung von Kohlenhydraten auf die Ausdauerbelastung

Kohlenhydrataufnahme vor der Ausdauerbelastung	Wenn bis spätestens 3–4 Stunden vor der Belastung noch 140–330 g Kohlenhydrate (KH) aufgenommen werden, dann reicht das noch zur Füllung von Muskel- und Leberglykogen (Coyle et al., 1985; Chryssanthopoulos & Williams 1997). Bei gefüllten Glykogenspeichern kann die Leistung gesteigert werden (Wright et al., 1991).
Kohlenhydrataufnahme unmittelbar vor dem Start	Der Zeitpunkt der KH-Aufnahme vor dem Start beeinflusst die Blutglukose vor Belastungsbeginn. Die Glukoseaufnahme provoziert die Insulinausschüttung und diese senkt die Blutglukose. Am günstigsten ist eine KH-Aufnahme (1g/kg Körpermasse) etwa 30 min vor dem Start (Tokmakidis & Volakis, 2000). Glukoseaufnahmen 90-60 min vor Start senken die Blutglukose vor dem Start.

Tab. 1/14.3:   (Fortsetzung)

Kohlenhydrataufnahme während Belastungen bis 60 min Dauer	Bei KH-Aufnahme in den ersten 60 min erfolgt eine Glykogensparwirkung, die aufgenommene Glukose wird bevorzugt oxidiert. Der Transport von langkettigen Fettsäuren in die Mitochondrien nimmt ab (Horowitz et al., 1997). Die Glukoseaufnahme in der ersten Belastungsstunde beeinflusst die Leistungsfähigkeit nicht (Marmy-Conus et al., 1996; Hargreaves, 1999.
Kohlenhydrataufnahme während Belastungen über 60 min Dauer	Die zunehmende Erschöpfung der körpereigenen Glykogenspeicher (Muskel und Leber) vermindert die Oxidationsrate der KH (Hargreaves, 1999). Bei deutlich verminderter KH-Oxidation kann das Tempo nicht mehr gehalten werden; Ermüdung und Leistungsabfall sind nach 90-120 min die Folge. Die KH-Aufnahme wird nach 90 min objektiv notwendig, wenn die Geschwindigkeit gehalten werden soll. Nach der 70. Belastungsminute sollten jede Stunde 30-50 g KH oder beim Laufen aller 3 km 10-15 g KH aufgenommen werden. Regelmäßige KH-Aufnahmen erhöhen die Ausdauerleistungen bzw. ermöglicht Belastungen über viele Stunden.

14.3.1   Kohlenhydrataufnahme vor Ausdauerbelastungen

Solange die erforderliche Energie aus den Glykogendepots bereitgestellt werden kann, können Ausdauerbelastungen auch nüchtern begonnen werden. Bei einer Trainingsbelastung im nüchternen Zustand, d. h. ohne Nahrungsaufnahme, ist die Konzentration der FFS höher als bei vorheriger Kohlenhydrataufnahme (Hottenrott & Sommer, 2001). Das normale Fettstoffwechseltraining erfordert weitgehend erschöpfte Glykogendepots. Bis zu sechs Stunden vor einem Start sind die Glykogendepots auffüllbar, wenn gezielt leichtverdauliche Kohlenhydrate in Mengen von 200-350 g aufgenommen werden. Die am Abend vor Ausdauerveranstaltungen durchgeführten Nudelpartys fördern die Auffüllung der Glykogenspeicher. Beim Training oder Wettkampf sind die Nährstoffe zu bevorzugen, die eine kurze Verweildauer im Magen haben (Tab. 1/14.3.1).

Tab. 1/14.3.1: Empfohlene Nahrungsaufnahme vor Ausdauerbelastungen*

Verweildauer im Magen (Stunden)	Speisen und Getränke
1	Wasser (ohne Kohlensäure; stilles Wasser), Tee, Kaffee, alkoholfreies Bier, Cola-Getränke, Kohlenhydratlösungen, Proteinhydrolysate, Aminosäuren**, Energieriegel mit Kohlenhydraten.
2	Milch, Kakao, Joghurt, Fleischbrühe, Weißbrot, Brötchen, Banane, Müsli, zartes Gemüse, Reis, Forelle, Energieriegel mit Proteinen.
3	Mischbrot, Kekse, Butterbrötchen, Kartoffeln, Eier, Rind- und Schaffleisch, Huhn, Gemüse, Äpfel.
bedingt empfehlenswert	
4	Wurst, Schinken, Putenfleisch, Kalbsbraten, Beefsteak, Schweinefleisch, Nüsse.
nicht empfehlenswert	
5	Hülsenfrüchte (Erbsen, Bohnen), Braten (Geflügel, Wild), Gurkensalat, Pommes frites.
6	Speck, Heringssalat, Pilze, Thunfisch.
7	Ölsardinen, Aal, Gänsebraten, Schweinshaxe.

* Je intensiver eine Belastung ist oder je kürzer die Wettkampfstrecken sind, desto weniger Nahrung ist aufzunehmen. Bei Magenempfindlichkeit, Indisposition oder Vorstartstress sollten flüssige Nahrungsmittel bevorzugt werden.
** Aminosäuren werden bereits nach 23 min resorbiert.

Das körpereigene Glykogen in Muskulatur und Leber sichert Belastungen von bis zu zwei Stunden ab. Demnach können Ausdauerbelastungen auch im nüchternen Zustand begonnen werden. Beim Radfahren im Nüchternzustand war die Konzentration der FFS höher und das Laktat niedriger als nach einem Frühstück mit Kohlenhydrataufnahme (Hottenrott & Sommer, 2001).

Wird die Glukose 60-90 min vor dem Start aufgenommen, dann kann es am Belastungsanfang durch die Insulinwirkung zu einem Blutglukoseabfall auf 3,6 mm/l (65 mg/dl) kommen. Die Aufnahme von 30-50 g Kohlenhydrate kurz vor einer Belastung führt zur erhöhten Insulinsekretion und unterdrückt den Fettstoffwechsel für 50 min. Die durch die Insulinfreisetzung bewirkte milde Hypoglykämie ist jedoch abhängig von der zeitlichen Lage der Kohlenhydrataufnahme. Erst nach 30-45 min nach Glukoseaufnahme erreicht die Insulinkonzentration ihren Höhepunkt und damit die wirksamste Blutglukosesenkung. Eine *Hypoglykämie* kann vermieden werden, wenn die Glukoseaufnahme (1 g/kg Körpergewicht) etwa 30 min vor dem Start erfolgt (Abb.1/14.3.1). Zu diesem Zeitpunkt wirkt Insulin noch nicht voll und zudem führt die Adrenalinfreisetzung durch den Vorstartstress wieder zur Blutglukoseerhöhung.

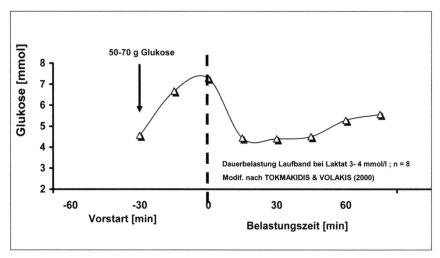

Abb. 1/14.3.1: Die Aufnahme von Kohlenhydraten vor einer Ausdauerbelastung ist 30 min vor dem Start am günstigsten. Hier überlagern sich der Vorstartstress, der zum Blutglukoseanstig führt und die blutglukosesenkende Wirkung des Insulins (Daten mod. nach Tokmakidis & Volakis, 2000).

Die Risiken der Hypoglykämie durch eine Glukoseaufnahme vor der Belastung sind gering, wenn der Zeitpunkt der Glukoseaufnahme beachtet wird. Levine et al. (1983) wiesen nach, dass es bei einer Vorstartglukoseaufnahme zu keinem drastischen Insulinanstieg mit nachfolgender Hypoglykämie kam.

14.3.2   Kohlenhydrataufnahme während Training und Wettkampf

Die Kohlenhydrat (KH)-Aufnahme während der Belastung verlängert die Belastungsdauer und verbessert die Leistungsfähigkeit (Coggan & Swanson, 1992). Durch die KH-Aufnahme wird die *Glukoseoxidationsrate* erhöht und der Ermüdungszeitpunkt verschoben. Bei zu reichlicher KH-Aufnahme (über > 35 g/h) wird der Transport von langkettigen Fettsäuren in die Mitochondrien vermindert (Horowitz et al., 1997). Die untere Grenze der Glukoseaufnahme, die bei etwa 20 g/h liegt, beeinflusst den Fettstoffwechsel nicht mehr.

Während der Belastung kann die KH-Aufnahme sowohl in kleineren Portionen als auch als Einmalaufnahme erfolgen. Überwiegend empfohlen wird, pro Belastungsstunde 32-48 g KH verteilt aufzunehmen (Coyle et al., 1983; Ivy et al., 1983; Hargreaves et al., 1984 und 1987; Hargreaves, 1999; Neumann & Pöhlandt, 1994

u. a.). Die Grenze der Aufnahmefähigkeit für KH liegt bei 60-70 g/h. Als KH-Träger werden Energieriegel, glukoseangereicherte Getränke, Traubenzucker, Gele oder Naturprodukte genutzt. Aus renntaktischen Gründen, z. B. im Straßenradsport, erfolgt die KH-Aufnahme meist einmalig, damit kann für etwa eine Stunde der Blutglukosespiegel gesichert werden (Abb. 1/14.3.2).

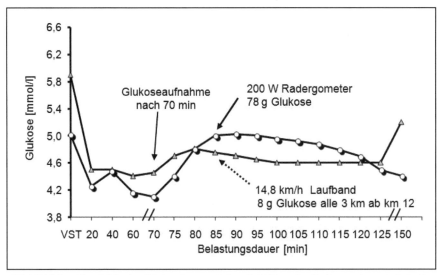

Abb.1/14.3.2: Vergleich der Blutzuckerregulation bei Einmalaufnahme oder wiederholter Aufnahme in kleinen Portionen (Neumann, unveröffentlicht)

Ein Zeichen der Zunahme der Anteile der Fettsäuren am Energieumsatz ist die allmähliche Erhöhung der Konzentration der FFS im Blut. Bei Wasseraufnahme ist der Anteil der FFS am Energieumsatz höher als bei Kohlenhydrataufnahme.

Kohlenhydrataufnahme während kurzer Ausdauerbelastungen
Die Glukoseaufnahme während der Belastung schont den Abbau des Muskelglykogens (Coggan & Swanson, 1992). Die zugeführten KH erhöhen die Glukoseoxidationsrate und verschieben den Zeitpunkt des Abfalls der Oxidation der Glukose und damit den Ermüdungszeitpunkt bei gegebener Leistung oder Geschwindigkeit. Bei Belastungen über eine Stunde Dauer sollten mindestens 30 g/h KH aufgenommen werden (Bronus, 1993). Die untere Grenze der Glukosezufuhr, die eine Unterzuckerung verhindert, liegt bei etwa 20 g/h. Bei reichlicher KH-Aufnahme (> 40

g/h) nimmt der Transport von langkettigen Fettsäuren in die Mitochondrien ab (Horowitz et al., 1997). Wenn bereits nach 10-60 min Belastung KH aufgenommen werden, dann hat das keinen Einfluss auf die Leistungsfähigkeit, weil noch genügend Glykogen zur Verfügung steht (Marmy-Conus et al., 1996; Hargreaves, 1999). Demnach sollte bei Belastungen bis zu einer Dauer von ~ 70 min oder Läufen bis 20 km nur Wasser, aber keine KH aufgenommen werden.

Die aufgenommene Glukose (z. B. Traubenzucker) wird in 5-7 min resorbiert und steht dem Energiestoffwechsel des Muskels zur Verfügung. Die Kohlenhydrate beeinflussen je nach ihrer Zusammensetzung den Blutglukosespiegel unterschiedlich. Glukose und Maltose wirken schneller als Fruktose. *Fruktose* wird erst in der Leber zu Glukose umgebaut und dann über die Blutbahn zur bedürftigen Muskulatur transportiert.

Wenn die aufgenommene Fruktosekonzentration über 3,5 % beträgt, dann kommt es gehäuft zu Darmbeschwerden oder Durchfällen während der Ausdauerbelastung, bedingt durch die osmotische Wirkung der Fruktose.

Bei längeren Belastungen ist der Natriumgehalt in den Gelen, Lösungen oder Energieriegeln zu beachten. Im Vergleich zu Glukose und Fruktose ist die Maltose sehr magenverträglich. Die kleine Teilchengröße der *Maltose* erlaubt eine schnelle Resorption im Darm und auch die Aufnahme von höher konzentrierten Lösungen (bis 15 %).

Kohlenhydrate mit längeren Kettenlängen (Oligo- und Polysaccharide) werden langsamer resorbiert und entfalten ihre Wirkung über einen längeren Zeitraum, weil sie erst zu Glukose abgebaut werden müssen.

Kohlenhydrataufnahme während langer Ausdauerbelastungen

Die KH-Aufnahme während mehrstündiger Ausdauerbelastungen, z. B. als Kohlenhydratgel, Energieriegel, glukoseangereicherte Getränke, Traubenzucker, KH-Naturprodukte u. a. hat sich als effektive Maßnahme zur Aufrechterhaltung der gewählten Geschwindigkeit oder Leistung erwiesen. Die Aufnahme kann kontinuierlich in kleineren Mengen oder in größeren Menge auf einmal (Bolus) erfolgen. Auf Grund wissenschaftlicher Untersuchungen wurden Mengen von 8-12 g alle 15 min oder 32-48 g pro Belastungsstunde empfohlen (Coyle et al., 1983, Ivy et al., 1983; Hargreaves et al., 1984; 1987, Hargreaves 1999; Neumann & Pöhlandt 1994 u. a.). Die Grenze der Resorptionsfähigkeit für KH liegt im Darm während der Belastung bei ~ 70 g/h.

Wie bereits erwähnt, sollte die erste Kohlenhydrataufnahme nach 60 min Belastung erfolgen. Bis zu diesem Zeitpunkt haben sich KH und Fettstoffwechsel einreguliert und die Glykogenspeicher sind noch nicht erschöpft. Ein Zeichen der Zunahme der Anteile der Fettsäuren am Energieumsatz ist die Erhöhung der Konzentration der FFS im Blut bei zunehmender Belastungsdauer. Bei der Wasseraufnahme ist der Anteil der FFS am Energieumsatz höher als bei Kohlenhydrataufnahme. Erfolgt die KH-Aufnahme in Mengen unter 35 g/h, so wird der einregulierte Fettstoffwechsel nicht beeinflusst (Neumann & Pöhlandt, 1994). Die Aufnahme von 35-45 g Kohlenhydraten pro Stunde erhöht die Blutglukose um 0,5-1 mmol/l (9-18mg/dl). Durch die KH-Aufnahme erhöht sich die Belastungsdauer bei vergleichbarer Leistung oder Geschwindigkeit um etwa 20 %; die Ermüdung der Muskulatur wird verzögert.

Bei Langzeitbelastungen werden die intramuskulären Triglyzeride bedeutende Energielieferanten. Bereits bei einer 3-stündigen Ergometerbelastung nahm die intramuskuläre Triglyzeridkonzentration um 21 % ab (Van Loon et al., 2003). Nach erschöpfenden Laufbelastungen von 2-3 h Dauer nahmen die Triglyzeride in der Oberschenkelmuskulatur (M. vastus lateralis) um 67 % ab (Krssak et al., 2000). Der Umschlag zwischen Kohlenhydrat- und Fettoxidation erfolgt bei Belastungen unter Laktat 2 mmol/l bei etwa 2 h Belastung (Abb.2/14.3.2).

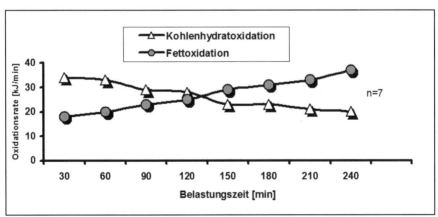

Abb. 2/14.3.2 Veränderung der Anteile von Kohlenhydrat- und Fettoxidation bei einer Dauerbelastung auf dem Fahrradergometer von 240 min bei 57 % der VO_2max (Daten nach Watt et al., 2002).

Die Hormone Insulin und Glucagon verhalten sich während Ausdauerbelastungen gegenläufig, indem nach 30-60 min die Insulinaktivität im Blut abnimmt und das Glukagon ansteigt. Das Glukagon sichert die bessere Verwertung der FFS. Der muskuläre Ermüdungszustand tritt auch bei normalem Blutglukosespiegel auf; er wird entscheidend vom Trainingsniveau und der Leistungsfähigkeit bestimmt. Allerdings führt eine Hypoglykämie, hervorgerufen durch unterlassene Glukoseaufnahme oder verminderte Glukoseverfügbarkeit stets zum Leistungsabfall oder Leistungsabbruch. Der Gehirnstoffwechsel ist obligat von der Glukose abhängig und er benötigt zur Aufrechterhaltung seiner Funktionsfähigkeit immer einen normalen Blutglukosespiegel.

14.3.3 Kohlenhydrataufnahme nach Ausdauerbelastungen

Das Enzym der Glykogenbildung, die *Glykogensynthetase*, ist nach der Belastung für 2 Stunden noch erhöht aktiv. Die kohlenhydratbetonte Ernährung 1-2 h nach der Belastung hat gegenüber der Mischkost Vorteile. Die reichliche KH-Aufnahme hat keinen Einfluss auf die Füllung der intramuskulären Triglyzeridspeicher. Die entleerten Triglyzeridspeicher können nur bei fettreicher Ernährung, die etwa 48 % Energie liefert, in zwei Tagen aufgefüllt werden (Van Loon et al., 2003).
Im Stoffwechsel sind 1-2 Stunden nach Belastungsende die Voraussetzungen für den Aufbau des Glykogens und die Einschleusung von Aminosäuren in die Muskelzellen am günstigsten. Bei gezielter Kohlenhydrataufnahme von etwa 6 g/kg Körpergewicht sind nach dem Training die Glykogenspeicher nach 24-48 Stunden wieder aufgefüllt. Die Regeneration der beiden Glykogenfraktionen, die als Pro- und Makroglykogen bezeichnet werden, dauerte nach einem Marathonlauf drei bis sieben Tage (Asp et al., 1999).
Die Einfach- und Zweifachzucker (Mono- und Disaccharide) erhöhen am schnellsten die Blutglukose. Die Aufnahme ballaststoffreicher Nahrungsmittel, die zugleich Träger von Vitaminen und Mineralien sind, sollte zu einem späteren Zeitpunkt erfolgen.
Die erhöhte KH-Aufnahme beeinflusst aber nicht die Füllung der intramuskulären Triglyzeride. Diese können nur durch eine fettreiche Mischkost beschleunigt gefüllt werden.
Der chronische Glykogenmangel bei Etappenbelastungen führt zu einem starken Proteinkatabolismus und nachfolgend zur Störungen im Immunsystem. In dieser Ausnahmesituation kann eine Infusion von Glukoselösungen helfen, die Regenera-

tion und die weitere Belastbarkeit zu sichern. Im Hochleistungssport sind jedoch die Dopingregularien zu beachten, die nur auf der Grundlage einer ärztlichen Indikation eine Infusion erlauben. Auch bei Kohlenhydrataufnahme von etwa 6 g/kg Körpergewicht sind sehr stark entleerte Glykogenspeicher nach 24 h nicht voll auffüllbar. Die Füllung der Glykogenspeicher dauert nach intensiven Ausdauerbelastungen länger; sie beträgt nach Marathonläufen mindestens vier Tage (Blom et al.,1986; Sherman et al., 1983). Das Kraftausdauerpotenzial eines stark beanspruchten Muskels hat sich meist erst nach 8-10 Tagen erholt. Die Abbauprodukte der mechanisch zerstörten Kontraktionsproteine erscheinen verzögert im Blut. Das betrifft die Myosinschwerkettenbruchstücke und das Troponin I (Koller et al., 1999). Diese Muskelfaserabbauprodukte spiegeln die noch anhaltende Ermüdung und verminderte Muskelkraft wider. Sie sind deutlich länger nachweisbar als die Creatinkinase (Prou et al., 1996).

Bei Extremlaufbelastungen (Marathon, Langtriathlon, 100-km-Lauf, Mehrfach-Ironman u. a.) wird auch das aerobe Energiepotenzial in den Mitochondrien teilweise zerstört. Ergebnis sind Formveränderungen in den Mitochondrien, Dichteveränderungen im Mitochondrien-Innenraum sowie Mitochondrienuntergänge (Sherman et al., 1983). Demnach geht die Regenerationszeit nach Extrembelastungen über jene hinaus, die zur Auffüllung der muskulären Glykogenspeicher notwendig sind.

Der Energieverbrauch ist von der Belastungsdauer und Belastungsintensität abhängig (Tab. 1/14.3.3).

Tab. 3/14.3.3: Energieverbrauch beim Gehen und Laufen bei einer Person von 70kg; Bei 5 kg Massenzunahme steigt der Energieverbrauch um 1 kcal/min an.

Belastungsdauer (Stunden)	Gehen (6 km/h oder 10 min /km)	Laufen (12 km/h oder 5 min/km)
1	600	870
2	1.200	1.740
3	1.800	2.610
4	2.400	3.480
5	3.000	4.350
6	3.600	5.220
8	4.800	6.960

Da die Sauerstoffaufnahme von der Belastungsintensität (Geschwindigkeit) abhängig ist, wird verständlich, dass ein Freizeitsportler weniger Energie umsetzt als ein Leistungssportler. In der Gesamtbilanz könnte aber der Freizeitsportler, der mehr

Körpergewicht aufweist und eine längere Zeit für eine vergleichbare Distanz benötigt, mehr Energie verbrauchen.

14.4   Proteinaufnahme vor, während und nach Belastungen

Die Aufnahme von *verzweigtkettigen Aminosäuren* (BCAA) oder *essentiellen Aminosäuren* vor und während einer Langzeitbelastung oder beim Höhentraining führte zur Leistungsverbesserung (Parry-Billings et al., 1992; Bigard et al.,1993; Lucà-Moretti et al., 2003). Die bei Kohlenhydratmangel zur Glukoneogenese herangezogen glukoplastischen Aminosäuren sind die verzweigtkettigen Aminosäuren (BCAA), Alanin und Glutamin. Da der Glukoseersatz über die Glykogenese der Leber mengenmäßig begrenzt ist, kommt es bei mehrstündigen Langzeitbelastungen zur Verstoffwechslung von diesen Aminosäuren. Durch die Oxidation der Aminosäuren während der Langzeitbelastung kann bis zu 10 % des Energiebedarfs abgedeckt werden (Wagenmakers, 2000). Je größer die Menge der abgebauten Aminosäuren ist, desto länger dauert die Wiederherstellung nach Langzeitbelastungen.

14.5   Vitamin- und Mineralstoffaufnahme

14.5.1   Vitamine

Die *Vitamine* sind Mikronährstoffe organischen Ursprungs und sind für den Organismus lebensnotwendig (essenziell). Ohne Vitamine sind das Wachstum und der Ablauf wichtiger Lebensfunktionen nicht möglich. Der Organismus des Menschen kann Vitamine nicht selbst bilden. Die Vitamine sind weder Baumaterial noch Energielieferanten und entfalten ihre Wirkung als Coenzyme oder hormonähnliche Stoffe. Die Angaben zum **Vitaminbedarf** beruhen auf Erfahrung und der Erkenntnis, wie viel an Vitaminen notwendig ist, damit keine gesundheitlichen Störungen auftreten. Sporttreibende haben, abhängig von der Höhe der Trainingsbelastung, einen 2- bis 3-fach höheren Energieumsatz im Vergleich zum Untrainierten und folglich einen höheren Vitaminbedarf.

Die sportliche Leistungsfähigkeit wird durch hoch dosierte Vitaminaufnahmen nicht gesteigert. Bei optimaler Vitaminversorgung erfolgen die Anpassung an Trainingsbelastungen und der Ablauf der Regeneration störungsarm. Der individuell notwendige Vitaminbedarf ist nicht voraussagbar. Anzeichen eines Mangels oder Unterversorgung mit Vitaminen, wie sie unter klinischen Aspekten üblich sind, bilden für Sporttreibende keinen Orientierungsmaßstab. Der Vitaminbedarf im Sport ist abhängig von:

* Trainingsumfang (Stunden/Woche),
* Stresssituation,
* Magen-Darm-Funktion,
* Erkrankungen (z. B. Infekt),
* Regenerationszustand,
* Wachstumsphase,
* Schwangerschaft u. a. Faktoren.

Die Empfehlungen für die Vitaminaufnahme weisen immer eine Sicherheitsspanne auf, um Unterversorgungen zur vermeiden (Tab. 1/14.5.1). Die natürlich aufgenommenen Vitamine sind gegenüber den industriell hergestellten vorteilhafter, weil sie wichtige sekundäre Pflanzeninhaltsstoffe mit antioxydativer Wirkung enthalten.

Tab. 1/14.5.1: Vitaminbedarf von Untrainierten und Leistungssportlern

Vitamine	Tagesbedarf		Minimale toxische Dosis
	Untrainierte*	Leistungssportler**	
A (Retinol)	5.000 IE	13. 000 IE	25.000–50.000 IE
Betakarotin (Vorstufe Vit. A)	3 mg	4,5 mg	30 mg
D (Calciferol)	400 IE (10 µg)	800 IE (20 µg)	5.000 IE (1,2 mg)
E (Tocopherol)	10 mg	50 mg	1,2 g
K (Phyllochinon)	80 µg	150 µg	2 g
B_1 (Thiamin)	1,5 mg	6–8 mg	300 mg
B_2 (Riboflavin)	1,8 mg	8 mg	300 mg
B_3 (Niacin)	20 mg	30–40 mg	1 g
B_4 (Folsäure)	300 µg	400 µg	400 mg
B_5 (Pantothensäure)	~ 10 mg	20 mg	10 g
B_6 (Pyridoxin)	2,1 mg	6-10 mg	2 g
B_{12} (Cobalamin)	3 µg	6 µg	20 mg
C (Ascorbinsäure)	75 mg	300–500 mg	> 5 g
H (Biotin)	0,1 mg	0,3 mg	50 mg
Q10 (Ubichinon)	10 mg	30 mg	unklar

* Empfehlungen der Deutschen Gesellschaft für Ernährung (DGE) im Jahr 2000.
** Höhere Vitaminaufnahmen sind bei Kraft- und Kraftausdauertraining sowie im Höhentraining empfehlenswert.

Die Vitamine werden nach ihren Lösungsverhalten in wasserlösliche und fettlösliche Vitamine eingeteilt. Zu den *fettlöslichen Vitaminen* gehören Vitamin A, D, E und K und zu den *wasserlöslichen Vitaminen* Vitamin B_1, B_2, B_6, B_{12}, Folsäure und Pantothensäure. Die wasserlöslichen Vitamine werden nicht gespeichert und bei Überschuss ausgeschieden.

Vitamin A (Retinol)

Das **Vitamin A** kommt nur in tierischen Nahrungsmitteln vor. In den Pflanzen existiert die Vorstufe Betakarotin. Wesentliche Wirkungen von Vitamin A besteht in der Beteiligung am Wachstum und an der Differenzierung von Haut- und Schleimhäuten sowie am Sehvorgang (Tab. 2/14.5.1). Die kleinen Speicher an Vitamin A in der Leber reichen für sechs Monate.

Tab. 2/14.5.1: Physiologische Wirkungen und Bedarf an fettlöslichen Vitaminen im Leistungssport

Vitamine	Wirkungen	Empfohlene Aufnahme/Tag
Vitamin A (Retinol)	• Aufbau und Erhalt: Haut, Schleimhaut • Sehvorgang (Dämmerungssehen) • Stärkung der Immunabwehr • Wachstumsregulation (Förderung der Proteinsynthese). Reserven reichen für 3–6 Monate.	• 1,5 – 4,5 mg Retinol-äquivalente (5.000–15.000 IE Vit. A) • Höchstdosis: 25.000 IE, bei Schwangerschaft 15.000 IE.
Betakarotin	Wirksames Antioxidans. Erreicht nur 15 % der Wirkung von Vitamin A.	2–4 mg Retinoläquivalent, Überdosierung an Gelbfärbung der Haut erkennbar (harmlos)
Vitamin E (Alpha-Tocopherol)	• Starkes Antioxidans für ungesättigte Fettsäuren, Vitamin A, Hormone und Enzyme • Arterioskleroseschutz Reserven reichen für 2–6 Wochen.	20–400 mg (höhere Dosierung wird nicht mehr empfohlen)
Vitamin D (Calziferol)	• Wachstum und Aufbau von Knochen und Zellen • Förderung der Aufnahme und Verwertung von Kalzium und Phosphor, hormonähnliche Wirkung. Reserven reichen für 2–6 Wochen.	5–10 µg Vit. D_2 bzw. D_3, Überdosierung ab 25 µg (1.000 IE) möglich

Tab. 2/14.5.1   (Fortsetzung)

Vitamin K (Phyllochinon)	• Aktivierung der Synthese von Blutgerinnungsfaktoren • beteiligt an Carboxylierung von Proteinen. Reserven reichen für 2–6 Wochen.	70–140 µg Vit. K_1 (Phyllochinon)
Vitamin Q (Ubichinon)	• Antioxidans (zusammen mit Vitamin E, C und Betakarotin) • Elektronenüberträger in Atmungskette • Schlüsselfunktion für zelluläre Energiebildung.	10–30 mg Coenzym Q10

Der tägliche Bedarf an Vitamin A wird mit 1 mg angenommen. Im Leistungssport liegt der Bedarf gegenüber Untrainierten um den Faktor 4-5 höher. Mangelerscheinungen äußern sich in Störungen des Dämmerungssehens. Bei der Aufnahme von Vitamin A ist eine Überdosierung möglich, nicht jedoch bei der Aufnahme von Betakarotin.

Vitamin D (Calciferole)

Das **Vitamin D** besteht aus mehreren Wirkstoffen, den **Calciferolen**. Das Prohormon 7-Dihydrocholesterin wird in der menschlichen Haut durch UV-Strahlung (Sonne, Höhensonne) in das wirksame **Vitamin D_3** umgewandelt. Vitamin D_3 ist hauptsächlich in tierischen Produkten (Butter, Käse, Leber) enthalten und kommt reichlich in Seefischen und Lebertran vor. Der Erwachsene kommt mit der Bildung von Vitamin D_3 durch die Sonnenstrahlung aus. Das Vitamin D_3 wird in den Nieren zu Calcitriol umgewandelt, welches den Kalziumbedarf des Körpers reguliert. Für die Mineralisierung der Knochen sind die D-Vitamine entscheidend. Sportler, die im Freien trainieren und sich den Sonnenstrahlen aussetzen, haben keine Versorgungsprobleme mit D-Vitaminen.

Vitamin E (Alpha-Tocopherol)

Die hauptsächliche Wirkung von **Vitamin E** entfaltet das **Alpha-Tocopherol**. Da die Tocopherole in Pflanzen gebildet werden, enthalten die Pflanzenöle große Mengen davon. Getreide und Getreideprodukte sind die Hauptlieferanten für das Vitamin E. Auch Fleisch, Fisch und Milchprodukte enthalten Vitamin E. Der Wirkmechanismus der Tocopherole beruht auf einem starken antioxidativen Effekt. Das Vitamin E bewahrt die Zellmembranen des belasteten Muskels vor der Zerstörung durch die Sauerstoffradikale und stabilisiert deren Struktur. Die aerobe

Energiegewinnung läuft nur in Anwesenheit von Vitamin E effektiv ab. Für Erwachsene wird eine Aufnahme von täglich 15-20 mg (15-20 IE) Alpha-Tocopherol empfohlen. Der Bedarf an Vitamin E ist beim Ausdauersportler um den Faktor 10 erhöht.

Vitamin B₁ (Thiamin)

Das **Vitamin B₁ (Thiamin)** kommt sowohl in Lebensmitteln tierischen als auch pflanzlichen Ursprungs vor. Getreideprodukte, Mais und Reis enthalten eine größere Menge an Vitamin B_1. Vom Gemüse sind die Erbsen sowie Kartoffeln und Möhren die hauptsächlichsten Thiaminlieferanten. Das Thiamin ist Bestandteil von Enzymen im aeroben und anaeroben Kohlenhydratstoffwechsel. Thiamin ist hitzelabil und wird beim Kochen zerstört. Der Bedarf an Vitamin B_1 steigt mit der Zunahme des Energieumsatzes an. Pro 1.000 kcal Nahrungsaufnahme werden 0,5 mg Thiamin oder 1,2-1,4 mg/Tag benötigt. Bei Ausdauersportlern reicht diese Menge nicht, sodass eine Supplementation von Vitamin B_1 zweckmäßig ist.

Vitamin B₂ (Riboflavin)

Das **Vitamin B₂ (Riboflavin)** ist im Tier- und Pflanzenreich weit verbreitet. Eine ausreichende Zufuhr wird über die Milch und Milchprodukte gesichert. Das Fleisch ist reich an Riboflavin. Überschüssiges Riboflavin wird ausgeschieden. Das Riboflavin ist das Coenzym einer großen Zahl von reduzierenden Substanzen, die auf Grund ihrer gelben Farbe als Flavoproteine oder Flavoenzyme bezeichnet werden. Als Bestandteil von Enzymen der Atmungskette in den Mitochondrien ist es für den aeroben Energiestoffwechsel stets erforderlich. Der Bedarf beträgt 1,8-2,5 mg/Tag bei Untrainierten und steigt im Leistungstraining an (Tab. 3/14.5.1). Für je 1.000 kcal Energieaufnahme sollten 0,6 mg/Tag an Riboflavin zugeführt werden. Mit einer ausgewogenen Mischkost wird diese Anforderung erreicht.

Tab. 3/14.5.1: Wirkungen und empfohlene Dosierung von wasserlöslichen Vitaminen beim Leistungstraining

Vitamine (wasserlösliche)	Wirkungen	Aufnahme/Tag
B₁ (Thiamin)	Aerober Energiestoffwechsel; Herz- und Nervenfunktion.	6-10 mg
B₂ (Riboflavin)	Anaerober und aerober Energiestoffwechsel; Stoffwechsel für Haut, Haare, Nägel.	6-12 mg
B₃ (Niacin)	Energiestoffwechsel; Biosynthesen.	20-40 mg

Tab. 3/14.5.1 (Fortsetzung)

B$_5$ (Pantothensäure)	Aerober Energiestoffwechsel; Antioxidans; Haarwachstum; Hauterneuerung.	4-7 mg
B$_6$ (Pyridoxin)	Proteinstoffwechsel; Antioxidans	6-15 mg
B$_{12}$ (Cobalamin)	Zellbildung; DNA-Synthese; L-Carnitinsynthese; Immunsystem.	2-6 µg
C (Ascorbinsäure)	Antioxidans (schützt als Radikalenfänger Vitamin A, B$_2$, E und Pantothensäure vor oxidativer Zerstörung); Zellschutz; Infektabwehr; Hautelastizitätaufbau.	300-500 mg
Biotin (H)	Fettsäurensynthese; Glukoneogenese; T-und B-Zellen vermittelte Immunabwehr	50-100µg
Folsäure (M)	Zellbildung; DNA-Synthese; Immunsystem; Blutgerinnung.	400-800 µg

Vitamin B$_6$ (Pyridoxin)

Das **Vitamin B$_6$ (Pyridoxin)** ist weit verbreitet. Fisch und Fleisch sind reich an Pyridoxin, weniger hingegen Getreide, Mais und Reis. Bei einer reichlichen Aufnahme von Getreideprodukten und bei vegetarischer Ernährung gibt es keine Defizite. Beim Kochen beträgt der Verlust 20-40 %. Das Pyridoxin ist das Coenzym vieler Enzyme im Proteinstoffwechsel, daher ist Organwachstum, Muskelaufbau und Muskelregeneration ohne Pyridoxin nicht möglich. Der Bedarf an Vitamin B$_6$ hängt ab vom Proteinumsatz. Bei hoch belasteten Athleten ist eine erhöhte Aufnahme von Vitamin B$_6$ für den Proteinstoffwechsel notwendig. Anzeichen der Unterversorgung sind trockene Haut, Mundwinkel- und Zungenentzündungen.

Vitamin B$_{12}$ (Cobalamin)

Das **Vitamin B$_{12}$ (Cobalamin)** kommt nur in tierischen Nahrungsmitteln vor, besonders in der Leber. Das Muskelfleisch enthält bedeutend weniger Cobalamin. Auch der Hering hat einen hohen Gehalt an Cobalamin. Weitere Quellen für Vitamin B$_{12}$ sind Eier, Käse und Vollmilch. Vegetarier sind unterversorgt. Die Aufnahme von Vitamin B$_{12}$ ist im Darm an den **Intrinsic Faktor** gebunden. Fehlt dieser, so kommt es zum Vitamin B$_{12}$- Mangel. Im Stoffwechsel wirkt Vitamin B$_{12}$ in den reduzierenden Systemen der Mitochondrien, beim Aufbau der Fettsäuren und der Aminosäuren. Das Vitamin B$_{12}$ ist für die Zellbildung und die Synthese der Desoxiribonukleinsäure (DNA) notwendig und ein entscheidendes Vitamin für die Blutreifung im Knochenmark. Der tägliche Bedarf von 2 mg und steigt beim Leistungssportler um den Faktor 3 an. Bei regelmäßigem Fleischverzehr entsteht kein Mangel. Der Speicher an Vitamin B$_{12}$ reicht für 3-4 Jahre. Bei vegetarischer Ernährung muss Vitamin B$_{12}$ supplementiert werden.

Vitamin H (B₇)

Früher wurde das **Biotin** als **Vitamin H** bezeichnet. Hauptquellen für die Versorgung sind Leber, Nieren, Milch, Eier und Fleisch. Das pflanzliche Biotin ist wasserlöslich und das tierische wasserunlöslich. Das Biotin ist Coenzym in mehreren Stoffwechselwegen und für die Glukoneogenese und der Fettsäurensynthese notwendig. Das Biotin ist an der zellulären Immunabwehr (B- und T-Zellen) beteiligt. Der tägliche Bedarf liegt bei 50-100 µg und wird mit der normalen Mischkost gedeckt. Bei Unterversorgung treten Muskelschmerzen, Schläfrigkeit, Haarausfall oder Hautentzündungen auf.

Folsäure (Vitamin B₄ oder M)

Die **Folsäure** kommt in Lebensmitteln pflanzlichen und tierischen Ursprungs vor. Reich an Folsäure sind grünes Blattgemüse, Tomaten, Getreide und Leber. Den höchsten Folsäuregehalt haben Hühnerleber und Getreidekörner. Die mit der Nahrung zugeführte Folsäure wird nur zu 40 % resorbiert. Die Folsäure ist für den Aminosäuren- und Nucleinsäurenstoffwechsel ein wichtiges Coenzym. Die Zellneubildung ist auf Folsäure angewiesen. Die Folsäure ist an der Immunfunktion und an der Blutgerinnung beteiligt. Vom Gesamtfolsäuregehalt sind 50 % in der Leber deponiert. Überschüssig zugeführte Folsäure wird ausgeschieden. Der Bedarf liegt bei etwa 400 µg/Tag. Eine Unterversorgung mit Folsäure ist bei Sportlern möglich. Der erhöhte Homocysteinspiegel, ein Risikofaktor für Herz-Kreislauf-Erkrankungen, wird durch den Mangel an Folsäure sowie Vitamin B_{12} und B_6 verursacht. Die Folsäureunterversorgung wirkt sich nach vier Monaten aus.

Niacin (Nicotinsäure und Nicotinamid)

Die **Nicotinsäure** und das **Nicotinamid** werden zusammen als **Niacin** bezeichnet. Beide Stoffe haben die gleiche Wirkung, weil sie im Stoffwechsel ineinander überführt werden. Niacin wird vom Körper aus Tryptophan gebildet. Das Nicotinamid kommt in allen tierischen Produkten vor. In den Pflanzen kommt das Niacin hauptsächlich als Nicotinsäure vor. Das Niacin aus Fleischprodukten wird fast vollständig resorbiert, hingegen das aus Pflanzen nur zu 30 %. Eine Tasse Bohnenkaffee enthält 1-2 mg Niacin. Niacin ist ein bedeutendes Coenzymen im Energiestoffwechsel. Die NAD-abhängigen Dehydrogenasen wirken vor allem in den Mitochondrien. Sie liefern den Wasserstoff an die Atmungskette zur Oxidation und Energiegewinnung. Der Ablauf der Glykolyse oder der Synthese der Fettsäuren erfordert Niacin. Für die Bildung von 1 mg Niacin sind 60 mg Tryptophan notwendig. Der Tagesbedarf beträgt 15-20 mg und wird bei Mischkost erreicht. Im Sport sind Mangelzustände nicht bekannt.

Pantothensäure

Fast alle Lebensmittel enthalten **Pantothensäure**. Sie kommt reichlich in Leber, Innereien und Fleisch vor. In Weizenkörnern, Eiern, Brokkoli und Blumenkohl sind geringere Mengen enthalten. Die Pantothensäure ist Bestandteil der aktivierten Essigsäure (Acetyl-Coenzym A) und somit an allen Aufbau- und Abbauvorgängen im Kohlenhydrat-, Fett- und Aminosäurenstoffwechsel beteiligt. Die Synthese von Steroiden (Cholesterin, Sexualhormone), Hämoglobin oder Zytochromen in Mitochondrien benötigt Pantothensäure. Der Bedarf wird auf 8 mg/Tag geschätzt. Mit der normalen Mischkost wird dieser Bedarf gedeckt. Erhöhte Nahrungsaufnahme und Stresssituationen erhöhen den Bedarf. Überschüssig aufgenommene Pantothensäure wird ausgeschieden.

Vitamin C (Ascorbinsäure)

Der Gehalt an Vitamin C ist in den Zitrusfrüchten, Paprika, Kohlgemüse und Obst hoch. Auch die Kartoffel ist durch größere Aufnahmemenge ein wichtiger Lieferant von Vitamin C für den antioxidativen Stoffwechsel. Kochen und Lagerung kann die oxidationsempfindliche Ascorbinsäure zu 30-100 % zerstören. Die Körperdepots an Vitamin C reichen aus für 2-6 Wochen. Überschüssig aufgenommenes Vitamin C wird in oxidierter Form ausgeschieden. Das Vitamin C gehört zu den sehr wirksamen Antioxidanzien. Als Antioxidans schützt es die Vitamine E, A, Thiamin und Riboflavin vor Zerstörung, indem es ihnen ein Wasserstoffatom überträgt. Das Vitamin C ist an zahlreichen Stoffwechselprozessen beteiligt. Bei seiner Anwesenheit wird mehr Eisen resorbiert. Die Infektanfälligkeit kann bei regelmäßiger Aufnahme von Vitamin C vermindert werden. Die Bedarfsangaben sind unterschiedlich und reichen von 75 mg bis zu mehreren Gramm pro Tag. Normalerweise genügen dem Leistungssportler 300-500 mg Vitamin C pro Tag. Die Vitamin-C-Reserven sind in zwei Wochen aufgebraucht. Eine Supplementation mit Vitamin C bringt auf Grund seiner antioxidativen Wirkung Vorteile bei der Sicherung der Belastbarkeit und Regeneration. Eine Steigerung der sportlichen Leistungsfähigkeit ist durch hoch dosierte Vitamin-C-Aufnahme nicht belegt. Latente Unterversorgungen äußern sich durch erhöhte Infektanfälligkeit, Zahnfleischbluten, Wundheilungsstörungen, Müdigkeit, erhöhte Stressanfälligkeit u. a. Funktionsstörungen. Meist besteht bei diesen Zuständen ein Defizit von mehreren Vitaminen (z. B. Vitamin E, D, Folsäure).

14.5.2   Mineralstoffe

Die **Mineralien** sind anorganische Stoffe, die zur Aufrechterhaltung des Lebens unentbehrlich sind. Sie werden als Stütz- und Hartsubstanzen für das Wachstum von Knochen, Zähnen und Geweben benötigt. Da mit dem Schweiß viele Mineralien ausgeschieden werden, besteht die Gefahr der Unterversorgung an einzelnen Mineralien. Im leistungsorientierten Training steigt der Mineralstoffbedarf an (Tab. 1/14.5.2).

Tab. 1/14.5.2: Täglicher Bedarf an Mineralien und Spurenelementen

Mineral	Tagesbedarf		
	Untrainierte	**Sportler**	**Minimale toxische Dosis**
Kochsalz (NaCl)	8 g	15 g	> 100 g
Kalium	2,5 g	5 g	12 g
Kalzium	1 g	2 g	12 g
Phosphor	1,2 g	2,5 g	12 g
Magnesium	400 mg	600 mg	6 g
Eisen	18 mg	40 mg	> 100 mg
Zink	15 mg	25 mg	500 mg
Kupfer	2 mg	4 mg	100 mg
Jod	0,15 mg	0,25 mg	2 mg
Selen	70 µg	100 µg	1 mg
Chrom	100 µg	200 µg	2 mg

Natrium

Der Wasserhaushalt wird entscheidend vom **Natrium** aufrechterhalten. Die Steuerung des Natriumhaushalts erfolgt über das Aldosteron-Angiotensin-Renin-System und das atriale natriuretische Protein. Die Natriumkonzentration in den Geweben und im Blut beeinflussen den Blutdruck, das osmotische Gleichgewicht, den Säuren-Basen-Haushalt sowie die muskuläre Erregbarkeit. Die Nieren steuern die Natriumausscheidung. Die Natriumkonzentration im Blut beträgt 135-145 mmol/l. Ein Liter Schweiß enthält durchschnittlich ~ 1 g Natrium. Das Kochsalz (NaCl) besteht zu 40 % aus Natrium und zu 60 % aus Chlorid. Der tägliche Kochsalzbedarf Untrainierter beträgt täglich ~ 6 g und steigt bei Leistungssportlern auf 8-12 g an. Flüssigkeiten mit 0,6-1,2 g/l NaCl sind isoton und werden gut resorbiert. Ein gesundheitliches Risiko (Gefahr des Hirnödems) besteht bei der Abnahme des Blutnatriums unter 125 mmol/l, welche beim Ironman auf Hawaii bei 10-15 % von untersuchten Triathleten vorkommt (Hiller et al. 1985; Hiller 1989).

Das Bedürfnis zur Aufnahme salzhaltiger Nahrungsmittel oder das Nachsalzen der Speisen ist ein Anzeichen des Salzdefizits. Bei Langzeitbelastungen ist den Flüssigkeiten stets ~ 1-2g/l Kochsalz hinzuzufügen, weil Leistungswasser natriumarm ist und die Gefahr der *Hyponatriämie* erhöht (Noakes, 1992). Die Muskelkrämpfe während Ausdauerbelastungen werden wahrscheinlich durch örtliche Durchblutungsstörung, mit Defiziten mehrerer Mineralien, wie Magnesium, Kalzium und Natrium, verursacht.

Kalium

Kalium sichert die Zellmembranstabilität, die Nervenimpulsübertragung, die Muskelkontraktion und die Blutdruckregulation. Kalium ist an den Transportvorgängen im Kohlenhydrat-, Protein- sowie Fettstoffwechsel beteiligt. Der normale Blutkaliumspiegel beträgt 3,8-5,5 mmol/l. Die intrazelluläre Kaliumkonzentration beträgt 155 mmol/l und die extrazelluläre nur 4 mmol/l.

Der Austausch des Kaliums mit dem Zellaußenraum erfolgt über die Kaliumkanäle der Zellen. Die Kalium- und Natriumkonzentration an der Zellmembran repräsentiert das *Membranpotenzial.* Da das Kalium das Bestreben hat, das Zellinnere zu verlassen, wird es über die Natrium-Kalium-Pumpe, unter Energieaufwand, von außen nach innen zurückgeführt. Der tägliche Kaliumbedarf liegt bei Untrainierten bei 2-3 g und bei Trainierten bei 3-4 g. Erhöhte Kaliumaufnahme wirkt harntreibend und ist nach Obstaufnahme zu bemerken.

Ergiebige Kaliumquellen sind Bananen, Kartoffeln, Spinat, Tomaten, Trockenobst sowie Obst. Die Hauptmenge an Kalium wird über die Nieren ausgeschieden. Der Kaliumverlust über den Schweiß beträgt nur 0,1-0,2 g/l. Der Kaliumbedarf steigt bei erhöhter Kohlenhydrataufnahme.

Magnesium

Das **Magnesium** ist ein unentbehrlicher Mineralstoff und wirkt in über 300 Enzymen. Das Magnesium ist notwendig für die Energiebereitstellung, Energieübertragung, Signalübertragung bei der Muskelkontraktion, Muskelentspannung, Durchblutung, Hormonwirkung und weiteren anderen Funktionen.

Das eingelagerte Magnesium in den Knochen ist normalerweise nicht verfügbar. Die normale Magnesiumkonzentration im Blutserum beträgt 0,8-1,3 mmol/l. Ein *Magnesiummangel* führt zur Abnahme der Dichte der Natrium-Kalium-Pumpen in den Zellmembranen. Die ATPase-Aktivität ist bei der Magnesiumunterversorgung erniedrigt und damit ist eine allgemeine Leistungsminderung oder Muskelfunktionsstörung vorprogrammiert. Beim Leistungstraining sind die Schweißbildung und die erhöhte Ausscheidung über den Urin die hauptsächlichen Ursachen für den Magnesiumverlust. Allein eine Schweißbildung von 2-3 l/d bedeutet einen Verlust von 437-656 mg Magnesium/Tag. Bei Abfall des Magnesiums im Blut unter 0,75 mmol/l, ist im Leistungssport eine Unterversorgung wahrscheinlich. Der Abfall des Blutmagnesiums erfolgt zwei Monate früher als die Abnahme in der Muskelzelle. Die Anzeichen der Unterversorgung sind Muskelzittern, Wadenkrämpfe, Nervosität, Müdigkeit oder nachlassende Leistungsfähigkeit. Zum Ausgleich ist eine Magnesiumaufnahme von 0,5 g/Tag über länger Zeit notwendig. Natürliche Magnesiumlieferanten sind Vollkorngetreideprodukte, Milchprodukte, Milch, Leber, Geflügel, Kartoffeln, Fische, Gemüsearten, Sojabohnen, Beerenobst, Bananen und Orangen. Magnesiumhaltige Mineralwässer (> 100 mg/l) sind im Sport zu bevorzugen.

Kalzium

Das **Kalzium** ist ein lebensnotwendiges Mineral. Der Kalziumspeicher befindet sich zu 98 % in den Knochen. Das Kalzium im Blutserum beträgt 2,3-2,7 mmol/l (92-108 mg/dl). Der Kalziumspiegel wird hormonell reguliert. Nur die Hälfte des Kalziums befindet sich in aktiver physiologischer Funktion, der Rest ist an die Plasmaproteine gebunden. Das Kalzium dient zur Stabilisierung der Zellmembran, der intrazellulären Signalübertragung, der Reizübertragung im Nervensystem, der Signalübertagung an der motorischen Endplatte (Neurotransmitterfunktion) und Blutgerinnung. Der Kalziumbedarf wird über das Parathormon gesteuert. Die durch Östrogendefizit hervorgerufene Knochenaufbaustörung, verbunden mit einer zu geringen Kalziumaufnahme, fördert besonders bei jungen Läuferinnen und Triathletinnen die Entwicklung von Stressfrakturen. Eine frühe Entmineralisierung der Knochen kann später zur *Osteoporose* führen. Im Leistungstraining liegt der Kalziumbedarf höher und sollte 1.200-1.500 mg/Tag betragen. Wichtige Kalziumquellen sind Milchprodukte, fettarme Milch, Gemüse und bestimmte Mineralwässer (> 100 mg/l Kalzium). Der hohe Proteingehalt in der Milch wirkt resorptionsmindernd für Kalzium, Phytate, Oxalate, Lignine und Phosphate (Colagetränke). Kalzium wird auch mit dem Schweiß ausgeschieden.

Tab. 2/14.5.2: Hauptsächliche Ursachen der Unterversorgung mit Mineralien im Leistungstraining

Mineralunterversorgung	Anzeichen der Unterversorgung	Empfohlene Nahrungsmittel
Magnesium **Serumkonzentration < 0,75 mmol/l**	Wadenkrämpfe, Nackenschmerz, Kribbeln (Parästhesien) in Händen und Füßen, vagotone Funktionsumstellung, Herzrhythmusstörungen, Organ- und Gefäßkrämpfe.	**Medikamente**: 0,3-0,5 g/Tag Magnesiumpräparate; Aufnahme magnesiumhaltiger Nahrungsmittel (Sojabohnen, Milchschokolade, Haferflocken, Vollkornbrot, Milch, Fisch); Mineralwässer.
Eisen **Serumferritin**: < 12 µg/l Eisenspeicher erschöpft 12-15 µg/l: Verminderte Eisenspeicher 35 µg/l unterer Normalwert für Männer (M) 23 µg/l unterer Normalwert für Frauen (F) **Hämoglobin**: <12 g/dl F < 13 g/dl M **Serumeisen unsicher** (< 60 µg/dl bzw. 10,7 µmol/l (M) oder < 80 µg/dl bzw. 14,3 µmol/l (F)	Müdigkeit, Zunahme des Anstrengungsgefühls, nachlassende Ausdauerleistungsfähigkeit bei höheren Geschwindigkeiten, Verzögerung der Erholung, Anämie.	**Medikamente**: 1-2 Monate Eisenaufnahme von 100-200 mg/Tag (möglichst zweiwertiges Eisen und magenverträgliches Präparat) Eisenhaltige Nahrungsmittel (Leber, Nieren, rotes Fleisch, Hülsenfrüchte, Schokolade, Vollkornbrot, Leberpaste, Nüsse).
Zink Serumkonzentration < 12 µmol/l	Geschmacks- und Geruchsstörungen, Appetitlosigkeit, Gewichtsabnahme, Müdigkeit, Hautveränderungen, deutliche **Zunahme von Infekten.**	**Medikamente**: Zinkpräparate 15-20 mg/Tag; Zinkhaltige Nahrungsmittel: Käse, Vollmilch, Fleisch, Eier, Austern. Zink in Hülsenfrüchten und Getreide ist durch enthaltene Phytate schlecht verwertbar.
Kalium Serumkonzentration < 3,5 mmol/l	Muskelschwäche, nachlassende Reflexantwort, Durchfälle, Müdigkeit und Trainingsunlust, Herzrhythmusstörungen.	**Medikamente**: Kalium-Magnesium-Aspartat (50-100 mmol/l Kalium); kaliumhaltige Nahrungsmittel: Obst, Gemüse, Getreideprodukte, Fleisch.

Eisen

Das **Eisen** ist ein Spurenelement und zu 60 % an *Hämoglobin* (roter Blutfarbstoff) gebunden. Eisen ist Bestandteil von Hämoglobin, *Myoglobin* und Enzymen des aeroben Stoffwechsels (Zytochrome, Katalasen, Peroxidasen). Der größte Eisenspeicher ist die Leber. Im Eisenspeicher *Ferritin* sind 700 mg gebunden. Die Serumkonzentration des Eisens beträgt 0,6-1,45 mg/l (10,7-26 µmol/l) bei Frauen und 0,8-1,68 mg/l (14,3-30 µmol/l) bei Männern.

Der Normalbereich des Ferritins im Blut beträgt 30-400 µg/l bei Sportlern und 30-150 µg/l bei Sportlerinnen. Der entscheidende Indikator für die ausreichende Eisenversorgung ist die Ferritinkonzentration im Blut. Leistungssportler haben einen höheren Bedarf an Eisen. Bei Ausdauersportlern sollte die Ferritinkonzentration im Blut über 30µg/l liegen (Tab. 3/14.5.2).

Das Ausdauertraining führt zu einer Zunahme des Plasmavolumens um 10-20 % und damit zu einer Scheinabnahme des Hämoglobins um 1-2 g/dl. Diese „Sportleranämie", die auf der Plasmavolumenerhöhung beruht, sollte nicht zur Fehldiagnose eines Eisenmangels verleiten. Bei normalem Hämatokrit darf das Hämoglobin bei Leistungssportlern nicht unter 13 g/dl und bei Leistungssportlerinnen nicht unter 12 g/dl abfallen (s. Tab. 3/14.4.2).

Tab. 3/14.5.2: Normale Blutwerte und Abweichungen durch Ausdauertraining („Sportleranämie")

Normalwerte im Leistungssport	Männer	Frauen
Hämatokrit (%)	46 (39-**50**)	41 (35-**47**)
Hämoglobin (g/dl) *	15,5 (13,3-**17**)	13,7 (11,7-**16**)
Serumferritin (µg/l)**	30-400	30-150
„Sportleranämie"		
Hämatokrit (%)	< 40	< 35
Hämoglobin (g/dl)	< 13	< 12
Serumferritin (µg/l)	< 30	< 20

* Hämoglobin g/dl x 0,6206 = mmol/l. Die fett gedruckten Werte (17 bzw. 16 g/dl bzw. 50 und 47 %) sind von der Dopingagentur WADA festgelegte Obergrenzen. Bei Überschreitung erfolgt mehrtägige Wettkampfsperre und Suche auf EPO-Missbrauch.
** 1 µg/l Serumferritin entspricht 8-10 mg Speichereisen.

In der mechanischen Zerstörung der *Erythrozyten* in den Fußsohlen wird bei Laufbelastungen auf hartem Untergrund eine Hauptursache des Eisenverlusts gesehen. Im Leistungstraining kommt es zu einem täglichen Eisenverlust von etwa 2 mg. Um den trainingsbedingten Eisenverlust auszugleichen, ist eine Aufnahme von 20 mg/Tag notwendig.

Die Resorption des Eisens beträgt bei vegetarischer Kost nur 3-8 %, bei Fleischnahrung hingegen 15-22 %. Bei Unterversorgung sind die Eisenspeicher nach 5-8 Monaten erschöpft. Hinweise für eine Eisenunterversorgung sind ungewohnte

Müdigkeit, vorzeitige Erschöpfung, mangelnde Intensitätsverträglichkeit, ausbleibende Leistungsentwicklung, verstärkte Atmung bei Belastungen und die Häufung von Infekten der oberen Luftwege.

Spurenelemente

Zu den Spurenelementen zählen die Mineralien, die in Mengen von unter 20 mg/Tag aufgenommen werden. Von den 14 bekannten *essenziellen Spurenelementen* stehen Eisen, Kupfer, Zink, Selen, Chrom und Vanadium in Beziehung zur körperlichen Belastung: (Tab. 4/14.5.2).

Tab. 4/14.5.2: Spurenelemente im menschlichen Organismus

Lebensnotwendig (essenziell)	Nicht essenziell	
Chrom*	Aluminium	Quecksilber
Eisen*	Antimon	Rubidium
Fluor	Arsen	Silber
Jod	Barium	Strontium
Kobalt	Beryllium	Tellur
Kupfer*	Blei	Thallium
Mangan	Bor	Titan
Molybdän	Brom	
Nickel	Cadmium	
Selen*	Caesium	
Silizium	Edelgase	
Vanadium*	Gold	
Zink*	Lithium	
Zinn	Platin	

* Fett gedruckte Spurenelemente stehen in Beziehung mit der körperlichen Belastung

Zink

Das Spurenelement **Zink** ist überwiegend in Knochen, Haut und Haaren gespeichert. 90 % des Zinks sind in den Erythrozyten enthalten und für Stoffwechselprozesse verfügbar. Zink ist in über 200 Enzymen enthalten und übt bedeutende Funktionen im Protein-, Kohlenhydrat-, Fett- und Nukleinsäurestoffwechsel aus. Weiterhin ist Zink Bestandteil von Hormonen und Rezeptoren. Bei vielseitiger Ernährung hat der Leistungssportler normalerweise keine Probleme, den täglichen Bedarf von 10-15 mg Zink zu sichern. Zinkaufnahme wirkt auf das Immunsystem stabilisierend und ist für die Proteinsynthese notwendig.

Kupfer

Das **Kupfer** ist für den Organismus lebensnotwendig. Kupfer wirkt als Bestandteil von 16 Metalloenzymen antioxidativ. Kupferreiche Nährstoffe sind Getreideprodukte, Leber, Fische, Nüsse, Kakao, Kaffee, Tee und Hülsenfrüchte. Die Bildung von Bindegewebe, die Funktion des Zentralnervensystems sowie die Blutbildung sind ohne Kupfer nicht möglich. Unterversorgung führt zu gesundheitlichen Beeinträchtigungen, Störungen im Gewebeaufbau und zur Einschränkung von Enzymaktivitäten.

Selen

Das **Selen** ist ein essenzielles Spurenelement und sollte in Mengen von 30-70 µg/Tag von Untrainierten und 70-100 µg/Tag von Leistungssportlern aufgenommen werden. Selen ist das einzige Spurenelement, dessen spezifische Position in Proteinen durch den genetischen Code definiert ist. Als Bestandteil von vier Glutathionperoxidasen entfaltet Selen eine starke *antioxidative Wirkung*, synergistisch mit Vitamin E. Selen ist Bestandteil der neu entdeckten 21. Aminosäure *Selenocystein*. Selenocystein ist für die Synthese und Abbau der Schilddrüsenhormone, die Modulation des Immunsystems sowie die Reparatur von Protein- und Lipidperoxidationsprodukten notwendig. Ein Selenmangel ist gleichbedeutend mit einem Jodmangel, weil Selen Bestandteil der Dejodasen ist. Die Dejodasen sind für die Umwandlung von Thyroxin (T_4) in das aktive Schilddrüsenhormon T_3 notwendig. Biologische Membranen werden durch die selenabhängige *Glutathionperoxidase* durch die antioxidative Wirkung vor Schäden geschützt.

Selenreich sind Meeresfische, Fleisch, Hühnereier, Leber, Getreideprodukte, Hefen und Nüsse. Die Bioverfügbarkeit des anorganischen Selens (z. B. Natriumselenit) ist besser als die aus organischen Verbindungen. Das anorganische Selen wird als Medikament und das organische Selen in Nahrungsergänzungsmitteln vertrieben.

Chrom

Das **Chrom** wirkt im Kohlenhydrat-, Protein- und Fettstoffwechsel und potenziert die Wirkung von Insulin (Anding et al., 1997). Die Glykogenspeicherung wird durch Chrom gefördert. Bei Chromunterversorgung steigt das Insulin an und es kann zu hypoglykämischen Zuständen oder Glukosetoleranzstörungen kommen. Die Chromaufnahme kann zwischen 50-200 µg/Tag liegen. In Deutschland ist die Chromaufnahme in der Verbindung mit Picolinat derzeit nicht zugelassen.

Bei Aufnahme von Chrompicolinat (200 µg/Tag) konnten keine Leistungsverbesserungen oder Kraftzunahme belegt werden.

Jod

Das **Jod** ist Bestandteil der Schilddrüsenhormone und bewirkt die Umwandlung des Prohormons Thyroxin (T_4) in das aktive Schilddrüsenhormon (T_3). Das hierfür entscheidende Enzym (Jodthyronindejodase) benötigt Jod und Selen. Die Jodaufnahme sollte täglich mindestens 2 µg/kg Körpergewicht betragen. Bei der Jodzufuhr von 200 µg/Tag werden in 24 Stunden 15 % von der Schilddrüse aufgenommen. Sinkt die Jodzufuhr, dann wird selbst regulierend die Jodaufnahme in der Schilddrüse erhöht. Deutschland ist ein *Jodmangelgebiet* mit einem Nord-Süd-Gefälle. Ein Jodmangel führt zur Vergrößerung der Schilddrüse (Kropf). Leistungssportler haben potenziell einen erhöhten Jodbedarf und sollten regelmäßig jodhaltiges Speisesalz benutzen und reichlich Seefisch verzehren.

Zusammenfassung:

Die Ernährung hat einen Einfluss auf die sportliche Leistungsfähigkeit. Sie wirkt unter bestimmten Voraussetzungen leistungssteigernd. Zu unterscheiden sind die Ernährung vor einer Belastung, während der Belastung und in der frühen Wiederherstellungszeit. Vor dem Start zu einem Ausdauerwettkampf, sollte die letzte Kohlenhydrat-(KH-)-Aufnahme etwa 30 min zuvor erfolgen. Bei Belastungen von 60 min Dauer hat die KH-Aufnahmen keinen Einfluss auf die Leistungsfähigkeit. Mit der KH-Aufnahme sollte bei längeren Belastungen erst nach 70 min Belastung begonnen werden. Die kontinuierliche KH-Aufnahme von 30-50 g/h ist meist verträglicher als die Einmalaufnahme einer größeren Menge (60-80 g). Bei der Eigenversorgung sollte die Verträglichkeit der Produkte zuvor geprüft werden.

Bei Hitzebelastungen ist von Anfang an Flüssigkeit aufzunehmen und den Getränken ~ 1 g/l Kochsalz hinzuzufügen. Nach der Belastung sollten in den ersten beiden Erholungsstunden 50-100 g KH aufgenommen werden, eventuell kombiniert mit Aminosäuren. Diese Maßnahmen beschleunigen die Glykogenbildung. Die Auffüllung der intramuskulären Triglyzeride ist nur mit fettreicher Mischkost möglich. Betonte KH-Aufnahme beeinflusst die intramuskuläre Triglyzeridspeicherfüllung nicht. Leistungssportler sollten differenziert mehr Vitamine und bestimmte Mineralstoffe sowie Spurenelemente aufnehmen.

Literatur

Aagaard, P. & Thorstensson, A. (2002). Neuromuscular aspects of exercise-adaptive responses evoked by strength training. In M. Kjaer, M. Krogsgaard, P. Magnusson, L. Engebretsen, H. Roos, T. Takala, S. L.-Y. Woo (Eds.), *Textbook of Sports Medicine* (S. 70-106). Oxford: Blackwell Scientific Publications.

Abele, A. & Brehm, W. (1994). Welcher Sport für welche Stimmung? Differentielle Effekte von Fitness- und Spielsportaktivitäten auf das aktuelle Befinden. In J.R. Nitsch & R. Seiler (Hrsg.), *Gesundheitssport- Bewegungstherapie* (S. 133-149). Bonn: Sankt Augustin Verlag.

Achten, J. & Jeukendrup, A. E. (2003). Maximal fat oxidation during exercise in trained men. *Int. J. Sports Med., 24*, 603-608.

Achten, J., Gleeson, A. E. & Jeukendrup, A. E. (2002). Determination of the exercise intensity that elicits maximal fat oxidation. *Med. Sci. Sports. Exerc.*, 34, 92-97.

Achten, J., Venables, M. C. & Jeukendrup, A. E. (2003). Maximal fat oxidation rates are higher during running compared with cycling over a wide range of intensities. *Metabolism, 52*, 747-752.

Adamo, K. B. & Graham, T. E. (1998). Comparison of traditional measurement with macroglykogen and proglycogen analysis of muscle glycogen. *J. Appl. Physiol.*, 84, 908-913.

Adamo, K. B., Tarnopolsky, M. A. & Graham, T. (1998). Dietary carbohydrate and postexercise synthesis of proglycogen and macroglycogen in human skeletal muscle. *Am. J. Physiol. Endocrinol. Metab. 275*, 229-232.

Alfermann, D. & Stoll, O. (1996). Befindlichkeitsveränderungen nach sportlicher Aktivität. *Sportwissenschaft, 26* (4), 406-422.

Alfermann, D. & Stoll, O. (1997). Sport in der Primärprävention: Langfristige Auswirkungen auf psychische Gesundheit. *Zeitschrift für Gesundheitspsychologie*, 5 (2), 91-108.

Amann, M., Subudhi, A. & Foster, C. (2004). Influence of testing protocol on ventilatory thresholds and cycling performance. *Med. Sci. Sports Exerc., 36*, 613-622.

Anders, R., Muller, D. C. & Sorkin, J. D. (1993). Long-term Effects of Change in Body Weight on all Cause Mortality. *Ann. Intern. Med., 119*, 737-743.

Anding, J. D., Wolinsky, I., Klimis-Tavantzis, D. J. (1997). Chromium. In I. Wolinsky & J. A. Riskell (Eds.), *Sports Nutrition: Vitamin and Trace Elements*. Boca Raton: CRC Press.

Anosov, O., Patzak, A., Kononovich, Y. & Persson, P. B. (2000). High-frequency oscillations of the heart rate during ramp load reflect the human anaerobic threshold. In *European Journal of Applied Physiology, 83* (4-5), S.388-394.

Asp, S., Daugaard, J. R., Rohde, T., Adamo, K. & Graham, T. (1999). Muscle glycogen accumulation after a marathon: roles of fiber type and pro- and macroglycogen. *J. Appl. Physiol.*, *86*, 474-478.

Åstrand, P. O. & Rodahl, K. (1986). *Textbook of Work Physiology.* USA: Mc Graw-Hill.

Åstrand, P. O. & Rodahl, K. (2003). *Textbook of Work Physiology.* USA: Mc Graw-Hill.

Aubert A. E., Seps, B. & Beckers, F. (2003). Heart rate variability in athletes. *Sports Med.*, *33* (12), 889-919.

Aunola, S. & Rusko, H. (1988). Comparison of two methods for aerobic threshold determination. *Eur. J. Appl. Physiol.*, *57*, 420-424.

Ballreich, R. & Baumann, W. (1988). *Grundlagen der Biomechanik des Sports.* Stuttgart: Enke.

Baron, B., Dekerle, J., Robin, S., Neviere, R., Dupont, L., Matran, R., Vanvelcenaher, J., Robin, H. & Pelayo, P. (2003). Maximal lactate steady state does not correspond to a complete physiological steady state. *Int. J. Sports Med.*, *24* (8), 582-587.

Baron, D. & Berg, A. (2005). *Optimale Ernährung des Sportlers.* Stuttgart: Hirzel.

Bar-Or, O. (1998). Effects of Age and Gender on Sweating Pattern During Exercise. *Int. J. Sports Med.*, 19, 106-107.

Baumann, W. (1994). Über den Zusammenhang zwischen sportlicher Leistung und Belastung des Bewegungsapparats. In L. Zichner, M. Engelhardt & J. Freiwald (Hrsg.), *Die Muskulatur. Sensibles, integratives und messbares Organ* (S. 181-195). Wehr, Baden: Ciba Geigy.

Beaver, W. L., Wassermann, K. & Whip, B. J. (1985). Improved detection of lactate threshold during ecercise using a log-log-transformation. *J. Appl. Physiol.*, *59*, 1936-1940.

Berbalk, A. (1996). Sportherz des Nachwuchsathleten – Komplexe Anpassungen an Ausdauertraining. *TW Sport + Medizin*, *8*, 214-224.

Berbalk, A. (1997). Echokardiographische Studie zum Sportherz bei Ausdauerathleten. *Zeitschrift für angewandte Trainingswissenschaft*, *4*, 6-36.

Berbalk A. & Bauer S. (2001). Diagnostische Aussage der Herzfrequenzvariabilität in Sportmedizin und Trainingswissenschaft. *Zeitschrift für angewandte Trainingswissenschaft*, *2*, 156-176.

Berg, A., Frey, I., Baumstark, W. M., Halle, M. & Keul, J. (1994). Physical activity and lipoprotein disorders. *Sports med.*, *17*, 6-21.

Berg, A. & Dickhuth, H.-H. (2007). Sportmedizinische Aspekte des Energiestoffwechsels. In H.-H. Dickhuth, F. Mayer, K. Röcker & A. Berg (Hrsg.), *Sportmedizin für Ärzte* (S. 17-27). Köln: Deutscher Ärzteverlag.

Bergman, B. C., Butterfield, G. E., Wolfel, E. E., Casazza, G. A., Lopaschuk, G. D. & Brooks, G. A. (1999). Evaluation of exercise and training on lipid metabolism. *Am. J. Physiol.*, *276*, 106-117.

Bergström, J. (1962). Muscle electrolytes in man. Determined by neutron activation analysis on needle bipsy specimens. A study on normal subjects, kidney patients and patients with chronic diarrhoes. *Scand. J. Clin. Lab. Invest., 14*, Suppl. 68.

Bergström, J. & Hultman, E. (1967). A study of glycogen metabolism during exercise in man. *Scand. J. Clin. Lab. Invest. 19*, 218-227.

Bigard, A. X., Satabin, P., Lavier, P., Cannon, P., Taillander, D. & Guezennec, C. Y. (1993). Effect of Protein Supplementation during Pronolonged Exercise at Moderate Attitude on Performance and Plasma Amino Acid Pattern. *Eur. J. Appl. Physiol., 66*, 5-10.

Bircher, S., Enggist, A., Jehle, T. & Knechtel, B. (2006). Effects an extreme endurance race on energy balance and body composition – a case study. *J. Sports Sci. Med., 5*, 154-162.

Blain, G., Meste, O., Bouchard, T. & Bermon, S. (2005). Assessment of ventilatory thresholds during graded and maximal exercise test using time varying analysis of respiratory sinus arrhythmia. *Brit. J. of Sports Med., 39* (7), 448-452.

Bloch, W. & Brixius, K. (2006). Sport und Stammzellen. *Dtsch. Z. Sportmed., 57*, 68-72.

Blom, P., Vollestad, N. K. & Costill, D. L. (1986). Factors affecting changes in muscle glycogen concentrations during and after prolonged exercise. *Acta Physiol. Scand., 128* (Suppl. 556), 67-74.

Blom, P., Costill, D. L. & Vollestad, N. K. (1987). Exhaustive running: Iappriate as a stimulus of muscle glycogen super-compensation. *Med. Sci. Sports Exercise, 19*, 389-403.

Bloss, H. A. (1989). *Fitness-Lexikon*. Düsseldorf: ADMOS Media GmbH.

Böger, J. & Kanovski, S. (1982). *Gerontologie und Geriatrie*. Stuttgart: Thieme Verlag.

Bokovsky, J., Blair, L. & Steven, N.(1994). Aging and exercise: A health perspective. *J. Aging Physical Activity, 2*, 25-28.

Bonita, R. (2006). Globale Strategie der WHO für Diät, Bewegung und Gesundheit. http://www.sprechzimmer.ch/sprechzimmer/News/Tagungen/Globale_Strategie_der_WHO_fuer_Diaet_Bewegung_und_Gesundheit.php (Zu-griff am 09.08.2007)

Bonow, R. O. (2002). Primary Prevention of Cardiovascular Disease. *Circulation, 106*, 3140-3146.

Bös, K. (1987). *Handbuch sportmotorischer Test*. Göttingen: Hogrefe.

Bös, K. (1994). *Handbuch für Walking*. Aachen: Meyer & Meyer.

Bös, K. (1996). *Handbuch motorischer Tests*. Göttingen: Hogrefe.

Bronus, F. (1993). *Die Ernährungsbedürfnisse des Sportlers*. Berlin: Springer.

Burisch, M. (2006). *Das Burnout-Syndrom*. Heidelberg: Springer.

Burke, L. M., Kiens, B. & Ivy, J. (2004). Carbohydrates and fat for training and recovery. *J. Sports Sci.*, *22*, 15-30.

Carl, K. (1988). *Talentsuche, Talentauswahl und Talentförderung.* Schorndorf: Hofmann.

Chapman, R. F., Stray-Gundersen, J. & Levine, B. D. (1998). Individual variation in response to altitude training. *J. Appl. Physiol.*, *85*, 1448-1456.

Chawalbinska-Moneta, J. & Hanninen, O. (1989). Effect of active warming-up on thermoregulatory, circulatory and metabolic responses to incremental exercise in endurance-trained athletes. *Int. J. Sports Med.*, *10*, 25-29.

Chryssanthopoulos, C. & Williams, C. (1997). Pre-exercise carbohydrate meal and endurance running capacity when carbohydrates are ingested during exercise. *Int. J. Sports Med.*, *18*, 543-548.

Clasing, D., Weicker, H. & Böning, D. (1994). *Stellenwert der Laktatbestimmung in der Leistungsdiagnostik.* Stuttgart, Jena, New York: Fischer Verlag.

Clasing, D. & Siegfried, I. (2002). *Sportärztliche Untersuchung und Beratung* (3. Aufl.). Balingen: SpitaVerlag.

Coggan, A. R. & Coyle, E. F. (1991). Carbohydrate ingestion during prolonged exercise: effects on metabolism and performance. *Exerc. Sports Sci. Rev.*, *19*, 1-40.

Coggan, A. R. & Swanson, S. C. (1992). Nutritional manipulation before and during endurance exercise: effects on performance. *Med. Sci. Sports Exerc.*, *24* Suppl., 331-335.

Cohen, M. N. & Armelagos, M. (1984). *Paleopathology and Origins of Agricultur.* London: Academic Press.

Conconi, F., Ferrari, M., Ziglio, P. G., Droghetti, P. & Codeca, L. (1982). Determination of the anaerobic threshold by a noninvasive field test in runners. *J. Appl. Physiol.*, *52*, 869-873.

Conconi, F., Ferrari, M., Ziglio; P. G., Droghetti, P., Borsetto, C., Casoni, J., Cellini, M. & Paolini, A. R. (1984). Determination of the A naerobic Threshold by a Noninvasive Field Test in Running and Other Sport Activities. In N. Bachl (Hrsg.), *Current topics in sport medicine* (S. 271-281). Wien: Urban & Schwarzenberg

Conconi, F., G. Grazzi, I. Casoni, Guglielmini C., Borsetto, C., Ballarine, E., Mazzoni, G., Patracchini, M. & Manfredini, F. (1996). The Conconi test: methodology after 12 years of application. *Int. J. Sports Med.*, *17*, 509-519.

Cooper, K. H. (1968). A means of assessing maximum oxygen intake. *Journal of the American Medical Association*, *203*, 201-204.

Cooper, K. H. (1970). *The New Aerobics.* New York: Evans & Co.

Cooper, K. H. (1984). *Bewegungstraining.* Frankfurt: Limpert Verlag.

Costill, D. L., Daniels, J., Evans, W., Fink, W., Krahenbuhl, G. & Saltin, B. (1976). Skeletal muscle enzymes and fiber composition in male and female track athletes. *J. Appl. Physiol.*, *40*, 149-154.

Cottin, F., Lepretre, P. M., Lopes, P., Papelier, Y., Medigue, C. & Billat, V. (2006). Assessment of ventilatory thresholds from heart rate variability in well-trained subjects during cycling. *International Journal of Sports Medicine*, *27* (12), 959-967.

Coyle, E. F., Hagenberg, J. M., Hurley, B. H., Martin, W.H., Ehsani A. A. & Holloszy, J. O. (1983). Carbohydrate feeding during prolonged strenous exercise can delay fatigue. *J. Appl. Physiol.*, *15*, 466-471.

Coyle, E. F., Coggan, A. R., Hemmert, M. K., Lowe, R. & Walters, T. J. (1985). Substrate usage during prolonged exercise following a preexercise meal. *J. Appl. Physiol.*, *59*, 429-433.

Coyle, E. F. (1995). Substrate utilization during exercise in active people. *Am. J. Clin. Nutr.*, *61* (Suppl.), 968-979.

Davis, A., Basset, J., Hughes, P. & Gass, G. C. (1983). Anaerobic threshold and lactate turnpoint. *Eur. J. Appl. Physiol.*, *50*, 383-392.

De Marées, H. & Mester, J. (1991). *Sportphysiologie*. Frankfurt, Salzburg: Arau.

De Marées, H. (2002). *Sportphysiologie* (9. überarbeitete Aufl.). Köln: Sport und Buch Strauß.

Dennis, S. C., Noakes, T. D. & Hawley, J. A. (1997). Nutritional Strategies to Minimize Fatigue During Prolonged Exercise: Fluid, Electrolyte and Energy replacement. *J. Sports Sci.*, *15*, 305-312.

Deutsche Hochdruckliga (2003). *Deutsches Kompetenzzentrum Hypertonie (*18. Aufl.). Bonn.

Dickhuth, H.-H., Urhausen, A., Huonker, M., Heitkamp, H., Kindermann, W., Simon, G. & Keul, J. (1990). Die echokardiographische Herzgrößenbestimmung in der Sportmedizin. *Dtsch. Z. Sportmed.*, *41*, 4-12.

Dickhuth, H.-H., Huonker, M., Münzel,T., Drexler, H., Berg, A. & Keul, J. (1991). Individual Anaerobic Threshold for Evaluation of Competitive Athletes and Patients with Left Ventricular Dysfunctions. In N. Bachel, T. E. Graham & H. Löllgen (Eds.), *Advances in Ergometry*. Berlin: Springer.

Dickhuth, H.-H., Yin, L. Niess, A., Röcker, K., Mayer, F., Heitkamp, H. C. & Horstmann, T. (1999). Ventilatory, Lactate-derived and catecholamine thresholds during incremental treadmil running: Relationship and reproducibility. *Int. J. Sportsmed.*, *20*, 122-127.

Dickhuth, H.-H., Mayer, F., Röcker, K. & Berg, A. (2007). *Sportmedizin für Ärzte* (Hrsg.). Köln: Deutscher Ärzteverlag.

Dittrich, S. (2001). Fragen zur Gesundheit – Ergebnisse des Mikrozensus 1999. *Statistisches Bundesamt, Wirtschaft und Statistik*, *9*, S 771-780.

Dodt, B., Peters, A., Heon-Klein, V., Matthis, C., Raspe, A. & Raspe, H. (2002). Reha-Score für Typ 2-Diabetes mellitus: Ein Instrument zur Abschätzung des Rehabilitationsbedarfs. *Rehabilitation, 41*, 237-248.

DOSB (Deutscher Olympischer Sportbund) (www.dosb.de), abgefragt am 01.11.2007.

Dufaux, B. (1989). Immunologische Unterscheidung von „Selbst und Nichtselbst" unter körperlicher Belastung. *Dtsch. Z. Sportmed., 40* (Sonderheft), 52-59.

Earnest, C. P., Jurca, R., Church, T. S., Chicharro, J. L., Hoyos, J. & Lucia A. (2004). Relation between physical exertion and heart rate variability characteristics in professional cyclists during the Tour of Spain. *Br. J. Sports Med., 38*, 568-575.

Eaton, S. B., Cordian, L. & Lindberg, S. (2002). Evolutionary health promotion: a consideration of common counterarguments. *Prev. Med., 35* (4), 415-418.

Engelhardt, M. & Neumann, G. (1994). *Sportmedizin.* München: BLV Sportwissenschaft.

Esperer, H.-D. (2004). Physiologische Grundlagen der Herzfrequenzvariabilität. In K. Hottenrott (Hrsg.), *Herzfrequenzvariabilität im Fitness- und Gesundheitssport* (S. 11-40). Hamburg: Czwalina.

Etgen, G. J., Jensen, J., Wilson, C. M., Hunt, D. G., Cusman, S. W. & Ivy, J. L. (1997). Exercise training reverses insulin resistance in muscle by enhanced recruitment of GLUT-4 to the cell surface. *Am. J. Physiol., 272*, 864-869.

Fletcher, G. F., Balady, G., Amsterdam, E. A., Chaitman, B., Eckel, R., Fleg, J., Froelicher, V. F., Leon, A. S., Pina, I. L., Rodney, R., Simons-Morton, D. G., Williams, M. A. & Bazzarre, T. (2001). Exercise standards for testing and training – a statement for healthcare professionals from the American Heart Association. *Circulation, 104*, 1694–740.

Flück, M. (2003). Molecular mechanisms in muscle adaptation. *Ther. Umschau, 60*, 371-381.

Folinsbee, J. L. (1992). Ambient air pollution and endurance performance. In R. J. Shephardt & P. O. Åstrand (Eds.), *Endurance in Sport* (S. 479-486). Oxford: Blackwell Scientific Publication.

Folinsbee, L. J. & Schelegele, E. S. (2000). Air Pollutants and Endurance Performance. In R. J. Shepherd & P. O. Åstrand (Eds.), *Endurance in Sport.* (S. 479-486) 2. Ed. Oxford: Blackwell Science.

Friedmann, B. (2001). Sportleranämie. *Dtsch. Z. Sportmed., 52*, 262-263.

Friedrich & Moeller (1999). Zum Problem der Superkompensation. *Leistungssport, 29* (5), 52-55.

Fröhner, G. (2000). Grenzen der Leistungsfähigkeit des Menschen aus der Sicht des Halte-, Stütz- und Bewegungssystems. *Leistungssport, 30* (1), 18-23.

Fuchs, U. & Reiß, M. (1990). *Höhentraining.* Münster: Philippka.

Gledhill, N. (1993). Hämoglobin, Blutvolumen, Ausdauer. In R. J. Shepherd & P. O. Åstrand (Hrsg.), *Ausdauer und Sport* (S. 208-214) Köln: Deutscher Ärzteverlag.

Gohlitz, D. (1994). Bewertung integrativer Meßgrößen der Lauftechnik in der komplexen Leistungsdiagnostik des leichtathletischen Laufs und Triathlons mit Folgerungen für das Kraftausdauertraining. In M. Engelhardt, B. Franz, G. Neumann & A. Pfützner (Hrsg.), *Triathlon: Medizinische und methodische Probleme des Trainings* (S. 123-130). Hamburg: Czwalina.

Gollnick, P. D., Armstrong, R. B., Saltin, B., Saubert, C. W., Sembrowich, W. L. & Shepherd, R. E. (1973). Effect of training on enzyme activity and fiber composition of human skeletal muscle. *J. Appl. Physiol., 34*, 107-111.

Graf, Ch. & Rost, R. (2001). *Herz und Sport.* Balingen: Spitta.

Graf, Ch., Bjarnason-Wehrens, B. & Löllgen, H. (2004). *Dtsch. Z. Sportmed., 55*, 339-346.

Grazzi, G., Alfieri, N., Borsetto, C., Casoni, I., Manfredini, F., Mazzoni, G. M. & Conconi, F. (1999). The power output/heart rate relationship in cycling: test standardization and repeatability. *Med Sci Sports Exerc, 31*, 1478-1483.

Grundy, S. M., Cleemann, J. I., Daniels, S. R., Donato, K. A., Eckel, R. H., Franklin, B. A., Gordon, D. J., Krauss, R. M., Savage, P. J., Smith, S. C. Jr., Spertus, J. A. & Costa, F. (2005). Diagnosis and management of metabolic syndrome. An American Heart Association/national Heart, Lung, and Blood Institute scientific statement. *Circulation, 112*, 2735-2752.

Gullestad, L., Myers, J., Bjornerheim, R., Berg, K. J., Djoseland, O., Hall, C., Kjekshus, J. & Simonsens, S. (1997). Gas exchange and neurohumoral response to exercise: influence of the exercise protocol. *Med Sci Sports Exerc., 29*, 496-502.

Gundlach, H. (1980). *Zu den Strukturmerkmalen der Leistungsfähigkeit, der Wettkampfleistung und des Trainingsinhaltes in den Schnellkraft- und Ausdauersportarten.* Leipzig: Dissertation

Hambrecht, R., Niebauer, J., Marburger, C., Grunze, M., Kalberer, B., Hauer, K., Schlierf, G., Kubler, W. & Schuler, G. (1993). Various intensities of leisure time physical activity in patients with coronary artery diseases: Effects on cardiorespiratory fitness and progression of coronary atherosclerosis. *J. Am. Coll. Cardiol., 22*, 468-477.

Hargreaves, M., Costill, D. L., Coggan, A. R., Fink, W. J. & Nishibata, I. (1984). Effect of carbohydrate feedings on muscle glycogen utilization and exercise and performance. *Med. Sci. Sports Exerc., 16*, 219-222.

Hargreaves M., Costill, D. L., Fink W. J., King D. S. & Fielding R. A. (1987). Effect of pre-exercise carbohydrate feedings on endurance cycling performance. *Med. Sci. Sports Exerc.*, *19*, 33-36.

Hargreaves, M. (1999). Metabolic responses to carbohydrate ingestion: effects on exercise performance. In D. R. Lamb, R. Murray (Eds.). The Metabolic Basis of Performance in Exercise and Sport. Carmel (USA), *Cooper Publ. Group.*, *12*, 93-124.

Harre, D., Dettow, B. & Ritter, I. (1957). *Einführung in die Allgemeine Trainings- und Wettkampflehre.* Leipzig: Deutsche Hochschule für Körperkultur (DHfK).

Harre, D. (1969). *Trainingslehre.* Berlin: Sportverlag.

Harre, D. (1970). *Trainingslehre.* Berlin: Sportverlag.

Harre, D. (1979). *Trainingslehre.* Berlin: Sportverlag.

Harre, D. (1986). *Trainingslehre.* Berlin: Sportverlag.

Harre, D. (2003). Training der Ausdauer. In G. Schnabel, D. Borde & A. Harre (1997), *Trainingswissenschaft* (S. 315-329). Berlin: Sportverlag.

Hay, J.G. (1993). *The Biomechanics of Sports Techniques.* Prentice Hall.

Heck, H. (1987). *Laktat in der Leistungsdiagnostik.* Köln: Habilitationsschrift.

Heck, H. (1990). *Energiestoffwechsel und medizinische Leistungsdiagnostik.* Schorndorf: Hofmann.

Heck, H. (1990). *Laktat in der Leistungsdiagnostik.* Schorndorf: Hofmann Verlag.

Heck, H., Hallmann, O. & Schulz, H. (2005). Variabilität von Laktat-Schwellen und zugehörigen Herzfrequenzen im Lauf-Feldstufentest. *Dtsch. Z. Sportmed.*, *56* (7/8), 245-246.

Heck, H., Hess, G. & Mader, A. (1985). Vergleichende Untersuchungen zu verschiedenen Laktat-Schwellenkonzepten. *Dtsch. Z. Sportmedizin 36*, 1, 19-25; 2, 40-52.

Henschen, S. W. (1899). Skilauf und Skiwettlauf. Eine medizinische Sportstudie. *Mitteilungen aus der Med. Klinik in Upsala.* Jena, 2, 15.

Hill, A. V. (1925). *Muscular Activity.* Baltimore: Williams & Wilkins.

Hiller, W. D. B., O'Toole, M. L., Massimino, F., Hiller, R. E. & Laird, L. J. (1985). Plasma insuline and glucose changes during the Hawaiian Triathlon. *Med. Sci. Sports Exerc.*, *17*, 219-221.

Hiller, W. D. B. (1989). Dehydratation and hyponatriemia during triathlons. *Med. Sci. Sports. Exerc.*, 21, 219-221.

Hobfoll, S. E. & Shirom A. (1993). Stress and Burnout in the Workplace. Conservation of Resources. In R. T. Golembiewski (Eds.), *Handbook of Organizational Behavior* (S. 41-60). New York: Marcel Dekker.

Hobfoll, S. E. (1988). *The ecology of stress.* New York: Hemisphere.

Hobfoll, S. E. (1998). *Stress, culuture, and community.* New York: Plenum.

Hofmann, P., Bunc, V., Leitner, H., Pokan, R. & Gaisl, G. (1994). Heart rate threshold related to lactate turn point and steady state exercise on cycle ergometer. *Eur. J. Appl. Physiol., 69* (2), 131-139.

Hofmann, P., Leitner, H., Gaisl, G. & Neuhold, C. (1988). Computergestützte Auswertung des modifizierten Conconi-Tests am Fahrradergometer. In Leistungssport 18,3 (1988) 26-27

Hohmann, A., Lames, M. & Letzelter, M. (2007). *Einführung in die Trainingswissenschaft.* Wiebelsheim: Limpert.

Hollmann, W. (1959). *Der Arbeits- und Trainingseinfluss auf Kreislauf und Atmung.* Darmstadt: Steinkopf.

Hollmann, W. (1963). *Höchst- und Dauerleistungsfähigkeit des Sportlers.* München: Barth.

Hollmann, W. & Meirleir, K. (1988). Gehirn und Sport – hämodynamische biochemische Aspekte. *Dtsch. Z. Sportmed. 39* (Sonderheft), 56-64.

Hollmann, W. & Hettinger, T. (1990). *Sportmedizin – Arbeits- und Trainingsgrundlagen.* Stuttgart, New York: Schattauer.

Hollmann, W. & Hettinger, T. (2000). *Sportmedizin. Grundlagen für Arbeit, Training und Präventivmedizin.* (4. Aufl.). Stuttgart, New York: Schattauer.

Hollmann, W., Strüder, H. K., Predel, H.-K. & Tagarakis, W. M. (2006). *Spiroergometrie.* Stuttgart, New York: Schattauer.

Holloszy, J. O. (1975). Adaptation of skeletal muscle to endurance exercise. *Med. Sci. Sports, 7*, 155-164.

Holtmeier, H. J. (1995). *Gesunde Ernährung von Kindern und Jugendlichen.* (3. Auflage). Berlin: Springer.

Hoos, O., Hottenrott, K. & Sommer, H.-M. (2000). Einflußnahme einer submaximalen Radbelastung auf die Fußdruckverteilung und Muskelaktivität beim Laufen. In K. Nicol & K. Peilenkamp (Hrsg.), *Apparative Biomechanik – Methodik und Anwendung* (S. 161-166). Hamburg: Czwalina.

Hoppeler, H., Lüthi, P., Claasen, H., Weibel, E. R. & Howald, H. (1973). The ultrastructure of the normal human skeletal muscle. A morphometric analysis on untrained men, women and well trained orienteers. *Pflügers Archiv, 344*, 217-232.

Horowitz, J. F., Mora-Rodriges R., Byerley L. O. & Coyle E. F. (1997). Lipolytic suppression following carbohydrate ingestion limits fat oxidation during exercise. *Am. J. Physiol., 273*, 768-775.

Hottenrott, K. (1993). *Trainingssteuerung im Ausdauersport.* Hamburg: Czwalina.

Hottenrott, K. (1994). Trainingsbelastungen, organische Beanspruchung und Regulationsumstellungen während eines 14-tägigen Radlehrganges mit C-Kadertriathleten. In M. Engelhardt, B. Franz, G. Neumann & A. Pfützner (Hrsg.), *Triathlon: Medizinische und methodische Probleme des Trainings* (S. 83-100). Hamburg: Czwalina.

Hottenrott, K. & Betz, M. (1995). Langfristiger Leistungsaufbau im Triathlon. In M. Engelhardt, B. Franz, G. Neumann & A. Pfützner (Hrsg.), *9. Internationales Triathlon-Symposium in Kiel* (S. 117-131). Hamburg: Czwalina.

Hottenrott, K. & Zülch, M. (1995). *Ausdauerprogramme*. Reinbek: Rowohlt.

Hottenrott, K. (1995). Belastungssteuerung des Radtrainings im Triathlon. In J. Krug & H.-J. Minow (Hrsg.), *Sportliche Leistung und Training* (S. 67-72). Sankt Augustin: Academia.

Hottenrott, K. & Zülch, M. (1997). *Ausdauertrainer Laufen*. Reinbek: Rowohlt.

Hottenrott, K. & Zülch, M. (1998a). *Ausdauertrainer Radsport*. Reinbek: Rowohlt.

Hottenrott, K. & Zülch, M. (1998b). *Ausdauertrainer Triathlon*. Reinbek: Rowohlt.

Hottenrott, K., Hoos, O. & Sommer, H.-M. (1998). Changes in foot pressure distribution during a combined running and cycling exercise. In H. J. Riehle & M. V. Vieten (Hrsg.), *ISBS'98 – Proceedings II*, 192-195.

Hottenrott, K., Hoos, O. & Sommer, H.-M. (1999). A biomechanical approach to Cross-Training influences on running economy and performance – A comparative study between triathletes, long-distance runners and speedskaters. In Int. Soc. of Biomechanics (ISB), Book of abstracts. International Society of Biomechanisc XVIIth Congress vom 08.08 bis 13.08.1999 in Calgary (S. 263).

Hottenrott, K. (2001). *Belastung, Beanspruchung und Bewegungsstruktur zyklischer Lokomotionen*. Marburg: Habilitationsschrift.

Hottenrott, K. & Sommer, H. M. (2001). Aktivierung des Fettstoffwechsels in Abhängigkeit von Nahrungskarenz, Kohlenhydratkost und Ausdauerleistungsfähigkeit. *Dtsch. Z. Sportmed. 52*, Sonderheft 7-8, 70.

Hottenrott, K. (2002). Grundlagen der Herzfrequenzvariabilität und Anwendungsmöglichkeiten im Sport. In K. Hottenrott (Hrsg.), *Herzfrequenzvariabilität im Sport* (S. 9-26). Hamburg: Czwalina.

Hottenrott, K. & Hoos, O. (2003). Belastung und Beanspruchung beim Lauf in frischem und müdem Zustand. In G.-P. Brüggemann & G. Morey-Klapsing (Red.), *Biologische Systeme, mechanische Eigenschaften und ihre Adaptation bei körperlicher Belastung* (S. 59-63). Hamburg: Czwalina.

Hottenrott, K. & Urban, V. (2004). *Das große Buch vom Skilanglauf*. Aachen: Meyer & Meyer.

Hottenrott, K. (2004). *Herzfrequenzvariabilität im Fitness- und Gesundheitssport*. Hamburg: Czwalina.

Hottenrott, K. (2005). Leistungsreserven des gesunden Altersherzens. *Med. Review* 6 (4), 3-4.

Hottenrott, K. (2006a). *Herzfrequenzvariabilität: Methoden und Anwendungen in Sport und Medizin*. Schriftenreihe DVS. Band 162. Hamburg: Czwalina.

Hottenrott, K. (2006b). Unveröff. Daten.

Hottenrott, K. & Haubold, T. (2006). Individuelle Beanspruchungskontrolle mit der Herzfrequenzvariabilität bei über 40-jährigen Radsportlern. In K. Hottenrott (Hrsg.), *Herzfrequenzvariabilität: Methoden und Anwendungen in Sport und Medizin* (S. 260-274). Hamburg: Czwalina.

Hottenrott, K. & Schwesig, R. (2006). Veränderung von Geschwindigkeit und Laktat bei einer 40-minütigen herzfrequenzgesteuerten Laufbandbelastung. In K. Hottenrott (Hrsg.), *Herzfrequenzvariabilität: Methoden und Anwendungen in Sport und Medizin* (S. 103-109). Hamburg: Czwalina.

Hottenrott, K., Hoos, O. & Esperer, H. D. (2006). Herzfrequenzvariabilität und Sport – Aktueller Stand. *Herz Cardiovascular Diseases, 31* (6), 544-552.

Hottenrott, K. & Neumann, G. (2007). Geschlechtsspezifität der Trainingsherzfrequenz bei Ausdauerbelastungen. *Deutsche Zeitschrift für Sportmedizin, 58,* 7-8, 275.

Howald, H. (1982). Training Induced Morphological and Functinal Changes in Skeletal Muscle. *Int. J. Sports Med., 3,* 1-12.

Howald, H. (1984). Morphologische und funktionelle Veränderungen der Muskelfasern durch Training. *Manuelle Medizin, 22,* 86-95.

Israel, S. (1982): *Herzschlagfrequenz im Sport.* Barth: Leipzig.

Ivy, J. L, Miller, W., Dover, V., Goodyear, L. G., Sherman, W. H. & Williams, H. (1983). Endurance improved by ingestion of a glucose polymer supplement. *Med. Sci. Sports Exerc., 15,* 466-471.

Jakowlew, N. N. (1975). Biochemische Adaptationsmechanismen der Skelettmuskeln an erhöhte Aktivität. *Medizin und Sport, 5,* S. 132-139.

Jakowlew, N. (1976). Erweiterung der Regulationsbereiche des Stoffwechsels bei Anpassung an verstärkte Muskeltätigkeit. *Med. Sport, 16,* 66-70.

Jakowlew, N. (1977). *Sportbiochemie.* Sportmedizinische Schriftenreihe, Bd. 14. Leipzig: J. A. Barth.

Jeschke, D. & Lorenz, R. (1989). *Sportartspezifische Leistungsdiagnostik – Energetische Aspekte* (Hrsg.). Köln: Sport und Buch Strauß.

Jeukendrup, A. E. (2005). Fettverbrennung und körperliche Aktivität. *Dtsch. Z. Sportmed., 56,* 337-338.

Joch, W. & Ückert, S. (1999). *Grundlagen des Trainierens.* (2. überarb. Aufl.). Münster: Lit. Verlag.

Kanaley, J. A., Mottram, C. D., Scanlon, P. D. & Jensen, M. D. (1995). Fatty acid kinetic responses to running above or below lactate threshold. *J. Appl. Physiol., 79,* 439-447.

Karlsson, J. & Jacobs, I. (1982). Onset of blodd lactate accumulation during muscular exercise as a threshold concept. I. Theoretical Considerations. *Int. J. Sports Med., 3,* 190-201.

Karvonen, J. & Vuorimaa, T. (1988). Heart Rate and Exercise Intensity During Sports Activities. Practical Application. *Sports Medicine, 5,* 303-312.

Kavanagh, T., Shepard, R., Lindley, L. J. & Piper, M. (1983). Influence of exercise and life style variables upon high density lipoprotein cholesterol after myocardial infarktion. *Arterisklerosis 3,* 249-259.

Kellmann, M. (2002). *Enhancing Recovery: Preventing Underperformance in Athletes: Preventing Under Performance in Athletics*. Human Kinetics Europe Ltd.

Keul, J. (1975). Kohlenhydrate zur Leistungsbeeinflussung in der Sportmedizin. *Nutr. Metabol. 18* (Suppl 1), 157.

Kiens, B. (2006). Skeletal Muscle Lipid metabolism in exercise and Insulin resistance. *Physiol. Rev., 86,* 205-243.

Kindermann, W. (1987). Ergometrie-Empfehlungen für die ärztliche Praxis. *Dtsch. Z. Sportmedizin., 38* (6), 244-268.

Kindermann, W., Simon, G. & Keul, J. (1979). The significance of the aerobic-anaerobic transition for determination of work load intensities during endurance training. *Eur. J. Appl. Physiol., 49,* 190-192.

Kjaehr, M. (1989). Epinephrin and some other hormonal responses to exercise in man: with special reference ton physical training. *Int. J. Sports Med., 10,* 2-15.

Kjaehr, M., Krogsgaard, M., Magnusson, P., Engebretsen, L., Roos, H. Takala, T. & Woo, S. L.-Y. (2003). *Textbook of Sports Medicine*. Oxford: Blackwell Science.

Klimt, F. (1992). *Sportmedizin im Kindes und Jugendalter*. Stuttgart, New York: Thieme Verlag.

Knechtle, B. & Müller, G. (2002). Ernährung bei einem Extremausdauerwettkampf. *Dtsch. Z. Sportmed., 53,* 54-57.

Knechtle, B. & Müller, G. (2002). Ernährung bei einem Extremausdauerwettkampf. *Öster. J. Sportmed., 33,* 11-18.

Knechtle, B. & Marchand, Y. (2003). Schwankungen des Körpergewichts und der Hautfaltendicke bei einem Athleten während eines Extremausdauerwettkampfes. *Sportmedizin & Sporttraumatologie, 51,* 174-178.

Knechtle, B. (2007). Das Energiedefizit bei extrem langen Ausdauerbelastungen. *Medical Triathlon World, 42,* 5-11.

Knechtle, B., Knechtel, P. & Heusser, D. (2004). Energieumsatz beim Langstreckenschwimmen- eine Fallbeschreibung. *Öster. J. Sportmedizin, 3,* 18-23.

Knechtle, B., Zapf, J., Zwyssig, D., Lippuner, K. & Hoppeler, H. (2003a). Energieumsatz und Muskelstruktur bei Langzeitbelastung: eine Fallstudie. *Sportmedizin & Sporttraumatologie, 51,* 180-187.

Knechtle, B., Knechtle, P., Müller, G. & Zwyssig, D. (2003b). Energieumsatz an einem 24 Stunden Radrennen: Verhalten von Körpergewicht und Subkutanfett. *Österreich. J. Sportmed., 4,* 11-18.

Koivisto, V. A., Yki-Järvinen, H. & Defronzo, R. A. (1986). Physical training and insulin sensitivity. *Diabetes Metabolism Reviews, 1,* 445-481.

Kokinos, P. F., Holland, J. C., Narayan. P., Colleran, J. A., Dotson, C. O. & Papaden, V. (1995). Miles run per week and high-density lipoprotein cholesterol levels in healthy, midle-aged men. A dose-response relationship. *Arch. Intern. Med.*, *155*, 415-420.

Koller, A., Mair, J., Schobersgerger, W., Wohlfarter, T. H., Haid, C. H., Mayr, M., Villinger., B., Frey, W. & Puschendorf, B. (1999). Effects of prolonged strenuous endurance exercise on plasma myosin heavy chain fragments and other muscular proteins. *J. Sports Med. Phys. Fitness, 38*, 10-17.

Konopka, P. (2001). *Sportlernährung.* (8. Aufl.). München: BLV-Verlag.

Koulmann, N., Melin, B., Jimenez, C., Charpenet, A., Dalourey, G. & Bittel, J. (1997). Effects of Different Carbohydrate-Elektrolyte Beverages on the Appearance of Ingested Deuterium in Body Fluids During Moderate Exercise by Humans in the Heat. *Eur. J. Appl. Physiol.*, *75*, 525-531.

Krssak, M., Petersen, K. F., Bergeron, R., Price, T., Laurent, D., Rothman, D. L., Roden, M. & Shulman, G. I. (2000). Intramuscular glycogen and intramyocelluar lipid utilization during prolonged exercise and recovery in man: a ^{13}C and ^{1}H nuclear magnetic resonance spectroscopy study. *J. Clin. Endocrinol. Metab., 85*, 748-754

Krustrup, P., Söderlund, K., Mohr, M. & Bangsbo, J. (2004). Slow-twich fiber glycogen depletion elevates moderate-exercise fast-twich fiber activity and O2 uptake. *Med. Sci. Sports Exerc.*, *36* (6), 973-982.

Kujala, U. M., Kaprio, J., Sarana, S. & Koskenvuo, M. (1998). Relationship of leisure-time physical activity and mortality: the Finnish twin cohort. *Journal American Medical Association* (JAMA), *279* (6), 440-444.

Lakka, T. A. & Salonen, J. T. (1992). Physical activity and serum lipids: a cross sectional population study in eastern Finish men. *Am. J. Epidemiol.*, *136*, 806-818.

Lakka, T.a.; Venäläinen, J. M., Rauramah, R.; Salonen, R.; Tuomilehto, J. & Salonen, J. T. (1994). Relation of Leisure-time Physical Activity and Cardiorespiratory Fitness to the Risk of Acute Myocardial Infarction. *N. Engl. J. Med.*, *330*, 1549.

Laßarge, M. A. & Blau, H. M. (2002). Biological progression from adult bone marrow to monucleate stem cell to multinucleate muscle fiber in response to injury. *Cell, 111*, 589-601.

Laukkanen, R. & Hynninen, E. (1997). Guide for the UKK Institute 2-km walking Test. UKK Institute. 5th rev. ed. Tampere.

Laukkanen, R., Kukkonen-Harjula, K., Oja, P., Rasanen, M. & Vuori, I. (2000). Prediction of change in maximal aerobic power by the 2-km walk test after walking training in middle-aged adults. *Int. J. Sports Med.*, *20*, 113-116.

Leaf, D. A., Parker, D. L. & Schaad, D. (1997). Changes in VO2max, physical activity, and body fat with chronic exercise: effects on plasma lipids. *Med. Sci. Sports Exerc.*, *29*, 1152-1159.

Lee, I. M., Hsieh, C. C. & Pfaffenberger, R. S. (1995). Exercise Intensity and Longevity in Men. The Harvard alumni Health Study. *J. Am. Med. Assoc.*, *273*, 1179.

Letzelter, H. & Letzelter, M. (1986). *Krafttraining*. Reinbek: Rowohlt.

Levin, G. (1965). *Schwimmsport*. Berlin: Sportverlag.

Levine, L., Evans, W. J., Caderette, B. S., Fisher, E. C. & Bullen, B. A. (1983). Fructose and glucose ingestion and muscle glycogen use during submaximal exercise. *J. Appl. Physiol.*, *55*, 1767-1771.

Levine, B. D. & Stray-Gundersen, J. (1997). "Living high-training low". Effect of moderate-altitude acclimatization with low-altitude training on performance. *J. Appl. Physiol.*, *83*, 102-112.

Lindemann, A. K. (1991). Nutritient Intake of a Ultradurance Cyclist. *Int. J. Sport Nutr.*, *1*, 79-85.

Lindner, W. (1993). *Erfolgreiches Radsporttraining. Vom Amateur zum Profi.* München: BLV Buchverlag

Löllgen, H. & Erdmann, E. (Hrsg.) (2000). *Ergometrie*. (2.Aufl.). Berlin, Heidelberg, New York: Springer Verlag.

Löllgen, H., Steinberg, T., Gerke, R. & Löllgen, R. (2006). Der kardiale Zwischenfall im Sport. *Deutsches Ärzteblatt, 103* (23), 1617.

Lucà-Moretti, M., Grandi, A., Luca, E., Mariani, E., Vender, G., Arrigotti, E., Ferrario, M. & Rovelli, E. (2003). Comperative results between two groups of track and field athletes with or without the use of Master Amino Acids Pattern as protein substitute. *Advances in Therapy, 4*, 195-202.

Lydiard, A. (1983). *Running with Lydiard.* Auckland: Verlag Hodder & Stroughton.

Lydiard, A. (1987). *Laufen mit Lydiard.* (2.Aufl.). Aachen: Meyer & Meyer.

Lydiard, A. (1995). *Running to the Top.* Aachen: Meyer & Meyer.

Lydiard, A. L. (1987). *Das systematische Mittel- und Langstreckentraining.* Berlin, München, Frankfurt/M.: Bartels & Wernitz.

Lydiard, A. & Gilmor, G. (1999). *Mittel- und Langstreckentraining im Jugendbereich.* Aachen: Meyer & Meyer.

Mader, A., Liesen, H., Heck, H., Philippi, R., Rost, R., Schürch, P. & Hollmann, W. (1976). Zu Beurteilung der sportartspezifischen Ausdauerleistungsfähigkeit im Labor. *Sportarzt Sportmedizin, 27*, 80-88, 109-112.

Mader, A., Heck, H. (1986). A Theory of the Metabolic Origin of "Anaerobic Threshold". *Int. J. Sports Med., 7*, 45-65.

Mader, A. (1990). Aktive Belastungsadaptation und Regulation der Proteinsynthese auf zellulärer Ebene. *Dtsch. Z. Sportmed., 41*, 40-58.

Mader, A. & Heck, H. (1991). Möglichkeiten und Aufgaben in der Forschung und Praxis der Humanleistungsphysiologie. Muskelenergetik. *Spektrum der Sportwissenschaften, 3* (2), 5-54.

Mader, A. (1994). Die Komponenten der Stoffwechselleistung in den leichtathletischen Ausdauerdisziplinen – Bedeutung für Wettkampfleistung und Möglichkeiten ihrer Bestimmung. In P. Tschiene (Hrsg.), *Neue Tendenzen im Ausdauertraining*. Frankfurt: Bundesausschuss Leistungssport Bd. 12.

Mairbäurl, H. (2006). Regulation der Genexpression im Muskel bei Belastung. *Dtsch. Z. Sportmed.*, *57*, 61-67.

Mansfield, E., McPherson, R. & Koski, K. G. (1999). Diet and waist-to-hip ratio: important predictor of lipoprotein levels in sedentary and active young men with no evidence of cardiovascular disease. *J. Am. Diet Assoc.*, *99*, 1373-1379.

Marées de, H. (2002). *Sportphysiologie*. (9. überarb. Aufl.). Köln: Sport und Buch Strauss.

Marmy-Conus, N., Fabris, S., Proietto, J. & Hargreaves, M. (1996). Pre-exercise glucose ingestion and glucose kinetics during exercise. *J. Appl. Physiol.*, *81*, 853-857.

Martin, D. (1977). *Grundlagen der Trainingslehre*. Teil I. Schorndorf: Hofmann.

Martin (1979). *Grundlagen der Trainingslehre*. Teil II. Schorndorf: Hofmann.

Martin, D., Carl, K. & Lehnertz, K. (1991). *Handbuch Trainingslehre*. Schorndorf: Hofmann.

Martin, D., Carl, K. & Lehnertz, K. (1993). *Handbuch Trainingslehre*. Schorndorf: Hofmann.

Martin, D., Karoß, S., König, K. & Simshäuser, H. (1994). *Handbuch vielseitiger sportartübergreifender Grundausbildung*. Wiesbaden: HIBS.

Martin, D., Nicolaus, J., Ostrowski, Ch. & Rost, K. (1999). *Handbuch Kinder- und Jugendtraining*. Schorndorf: Hofmann.

Master, A. M. & Oppenheimer, E. T. (1929). A simple exercise tolerance test for circulatory efficency with standard tables for normal individuals. *Am. J. Med. Sci.*, *177*, 223-243.

Matwejew, L. P. (1981). *Grundlagen des sportlichen Trainings*. Berlin: Sportverlag.

Matwejew, L. P. (1972). *Periodisierung des sportlichen Trainings*. Berlin, München, Frankfurt/M.: Bartels & Wernitz.

McArdle, W. D., Katch, F. V. & Katch, V. L. (2001). *Exercise Physiology: energy, nurtition, and human performance*. 5th ed. Philadelphia: Lippincott Williams & Wilkins.

McLeellan, T. M. (1985). Ventilatory and plasma lactate response with different exercise protocols: A comparison of methods. *Int. J. Sports Med.*, *6*, 30-35.

McMurray, R. G., Ainsworth, B. E., Harrel, J. S., Griggs, T. R. & Williams, O. D. (1998). Is Physical Activity or Aerobic Power more Influential on Reducing Cardiovascular Disease Risk Factors? *Med. Sci. Sports Exerc.*, *30*, 1521-1529.

Medboe, J. I. & Tabata, I. (1989). Relative importance of aerobic and anaerobic energy release during short-lasting exhaustive bicycle exercise. *J. Appl. Physiol.*, 67, 1881-1886.

Mellerowicz, H. (1975). *Ergometrie – Grundriss der medizinischen Leistungsmessung.* München, Berlin, Wien: Urban & Schwarzenberg.

Mellerowicz, H. (1979). *Ergometrie.* München: Urban & Schwarzenberg.

Mester, J. & Perl, J. (2000). Grenzen der Anpassungs- und Leistungsfähigkeit des Menschen aus systemischer Sicht. Zeitreihenanalysen und ein informatorisches Metamodell zur Untersuchung physiologischer Adapationsprozesse. *Leistungssport*, *30* (1), 43-51.

Meyer, K. (2004). *Körperliche Bewegung – dem Herzen zuliebe.* Darmstadt: Steinkopf Verlag.

Miller, M. E., Körzinger, I., Mast, M. & König, E. (1998). Prävention der Adipositas. *Deutsches Ärzteblatt*, *95*, 34-35, 39-42.

Mizuno, M., Juel, C., Bro-Rasmussen, Th., Mygind, E., Schibye, B., Rasmussen, B. & Saltin, B. (1990). Limb skeletal muscle adaptation in athletes after training in altitude. *J. Appl. Physiol.*, *68*, 496-502.

Morris, J. G., Nevill, M. E., Boobis, L. H., Macdonald, I. A. & Williams, C. (2005). Muscle metabolism, temperature, and function during prolonged, intermittent, high-intensity running in air temperatures of 33 degrees and 17 degrees. *Int. J. Sports Med.*, *26* (10), 805-814.

Murphy, C., Glace, B., Kolstad, K. & Gleim, G. (1999). Food and fluid intake during a 100 mile trail run. *Med. Sci. Sports Exerc.*, *31* Suppl., 81.

Nabatnikowa, M. J. (1974). *Die spezielle Ausdauer des Sportlers.* Berlin, München, Frankfurt: Barthels & Wernitz.

Nachreiner, F. & Schmidtke, H. (2002). Vom Sinn und Unsinn der Messung psychischer Belastung und Beanspruchung. *Zeitschrift für Arbeitswissenschaft*, *56*, 4-9.

Nett, T. (1950). *Das Training des Kurz-, Mittel- und Langstreckenläufers.* Schorndorf: Hofmann.

Nett, T. (1952). *Das Übungs- und Trainingsbuch der Leichtathletik.* Berlin: Bartels.

Nett, T. (1964). *Leichtathletisches Muskeltraining.* Berlin: Bartels & Wernitz.

Neumann, G. (1984). Sportmedizinische Grundlagen der Ausdauerentwicklung. *Medizin und Sport*, *6*, 174-178.

Neumann, G. & Schüler, K.-P. (1989). *Sportmedizinische Funktionsdiagnostik.* (1. Aufl.). Leipzig: J.A. Barth.

Neumann, G. & Steinbach, K. (1990). Veränderungen der verzweigtkettigen Aminosäuren Valin, Leucin und Isoleucin bei Marathon und 100-km-Lauf. *Medizin und Sport*, *30*, 249-253.

Neumann, G. (1991). *Ausdauerbelastung.* Leipzig-Heidelberg: J. A. Barth.

Neumann, G. & Berbalk, A. (1991). Umstellung und Anpassung des Organismus – grundlegende Voraussetzung der sportlichen Leistungsfähigkeit. In P. Bernett & D. Jeschke (Hrsg.), *Sport und Medizin. Pro und Contra* (S 415-419). München: W. Zuckschwerdt.

Neumann, G. (1993). Zum zeitlichen Verlauf der Anpassung beim Ausdauertraining. *Leistungssport, 23* (5), 9-14.

Neumann, G. & Pöhlandt, R. (1994). *Einfluss von Kohlenhydraten während Ergometerausdauerleistung auf die Fahrzeit.* Schriftenreihe Angewandte Trainingswissenschaft. IAT Leipzig, 1, 7-26.

Neumann. G. & Schüler, K.-P. (1994). *Sportmedizinische Funktionsdiagnostik.* (2. Aufl.). Leipzig: J. A. Barth-Verlag.

Neumann, G. & Volk, O. (1999). Metabole und hormonelle Auswirkungen eines Dreifachlangtriathlons. In M. Engelhardt, B. Franz, G. Neumann & A. Pfützner (Hrsg.), *13. Internationales Triathlon-Symposium Erbach 1998* (S. 21-42). Hamburg: Czwalina.

Neumann, G. (1999). Hitzebelastung und Hitzeakklimatisation. *Sportmedizin & Sporttraumatologie., 47,* 101-105.

Neumann, G., Pfützner, A. & Berbalk, A. (1999). *Optimiertes Ausdauertraining.* Aachen: Meyer & Meyer.

Neumann, G., Pfützner, A. & Hottenrott, K. (2000). *Alles unter Kontrolle – Ausdauertraining.* Aachen: Meyer & Meyer.

Neumann, G., Gohlitz, D. & Berbalk, A. (2000). Anpassungsdifferenzen bei Triathleten und Langstreckenläufern. In M. Engelhardt, B. Franz, G. Neumann & A. Pfützner (Hrsg.), *14. Internationales Triathlon-Symposium, Xanten 1999* (S. 27-58). Hamburg: Czwalina.

Neumann, G. & Hottenrott, K. (2002). *Das große Buch vom Laufen.* Aachen: Meyer & Meyer.

Neumann, G. & Lang, M. (2003). Zur Quantifizierung der Anpassung an Triathlontraining. In M. Engelhardt, B. Franz, G. Neumann & A. Pfützner (Hrsg.), *16. und 17. Internationales Triathlon-Symposium* (S.49-62). Hamburg: Czwalina.

Neumann, G. & Lang, M. (2003). Zur Quantifizierung der Anpassung an Triathlontraining. In M. Engelhardt, B. Franz, G. Neumann & A. Pfützner (Hrsg.), *16. und 17. Internationales Triathlonsymposium 2001 und 2002* (S. 7-22). Hamburg: Czwalina.

Neumann, G., Pfützner, A. & Berbalk, A. (2005). *Optimiertes Ausdauertraining.* (4. Aufl.). Aachen: Meyer & Meyer.

Neumann, G., Pfützner, A. & Hottenrott, K. (2004). *Das große Buch vom Triathlon.* Aachen: Meyer & Meyer.

Neumann, G., Pfützner, A. & Hottenrott, K. (2005). *Das große Buch vom Triathlon.* Aachen: Meyer & Meyer.

Neumann, G. (2007). *Ernährung im Sport.* (5. Aufl.). Aachen: Meyer & Meyer.

Neumann, G., Pfützner, A. & Berbalk, A. (2007). *Optimiertes Ausdauertraining*. 5. Aufl. Aachen: Meyer & Meyer.

Niebauer, J., Hambrecht, T., Velicht, T., Hauer, K., Marburger, C., Kalberer, B., Weiss, C., Hodenberg, E. von, Schlierf, G., Schuler, G. Zimmermann, R. & Kubler, W. (1997). Attenuated progression of coronary artery disease after 6 Years of multifactorial risk intervention: Role of physical exercise. *Circulation, 96*, 2534-2541.

Nieman, D. C. (1994). Exercise, Upper Respiratory Tract Infections, and the Immune System. *Med. Sci. Sports. Exerc., 26*, 128-139.

Nigg, B. M. & Herzog, W. (1994). *Biomechanics of the Musculo-Skeletal System*. Chichester: Wiley & Sons.

Noakes, T. D., Goodwin, N., Rayner, B. I., Branken, T. & Taylor, R. K. N. (1985) Water Intoxication: a Possible Complication During Endurance exercise. *Med. Sci. Sports Exerc., 17*, 370-375.

Noakes, T. (1992). *Lore of Running*. (3.Aufl.). Oxford: Oxford University Press.

Noakes, T. D. (1992). The Hyponatremie of Exercise. *Int. J. Sports Nutr., 2*, 205-228.

Nübling, M., Stößel, U., Hasselhorn, H. M., Michaelis, M. & Hofmann, F. (2007). Messung psychischer Belastungen am Arbeitsplatz: die deutsche Standardversion des COPSOQ (Copenhagen Psychosocial Questionnaire). *ErgoMed, 1*, 2-7.

OECD Health Data (2003) *Deutsche Ärztezeitung, 141* (1./2.), 8.

Oguma, Y., Sesso, H. D., Paffenbager, R. S. & Lee, I. M. (2001). Physical activity and all cause mortality in women: a review of the evidence. *Br. J. Sports Med., 36* (3), 162-172.

Oja, P., Laukkanen, R., Pasanen, T., Tyry, T., Vuori, I. (1991). A 2-km walking test for assessing the cardiorespiratory fitness of healthy adults. *Int. J. Sports Med., 12*, 356-362

Okazaki, K., Iwasaki, K., Prasad, A., Palmer, M. D., Martini, E. R., Qi Fu, Arbab-Zadeh, A., Zhang, R. & Levine, B. D. (2005). Dose-response relationship of endurance training for autonomic circulatory control in healthy seniors. *J. Appl. Physiol., 99*,1041-1049.

Osolin, N. G. (1952). *Das Training der Leichtathleten*. Berlin: Sportverlag.

Ostrowski, C. & Pfeiffer, M. (2007). Ein Modellansatz zur Aufklärung der Leistungsstruktur im Skilanglauf. *Leistungssport, 37* (2), 37-39.

Paffenbarger, R. S.; Wing, A. L. & Hyde, R. T. (1978). Physical Activity as an Index of Heart Attack Risk in College Alumni. *Am. J. Epidemiol., 108*, 161-175.

Paffenbarger, R. S. (1982). Die Rolle der körperlichen Aktivität in der primären und sekundären Prävention der koronaren Herzkrankheit. In H. Weidemann, L. Samek (Hrsg.), *Bewegungstherapie in der Kardiologie*. Darmstadt: Steinkopf.

Paffenbarger, R. S., Kampert, J. B., Lee, I. M, Hyde, R. T., Leung, R. W. & Wing, A. L. (1994). Changes in physical activity and others lifeway patterns influencing longevity. *Med. Sci. Sports Exerc.*, *26*, 857-865.

Pansold, B. & Zinner, J. (1991). Selection, Analysis and Validity of Sportspecific and Ergometric Incremental Test Programmes. In N. Bachl, T. E. Graham & H. Löllgen (Eds.), *Advances in Ergometry*. Berlin: Springer.

Parhofer, K. G. & Göke, B. (2003). Therapie der Hyperlipoproteinämie im Alter. *Der Internist.*, *44*, 968-976.

Parry-Billings, M., Budgett, R., Koutedakis, R., Blomstrand, E., Brooks, S., Williams, C., Calder, P. C., Pilling, S., Baigrie, R. & Newsholme, E. A. (1992). Amino acid concentrations in the overtraining syndrome: Possible effects on the immune system. *Med. Sci. Sports Exerc.*, 24, 1353-1358.

Pedersen, B. K., Tvede, N., Christensen, L. D., Karland, K., Kragbak, S. & Hlkjr-Kristensen, J. (1989). Natural Killer Cell Aktivity in Peripheral Blood of Highly Trained and Untrained Persons. *Int. J. Sports Med.*, *10*, 129-131.

Pedersen, B. K., Brusgaard, H., Jensen, M., Toft, A. D., Hansen, H. & Ostrowski, K. (1999). Exercise and the Immune System- Influence of Nutrition and Aging. *J. Sci. Medicine Sports*, *2*, 234-252.

Pette, D. (1999). Das adaptive Potential des Skelettmuskels. *Dtsch. Zschr. Sportmed.*, *50*, 262-271.

Pfützner, A., Große, S., Ernst, O. & Neumann, G. (1996). Inhalte der Trainingskonzeption im Hochleistungssport der Deutschen Triathlon Union. In M. Engelhardt, B. Franz, G. Neumann & A. Pfützner (Hrsg.), *10. Internationales Triathlon-Symposium Bad Endorf 1995* (S. 79-102). Hamburg: Czwalina.

Pfützner, A., Reiß, M., Rost, K. & Tünnemann, H. (2000) Internationale und nationale Entwicklungstendenzen auf der Grundlage der Ergebnisse der Olympischen Spiele in Sydney mit Folgerungen für den Olympiazyklus 2000/2004. *Z. für angewandte Trainingswissenschaft*, *7*, 6-36.

Pfützner, A. & Sell, G. (2007). Prozessbegleitende Trainings- und Wettkampfforschung. *Leistungssport, 19* (2), 9-13.

Pickenhain, L. (1992) Psychophysiologische Aspekte von Belastung und Beanspruchung. In J.-P. Janssen, W. Schlicht, H. Rieckert & K. Carl (Hrsg.), *Belastung und Beanspruchung* (S. 9-30). Köln: Bundesinstitut für Sportwissenschaft.

Pizza, F. X., Flynn, M. G., Starling, R. D., Brolinson, P. G., Sigg, J., Kubitz, E. R. & Davenport, R. L. (1995). Run training vs. cross training: influence of increased training on running economy, foot impact shock and run performance. *Int. J. Sports Med.*, *16*, 180-184.

Pokan, R., Förster, H., Hofmann, P., Hörtnagl, H., Ledl-Kurkowski, E. & Wonisch, M. (2004). *Kompendium der Sportmedizin, Physiologie, Innere Medizin und Pädiatrie*. Wien, New York: Springer.

Pollock, M. L., Gaesser, G. A., Butcher, J. D., Després, J.-P., Dishman, R. K., Franklin, B. A. & Garber, C. E. (1998). ACSM Position Stand. *Medicine and Science in Sport and Exercise, 30* (6), 975-991.

Pollok, M. L., Forster, C., Knapp, D., Rod, J. L. & Schmidt, D. H.(1987). Effect of age and training on aerobic capacity and body composition of master athletes. *J. Appl. Physiol., 62,* 725-731.

Poortmans, J. R. (1988). Protein Metabolism. In J. R. Poortmans (Eds.), *Principles of Exercise Biochemistry* (S. 164-193). Basel: S. Karger.

Prou, E., Margaritis, I., Tessier, F., Marini, J. F. (1996). Effects of strenous exercise on serum myosin heavy chain fragments in male triathletes. *J. Sports Med., 17,* 255-276.

Rawson, E. S. & Persky, A. M. (2007). Mechanism of adaptations to creatine supplementation. *Int. Sportmed. J., 8,* 43-53.

Reindell, H., Klepzig, H., Steim, H, Musshoff, K., Roskamm, H. & Schildge, E. (1960). *Herz, Kreislaufkrankheiten und Sport.* München: J. A. Barth Verlag.

Reindell, H., Roskamm, H. & Geschler, W. (1962). *Das Intervalltraining.* München: J. A. Barth Verlag.

Reis, M. & Meinelt, K. (1983). Zur Erhöhung der Wirksamkeit der Steuerung und Regelung des Hochleistungstrainings unter Berücksichtigung der Olympiavorbereitung. *Theorie und Praxis des Leistungssports,* 21 (1), 6-48.

Richards, M. P. (2002). A brief review of the archeological evidence for Paleolitic and neolithic subsistence. *Eur. J. Clin. Nutr., 56,* 1-9.

Rohmert, W. & Rutenfranz, J. (1983) *Praktische Arbeitsphysiologie.* Stuttgart, New York: Thieme Verlag.

Rohmert, W. (1983). Formen menschlicher Arbeit. In W. Rohmert & J. Rutenfranz (Hrsg), *Praktische Arbeitsphysiologie* (S. 5-25). Stuttgart, New York: Thieme.

Rost, K. & Pfützber, A. (2006). Zur Weiterentwicklung des deutschen Nachwuchstrainingssystems. *Z. angew. Trainingswissenschaft, 13,* 20-39.

Rost, R. (1979). *Kreislaufreaktion und -adaptation unter körperlicher Belastung.* Bonn: Onsang Verlag.

Rost, R. & Hollmann, W. (1982). *Belastungsuntersuchungen in der Praxis.* Stuttgart, New York: Thieme Verlag.

Rost, R. (1990). *Herz und Sport.* Band 22. Erlangen: Perimed Fachbuch Verlag.

Rost, R., Gerhardus, H. & Schmidt, K. (1985). Auswirkungen eines Hochleistungstrainings im Schwimmsport mit Beginn im Kindesalter auf das Herz-Kreislauf-System. *Med. Welt, 36,* 65-71.

Roux, W. (1895). *Gesammelte Abhandlungen über Entwicklungsmechanik der Organismen. Band I: Funktionelle Anpassung.* Leipzig: Engelmann.

Rowland, T.W. (1990). Developmental aspects of physiological function relating to aerobic exercise in children. *Sports Medicine, 10,* 255-266.

Rusko, H. K., Pulkkinen, A. & Saalasti, S. (2003). Pre-Prediction of EPOC: A Tool for Monitoring Fatigue Accumulation during exercise? *Med. Sci. Sports Ecerc., 35* (5), 183.

Saalasti, S. (2003). Neural Networks for Heart Rate Time series analysis. Jyväskylä Studies in Computing 33. Jyväskylä University Printing: Jyväskylä.

Saltin, B., Kim, C., Terrados, N., Larsen, H., Svedenhag, J. & Rolf, C.-J. (1995). Morphology, enzyme activities and buffer capacity in leg muscle of Kenyan and Scandinaviean runners. Scand. *J. Med. Sci. Sports, 5,* 222-230.

Saris, W. H. M., Van Erp-Baart, M. A., Bronus, F., Westerterp, K. R. & Ten Hoor, F. (1989). Study on Food Uptake and Energy Expenditure during Extreme Sustained Exercise: the Tour de France. *Int. J. Sports. Med., 10,* 25-31.

Sawiki, P. T. & Kaiser, T. (2004). Diabetes mellitus Typ 2 und Hypertonie. *Diabetes Dialog, 10,* 4-10.

Schmidt, W. (2002). Adaptation of the O2-transport under acute, chronic, and intermittend hypoxia-implications for exercise performance. *Int. J. Sports. Med, 2* Supplement, 76.

Schmidt, W., Prommer, N., Steinacker, J. M., & Böning, D. (2006). Sinn und Unsinn von hämatologischen Grenzwerten im Ausdauersport – Schlussfolgerungen aus den Dopingskandalen von Turin 2006. *Dtsch. Z. Sportmed., 57,* 54-56.

Schnabel, G., Harre, D. & Borde, A. (Hrsg.) (1994). *Trainingswissenschaft, Leistung, Training, Wettkampf.* Berlin: Sportverlag.

Schnabel, G., Harre, D. & Borde, A. (Hrsg.) (1998). *Trainingswissenschaft.* (2. Aufl.). Berlin: Sportverlag.

Schnabel, G. (2002). Zur Systematisierung von Trainingsprinzipien. In J. Krug, H.-J. Minow (Hrsg.), *Trainingsprinzipien – Fundament der Trainingswissenschaft* (S. 117-125). Bonn: Bundesinstitut für Sportwissenschaft.

Schnabel, G., Harre, D., Krug, J. & Borde A. (2003). *Trainingswissenschaft.* Berlin: Sportverlag.

Schnabel, G., Harre, D., Krug, J. & Borde, A. (2005). *Trainingswissenschaft, Leistung, Training, Wettkampf.* Berlin: Sportverlag.

Scholich, M. (1982): *Kreistraining.* Berlin: Sportverlag.

Scholich, M. (1992). Mittel- und Langstreckenlauf/Gehen. In K.-H. Bauersfeld & G. Schröter (Hrsg.), *Grundlagen der Leichtathletik* (S. 173-211). Berlin: Sportverlag.

Schringer, D. L. (2001). Analysing the relationship of exercise and health: methods, assumptions, and limitations. *Med. Sci. Sports Exercis., 33* (Suppl. 6), 359-363.

Schüle, K. & Huber, G. (2004). *Grundlagen der Sporttherapie, Prävention, ambulante und stationäre Rehabilitation.* München: Urban & Fischer.

Shapiro, Y., Moran, S. & Epstein, Y. (1998). Acclimatization Strategies-Preparing for Exercise in the Heat. *Int. J. Sports Med.*, *19*, 161-163.

Sherman, W. M., Costill, D. L., Fink, W. J., Hageman, F. C., Armstrong, L. W. & Muray, T. F. (1983). Effect of 42,2 km footrace and subsequent rest or exercise on muscle glycogen and enzymes. *J. Appl. Physiol.*, *55*, 1219-1224.

Skinner, J. S., & McLellan, T. (1980). The transition from aerobic to anaerobic metabolism. *Res. Q. Exerc. Sport*, *51*, 234-248.

Solimann A., Hottenrott, K., Hahn, A. & Embacher, F. (2007). Belastungsbereiche im Kraul-, Rücken-, und Schmetterlingsschwimmen anhand standardisierter Stufentests. In H. Rehn & D. Strass (Hrsg.), *Symposium der DVS Kommission* (S. 114-124). Bad Nenndorf.

Spanaus, W. (2002). *Herzfrequenzkontrolle im Ausdauersport*. Aachen: Meyer & Meyer.

Speedy, D. B., & Noakes, T. D. (1999). Belastungsbedingte Hyponatriämie: Ein Überblick. *Dtsch. Z. Sportmed.*, *50*, 368-374.

Speedy, D. B., Campbell, R. G. D., Mulligan, G. et al. (1997). Weight Changes and Serum Sodium Concentrations after an Ultradistance Multisport Triathlon. *Clin. J. Sport Med.*, *7*, 100-103.

Speedy, D. B. & Noakes, T. D. (1999). Belastungsbedingte Hyponatriämie: Ein Überblick. *Dtsch. Z. Sportmed.*, *50*, 368-374.

Speedy, D. B., Noakes, T. D., Kimber, N. E., Rogers, I. R., Thompson, J. M. D., Boswell, D. R., Ross, J. J., Campbell, R. G. D., Gallanger, P. G. & Kuttner, J. A. (2001). Fluid Balance During and After an Ironman Triathlon. *Clin. J. Sports Med.*, *11*, 44-50.

Spriet, L. N., Gledhill, A. B., Froese, D. & Wilkes (1986). Effect of graded erythrocythemia on cardiovascular and metabolic response to exercise. *J. Appl. Physiol.*, *61*, 1942-1948.

Stegmann, H. & Kindermann, W. (1981). Bestimmung der individuellen anaeroben Schwellen bei unterschiedlich Ausdauertrainierten aufgrund des Verhaltens der Laktatkinetik während der Arbeits- und Erholungsphase. *Dtsch. Z. Sportmed.*, *32*, 213-221.

Stegmann, H., Kindermann, W. & Schnabel, A. (1981). Lactate Kinetics and Individual Anaerobic Threshold. *Int. J. Sports Med.*, *2*, 160-165.

Steinacker, J. M., Angele, M., Liu, Y., Lormes, W., Reißnecker, S., Menold, E. & Whipp, B. J. (1994). Atmungsmechanik beim Rudern. In W. Kindermann & L. Schwarz (Hrsg), *Bewegung und Sport – eine Herausforderung für die Medizin*. Wehr: Ciba Geigy Verlag

Stoll, O. (1995). *Stressbewältigung im Langstreckenlauf*. Bonn: Holos.

Tamminen S., Pirttikangas S., & Röning J. (2000). The Self-Organizing Maps in Adaptive Health Monitoring. *International Joint Conference of Neural Networks* (IJCNN2000), 24-27 July (S. 259-266). Como, Italy.

Tamminen, S., Pirttikangas, S., Nissilä, S. (1999). Multiple alarm management with self-organizing maps. The Intelligent Data Analysis in Medicine and Pharmacology (IDAMAP99), 6-10 November (S. 135-144), Washington, DC, USA.

Tanaka, H., Monahan, K. D & Seals, D. R (2001). Age-Predicted Maximal Heart Rate Revisited. *J. Am. Coll. Cardiol.*, *37*, 153-156.

Tarnopolsky, M. (1999). Protein Metabolism in Strength and Endurance Activities. In D. L. Lamb, R. Murray (Eds), *The Metabolic Basis of Performance in Exercise and Sport* (S. 127-157). Carmel (USA): Cooper Publ. Group LLC.

Tegtbur, U., Busse, M. & Braumann, K. (1993). Estimation of an individual equilibrium between lactate production and catabolism during exercise. *Med.Sci.Exerc.*, *25* (8), 620-627.

Thomson, J., Stone, J. A., Ginsburg, A. D. & Hamilton, B. (1982). O2-transport during exercise following blood transfusion. *J. Appl. Physiol.*, *53*, 1213-1219.

Tokmakidis, S. P. & Volakis, K. A. (2000). Pre-Exercise Glucose Ingestion at Different Time Periods and Blood Glucose Concentrations during Exercise. *Int. J. Sports Med.*, *21*, 453-457.

Tschiene, P. (2006). Streit um die Superkompensation. *Leistungssport*, *18* (1), 5-15.

Umminger, W. (1990). *Die Chronik des Sports.* Dortmund: Chronik Verlag.

Urhausen, A., Weicker, B. & Kindermann, W. (1987). Laktat- und Katecholaminverhalten bei ruderergometrischen Testverfahren. *Dtsch. Z. Sportmed.*, *38*, 11-19.

Van Aaken, E. & Lennartz, K. (1987). *Das Laufbuch der Frau.* Aachen: Meyer & Meyer.

Van Aaken, E. (1984). *Das van Aaken Lauflehrbuch.* (1. Auflage). Aachen: Meyer & Meyer.

Van Loon, L. J. C., Schrauwen-Hinderling, V. B., Koopman, R., Wagenmakers, A. J. M., Hesselink, M. K. C., Schaart, G., Kooi, M. E. & Saris, W. H. M. (2003). Influence of prolonged endurance cycling and recovery diet on intramuscular triglyceride content in trained males. *Am. J. Endocrinol. Metab.*, *285*, 804-811.

Vandenburg, H. H. (1982). Dynamic mechanical orientation of skeletal myofibers in vitro. *Dev. Biol.*, *93*, 438-443.

Venables, M. C., Achten, J. & Jeukendrup, A. E. (2005). Determinations of fat oxidation during exercise in healthy men and women: a cross-sectional Study. *J. Appl. Physiol.*, *75* (1), 160-167.

Verchoshanskij, J. & Viru, A. (1990). Einige Gesetzmäßigkeiten der langfristigen Adaptation des Organismus von Sportlern an körperliche Belastungen. *Leistungssport*, *20* (3), 10-13.

Von der Laage, R. (1994). *Jetzt kommen die Chinesen*. Aachen: Meyer & Meyer.

Wagenmakers, A. J. M. (2000). Amino acid metabolism in exercise. In R. J. Maugham (Eds.), *Nutrition in Sport* (S. 119-132). Oxford: Blackwell Science.

Wahlund, H. (1948). Determination of the physical working capacity. *Acta Med. Scand, 215* (Suppl.), 83-98.

Waitz, G. & Averbuch, G. (1989). *Grete Waitz Worldclass. Eine Frau läuft sich frei.* Aachen: Meyer & Meyer.

Wassermann, K., Hansen, J. E., Sue, D. Y., Casaburi, R. & Whipp, B. J. (1999). *Principles of Exercise Testing and Interpretation.* Baltimore: Lippincott Williams & Wilkins.

Wasserman, K. & McIlroy, M. B. (1964). Detecting the threshold of anaerobic metabolism in cardiac patients during exercise. *Am. J. Cardiol., 14*, 844-852.

Watt, M. J., Heigenhauser, G. J., Dyck, D. J. & Spriet, L. L. (2002). *541*, 969-978.

Weber, K. T., Janicki, J. S. & McElroy, T. P. (1987). Determination of aerobic capacity and the severity of chronic cardiac and circulation failure. *Circulation, 76* (Suppl. VI), 40–45.

Wedekind, S. (1987). *Trainingswissenschaftliche Grundbegriffe – zur Terminologie konditioneller Leistungskomponenten.* Berlin, München, Frankfurt/M.: Bartels & Wernitz.

Weineck, J. (1983). *Optimales Training.* Erlangen: Perimed Fachbuch Verlag.

Weineck, J. (2000). *Optimales Training. Leistungsphysiologische Trainingslehre unter besonderer Berücksichtigung des Kinder- und Jugendtrainings.* Erlangen: Perimed Fachbuch Verlag.

Weiß, M. (1994). Anamnestische, klinische und laborchemische Daten von 1300 Sporttauglichkeitsuntersuchungen im Hinblick auf Infekte und deren Prophylaxe bei Leistungssportlern. In H. Liesen, M. Weiß & M. Baum (Hrsg.), *Regulations- und Repairmechanismen* (S. 399-402). Köln: Deutscher Ärzteverlag.

Werdan, K., Schmidt, H. Hennen, R. & Müller-Werdan, U. (2006). Herzfrequenzvariabilität – Etablierte Indikationen und neue Ansätze in der Medizin. In K. Hottenrott (Hrsg.), *Herzfrequenzvariabilität: Methoden und Anwendungen in Sport und Medizin* (S. 11-27). Hamburg: Czwalina Verlag.

Weston, S. B. & Gabbet, L. (2001). Reproducibility of ventilation of thresholds in trained cyclist during ramp cycle exercise. *J. Sci. Med. Sport, 4* (3), 357-366.

Whipp, B. J. & Ward, S. A. (1990). Physiological determinats of pulmonary gas exchange kinetics during exercise. *Med. Sci. Sports Exerc., 22*, 62-71.

Williams, P. T. (1997). Evidence for the incompatibility of age-neutral overweight and age-neutral physical activity standards from runners. *Am. J. Clin. Nutr., 65*, 1391- 1396.

Wilson, P. W., Abbott, R. D. & Catelli, W. P. (1988). High density lipoprotein cholesterol and mortality. The Framingham Heart Study. *Arteriosklerosis*, *8*, 737-741.

Winett, R. A. & Carpinelli, R. N. (2000). Examining the validity of exercise guidelines for the prevention of morbidity and all-cause mortality. *Ann. Behav. Med.*, *22* (3), 237-245.

Wright, D. A., Sherman, W. M. & Dernbach, A . R. (1991). Carbohydrate feedings before, during, or in combination improve cycling endurance performance. *J. Appl. Physiol.*, *71*, 1082-1088.

Ytaco, A. R., Busby-Whitehead, J., Drinkwater, D. T. & Katzel, L. I. (1997). Relationship of body composition and cardiovascular fitness to lipoprotein lipid profiles in master athletes and sedentary men. *Aging (Milano)*, *9*, 88-94.

Zapf, J., Schmidt, W., Lotsch, M., & Heberer, U. (1999). Die Natrium- Flüssigkeitsbilanz bei Langzeitbelastungen- Konsequenzen für die Ernährung. *Dtsch. Z. Sportmed.*, *50*, 375-379.

Zapf, J., Skutschik, R., Fröhlich, H., Baumgartner, G., Volk, O., Neumann, G., Grörer, W., Fusch, C. & Schmidt, W. (2002). Ernährungsanalysen von 6 Teilnehmern während Weltmeisterschaften im Triple-Ironman Triathlon 2000. *Int. J. Sports Med.*, *23* (Suppl. 2), 129.

Zintl, F. (1989). *Ausdauertraining*. München: BLV Verlagsgesellschaft.

Zintl, F. (1994). *Ausdauertraining*. München: BLV.Verlag.

Zintl, F. & Eisenhut, A. (2004). *Ausdauertraining – Grundlagen, Methoden, Trainingssteuerung*. München: BLV Verlagsgesellschaft mbH.